国家社科基金项目15BWW001

保罗·德·曼
语言论的认识论研究

岳国法 ◎ 著

中国社会科学出版社

图书在版编目(CIP)数据

保罗·德·曼语言论的认识论研究/岳国法著. —北京：中国社会科学出版社，2021.9
ISBN 978-7-5203-7899-4

Ⅰ.①保… Ⅱ.①岳… Ⅲ.①语言学—研究 Ⅳ.①H0

中国版本图书馆 CIP 数据核字(2021)第 027724 号

出 版 人	赵剑英
责任编辑	郭晓鸿
特约编辑	杜若佳
责任校对	师敏革
责任印制	戴 宽

出　　版	中国社会科学出版社
社　　址	北京鼓楼西大街甲 158 号
邮　　编	100720
网　　址	http://www.csspw.cn
发 行 部	010-84083685
门 市 部	010-84029450
经　　销	新华书店及其他书店
印　　刷	北京明恒达印务有限公司
装　　订	廊坊市广阳区广增装订厂
版　　次	2021 年 9 月第 1 版
印　　次	2021 年 9 月第 1 次印刷
开　　本	710×1000　1/16
印　　张	23.25
插　　页	2
字　　数	313 千字
定　　价	138.00 元

凡购买中国社会科学出版社图书，如有质量问题请与本社营销中心联系调换
电话：010-84083683
版权所有　侵权必究

目　　录

引论 ……………………………………………………………（1）
  第一节　德·曼语言论的研究现状 ……………………………（1）
  第二节　德·曼语言论的研究难题 ……………………………（6）
  第三节　重回语言的认识论 …………………………………（15）
  第四节　研究内容和研究方法 ………………………………（21）

第一章　德·曼语言论的构成 …………………………………（25）
  第一节　解构主义的语言论 …………………………………（26）
  第二节　怀疑主义的语言论 …………………………………（37）
  第三节　语言哲学的语言论 …………………………………（47）
  第四节　后哲学的意义论 ……………………………………（60）
  第五节　修辞学的"术"论 ……………………………………（72）

第二章　象征语言的认识论困境 ………………………………（90）
  第一节　象征语言的后浪漫主义说 …………………………（91）
  第二节　象征语言的认识悖论 ………………………………（103）
  第三节　想象力作为修辞原则 ………………………………（114）

第三章　语言符号的认识论 ……………………………………（125）
  第一节　语言符号的物质性 …………………………………（126）

第二节　语言符号的属性论 …………………………………（140）
　　第三节　语言符号的差异性 …………………………………（150）

第四章　文本寓言的认识论 …………………………………（165）
　　第一节　文本结构的修辞化 …………………………………（166）
　　第二节　文本话语的述行化 …………………………………（179）
　　第三节　文本符号的表意论 …………………………………（194）

第五章　修辞的认识论 …………………………………………（208）
　　第一节　模仿 …………………………………………………（209）
　　第二节　交错法 ………………………………………………（222）
　　第三节　反讽 …………………………………………………（233）

第六章　意义的认识论反思 ……………………………………（246）
　　第一节　意义的指称论反思 …………………………………（247）
　　第二节　意义的自然论反思 …………………………………（261）
　　第三节　意义的发生学反思 …………………………………（277）

第七章　解释的认识论困境 ……………………………………（294）
　　第一节　语言主体的弱化 ……………………………………（294）
　　第二节　语言学式的假相 ……………………………………（308）
　　第三节　认识论的缺失 ………………………………………（320）

结论 ………………………………………………………………（343）

参考文献 …………………………………………………………（350）

引　　论

保罗·德·曼(Paul de Man)是美国解构论的重要代表、耶鲁学派的领军人物。他通过反复论证、辨析文本语言的语法化和修辞化两种认识模式，反思它们之间的相互解构和悖论性共存，追问语言的修辞性根源。他还对现代语言学、语言哲学和修辞学等学科的语言论发展过程中所暴露出来的问题进行反思，并对象征文学、象征语言作为西方关于语言的认识模式在最晚近的文学作品中的表现进行考证，力图从理论辨析和文本实践两个方面为自己的语言论定位，从而揭示出语言的不可定义性，以及由此带来的意义的原初性认识问题。

第一节　德·曼语言论的研究现状

一　国外研究现状

国外对德·曼的语言论研究始于20世纪80年代，侧重研究德·曼与解构主义之间的关系；进入20世纪90年代后，学者们开始侧重研究德·曼文学阅读的修辞论；最近二十年是德·曼语言研究的繁荣期，对其的研究开始扩展到包括语言哲学、语言学在内的多个学科。国外对德·曼语言论的研究主要包括三个大的方面。

第一，解构主义的语言论。这一类研究把德·曼归于以德里达为首的解构主义阵营，分析他关于意义的不确定性的相关论述，以及他经常用于质疑文本意义的"技术性"的解构手法。学者们从解构的视角探讨德·曼的语言论，发掘他思想中的解构思路，例如，早期的乔纳森·卡勒（Jonathan Culler，1983）、J. H. 米勒（J. Hillis Miller，1987）和克里斯托弗·诺里斯（Christopher Norris，1988），90 年代的奥特文·德·加尔夫（Ortwin De Graef，1995）和罗多夫·加射（Rodolphe Gasche，1998），21 世纪初的马丁·马克奎兰（Martin McQuillan，2014）。罗多夫·加射将德·曼与海德格尔、奥斯汀相对比，强调德·曼语言论中对意义不确定性的关注。

第二，修辞论。这一类研究常以"修辞"作为关键词，深入剖析德·曼的文学理论思想与文学批评实践中关于语言修辞性的论述，如德里达（1989）、加拿大华裔学者高辛勇（1997），以及林赛·沃特斯（Lindsay Waters，2000）研究了德·曼的文学修辞阅读，关注德·曼修辞论的内在涵义，聚焦语言的修辞性对于文学批评的影响。克里斯托弗·诺里斯（2009）、汤姆·柯恩（Tom Cohen，2000）等深入分析了德·曼与新批评等文本理论流派之间的关系；科文·纽马克（Kevin Newmark，2012）研究了从施莱格尔、克什凯郭尔到德里达和德·曼的反讽理论发展过程，以及他们的观点之间的异同。

第三，语言问题研究。最近二十年的德·曼研究受到了语言学转向的影响，评论家们开始关注德·曼思想中的一些语言问题。例如，汤姆·柯恩（2000）在其编写出版的论文集中探讨了德·曼语言论中的文本所指性问题，认为语言的所指对于德·曼来说是无意义的自我指涉。汤姆·柯恩（2012）等三人编写的论文集，结合德·曼的手稿客观展示了他的文本语言分析过程。科文·纽马克（2012）研究了德·曼关于文本语言中修辞和认知的关系，认为德·曼关于语言和政治之间关系的论述从本质上看是"历史性的"。马丁·马克奎兰（2012）编写出版了德·曼的博士论文和关于浪漫主义的论文，通过呈现德·曼对马拉美和叶芝等浪漫主义诗歌的研究，说明了当时的历史状况与当前的文学理论视野之间的相关性。安德泽·沃姆尼斯克（Andrzej

Warminski，2013）探讨了德·曼对康德崇高论的相关表述，并从社会学的角度研究德·曼与德里达关于语言研究中的"物质性"效果问题。

二 国内研究现状

国内德·曼研究的共识是，把他与德里达、耶鲁学派放置于一起进行共时性的对比研究；最近二十年，德·曼研究开始出现多样化趋势，而且发展较快。直接或者间接涉及德·曼的研究成果有博士学位论文9本，硕士学位论文15本，学术期刊论文100多篇，而且有逐年增多的趋势。在这些前期研究成果中，与德·曼语言论研究相关的成果大致分为三个方面。

第一，文学批评中的语言论。这一类研究以德·曼的文学批评思想为主，通过分析他的"批评之批评"过程，探讨他与解构主义之间的关系，例如，周颖（2003）从时间性等关键词讨论海德格尔对于德·曼的影响；陈粤（2008）研究了德·曼文学批评中的解构与"误差"，分析了这种误差思维对于还原文本结构的复杂性的意义；袁文斌（2013）对比研究了詹明信的政治无意识和德·曼的阅读批评中的语言无意识，认为他们都发掘出了语言文本中的意识形态；王丹（2015）从认识论角度反思了德·曼解构批评中的语言问题，肯定了他力图破解西方传统二元认识论的积极价值。

第二，修辞论。以"修辞"为关键词所展开的研究是国内德·曼研究的主要内容，侧重分析他关于修辞的论述。例如，王成军（2003）关注了德·曼对卢梭自传文本的解构，认为这是对自传纪实的反思；申屠云峰（2004）对德·曼思想中的"语法"和"修辞"进行概念梳理；张智义（2005）分析了德·曼关于华兹华斯诗中时间和历史、寓言和象征等概念的研究；赖勤芳（2006）对德·曼的修辞理论进行简述；张超（2008）分析了德·曼修辞语言观及其修辞阅读策略，认为他的语言观是一种审美化的语言观，它不只是为了解构，更是为了彰显文本中的矛盾和张力；李龙（2008）研究德·曼的"文学性"理论，认为它不是文学的审美问题，而是语言科学中的修辞学问题；昂智慧（2009）探讨德·曼修辞论中的"文本与世界"，认为他旨在建立一种否定语言观；刘红莉（2013）对德·曼关于里尔克诗歌的阅读进行了深入讨论；谭善明（2014）研究德·曼如何重新梳理语法、修辞和逻辑的关系，以及德·曼与尼采和耶鲁学派其他成员之间的不同；刘林（2016）把德·曼的讽喻叙述与伽达默尔和詹姆逊的相关论述作对照分析。

第三，语言哲学论。这是目前比较热门的话题，例如，罗良清（2004）分析了德·曼的语言意识形态论；李增、王云（2004）研究了德·曼修辞阅读的符号学及修辞学基础，认为这不仅有助于文学阅读，还可以对语言学和哲学等问题有所启发；王建香（2009）在研究西方文学批评的述行理论中，涉及了德·曼关于语言述行功能的表述，以及他与简·奥斯丁和塞尔的言语行为理论之间的关系；冉晓芹（2011）从隐喻的角度反向界定了德·曼关于隐喻的认识，认为这是一种意图祛除差异化的妄想；王云（2012）主要围绕德·曼的"隐喻的认识论"，研究18世纪经验主义语言观对德·曼的影响；于萍（2017）从反讽和讽喻的角度分析德·曼关于时间性修辞的观点，认为二者是一体两面，对于还原文本的修辞特征、消解二元论导致的价值偏移有启发价值；徐亮（2017）认为德·曼揭示了语言与意义在本质上的不适配性，以及意义对于语言、述行对于述事的暴力；张山川（2018）分析了德·曼对黑格尔符号观的解构，并且指出了后世学者们对黑格尔美学中关于符号论述认识的不足之处。

三 研究现状述评

根据中国知网搜索的结果和目前能搜集到的国内外已经出版的文献资料来看，国内外对德·曼的语言论展开的研究有共性的一面，即在研究对象上开始出现多层次、多维度、多样化的趋势，尤其在现代语言哲学和认知科学的影响下，学者们开始发掘德·曼思想中的语言论立场，已经从简单地把德·曼的语言论归为解构主义，只聚焦于德·曼的文学修辞阅读，发展到现在的涉及认知、指称、述行等涵盖多个语言科学知识的较为宽泛的语言研究领域。而且研究德·曼语言论的缘起、发展、表现以及对于文学理论和文学批评的影响，与整个西方的语言哲学史联系起来，已经逐步成了当前研究的热点问题。

本书也正是基于这些关于德·曼语言论研究的前期成果，重新审视其中的一些研究对象，进一步厘清这些基础性的研究问题，弥补语言论研究中存在的一些认识的不足之处。这些不足之处大致可以包含在如下三个大的问题之内。

第一，修辞论问题。国内外学者们在实际的"修辞论"研究过程中，不同的研究对象被赋予了不同的研究内容，其"修辞"范畴所涵盖的范围不明晰，这是因为德·曼自己在对不同研究对象所展开的各种"批评之批评"中，对修辞的理解及其认识定位和使用语境也不尽相同。此外，德·曼对一些重要人物的文本所展开的阅读即一种德·曼式再批评，至少涉及了包括小说、诗歌、戏剧、自传、政治、美学等多个类型的文本，如何来定义某种语言的修辞是解构了文本还是解构了原义，这是一个重大的文本认识问题。因此，对于德·曼的"修辞论"，应该首先追溯其修辞论背后关于语言认识的哲学理据，分析他的批评实践中所蕴含的对后浪漫主义认识困境的反思。

第二，文本阅读问题。国内外学者比较关注德·曼盲视与洞见的悖论性观点，以及语法化和修辞化两种认识模式相互"解构"的论述。然而，事实上，这是文本修辞性表述与认识论反思之间的张力问题，德·曼从一开始就发现了这个认识困境，如《盲视与洞见》中关于文本阅读的问题，他认为任何阅读都以自身设定的阅读逻辑开始，忽略了自身体系中的盲点，导致了阅读的无效性。再例如，德·曼在《阅读的寓言》序言开篇就指出，这部书是"从历史的研究出发，却以阅读理论结束",因而也导致了"阅读的修辞学超越了文学史的规范原则"①。同样在《审美意识形态》中,德·曼进一步分析审美与认识之间的悖论问题。所有这些关于阅读的问题都明显是围绕如何认识语言这一古老问题展开的,或者说,德·曼是以一种原始的语言认识模式对阅读行为进行反思。

第三,意义论问题。近二十年学者们开始关注德·曼对符号、文本、意义等语言科学不同问题的论述,但是,有些关于意义的研究专注于讨论语言的指称等语言哲学问题,看似是在从德·曼的论题出发,但是,这种研究其实从某种程度上讲违背了德·曼的初衷,忽略了德·曼经常谈论的文本阅读的根本性问题(即言意之争中所蕴含的哲学认识论问题),陷入了他所驳斥的语法化阐释模式之中。德·曼不断地从各种语言表述中、从各种文本中、从各种解释模式中,甚至从哲学认识论的根源上反思意义论问题,无疑是在提醒我们应该认清语言的特性,避免一些强制式的意义论取向。

要对以上所论及的修辞问题、阅读问题和意义问题作出更有深度的研究,无疑需要先在材料上做一次更为充实、观点更为中立的基础性研究,分析德·曼有关语言的论述,才能为更多学者将来做进一步的历史观照、范畴分析、互动关联、思维比较、哲学表征等研究打下扎实的基础。

第二节 德·曼语言论的研究难题

德·曼的整个学术生涯里,对所有学术问题的探讨都不是体系化的,思考的问题也比较零散,没有具体的核心问题可供总结,更没有一个基础性的概念可供分析,或许消解概念正是德·曼身体力行所从事的文本批评的目的之一,因此,意图从某一个关键词出发来整理出

---

① Paul de Man, *Allegories of Reading*: *Figural Language in Rousseau, Nietzsche, Rilke, and Proust*, New Haven and London: Yale University Press, 1979, p. ix.

一个清晰的学术思想发展体系,并得出一个确定性的结论,是一件吃力不讨好的事。

根据目前国内外德·曼的研究现状来看,学术热点和关键词仍然是以与修辞"术"(狭义上指的是辞格论;广义上指的是阅读方法)有关的内容为主,这显然是取其所论的诸多语言研究中一个较为狭义的一面,相比德·曼的文本批评实践中对小说、诗歌、政治文本等文本中的语言问题进行思考的广度和深度,简单地把它界定为修辞之"术"论,则明显没有给予他所关注的内容以相应"宽度"的学术观照。米勒曾指出,古希腊以来的修辞论不仅仅是"说服能力的研究",还是"语言之运作的研究",它尤其是关于"转义功能的研究",其中就包括了如隐喻、换喻、提喻、反讽在内的修辞手段,甚至包括了整个作品[1]。从这个意义上看,如果把德·曼的修辞论视为"语言之运作"研究,那么,他所关注的就不是一种窄式的语义学,而是一种宽式的意义论。那么,是哪些难题制约了我们对德·曼语言论的思考呢?

一 修辞论的定位问题

"修辞"是德·曼的文本阅读和语义分析的一个重要的关键词,但是,它的含义在不同文章中的指涉内容却并不一样,无法作为一个可供操作的概念来用,而且德·曼本人也没有把修辞或者其他概念作为关键词,并以此为中心来表达自己的思想,这就成了德·曼研究中首要解决的问题。

从目前国内外已经出版的德·曼的文献资料来看,除了《浪漫主义修辞》中分析浪漫主义的意象等修辞特点,以及《阅读的寓言》第二章分析里尔克的诗歌修辞特点等较为直接的讨论外,他并没有从理论上辨析他的"修辞"与别人的理解在概念上有何不同。但是,我们

---

[1] [美] J. 希利斯·米勒:《重申解构主义》,郭英剑等译,中国社会科学出版社1998年版,第82页。

通过梳理德·曼在不同的论文中关于修辞的论述可以发现，修辞这个概念对于他来说，不仅内涵丰富而且涵盖面也比较宽泛，甚至已经等同于文本话语，或者说，德·曼把对修辞的认识反思放置于"话语"这个文本实践的平台上来观照了。

我们大致归纳一下德·曼论文中所论述的"修辞"的含义：

（1）修辞即话语问题，如《盲视与洞见》《浪漫主义与当代批评》中的批评话语研究，《阅读的寓言》中对卢梭文本内的自我话语和政治话语研究；

（2）修辞即修辞效果问题，如《阅读的寓言》中对修辞手段和文本结构的述行性研究；

（3）修辞即意义问题，如《浪漫主义修辞》中对浪漫主义的诗学研究；

（4）修辞即语言符号问题，如《抵制理论》《美学意识形态》中对康德、黑格尔、席勒、弗·施莱格尔美学文本之中的语言符号研究。

以上对德·曼论文集中的修辞论进行大致归类，是为了更清楚地了解他的"修辞"所指涉的内容，如"话语""述行性""意义""符号"，同时，我们也是为了证明，目前国内外针对德·曼的修辞论所展开的研究，实际上仍然是对他的语言论所采取的一种狭义上的研究。德·曼的修辞论内容繁杂不一，主要是因为他对修辞的理解和认识定位在不断发生变化，或许也正是由于他对修辞论的定位不确定，才有了诸多拓展研究的空间。谭学纯曾把德·曼的《阅读的寓言》与尼采的《古修辞学描述》、理查兹（I. A. Richards）的《修辞哲学》和詹姆斯·费伦（James Phelan）的《作为修辞的叙事》等著作一起列为修辞学的跨学科研究，"这些学者介入修辞学研究的跨学科视野，决定了他们的研究成果较多地进入了跨学科的公共阅读"。[①] 事实上，德·曼的学科身份很难认定，以现行学科分类的认知模式、理论模式、价

---

① 谭学纯：《问题驱动的广义修辞论》，人民出版社2016年版，第16页。

值判断以及研究方法等很难判断他的语言研究的归属问题,而且他的交叉学科的学术研究思路和跨学科的研究视野,与他自身的认识取向密切相关。

我们对德·曼的修辞论进行定位,可以借用谭学纯对俄国形式主义中的修辞论所做的评价,他一方面"把一系列修辞学术语引进了文论话语",另一方面也把"语言学的研究方法整合进诗学研究",他的修辞研究"越过修辞技巧,涉及话语建构和文本建构的不同层级",也可以说,他的"语言分析丰富了诗学理论",反过来他的诗学研究又进一步"延伸了修辞学的研究空间"①。再者,德·曼把自己对不同类型文本的批评以及对不同批评文本的再批评都归为修辞阅读,他的研究思路显然也不应该仅限于文本内的修辞(格)问题,更不只是文艺学批评(阅读方法)的问题,而应该是一种意义论,它以语言作为意义的发生点,在研究范围上包括了从语词到话语,从陈述到述行,从结构到解构等在内,以对语言所展开的认识反思为核心进行讨论。可以说,意义论也是修辞学和诗学研究的共同的理论生长点。

德·曼很早在《盲视与洞见》的前言中就表明了自己的初衷,"我对批评的兴趣次于我对主要的文学文本的兴趣……我尝试性的归纳总结并不是针对批评理论,而是针对更普遍意义上的文学语言。关于文学的说明性写作与诗歌或小说的'纯'文学语言之间的通常意义上的区别被刻意模糊了"。② 或者可以简要地加以总结,德·曼关心的修辞问题,实际上是广义上的语言认识论问题。

二 文本阅读中的语言问题

文本阅读的问题,对于德·曼来说,实际上指的就是如何理解文本语言的问题。尽管感官体验也可以成为一种文本阅读的方式,如诗

---

① 谭学纯:《问题驱动的广义修辞论》,人民出版社2016年版,第89页。
② Paul de Man, *Blindness and Insight*: *Essays in the Rhetoric of Contemporary Criticism*: *Essays in the Rhetoric of Contemporary Criticism*, Minneapolis: University of Minnesota Press, 1983, p. viii.

歌语音修辞的音与义的完美融合可以让读者暂时忽略语言的"物质性",但是,它创造出来的仍然是一种言不尽意的意义世界,我们无法用"言"来充分说明它的本义。

德·曼通过持续论辩的方式,针对不同的文本展开批评性阅读,他的目的是说明一个非常值得反思的问题,即意义的"不可言说的"问题。这个困境让我们无法理解文本内的修辞性表述,因为我们一旦忽略了语言的不可定义性,就必然会导致一系列语言学式的解释假象。换言之,我们无法在言与意的关系之中找到合适的张力点,以至于我们作为读者与话语构成的文本之间,经常陷入一种无效交流的尴尬境地,或者说,我们的阅读方式失去了阐明意义的合法性理据。究其根本,这是文本的修辞性表述与阅读中的认识论反思之间的非对应关系问题。

德·曼把这种非对应关系简化为一种"盲视"与"洞见"共存的悖论行为,而根源就在于语言的不可定义性或不可语法化认知。在研究方法上,他充分利用了词汇层面上的语义分析,以及文本层面上的话语(修辞性表述)和指称(认识论)的辨析,把不同文本的语言问题引入哲学思考当中去。布鲁姆(Harold Bloom)为此给德·曼的文本批评模式贴了个标签——"语言学怀疑主义"[1]。《审美意识形态》的编者在脚注里也专门引用了德·曼的话,指明了他的语言论中至少包括了"对符号、象征、转义、修辞、语法,等等的思考"[2]。或者说,德·曼的文本阅读问题,就是通过质疑语言在符号、文本、修辞、意义论等不同方面表现出来的不可定义性,反思其中的认识论问题。

从德·曼的阅读方法来看,他对各个批评的文本展开再批评都是以"本"论本,忽略了其他的外在因素,这显然受到了新批评的文本中心论的影响;他有针对性地对每个批评文本中个别的语词、个别的

---

[1] [美]哈罗德·布鲁姆:《西方正典》,江宁康译,译林出版社2011年版,第20页。
[2] Paul de Man, *Aesthetic Ideology*, Minneapolis and London: University of Minnesota Press, 1996, p. 21.

论点，或者某个语言观点展开深入的语义分析和理论辨析，又明显有着现代语言学和语言哲学的学术思想痕迹。简言之，无论是语义分析还是理论反思，不管哪一方面在德·曼的学术思想中占据上风，"语言"都是其考证的重要因子。这一方面是德·曼所处的语言学转向大环境决定的，另一方面也是德·曼对于古希腊修辞术和后现代泛修辞符号的客观审视，并将之放置于现代方法论中进行辨识的结果。

从文本阅读的设问对象来看，德·曼的阅读内容十分广泛，从他已经出版了的论文集和马丁·麦克奎兰编写的《保罗·德·曼笔记》来看，其中记载了德·曼1936年后撰写的论文、书评，以及许多论文笔记和散落不全的手稿[①]，他的设问对象包括了思想家如康德、黑格尔、卢梭、海德格尔、德里达，诗人如荷尔德林、华兹华斯、里尔克（Rainer Maria Rilke），小说家如普鲁斯特，戏剧家如克莱斯特（Heinrich von Kleist），理论流派如新批评、形式主义、结构主义、解构主义，小说理论家如卢卡奇、巴赫金。德·曼在耶鲁大学所开设的课程内容涵盖面也比较宽泛，如"黑格尔与英国浪漫主义（1980—1981）、从康德到黑格尔的美学理论（1982—1983）"[②]，而且他的论文手稿和笔记也充分反映了他在从事语言反思时所表现出来的思想芜杂和认识论无法定位等问题。

但是，恰恰是这些多样性的理论思想资源在某种程度上构成了互文性，深刻影响了德·曼的学术思考，给予了他大量的机会反思语言问题。例如，关于文本认识论的问题中，传统的文本结构是从语言到意义的历时性的、线性的呈现模式，但是，为什么这种结构会在后哲学语言论的审视下，变成了逻辑上的不可逆、认识论上的不确定呢？这是德·曼在文本阅读后深思的问题，同时，这也可以用来解释，为什么无论是作家的立论还是评论家对文本立论的再评论，他都一概否

[①] Martin McQuillan, *The Paul de Man Notebooks*, Edinburgh: Edinburgh University Press, 2014, pp. 315 – 337.

[②] Ibid., pp. 227 – 228.

定其阅读公信度的合法性，因为在德·曼看来，表现在语言层面的语言问题（语法化认识模式和修辞化认识模式之间的相互解构问题），在文本意义层面其实是广义的认识论问题。

文本阅读的历时发展过程也证明了，不同的语言认识论立场始终都会影响读者对文本的解释。无论是施莱尔马赫要恢复作者的本义，还是尧斯要发挥读者的能动性，文本语言都是一个重要的介体，它或者是透明的中介，让作者的创作意图直接投射到文本上，意义变成了自然呈现；或者是含混的团状物，需要借助读者的阅读能力进行参悟，意义就成了一种生成物，是读者赋予文本一种形式化的意义；又或者是充满悖论的容器，作者和读者都从这个容器里取走各自所需的意义，文本意义的产出对于二者来说都只是单向道，没有相互交融的可能。

因此，从这个角度看，德·曼的研究对象与其说是"修辞"，不如说是语言的"修辞性表述"，他围绕文本阅读所展开的反思，始终都把"语言"视作驱动问题的原动力，唯有发掘出他关于语言认识的元问题，才能洞穿意义论中语法化和修辞化两种认识模式之间的悖论共生关系，才有可能解决随之而来的意义的原初性（终极）问题。

三　意义的原初性问题

谈论意义的原初性问题古来有之，德·曼不是第一人，也不会是最后一位。西方的语言神授说、中国先秦时期诸子的一些言意论，以及佛教的经文，都以看似极其简单的认识逻辑回答了这个问题，但是，其中所蕴含的丰富的辩证法思想并不如其所是。对于德·曼来说，同样如此，他也不敢从正面攻击意义问题这座堡垒，也没有直面其中的悖论，而是不断地否定我们所阐发的不同的意义，并以解构是文本自我的解构一说来权且作为解释。那么，意义的原初性如何存在，又如何与语言有着不可解的关系呢？或者说，在言意关系之中，"言"如何来表达"意"，而能被表达出来的"意"是否其原初性的意义呢？

中西方思想家们很早就以一种神秘主义认识论的态度，否定了我们言说原初性意义的可能。例如，西方很早时候的语言神授说，它把语言和意义直接联系在一起，《新约·约翰福音》中的"太初有言（word），言与神同在，言就是神"，那么，"言"如果是"神"一样的存在呢？我们只能从上帝"七日创世说"的命名式语言中去找"言/神"，上帝的语言是"原初性的"，但是事实上，这里仍然存在一个解释方面的问题，对于早期的圣经研究者来说，他们也仍然需要对比多个圣经的版本，辨析其中所记载的上帝的"言"，意图恢复它的原义。

老子《道德经》中的"道可道，非常道；名可名，非常名"，把语言归于不可知论，一切都处于无名的状态；庄子的《秋水》中的"可以言论者，物之粗也；可以意致者，物之精也；言之所不能论，意之所不能察致者，不期精粗焉"，认为我们可以言说的，只是言说了物的外在表象，而不是本义。同样，《金刚经》中"无得无说分第七"一节中，须菩提问，如果像我佛如来所说的意思，那就是没有定法，那么如何来说法呢？答曰："皆不可取。不可言说。非法非非法。"这也是为了告诉世人，世界上有"法"的存在，但是，我们却不能用简单的语言来表达，因为能用语言说出来的都不是真正的佛法。概言之，无论是语言神授说、老子和庄子的言意论，还是禅宗的"悟"，它们都说明了一个问题，即意义的存在是不可言说的。

追问意义的原初性本源，从某种程度上讲就是追问意义的终极性存在的本质，这是一种把意义作为实体来审视的本体论研究。西方形而上学的思维模式决定了在几乎所有的言意之争中，意义作为本体及其各种表现如"理念论""上帝""绝对精神"等都占据了核心地位，而"言"只是用来认识它们的"介体"。19世纪兴起的浪漫主义认识论，推崇象征语言的主体认识能力，把想象力和情感作为意义生成的两翼，但是，在进入后浪漫主义时期，象征语言的"想象力"逐渐陷入了认识困境，它并不能让人更好地描述客体，更不能从本质上洞察"本体"，或许这正是现代哲学出现语言学转向的根本原因，他们把这种认识困境归为语言表述的问题，并将语言作为认识一切事物的逻辑起点。

事实证明，语言学转向后的现代语言学和语言哲学都十分关注语言问题，在语言研究方面也有许多重合的地方，如下图所示：

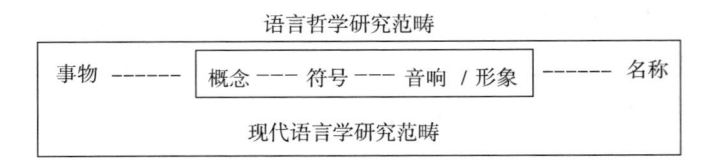

语言哲学研究范畴
事物 ------ 概念 ---- 符号 ---- 音响／形象 ------ 名称
现代语言学研究范畴

它们试图通过更新语言论焦点来构建新的意义论，但是它们的努力并不尽善尽美，仍然为后人留下了许多问题。前者如结构主义语言学，它深刻影响了文学理论和文学批评的发展趋势，德里达的文字学从语言进入形而上学哲学批判、米勒的文学的言语行为论从语言进入语言哲学、德·曼的修辞论则从语言进入文本阅读等，他们都或多或少从结构主义语言论中汲取了理论营养，但是，结构主义语言学较少关注语言的认识问题，这也引起了颇多非议。后者如理论语言学派和日常语言学派，它们明显将语言的认识价值归为语言表述问题，这是把语义学和认识论相结合的多视角尝试，指称论、观念论等意义论都为理解文本、语言和阅读之间的关系打开了一扇扇窗户，但是，这些意义论对文本的强势介入必然因其语法化的思维模式导致诸多解释假象。因此，思考言和意的关系问题，我们不能简单地借助现代语言学的语言论或者后哲学的意义论，因为结构主义的语言论把意义简约化了，后哲学的语言论则把意义泛化了。

在言和意的关系问题上，德·曼是后哲学影响下最为纠结的一位思想家，他一方面受语言学转向的影响，把意义的生成归为语言行为，按照语言学或语言哲学的分析方法聚焦文本的语言现象，如语法化认识模式与修辞化认识模式之争；另一方面，他却又对指称、概念这些术语大加驳斥，警示"概念实体化"带来的危险。也许正是因为他在论辩过程中时常表现出来的悖论立场，才会让读者产生疑问：德·曼的语言论到底偏重于语法化或修辞化的哪一端呢？毋庸置疑，这样的发问方式本身就已经自我设定为一种语法化的思维模式了。

事实上，德·曼一开始就把对语言的认识反思作为首要任务，灵活多变的文本语言分析充分展示了言和意之间的微妙关系。他在意义的认识问题方面所坚持的怀疑主义立场，有他一定的学术理论资源的影响，如现代怀疑主义者德里达的解构精神的影响，但更多的是德·曼自己的文本阅读实践反复考证的结果，也或者如罗蒂把德·曼的学术行为定义为"文学崇拜"①。对于德·曼来说，一切看似毫无悬念的本质意义实际上都只能被视为"隐喻"来认识，整个文本的意义于是就在不断的转义中生成又消解；德·曼对文本语言的整个分析过程，看似只是为了展示语法化认识模式和修辞化认识模式之间的相互冲突，却在微观层面上极具语文学批评的研究价值，语言的各个义项在各个层面相互碰撞、结合、生成、再碰撞、又消解，进而彰显了语词在文本解释中的变化极值，以此来证明从言到意这个过程中出现的原初性（终极）悖论问题。从这个意义上看，审视德·曼的语言论，对于揭示"后－"学语言论中的认识危机有着重要的现实意义和学术价值。

第三节　重回语言的认识论

为什么要重回语言的认识论问题？这不仅仅是德·曼反思的问题，对于所有想要进入哲学神圣殿堂的人来说，这都是首要思考的一个根本性问题，无论西方哲学发生怎么样的转向，人的思维和存在之间的关系始终都被置放于核心位置，而要充分理解清楚这两者之间的关系，"必须先有关于'语言'的理论，'没有语言学的认识论和本体论为无效'。"② 特里·伊格尔顿也曾这样发问："为什么现代哲学如此频繁地回复到认识论的问题上来呢？"③

---

① ［美］理查德·罗蒂：《后哲学文化》，黄勇译，上海译文出版社 2009 年版，第 140 页。
② 孙正聿：《哲学通论》，辽宁人民出版社 1998 年版，第 412 页。
③ ［英］特里·伊格尔顿：《美学意识形态》，王杰、付德根、麦永雄译，中央编译出版社 2013 年版，第 56 页。

语言学转向对现代哲学的影响不容小觑，哲学家们看似不再追问本体的问题，转而改为反思语言表述的问题，但是，从他们反思语言的认识逻辑来看，语言仍然占据着"本体"的逻辑起点位置，如日常语言学派和逻辑实证主义的语言论之中也仍然蕴含着人对语言和世界的认识论问题，因此，这也就为我们重回认识论问题提供了各种理论基础和学术背景。不同的是，西方哲学史上的18世纪至20世纪的认识论时期，是倡导人的主体性的时期，以人的认识为中心，把人之外的一切都视为"我"之客体，是使"我"存在的一部分；然而，在此之前的本体论和随后的语言转向后的语言本体论时期，在对"我"与世界之间的关系的认识中，"我"都处于次要地位，失去了浪漫主义认识主体那种主动认识世界的可能性。无论"我"的认识地位如何变化，在人与世界之间的关系之间，语言之于人和世界之间的关系的认识作用都是不可或缺的。

一 语言的认识论危机

德·曼提出语言认识论的危机，始于他发现的"批评的危机"所导致的阅读的不可能。在《批评与危机》一文中，德·曼毫不掩饰对当前批评现状的不满，认为文学批评的危机就在于，"各个流派在争夺文学批评的领导权所表现出来的急迫感和不耐烦的竞争性"。① 这句话也是对当时结构主义语言学对文学批评产生影响的最为简要的概括。20世纪初以来，以索绪尔为开端的现代意义上的语言学，侧重研究语言的科学主义的一面，因而就遮蔽了它的人文性的一面；后哲学语言论如理想语言学派、日常语言学派基于不同的认识论基础，产生了不同的语言分析体系，同样影响了语言论中言意之争的立场问题。或者说，语言学转向影响下，人文社会科学研究方面出现了以"语言"为关注点的发展趋势，但这些研究却把焦点只对准了语言表述形式的分

---

① Paul de Man, *Blindness and Insight: Essays in the Rhetoric of Contemporary Criticism: Essays in the Rhetoric of Contemporary Criticism*, Minneapolis: University of Minnesota Press, 1983, p. 5.

析，忽略了这些语言表述形式之下关于人的认识论的基础性问题。换言之，各种针对语言表述展开的语言分析没能找到有效的认识逻辑起点，它们的各种理论预设终究会陷入类似于海德格尔所驳斥的"存在者"的问题，同时也会忽视语言作为"存在"的意义。

国内外学者以盲视与洞见、结构与解构之间的区别为依据，把德·曼划入了解构主义阵营，这一点无可厚非，毕竟后现代主义、解构主义等标签构成的"知识型"必然会对德·曼的学术思想造成很大的影响，然而，德·曼是不是解构主义者呢？这是一个值得思考的问题，也是本书关注的问题之一。但是，我们一旦把关注的焦点问题从修辞论拓展为广义的语言认识论，那么，关于德·曼是否一定是非此即彼的解构主义者的争论就会淡化很多，而且还有助于我们发掘出德·曼的语言怀疑论中所深藏的认识论问题。阿卡迪·普拉尼茨基（Arkady Plotnitsky）曾指出，德·曼的认识论原则类似于量子物理的认识论："任何事情都有可能发生，任何事情都不能完全保证。"[1] 从工作原理上看，阿卡迪意识到了德·曼语言论中的认识论问题，但他并未深入分析这种认识原理的认知理据，以及它对于文学理论和文学批评研究的学术价值和现实意义。

从德·曼所撰写的论文内容来看，除了在《隐喻认识论》一文中谈到洛克、孔狄亚克（Etienne Bonnot de Condillac）和康德的语言的隐喻认识论问题，以及在《符号学与修辞学》一文讨论的语法化认识模式和修辞化认识模式问题，德·曼很少直接谈论关于语言如何认识的话题，但他却把对语法化和修辞化这两个认识极点之间张力的反思贯穿于每一篇文章的论辩过程中。例如：

（1）《后浪漫主义困境》中，马拉美（Stephane Mallarme）诗歌的语言问题，叶芝的戏剧和美学之间的张力问题等；

（2）《阅读的寓言》中，里尔克修辞手段的认识论、尼采哲学文

---

[1] Tom Cohn and Barbara Cohen eds. *Material Events: Paul de Man and the Afterlife of Theory*, Minneapolis and London: University of Minnesota Press, 2001, p. 88.

本的修辞认识论，以及卢梭《第二论文》中的隐喻认识论等；

（3）《浪漫主义和当代批评》中，波德莱尔（Charles Pierre Baudelaire）诗歌中的寓言和反讽的问题等；

（4）《抵制理论》中，语言的铭写问题等；

（5）《审美意识形态》中，关于康德、黑格尔、席勒、弗·施莱格尔等美学文本内的语言认识论问题等。

上文简明扼要列举的这些问题涉及了浪漫主义与后浪漫主义之间的关系、文本认识论问题、文本阅读所涉及的意义论问题，等等。可以说，德·曼所思考的这些问题，都指向了语言的广义认识论，尤其是后浪漫主义时期的语言观及其在认识论方面表现特别突出的反式走向问题。

二 语言认识论的反式走向

人类思想上的进步，如果恰如柏拉图的"理式论"所反映的那样，从具象到抽象的演进过程中有一个认识论模式可以模仿，会逐渐达到"善"的彼岸；也或者，如果恰如黑格尔的"绝对精神"那样，从肯定到否定再到否定之否定的发展过程中，也仍然可以看到意识上的自我成长，因为这些认识论呈现出一种正向的发展趋势，这是知识论意义上的进步。

对于语言的认识论来说，18世纪关于语言起源的论战中，赫尔德（Johann Gottfried Herder）的"心性说"和卢梭的"情感说"相比语言神授说，属于一种认识论上的进步。但是，20世纪语言学转向后的语言论在认识论意义上却明显呈现反式走向。语言学方面的研究如乔姆斯基的生成语法、布隆菲尔德的结构主义语言学、布拉格学派的功能语法，以及语言哲学方面的研究如维特根斯坦的语言游戏、罗素（Bertrand Arthur William Russell）的指称论，这些理论流派对语言研究的深入，丰富了语言论的种类，但是，它们对语言结构的精细化语义分析和科学化论证，却让我们陷入了琐细的逻辑推理之中，失去了认识语言的原有的生命力，这种认识窘境显然不能与18世纪语言认识论的繁荣同日而语。

从哲学认识论的语境来看，18世纪语言认识论的兴起是为了与之前关于语言来自上帝的说法划清界限。人的认识主体地位的确立，是在笛卡尔的倡导下逐渐得到了认可，语言成了人类为记录自己的知识，完成彼此之间的交流，延续知识的传承而发明的工具。在语言从产生到发展的过程中，人是语言的主体，对各种知识的认识也是用特别的语言符号记录下来。但是，20世纪语言学转向后，西方关于语言和意义的论述各执一词，一些非常值得思考的关于认识语言的真假、功利语言的有用与无用、伦理语言的善恶、审美语言的美不美，以及宗教语言的有无神圣，等等，却都不再是语言研究的关键词，如张世英评价的，"人生价值（或者说人生意义）之所在不仅仅是求真，而且是求善、求美等。而对于后者的这些追求，正是西方传统语言哲学所忽视的"。[①] 或许正是这种语言论的发展所带来的阴郁气质，让德·曼对当代语言论的发展失去了信心，他重译了卢梭的名著《语言的起源》，可能也是为了能重回认识论来反思这些语言论流派所暴露出来的问题，以及这些问题对于文学理论、文学批评、文学史等研究的影响，期望能从一种新视角来认识语言的特性和意义的原初性。

语言的特性表现在它从零符号到修辞符号的修辞化过程中，它为意义（真理）而在，却不是为了证明某种客观事实而生。不同于赫尔德的"心性说"和卢梭的"情感说"，唯物主义的认识论认为，语言首先是认识论的，不是本体论的；人们所用的语言会随着交流的需要不断增多，也可能会随着交流的减少而不断减少，乔姆斯基的转换生成语法也已经生动地揭示了意义生成的过程。语言的约定说也证明了，语言作为符号是人认识世界的介体，是在社会实践活动中集体智慧沉积下来的结果，没有约定，整个社会的交流就会处于无效状态。赵毅

[①] 张世英：《语言意义的意义》，《社会科学战线》2007年第1期。

衡近些年不断推广的广义符号学也越来越证明了，人是卡西尔所说的符号动物，符号即为意义，语言符号必定是人作为主体用于交流的重要符号种类之一。

后结构主义、后现代主义等"后－"学把对语言的认识论推向了极端，他们关于语言的学说打破了传统认识论意义上把语言看作透明介体的观点，同时也否定了语言是用以交流和揭示客观存在的真理的工具，也进而否定了预设的前语言学的实在界。罗蒂（Richard Rorty）的以解释学替代认识论，海德格尔的"语言是存在之家"等观点，都从某种程度上否定了语言的认识论中所隐含的对象性的思维，他们不再把语言当作某物来认知，这必然会悬置了认识的客观性和可能性。"文本之外无一物"的论调[①]，把人类的所有书写文本看作一个迷宫；"意义都是误读"则彻底宣布了理解语言的不可能性。这种认识论解散了能指与所指之间的关系，在充分释放语言潜力时，也把意义变成了一个黑洞。我们就像柏拉图洞穴隐喻中的被困者，根本无法找到走出洞穴的出口。反式走向的认识论，让语言从原本透明的载体变成了不透明的介体，影响了意义的生成和信息的交流。这必然直指一个语言问题，即错误的语言认识论必然会导致"名"与"物"的分离。

名与物之间的关系，在传统的意义论中是简单的、直接的。从柏拉图和亚里士多德到奥古斯丁和阿奎那，从洛克到莱布尼茨（Gottfried Wilhelm Leibniz），即使对于语言神授说的命名式语言，他们都承认"名"与"物"的直接对应和统一，情感说也突出了人的情感和语言产生之间的直接关系。无论是语言代表物，还是如18世纪洛克认为的语言代表物的观念，"名"中都暗含了人对"物"的体验，因此，语言也就是对物的间接命名。

但是，名与物之间的关系，在"后－"学的认识论中出现了认识论断裂，语言不能用来直接指称和意指事物，它无法直接言说意义，

---

① Jacques Derrida, *Of Grammatology*, trans. Gayatri Chakravorty Spivak, Baltimore and London: The Johns Hopkins University Press, 1997, p. 158.

读者也就无法直接从语言中发现一个确定的意义，语言于是陷入了危机。"后-"时代的语言认识论立场显然已经迥然不同于传统的认识论立场，当代西方语言的认识论窘境，明显少了"人"的具身性存在，他们对于语言的认识，自然也就少了以人的"在世"结构来作为生存背景。这或许就是德·曼选择文本语言作为切入点，对文本阅读的可能性进行反思的意义所在，即语言的认识论危机值得关注，我们需要摆脱长久以来与概念性思维模式的联系，重建与世界的关系，实现真正的阅读。

第四节 研究内容和研究方法

一 研究内容

思想的芜杂和认识论定位的不确定，使得德·曼的语言论呈现出一种非体系化的特征，其论证过程则明显表现为以"修辞论"为基础的关于"语言之运作"的文本语言分析，其否定的一面类似于德里达式解构精神的语言批判，肯定的一面则偏向于现象学意义上的再建构；德·曼的初衷是致力于反思语言的特性和意义的原初性状态，而且意义的解构和建构的悖论性共生也都源于他对意义的"不可言说的"原初性的反思。本书的研究内容即以此为核心问题，结合他语言论研究中的三个问题展开。

问题一：修辞论的定位问题。

首先，以德·曼学术思想中所涉及的解构主义、怀疑主义、语言哲学、后哲学语言论和修辞学的多样性理论思想资源互文性为主要内容，辩证分析德·曼语言论的构成，从理论上为其语言论中的"修辞"定位（第一章）。通过分析德·曼对这些思想观点论争中出现的问题所展开的批判，以及他为之所努力创新提出新的语言观和意义论等，以此来廓清学界对德·曼语言论的一些局限性认识，研究其语言论形成的学术渊源。

其次，以后浪漫主义诗歌中的象征语言分析为"本"，研究其认识论困境的浪漫主义之"根"，进而从文本语言的批评实践上为德·曼语言论中的"修辞"定位（第二章）。通过以点带面、理论结合实践的论证方法，我们可以发现，德·曼对西方的语言认识论传统的反思，揭示了后浪漫主义语言论作为其极端化表现所反映出来的认识论困境。

问题二：文本语言中的修辞表述与认识论的非对应性问题。

从语言符号（第三章）、文本（第四章）和修辞（第五章）三个方面展开讨论，深入分析德·曼如何通过辨析语言的不可定义性，旨在破解传统的语法化思维模式给文本阅读带来的认识困境。简言之，语言符号、文本和修辞不是一成不变的静态客体，而是悖论性共生于意义的解构和建构当中的一种存在，当阅读中的认识论立场与语言的修辞化表述相遇，意义与符号之间的非对应必然导致偏离。若非如是观之，我们必然会陷入传统的认识论困境之中，奉之为形而上的和抽象的存在，或"物自体"式的自在存在。

本书关于德·曼语言论研究的难点也在于此，因此我们从三个方面展开分析，目的是回应结构主义语言学、语言哲学和修辞学在发展过程中出现的问题，尽管在研究方法上往往极有可能会陷入"就事论事"的重复性论辩之中，而且在研究内容上也极有可能会更像对不同问题的综述，但是，若把它们分别作为引领我们进入研究问题的关键词，那么，每一次看似重复的论辩实际上都可以看作是对某一个语言材料所反映出来的基础性问题进行的不同角度的再审视、再分析，而且这仍然可能是观照和回应德·曼的语义分析和理论探讨的最好方法。同时，我们将德·曼的语言"修辞论"锚定于整个西方文学史、文学批评史、语言认识论史之中，明显在微观层面上也更具有"语言之运作"方面的研究意义。

问题三：意义的原初性问题。

语言学转向后的诸多语言研究成果，丰富了解释的视角，但同时也带来许多问题。我们首先分析德·曼通过对语言哲学影响下的指称论、自然主义论等所展开的反思，研究这些意义论所带来的认识困境，这是从语言的"内部"研究意义的发生学问题（第六章）。其次，从语言的"外部"切入意义的问题，结合德·曼的语言论，研究在文本解释的过程中，语言主体的弱化带来的认识困境以及由此产生的一系列的语言学式的解释假象，从深层次发掘出其中的认识论缺失（第七章）。简言之，德·曼对意义的原初性问题反思，这不只是反思文学批评的危机，而是通过审视解释层面上语言的不可定义的特性，对语言问题进行广义的认识论上的反思。

二 研究方法

德·曼的语言论是一种"修辞"的本体论，即把语言的修辞性作为一切意义的出发点来考量问题，因此，我们从认识论出发去研究他的"本体论"，在研究方法上会显得有点缺少了学术层面上的合法性，或者说，研究视角与研究对象的存在属性是不对等的，甚至可以说是不甚匹配的。可以这样认为，对于一种修辞本体论意义上的语言研究，最具有正当性的研究方法，应该是采取一种修辞本体论的策略。

然而事实上，德·曼的修辞本体论并不是如古希腊自然哲学那样拥有实在的物质性，也不是如柏拉图的"理式论"那样拥有抽象的哲学性，他把"本体"建基于文本语言，这不仅脱离了实存的自然物体的"沉重肉身"，使他的思想具有了灵活性，同时还拒绝了各种形而上的认识模式，让他的意义分析处于形而下的语言之运作的文本实践之中。简言之，德·曼的"修辞"是如"道""存在"一样的原初性出发点，它把一切语言表述都看作修辞性认识，而我们通常意义上所说的语法化或者修辞化则被涵盖在内，因为它们都是针对言语实践中的某些语言表述形式而言的。

从这个思路来看，把德·曼的关键词"修辞"作为"类本体"来看较为恰当，若果真把"本性"作"本体"来看，不但无法进入后哲学的研究视域中，反而会进一步增加把握德·曼的语言论和文学批评思路的难度，并不能将之变得更清晰。语言哲学把语言从丰富的世界之中剥离出去，但后哲学的语言论却又努力重新把人与世界的关系问题作为首要问题来反思；就目前学界对语言的思考，以及国内外关于文学理论、语言学和语言哲学之间是否必然存在跨学科研究的趋势来看，最好的策略还是尽量避开这些绕口的理论辨析，采用一种认识论角度来分析、挖掘德·曼是如何作为主体来认识语言的，并以此个案为例，进而扩大到其他人文学科知识的意义论中去。

第一章

德·曼语言论的构成

思想家观点的形成,是在特定的学术语境中通过继承和批判成熟起来的,如亚里士多德对真理和老师柏拉图的两难选择、康德对经验主义和理性主义的超验融合、德里达对索绪尔语言符号论的解构。对于德·曼来说,美国20世纪下半叶文学理论和文学批评的大繁荣,不同的哲学思潮和文学理论的杂语性共存构成了他的学术背景,恰如陈粤认为的,在德·曼身上,"既有欧陆的哲学传统,也有英美的实证精神;既有内部研究的纯粹细腻,也有外部研究的开阔通达"。[①]

从德·曼语言论的形成过程来看,他与德里达的解构主义语言论最为接近,这一点在国内外已成共识,但是,解构主义对于德·曼来说不是"理论"方面的影响,而是一种实践策略或方略方面的影响。这种策略背后的认识论传统是怀疑主义,或者说,解构主义语言论是怀疑主义语言论在后结构主义时期最为晚近的例证,所以本章把德·曼与解构主义语言论和怀疑主义语言论之间的关系放在前两节来讨论。

语言哲学尚处于语言学和哲学二者之间的相互跨学科发展趋势下的新方向,后哲学语言论是语言学转向当中的一个规模较小的流派,二者的观点之间有许多重合的地方。德·曼在持续论辩的过程中,不断援引它们的某些术语或者观点,这都显示了现代语言学、语言哲学

---

① 陈粤:《解构与"误差"》,博士学位论文,吉林大学,2008年,第11页。

对德·曼的语言论和文学批评的影响，所以把它们放在第三节和第四节进行讨论。第三节侧重从广义的角度谈语言与意义、世界和存在的关系，第四节侧重分析后哲学的意义论问题。

修辞学属于语言研究的传统学科，它对于德·曼来说是一个基础性的学理层面，也是他语言论的鲜明特色。德·曼的"修辞论"相当于德里达的"书写说"或者"文字学"，是一种行动方式或者实践方略，也唯有通过它，语言才得以从形而上学的（逻格斯）存在中被解构出来或者被颠覆，从而变成具体的、现实性的在场性，所以，在第五节中我们进行了综合性分析，深入挖掘德·曼的修辞性语言论和文学批评模式中的认识论意义。

本章通过梳理德·曼的语言论与解构主义语言论、怀疑主义语言论、语言哲学、后哲学语言论和修辞学之间的各种关系，在论证方法上以对比求证法寻找不同语言论对德·曼的影响，同时也辩证分析他为之所做的批判性的、修正性的努力，这对于揭示他在整个学术生涯中不断追寻意义的"不可言说的"原初性的认识论有着重要的作用。

第一节　解构主义的语言论

"解构"是德·曼学术思想中最为鲜明的特色，尽管他否认自己与德里达的解构主义之间的关系，但他们对文本阅读所采取的高度类似的方法，以及论辩过程中所表现出来的严肃浓重的解构精神，仍然彰显了德·曼与解构主义大语境之间的亲密关系。那么，解构主义在语言论方面的特点与德·曼的语言论之间有什么关系呢？

一　德·曼与德里达的"解构"

解构主义作为一个学术话题早已被学界所熟知，它表现在诸多方面，如德里达的哲学认识论、福柯的政治认识论和罗蒂的新实用主义认识论。学界认为德里达1966年在美国约翰·霍普金斯大学宣读的

《人文学科话语中的结构、符号和游戏》一文是解构主义的开始，在这篇文章中，德里达质疑了西方形而上学的体系，更质疑了人的固定思维模式，"这里没有中心，中心不能被认为有在场存在的形式，中心没有自然的地点，不是一个固定的所在地（locus），而只是一个功能，一种有无数的符号－替代物进来游戏的非所在地"。① 德里达的"去中心论"，"放弃了大多数现代理论所假定的理性的、同一的主体，赞成被社会和语言去中心化了的（decentered）破裂的主体"。②

然而，学界对解构这个概念仍然有诸多认识论上的不同，至少在关于解构认识论的出发点方面就存在许多争议。布鲁姆认为尼采是解构的预言者和德·曼过度阅读者（over-reader）的原型；谭善明等认为，德·曼的解构思想的最直接来源是德里达，"从德里达到耶鲁学派的解构主义延续了尼采的价值评估"。③ 然而，童明却认为，"德·曼重视修辞思维的出发点和结论与尼采都不同：德·曼着眼的是文学文本中的'修辞'和'语义'的关系，而不是尼采思考的'修辞'和'理性'的关系"。④ 因此，有必要把德里达和德·曼二者的解构论的缘起作一对比。

德里达倡导的解构论源自他对西方形而上学的颠覆性认识论，传统的认识论都认为万物背后有一个本质（逻各斯），它作为根本性的存在是一切意义的生发点。其实，逻各斯的形而上构成模式之中还隐藏着一种生成原则，即逻格斯作为各种存在、意义等各种等级秩序的根源，具有终极的判断权威，无论是否缺席了某个体系的设定，它都或显或隐地起着决定性作用，这也就是德里达为什么要把形而上学理解为"在场的"形而上学。

---

① Jacques Derrida, *Writing and Difference*, trans. Alan Bass, London and New York: Routledge Classics, 2001, p. 353.
② ［美］道格拉斯·凯尔纳、斯蒂文·贝斯特：《后现代理论——批判性的质疑》，张志斌译，中央编译出版社2004年版，第6页。
③ 谭善明等：《审美与意识形态的变奏》，中国社会科学出版社2013年版，第206—209页。
④ 童明：《解构》，《外国文学》2012年第5期。

逻格斯论之所以能在语言论中占据一定的地位，源于"逻各斯"这个词的本义在希腊语里就有"语言（言语）"的意思，因此，逻各斯又可以如德里达那样去被狭义地定义为西方形而上学的语音中心论，认为语言背后有一个本质存在，语言和文本必然传递一个确定性的意义。解构主义语言论否定了传统的语言本质论，因为在德里达看来，后者只是一个"白色隐喻"，其结构只能是话语修辞的结果。进一步说，德里达对传统语言论的批判，并不是针对语言自身的存在，而是把这种语言存在论本质化了，将其简略为对一切存在的二元对立式描写，因此，我们一旦看透了逻各斯（或语言论中的逻各斯精神）的存在意义，我们再次对存在进行描写就会忽略掉原来的结构化认识论，并将在阅读的过程中重新描写，原本存在的结构也可以在被解构后再次建构。从这个阅读的方法论看，德里达解构的目的不是为了消解所有的结构化认识论，而是为了对这个结构进行再描述，这是一种"阐释的再阐释"[①]。

德里达意图解构既定的逻各斯结构，他把出发点设定为外力的破解，也可以说，德里达对西方认识论传统的反思仍然可以被归为一个形而上的问题（或反形而上的问题），他的解构精神所具有巨大的哲学影响力足够摧毁所有"形而上"的形式，但是，德里达的解构方法却是旁人无法模仿的一个难题，甚至于德·曼在接受采访时也不得不承认自己的解构与德里达的理解，有很大的区别。"我不用德里达的术语时，他和我最接近，当我使用德里达的术语（如'解构'）时，我们两人之间的距离最大。"[②]再者，从德·曼对文本语言的语义分析来看，他的论文中很少使用德里达的延拓、增补等类似术语来解构文本，在《盲目的修辞》一文中，德·曼还直面德里达的盲视，认为后者的增补逻辑为卢梭文本增加了一个在场的形而上学，破坏了文本的

[①] [美]乔纳森·卡勒：《文学理论》，李平译，辽宁教育出版社1998年版，第131页。
[②] Paul de Man, *The Resistance to Theory*, Minneapolis and London: University of Minnesota Press, 1986, p. 118.

原有意义。在《阅读的寓言》的序言中，德·曼也声明，他的大多数文章都是在"解构"成为学术热点之前撰写的，他对这个术语的理解和使用是"技术意义上的"（technical），同时德·曼也婉转表示，"这并不是要暗示，它因此就变成了中性的或者意识形态上的天真的。但是，我没有理由去删掉它。没有其他词语能如此简洁地表达出，以肯定或否定地评价它所暗示出的，这个不可能逃避掉的评价的不可能性"。[1]

尽管学界尚无法对德里达与德·曼之间的相互影响做一个明确的定论，但是，德里达的解构精神与德·曼在文本语言的语义分析方面表现出来的方法论十分契合，后者俨然就是解构理论在文本实践方面的例证。罗蒂在《后哲学文化》中也点明了德里达、福柯和德·曼三人与解构的关系，认为前两位的思想之中缺少构建文学批评流派的梦想，但德·曼的文本解构实践对于文学批评的影响却是举足轻重的，因为如果没有这些著作，我们很难想象解构批评这个学派是否会存在，即使形不成解构学派，也仍然会"形成一个非常重要的学派"[2]。"德·曼想回答的一个问题，即什么是文学及其语言所特有的，德里达则根本没有提出过，而且他很有可能会拒绝德·曼的前提。"[3]

需要指出的是，罗蒂把德·曼与德里达的不同归为是否对文学语言有所关注，实际上缩小了德·曼的研究对象，也忽略了德里达对文学文本研究的目的和意义。德·曼关注的不只有文学文本，还包括了政治文本、美学文本等各种类型文本内的语言特点，而德里达显然是以文本论辩的形式来阐发自己的哲学观点。再者，德里达与德·曼在"前提"认识论上有明显的不同的地方，尽管他们实际上都把设问重点指向了语言问题，认为语言的本质是隐喻的，文本有着语法结构和修辞结构双重存在的悖论性，但是，对于德里达来说，文本内的形而

---

[1] Paul de Man, *Allegories of Reading: Figural Language in Rousseau, Nietzsche, Rilke, and Proust*, New Haven and London: Yale University Press, 1979, p. x.
[2] ［美］理查德·罗蒂：《后哲学文化》，黄勇译，上海译文出版社2009年版，第109页。
[3] 同上书，第108页。

上学的在场中心论却是他自己设定的，因为在他看来，首先必须有一个中心和结构存在于文本内，然后才能去解构它。相比之下，德·曼的解构方略不受这个限制，因为在他看来，"解构不是我们增加到文本中的某种东西，而是它首先就构成了这个文本"。[1] 文本自身就是相互冲突的，任何解构都是文本自身的因素造成的，或者从反相位来说，文本的中心和结构本身其实只是读者自我介入的结果，阅读过程中根本就不存在我们如何去解构的问题。从这一点看，德里达必然不会赞同（甚至"拒绝"）德·曼在语言的认识逻辑方面设定的出发点。

简言之，"解构"作为一种阅读方法，是德·曼展开语义分析的有效手段，但是，如果把他的方法作为一种本体论来认识，认为"解构"是他文学批评的旨归，难免就会把他和德里达等同视之，事实上，作为一种认识模式，解构蕴含着方法论价值，罗蒂认为，"不论这种方法还是任何其他的方法，都不应归诸德里达，因为他和海德格尔意义都倾向方法这个概念本身"。[2] 而且如诸多论者已经揭示的，德里达的"解构"与海德格尔的"破坏"在认识论方面十分相近，但与德·曼却有着比较大的不同[3]。张大为曾批评德里达的解构主义是一

---

[1] Paul de Man, *Allegories of Reading: Figural Language in Rousseau, Nietzsche, Rilke, and Proust*, New Haven and London: Yale University Press, 1979, p. 17.

[2] ［美］理查德·罗蒂：《哲学和自然之镜》，李幼蒸译，商务印书馆2003年版，第448页。

[3] 通常意义上的"解构"是"deconstruction"，这是德里达对海德格尔《存在与时间》一书的"destruction"的再解释。海德格尔使用的是起源于拉丁语的"Destruction"和"Abbau"，这与尼采的"破坏"（demolition）有很大差别。解构的本意"破坏"在海德格尔的理解中是"颠覆性的分解"，指的是文本结构可以被拆开，使被原结构掩盖的意义敞亮而得以显现，"消解所意味的，不是毁坏，而是拆解、消除"。(Heideggre, Martin. *What is Philosophy?*, trans. J. T. Wilde and W. Kluback, New York: Rowman and Littlefield, 2003, pp. 71-73.) 德里达发展了海德格尔关于这个词的意义，并补充了"消解"等意义。扎巴拉曾经在《存在的遗骸》一书中指出，"德里达的解构发展了海德格尔的消解，试图表明不仅西方哲学传统而且西方的日常思想、语言和文化都依赖于这些二元对立并通过它们加以组织"。(［意］圣地亚哥·扎巴拉：《存在的遗骸：形而上学之后的诠释学存在论》，吴闻仪、吴晓番、刘梁剑译，华东师范大学出版社2015年版，第45页。) 谭善明也指出，deconstruction这个英文词语是由两个部分构成：de表示否定，con表示肯定，因此，从这个词语的整体含义来看，"进入解构修辞内部就会发现，解构和建构是同时发生的"（谭善明：《修辞与解构的游戏——耶鲁学派文本理论研究》，《中国文学研究》2014年第1期）。

种"隐喻机制的神学化","把结构主义的基本机制(仍然是隐喻机制)引向深入,并把它绝对化、简单化了,""先验地、抽象地以一种抽象的同一性来思考'符号',"①违背了结构主义对意义的认识,即任何意义不在于同一性,而在于符号之间的差异性,这就把任何形而上的东西都语言化、模式化了。

二 德·曼与德里达的语言论

根据德里达的解构主义认识论,西方形而上学的建构是以追问本体论和语音中心论合力构建的结果,因此,他把对形而上思维攻击的焦点设定在了各种结构、体系、文本内,而文本语言是其重要的攻击目标;他在关于语言符号、词语、书写的定位中寻求与西方传统语言认识论的差异,进而质疑后者对语言的认识论定位。

德里达的解构主义语言论,主要表现为对胡塞尔的符号论和结构主义语言学的语言批判。根据胡塞尔的现象学,对任何现象都应采取悬置的方法,以此来避免各种形而上的前见。但是,德里达却质疑胡塞尔的符号论中是否仍然隐含着"形而上学的假设"②。在《逻辑研究》中,胡塞尔把符号分为表达的符号和指意的符号,前者是有含义的符号,但是,它却不表述事物的物质、心理,后者是没有含义的符号,只有指示的作用。德里达在《声音与现象》中批判胡塞尔关于符号的这一区别,认为他提出的每个符号都是某物的符号的论述是武断的,若物都可以由符号来代替,符号就有替代某物的可能,某物也就有被替代的危险。既然物与符号之间的关系是不确定的,那么,符号关于表达和指意的区别就是毫无意义的,而且符号之间的关系只是"功能性的,而不是实体的"③,任何符号用于不同的事物就会有不同的功能,也就不会是严格意义上的表达的或指意的,这是因为胡塞尔

---

① 张大为:《元诗学》,大众文艺出版社2007年版,第40页。
② [美]德里达:《声音与现象》,杜小真译,商务印书馆2010年版,第3页。
③ 同上书,第23页。

把对语言符号的现象决定权交付给了人的"意向性体验",因此,这两种功能可能会互相交错、互相混淆于同一符号的环链和同一种意义之中。由此德里达开启了对胡塞尔符号认识论的解构,其目的是要揭示出,胡塞尔关于语言、符号、文字的表述中依然存在着关于符号本质的传统的语言认识论,"是在理性的方向上对语言发生兴趣,从逻辑出发规定逻各斯,实际上,他从最终目标(telos)的普遍逻辑性规定——并且是以传统方式——语言的本质"。[1]

德里达在对结构主义语言学的批判中进一步发展了自己的语言论,认为语言符号作为意义的发生地,其不断延拓的本质造成了意义的不确定。索绪尔认为的言语和书写两个概念中,书写是为了表现言语,现代语言学所要研究的对象因此并不是书写和言说的结合,而是由书写单独构成[2]。然而事实上,从符号学来看,言语和书写属于两种不同的信息的载体,但二者都统一于符号,书写依赖于文字,言语依赖于声音。书写符号和声音符号都具有物质性的特点,都需要借助最初的语境来判断,再加上文本语境变化后所设定的文本新语境,书写和言语都会出现语言物质性的混合,二者作为符号都具有不确定性,都是在符号体系之中被暂时确定下来,其实质上都并没有中心。

语言作为符号是一种延拓,我们看到的都是语言留下的痕迹,或者说,我们永远无法面对在场,只不过是看到一个又一个的表象。在意义的不断延拓中,在场被解构,因此不存在所谓的语词的恒定意义,既然语言是不确定的,那么形而上学也是不确定的。德里达在《论文字学》里面曾把语言符号的危机看作是形而上学的时代危机,认为这种危机是"一种症候","历史的-形而上学的时代必须最终将问题视野的整体性确定为语言"。[3]

---

[1] [美]德里达:《声音与现象》,杜小真译,商务印书馆2010年版,第7页。
[2] Ferdinand de Saussure, "The Object of Study", in David Lodge, ed., *Modern Criticism and Theory*, London: Longman, 1991, p. 8.
[3] Jacques Derrida, *Of Grammatology*, trans. Gayatri Chakravorty Spivak, Baltimore and London: The Johns Hopkins University Press, 1997, p. 6.

第一章 德·曼语言论的构成

德里达由此从语言论的角度开始对西方形而上学传统认识论中的真理、本质等概念进行解构。一般意义上讲，哲学是对世界的真实认识，属于真理，所以它不能是隐喻的，但是在《白色的神话》一文中，德里达援引了尼采对真理的表述，（真理是"由隐喻、双关、拟人等修辞手段组成的军队"）认为"抽象的概念总是隐藏一个可以感知的形象"①，哲学和文学一样也受制于书写符号，也同时都是一种言说，需要借助于不同的语境来判断，任何观念的表达只能依赖于比拟或类推，哲学因此必然首先是一个"理论的隐喻"②。德里达由此解构了字面义和比喻义之间的对立，他旨在告知我们，哲学的字面义原本只是比喻义，只不过被我们忘记了。这一点与尼采在《古修辞学描述》中的论点相似，即语言并没有本义，只有转义。

同样，德·曼也把结构主义语言学作为重要的设问对象。在《抵制理论》一文中，德·曼从对结构主义语言学介入文学批评的批判中反思语言的丰富性，认为结构主义语言学家如索绪尔、皮尔士、萨丕尔和布隆菲尔德等起初并不关心文学问题，而是雅各布森和罗兰·巴特揭示了文学与语言学符号理论之间的天然联系，"把语言看作是一系列的符号和所指，而不是既定的意义模式"。③ 结构主义语言学方法对于语言符号的分析和文本解释的最大益处就在于，"把语言从所指的限制中解放出来，并给予足够多的自由"，④ 但是，文学的语言学研究同时也带来一种疑惑，即在纯粹的语言的结构主义认识论中，语言的认识论价值被忽略了，对文本的解释也不再把真假善恶等问题作为研究对象了。乔纳森·卡勒曾批评，"语言学不是解释学。它并不是要发现系列的意义或生成它的一个新解释，而是尽力去确定事件之下

---

① Jacques Derrida, "White Mythology: Metaphor in the Text Philosophy", Trans. F. C. T. Moore, *New Literary History*, 1974, p. 7.
② Ibid., p. 56.
③ Paul de Man, *The Resistance to Theory*, Minneapolis and London: University of Minnesota Press, 1986, p. 9.
④ Ibid., p. 10.

体系的本质"。① 文本是自足的,但符号的任意性却将意义的诠释权利放置于文本外,这也就成了德·曼发展自己语言论的文学批评基础,德·曼也坦率承认自己的解构是"文学性语言学"②。

不同的是,德·曼把隐喻认识论引入哲学思考,他在《隐喻认识论》一文的开篇就指出,任何语言都是建构在隐喻的认识论基础上的,所谓的本真的意义都不过是理论家在修辞的运作基础之上产生出来的。德·曼把设问对象从文学语言扩展到哲学语言,认为把哲学、神学和诗歌等语言详细区分开是不可能的,因为语言的比喻性会不断介入人的认识,影响语言的意义呈现。"所有的哲学以其在某种程度上对比喻表达法的依赖,注定是文学的,而作为整个问题的全部,所有的文学在某种程度上又是哲学的。"③ 从这个角度看,德·曼不再如德里达那样从理论上谈论语言,似乎这样就解决并发展了德里达对这个问题的看法;他把哲学和文学看作是不同的语言表述方式,而它们的原初性的语言特征是转义,"转义不是语言派生的、边缘的或变异的形式,而是最为出色的语言范式。形象化的结构不是其他语言模式中的一种,而是它就这样刻画语言的特征"。④

尽管德·曼的意义论立场与德里达相似,都倡导把意义的不确定返回到文本的认识论,从而达到解构文本的目的,但是,德·曼对意义的不确定性的理解是反讽式的,认为意义最终必然"消解于语言符号的狭窄的螺旋(spiral)之中,变得与自身的意义越来越远,但从这个螺旋中却找不到逃出去的出口"⑤。这个形象化的表述十分类似于米

---

① Jonathan Culler, *Structural Poetics*: *Structuralism, Linguisitics and the Study of Literature*, London and New York: Routledge, 2002, p. 36.
② Paul de Man, *The Resistance to Theory*, Minneapolis and London: University of Minnesota Press, 1986, p. 11.
③ Paul de Man, *Aesthetic Ideology*, Minneapolis and London: University of Minnesota Press, 1996, p. 50.
④ Paul de Man, *Allegories of Reading*: *Figural Language in Rousseau, Nietzsche, Rilke, and Proust*, New Haven and London: Yale University Press, 1979, p. 105.
⑤ Paul de Man, *Blindness and Insight*: *Essays in the Rhetoric of Contemporary Criticism*, Minneapolis: University of Minnesota Press, 1983, p. 222.

勒的表述,即意义之不确定永远处于一种"真空的悬置"之中①,没有任何确定之物可用于依附。

或者说,德·曼、德里达和米勒的观点某种程度上都是对索绪尔语言符号论的翻版,推崇能指的存在意义的共性一面,即能指作为符号的能指,不是单一性的存在,而是蕴含了各种存在的可能性,从能指向所指的指向过程中,能指自身不断延伸,并与其他能指作出区别,能指的意义不内置于自身,而是因与其他能指的不同获得意义。能指与能指相互区别,这个过程无限延伸,构成了能指游戏,也使得意义的获得过程无限延长,甚至消失于这个过程中而遥不可及。

三 后现代解释学

解构主义思想在文本解释方法上的表现,被学者们定义为"后现代解释学"或"后解释学批评",大卫·威尔贝利(David Wellbery)认为,后结构主义所提出的解释方法属于一种后解释学批评(post-hermenutic criticism)②,卡斯特·斯特劳森(Carsten Strathausen)也从学源结构上认可了后结构主义和解释学之间的关系,认为后解释学是从法国后结构主义发展而来的,或者说来自德里达–伽达默尔在80年代早期的争论之中。解构主义影响下的解释学远不同于我们所理解的解释学,二者之间的区别在于,后解释学聚焦于语言的物质基础,而解释学强调语言的精神特征③。

学者们把解构主义批评归属于"解释学"批评,更多是因为二者都把焦点对准了意义论,研究语言的修辞化运作机制。覃世艳就把德里达和耶鲁学派关于语言的意义论看作是后现代解释学,属于解释学史上的第四个阶段,"通过玩弄新术语和新概念,达到了偷换概念和

---

① [美] J. 希利斯·米勒:《解读叙事》,申丹译,北京大学出版社2002年版,第30—31页。
② Carsten Strathausen, *The Look of Things: Poetry and Vision around 1900*, Chapel Hill & London: The University of North Carolina Press, 2003, p. 107.
③ Ibid., p. 109.

反对历史主义的目的，逃避逻辑、逃避理论，反对辩证法，从而走向相对主义和神秘主义"。① 可以说，后现代解释学的认识论悬置并废弃了传统的认识论模式，如本质与现象、真实与虚假、表层与深层的二元对立模式，使得一切认识视角都平面化了。

覃世艳所指的后现代解释学，类似于郭军提出的"修辞版的解构主义"，"反对把阅读建立在逻各斯中心主义上，自视为一种可用来发现本质或终极意义的手段"②。这一点也与瓦蒂莫在《解释之外》对德里达的界定如出一辙，即"解释学的解构版"③。尽管学者们争论的观点在某些用词或者解释方面不甚相同，但他们都肯定了德·曼与解构主义语言论关于意义的解释问题方面的立场是一致的。

不同的是，德·曼的文本解释立场不如德里达那般强有力地反驳各种解释的批评方向或维度，他以其无法抉择的无奈，让文本意义陷入无效，否定了意义可以言说的可能性，某种程度上说，德·曼的文本批评模式"完全超越了解释的解释学模式"，并且被威尔贝利斥之为"文学作品的否定神学"④，张隆溪也认为德·曼是"反阐释的"⑤，林赛·沃特斯（Lindsay Waters）则直接把德·曼看作是"否定美学"的代表，"对于美学意识形态、美学民族主义、浪漫主义的反资本主义思想等的批评，其出发点正是内在性，或者，更常见的，正是否定这一概念［即自我（抽象意义上的）同世界的分裂］"。⑥

事实上，对于德·曼来说，文学文本不是无法解释，而是因为文本内的语言表述可以有诸多解释的可能性，而且这些解释的悖论性共

---

① 覃世艳：《后现代主义解释学批判》，博士学位论文，苏州大学，2006年，第6页。
② 郭军：《保罗·德曼的误读理论或修辞学版本的解构主义》，《四川外语学院学报》2005年第4期。
③ Gianni Vattimo, *Beyond Interpretation: The Meaning of Hermeneutics for Philosophy*, Stanford: Stanford University Press, 1997, pp. 91 – 92, 100.
④ Carsten Strathausen, *The Look of Things: Poetry and Vision around 1900*, Chapel Hill & London: The University of North Carolina Press, 2003, p. 113.
⑤ 张隆溪：《道与逻各斯》，冯川译，江苏教育出版社2006年版，第199页。
⑥ ［美］林赛·沃特斯：《美学权威主义批判：保尔·德曼、瓦尔特·本雅明、萨义德新论》，昂智慧译，北京大学出版社2000年版，第100页。

存会造成意义的"不可言说的"困境，或者说，文本不是一种现象性的事件，我们也不能给予它任何肯定性的存在的形式，无论这种形式是自然事实或者是心理事实，它必然不会导致一种超验的知觉和知识，而只会保持自身的内在性，并就自身的解释问题产生自我质疑、自我解构。文本解释不是由内向外的产出，它不是依赖于文本外的因素才会生成的一个存在物，也可以简要地说，德·曼把回归现象的可能性从文本阅读中驱逐了出去。

从认识论的角度看，尽管德·曼也如德里达等其他后现代解释学者一样，全盘推翻传统认识论所有的本质论、本体论等形而上的概念，但是，他所倡导的非历史、非现象的阅读，让文本的存在或者理论假设变成了修辞化的、没有任何现实理据的存在，所有的知识也因此都变成了"解释"或"意见"。任何关于事物存在的描述都是不确定的，我们无法分辨出事实性的存在和文本的修辞性存在。特里·伊格尔顿在《理论之后》中视之为一种"浪漫主义的错觉"的观点①，弗兰克·伦特里奇亚（Frand Lentricchia）则更坦率地指出，"德·曼将盲视理解为所有理性的和逻辑的过程，反思的思维习惯或计划性的意图，他将理性意识本身降级为黑暗、虚假和幻觉，伴随而来的是他将洞见（直觉、想象力、自发性和无意识）提升为通向真理和现实的阳光之路——坚持认为理性和直觉之间相互隔绝——德·曼用极端的形式恢复了一种浪漫主义认识论"。②

第二节 怀疑主义的语言论

解构主义是怀疑主义在现代人文社会思潮之中最晚近的集中表现，尽管德·曼从来没有直接讨论过怀疑主义，只是在《论帕斯卡尔的劝

---

① [英]特里·伊格尔顿：《理论之后》，商正译，商务印书馆2009年版，第16页。
② [美]弗兰克·伦特里奇亚：《新批评之后》，王丽明、王梦景、王翔敏、张卉译，南京大学出版社2017年版，第374页。

说寓言》一文中为了辩证分析自然与习俗之间的关系时,借用了怀疑主义与独断论的某些观点,但他与解构主义的关系,以及论辩过程中表现出来的怀疑论立场,仍然彰显了他学术背景中的怀疑主义认识论影响,众多论者也纷纷指责德·曼是一个十足的怀疑论者,称他的认识论立场是一种"语言学怀疑主义"(布鲁姆),或者是已经"陷入了自由主义和怀疑论的泥潭中"(特里·伊格尔顿)[1]。那么,德·曼的语言论在多大程度上受到了怀疑主义的影响呢?

一 认识论

怀疑主义的语言论始终都离不开怀疑主义的认识论,而且对语言的怀疑是怀疑论者的基础论题之一。无论是"前怀疑主义者皮罗(Pyrrho)、古典怀疑主义者笛卡尔、休谟和康德,还是现代怀疑主义者叔本华、尼采、伯格森和克尔凯郭尔,以及后现代怀疑主义者德里达、利奥塔,"[2] 怀疑认识论都是为了反思知识形成的前提,回答知识如何可能,认识论如何可能。

怀疑论以哲学反思的态度,质疑各种既定见解,其宗旨是"破除独断论"[3]。借用怀疑论鼻祖皮罗的观点,怀疑主义"不做任何决定,悬搁判断"[4],中止判断,反思理论前提。怀疑论承认事物所表现出来的"象",却把怀疑的矛头对准对此象的解释。恰如黑格尔对怀疑论的评价,"它把一切确定的东西都消解了,指出了确定的东西是虚妄无实的,""怀疑论的结果无疑地是否定,是消解确定的东西,消解真理和一切内容"[5]。

反相位来看,怀疑论质疑之处,也正是新论据显现之地。理解怀疑

---

[1] [英]特里·伊格尔顿:《美学意识形态》,王杰、付德根、麦永雄译,中央编译出版社2013年版,第343页。
[2] 颜翔林:《怀疑论美学》,商务印书馆2015年版,第32页。
[3] 同上书,第3页。
[4] 同上书,第7页。
[5] [德]黑格尔:《哲学史讲演录》第3卷,贺麟、王太庆译,商务印书馆1959年版,第106页。

论,不是去悲悼某些确定性的失去,而是去发现怀疑论质疑的理据。例如笛卡尔的普遍怀疑论,当各种理论的立足点都不被接受的时候,"我"不可以被怀疑,否则意义永远不会到来,所以笛卡尔把怀疑论的立足点定位于"我",以"我"来重新审视各种意义,"我"就是一个元问题,用以替代各种理论的立足点、出发点。"我"才是一切存在的开始。然而,从"我思""我在"之间的关系看,这里的"故"表示的因果关系是人为的,或者概念化的,这是笛卡尔从自我论中推导出来的命题,是可以证伪的。我们也可以说"我不思",这就与佛学中常讲的"法不说"很类似,法不可言说,法不可不说,法是非非法,所以,"法"不可说,我们就直接取消了认识的逻辑起点。任何一种言说的方式都是"我在"的前提,因此,书写本身就具有可证伪性的主观性、意向性。但是,相关问题依然有很多,笛卡尔的"我"是弗洛伊德自我论中的"自我"、"本我"和"超我"的哪一个呢,还是马克思的具有社会性的"我",还是更有可能是萨特存在主义中的以虚无性降临为存在的"我"?各种理论被质疑,"我"出现了,而且为"我"的解释提供了更多的可能性。

这种观点表现在怀疑主义者的语言论中,就是对语言能否表达意义的质疑。古希腊的高尔吉亚曾提出过三个著名的论题:

(1) 无物存在;

(2) 如果有物存在,也无法认识它;

(3) 即使可以认识它,也无法把它说出来告诉别人。

在这三个命题中,"无物存在"是本体论问题,"无法认识"是人的认识问题,但是"无法说出来"显然属于语言论问题。在《论高尔吉亚》中,高尔吉亚进一步阐明了语言的"不可言说"的观点,"一个人怎么可能把看到的东西用言语表达出来呢?……一个人没有想到的东西,怎么可能从其他人的言辞或与该事物不同的某种标记中想到它呢?……一个人说的不是声音也不是颜色,而是语词"。[①]

---

① [古希腊]亚里士多德:《亚里士多德全集》第7卷,苗力田译,中国人民大学出版社1993年版,第22页。

这种质疑语言表述的观点，在解构主义语言论上表现十分明显，德里达质疑传统本质主义的认识论，质疑语音中心论，提出了延拓、撒播等术语，强调文本意义确定性的不可能性。同样，在中国先秦诸子的语言论中也可以发现类似表述，如庄子《齐物论》中的"言未始有常"，就是指语言没有一个不变的标准，任何人说的话都是自己的，人与人不会有共识。它们都否定语言的客观性和社会性，突出语言的主观性。《知北游》中的"道不可言，言而非也"，也说明了庄子对语言表达能力的怀疑。

德·曼的语言论所表现出来的怀疑精神，首先表现在他对一些概念和术语的语言学理解上，如在《抵制理论》一文中，德·曼把诸多论者看作"肤浅的"意识形态的读者，但是他所讨论的"意识形态"并不属于马克思的政治术语，也不是阿尔都塞强调的意识形态的中性意义，而是一种语言学意义上的概念，一种包括了知识论、真理论、价值论和实践论的认识论体系，其立足点是祛除这些附加于认识主体之上的概念累赘。此外，德·曼还在《康德的现象性和物质性》一文中，把意识形态与批评哲学联系在一起，在《康德和席勒》一文中又把意识形态与理想主义联系在一起，把席勒（Johann Christoph Friedrich von Schiller）看作康德的意识形态化的再现。德·曼质疑意识形态这个概念，恰如布莱希特（Bertolt Brecht）在叙事剧讨论中通过间离手法消解控制社会的意识形态，他们都把意识形态视为一个发生性的概念，有着自身的发生、发展和消亡过程。唯有通过审视各种理论的前提和假定，质疑各种批评行为中所蕴含的意义的可能性，才能更好地反思其现实意义。布莱希特的二战经历和德·曼的经历类似，二者都深切体会到了意识形态的欺骗性，也许他们质疑意识形态这个概念的目的，是为了消解并揭露这个人们早已习以为常的概念，以此来唤醒人们的怀疑精神，祛除意识形态的迷雾。

德·曼的怀疑精神同样也表现在对人的思维模式的反思或者可证伪方面，例如，在我们面对作家作品时所抱有的类型化固定思维模式方面，一个作家既可以是一位哲学家，也可以同时还是一位小说家；一个作家也可以是一位纯粹的哲学家或者小说家。在界定二者的书写身份方面，前者显然比后者更难以定位，但是，我们阅读这位作家的哲学作品和小说时，会自觉地把作家的身份加以区分，而不会认为这两类不同作品其实属于同一种"修辞化"的写作模式。对于此证伪困境，德·曼归之于修辞阅读问题。

选取德·曼关于尼采和卢梭的两篇论文的开篇为例：

（1）把尼采与文学的关系的思考中心放置于尼采的修辞论上，显然是牵强附会的。为什么人们选择似乎是所有证据都指明是尼采事业中的奇怪的、次要的部分，来作为反思文学和哲学话语的特别的文学方面的复杂问题的入路呢？[1]

（2）在卢梭经典著作中，《论人类不平等的起源和基础》（1754）的位置仍然是不确定的。卢梭全部著作是明显二重性的，这个整体包括了部分的政治理论，部分的文学（小说和自传），它不可避免地导致了解释者的分工，从而暴露出了政治学家、文化历史学家和文学批评家之间的潜在的不相容性。[2]

德·曼（1）中把修辞看作是研究尼采文学和哲学思想的关键词，但是学界却视之为尼采经典作品中的"可以被忽略掉的、不引人注意的角落"[3]。（2）中所揭示出来的问题是一个阅读问题，即不同的评论家只会选择某一个视角，从而忽略其他视角，他们在评论视角的选取过程中暴露了一个证伪性的问题，即任何阅读都可以被证明是不足的，或者是误读。

---

[1] Paul de Man, *Allegories of Reading*: *Figural Language in Rousseau*, *Nietzsche*, *Rilke*, *and Proust*, New Haven and London: Yale University Press, 1979, p. 103.
[2] Ibid., p. 135.
[3] Ibid., p. 103.

从（1）和（2）所针对的问题看，（1）中所讨论的是尼采的修辞性语言观和转义问题，（2）研究的是卢梭文本中的语言问题。德·曼的目的是从阅读的关于书写方面的问题中，找出问题的症结，把一切归于文本语言，认为关注文本语言才是各种阅读的关键所在，而不是把阅读简化为对文本主题或者概念建立之类的表层阅读，而忘记了文本中语言的不同功能所遮蔽的意义给阅读带来的思考。

德·曼从哲学信仰走向了哲学方法和思维策略，把"认识论"怀疑作为美学上的一种悬置，这在20世纪理论盛行的时代，是对整个学术时代的一种挑战。他提倡怀疑论，质疑一切形式化建构中的理论预设，这也许是他与德里达在西方学术界尤其备受关注的原因之一。如果德里达的"反"形而上学还可能存在某些形式化、体系化发展的潜势，那么，德·曼则明显自断后路，质疑一切事物之间的有机联系，例如《面目全非的雪莱》一文的最后一段，德·曼这样写道："任何事情，不管是行为、词语、思想还是文本，曾经和之前的、之后的或者存在于别处的任何事情，曾经有过肯定或者否定的关系，只能是作为一种偶然的事件发生，其力量犹如死亡的力量，是由于它发生的偶然性。"[①] 德·曼质疑事物之间的有机联系，否定一切必然，提出偶然性，正是他的怀疑认识论最明显的证据。

从历时角度看，怀疑主义作为对知识可能性的否定，更多地产生于认识危机，它也因此被排除在主流的认识论之外，毕竟对于许多人来说，人的知识来源可以是唯理论的，也可以是经验论的，但绝对不会是不可能的。若非如此，我们科学研究和社会生活中的知识从何而来呢？然而，怀疑主义的质疑精神却备受马克思称赞，并且把他们称作"哲学家中的科学家"[②]；颜翔林也指出，"怀疑论美学不满足于充当知识看守和学术鹦鹉的角色，而是以坚韧的思维努力和绝望的学术

[①] Paul de Man, *The Rhetoric of Romanticism*, New York: Columbia University Press, 1984, p. 122.
[②] ［德］马克思：《关于伊壁鸠鲁哲学的笔记》，载《马克思恩格斯全集》第40卷，人民出版社1982年版，第167—168页。

姿态，抗衡目前剩下的权威话语的压制，以哲学—美学一体化的思考，拓展一条通往充盈精神生机的荆棘之路"。①

20世纪各种理论流派的相互竞争性存在，证明了这个时代对于相对认识论的推崇，或者说这个时代是以宽容的态度默许了各种理论的存在，尽管许多理论之间可能是相互解构的。或许也正是这种纵容造成了一种认识论危机，因为它从认识论基础上就消解了各种理论的工作场的意义及其存在的价值。事实证明的确如此，人的认识可以是感性的、具有时空关系的感性经验，但人的认识永远无法反映物自体，所以一切知识只能是主体的反映。然而，一旦人作为主体对于知识的欲望超过了一定的理性，突破了知性范畴，如后康德主义和后浪漫主义时期所推崇的后人文主义，那么，20世纪理论繁荣下的认识论基础无疑就成了古代怀疑认识论的翻版，即人只能认识经验世界，而不能认识超验世界。

二 方法论

怀疑论在不同时期的研究方法各有不同，如皮罗的中止判断、胡塞尔的悬置、德里达的解构，但它们的共性在于，切断从前提到结果之间的有机联系，认为这些联系是人为的或者概念化的，所以要对它们进行否定，"清除美学上的逻各斯中心主义和独断论"。②

德·曼的怀疑方法主要是通过取消理论预设来加以解构。例如，德·曼在《盲视与洞见》中通过分析卢卡奇的文本与世界的关系论，反思了他的理论中所潜在的虚假前提。根据卢卡奇（Georg Lukacs）的《小说理论》，形式是心灵对世界的反思的结果，形式变化也是观念的改变，如史诗所要回答的正式问题是："生活如何能成为本质（essence）？"悲剧所要回答的问题是："本质如何能变成活生生的？"对于文本形式来说，"可以被接受的整体不再是艺术形式了：它们因

---

① 颜翔林：《怀疑论美学》，商务印书馆2015年版，第1页。
② 同上书，第33页。

此或者必须压缩、挥发那些赋予形式的所有它们能包含其中的都到了某个程度的,或者辩论性地展示出它们获得必要的客体的不可能性和它们自身手段的内在无效性。只有这样,它们才能把世界结构的碎片性的本质装进形式的世界"。①

对此问题,德·曼认为,卢卡奇对小说历史论的划分以及关于反讽的分析中,预设的前提是作者的形式化认识问题,他采用的是"前黑格尔的术语"和"后尼采的修辞"②,但是,卢卡奇把小说形式看作拥有自己发展史的概念,却并没有像黑格尔的"绝对精神"那样,让文学的"形式"成长历程呈现为一种有机的、连续的过程,而只是把小说看作是非社会的、非心理的,是人的意识的经历。最为致命的是,卢卡奇的文学形式论原本应该构建成一种后黑格尔的整体论,但是,卢卡奇却在调停人对整体性的渴望与人在现实的孤独处境之间的关系时,把形式的终极形式归为反讽,并且将其作为文本的结构范畴来加以统一。换言之,卢卡奇是以意识行为来统一小说形式的发展、小说的命运和人以意识进行超越之间的张力,注定表现为文本上结构的不连续性。小说的形式不是对客体的模仿,而是以时间性的线性历时性取代了发展的有机性,这种张力实际上正是卢卡奇理论预设之中本身就暗含了的一种盲视。

对于德·曼来说,任何形式化的理解和解释都源自理论框架的设定,一旦设定了理论前提,就必然会导致"否定"。以形式论来掩盖其中的不连续性,是出于某种概念化的规定,或者如斯宾诺莎所认为的,"规定即否定"。③ 在第 50 封信中,斯宾诺莎(Benedictus Spinoza)认为,任何事物的形状都是针对有限的,而无限是没有形状的,因此一旦把形状用于无限,就是否定。或者说,我们对某一个事物的解释

---

① Georg Lukacs, *The Theory of The Novel*, trans. Anna Bostock, London: The Merlin Press Ltd., 1971, pp. 30, 35, 38 – 39.

② Paul de Man, *Blindness and Insight: Essays in the Rhetoric of Contemporary Criticism*, Minneapolis: University of Minnesota Press, 1983, p. 52.

③ [荷]斯宾诺莎:《斯宾诺莎书信集》,洪汉鼎译,商务印书馆1993年版,第206页。

都属于目的论解释，是以主观价值借助自己的想象来解释，而不是对事物本性的客观认识。

三 问题论

大而言之，怀疑主义自一开始就具有问题意识，怀疑任何知识的可能性，例如，休谟（David Hume）质疑理性在人的经验判断中的作用，认为人的知识来自知觉，但是经验论的知识并不可靠，因此知识也不可靠。从历时的角度看，从早期关于世界本体的认识问题，到笛卡尔时代的人认识世界的能力问题，再到德里达的意义生成问题，怀疑论所涉及的研究对象包括了知识的起源、主体的作用、艺术的作用，等等。正如《怀疑论美学》认为的，怀疑主义涉及了意义方面的"现实的消解"，价值方面的"逻各斯中心主义"，神话和幻觉方面的"真理批判"，历史和文化方面的"集体无意识的偶像"[1]。

根据德·曼论文的问题视角来看，大致包括三个方面[2]：

（1）意义的可信度问题，如《盲视与洞见》中涉及文本意义的确定性。

（2）阅读的方法论问题，如《阅读的寓言》涉及的寓言问题，《浪漫主义和当代批评》中的方法论问题。

（3）语言的问题，如《浪漫主义修辞》中的象征论，《符号学与修辞学》中的语言符号论，《隐喻认识论》中洛克、孔狄亚克和康德关于隐喻认识论的问题，《发生的谱系》中语言的陈述和述行问题，等等。

总而言之，德·曼始终思考的都是一个大的美学问题，其中包括了各种文学理论和文学批评的问题，他的认识论出发点是为了维护美

---

[1] 颜翔林：《怀疑论美学》，商务印书馆2015年版，第152—204页。
[2] 这里对德·曼的问题的归纳，主要依据的是文艺学、符号学、语言学各学科所涵盖的不同问题，它不同于本文在引论部分根据德·曼所撰写的论文内容划分的不同种类。

学方面的问题，如文本解释。一般而言，美学的审美过程应该超越真或者与真无关，它意图超越于所有的认识逻辑之上，构建一个直达超验的审美之路。但是，任何文本除了其审美的一面，还有隐喻的一面，其中应该蕴含了作者对人与世界之间的关系的生存论思考。因此，德·曼的怀疑论是要破除虚假的预设和前提，恢复美学的认识论，从审美的修辞性表述回归到人的认识反思。尽管德里达的解构论也提倡一种否定命题，德·曼则显然继承的是相对的认识论，它类似于贝克莱的经验主义立场、库恩的范式论，质疑我们把文本作为工具性的存在，因为一旦我们把工具的"形式化"研究看作是本体去认识，就会忽略了文本的认识论存在，毕竟文本也是人认识世界和自我的一种对象化的产物。

怀疑论美学的态度十分明显，它否定真理的存在，一切都是虚幻的。根据伽达默尔的艺术真理属于语境真理，艺术真理必然带有模糊的、不确定的含义，亟待读者的增补，形而上学的真理也相应地缺席了。从语言认识论的角度看，字面意义只是文本意义的构成要素，修辞意义并不是补充文本意义，而是实现意义语境化的重要构成要素。换言之，从语义学看，文本意义与语句的真值条件相关，当名称与描写对象相对应的时候，语言指向对象时即产生意义。

从设问对象看，德·曼的论文集《盲视与洞见》分析了如新批评、形式主义和海德格尔对荷尔德林的批判等批评文本，《阅读的寓言》分析了包括里尔克的诗、普鲁斯特的小说等文学文本和卢梭的政治文本，以及尼采的哲学文本，《审美意识形态》分析了康德和黑格尔的美学文本，等等。德·曼的学术视角触及各种各样的文本，这些研究对象都不尽相同，似乎很难对德·曼的设问对象下一个判断，也无法用一个简单的术语来涵盖。但是，这些问题都可以包含在德·曼的设问对象之内。从哲学认识论看，德·曼所设问的问题实质上是"存在"问题，对于文学理论界内的各种理论流派来说，这些不同的理论体系构成的是指称之"在"，它们是一种存在者的形象，是对于德·曼来说的一种概念化的存在。但与此同时，德·曼对于先验的存在如传统本质主义者所论述的，都在各种意义论中预设了一种先验的知识，这种关于存在的讨论也是德·曼不能接受的。从这个角度看，德·曼所设问的对象，不是传统意义上的知识性的对象，他在解构文本意义的同时否认了认识的可能性，这是以怀疑的认识态度质疑其中关于知识表述的可信度。

或者说，德·曼的怀疑论主要是针对当前的语言表述的危机，即关于语言和世界的关系问题。语言的认识论困境表现为，语言无法言说意义，或者它言说的意义无法被确定真假，一切意义都处于无效交流之中。这种修辞性表述与认识论反思的非对应构成的危机，表现为意义（真理）的起源问题，其不确定性构成的意义悖论也必然超越于文本实践的理论构建之上。德·曼思考的问题之一就是：理论危机之后。借用特里·伊格尔顿在《理论之后》中的评价，"反理论是我们的本质，哪怕我们需要理论来揭示事实"。[①] 伊格尔顿是借此批判尼采的反理论的观点，但其中关于理论的作用同样值得我们思考，理论可以揭示出来的事实是什么？这种事实是超越文本实践的、非表述的吗？任何修辞表述不都应涉及语言和世界的关系吗，为什么还会出现认识论上的不确定呢？反言之，一旦德·曼坚持反理论的认识论立场，那么，他的类形而上学的辩证哲学必然导致如罗蒂认为的"文学崇拜"，即任何意义都是文学性的，而非陈述性的。

第三节 语言哲学的语言论

语言哲学作为一门学科，它的研究对象并不如这个名字显得这般易懂，关于"语言"的哲学研究，必然涉及"语言学"或者"语言"

[①] ［英］特里·伊格尔顿：《理论之后》，商正译，商务印书馆2009年版，第62页。

的定位问题①。塞尔（J. R. Searle）在《语言哲学》的引论开篇就指出，"把语言哲学和语言学哲学区别开来很重要。语言学哲学在于试图通过分析语词的意义，分析自然语言中语词之间的逻辑关系来解决这些问题。……语言哲学在于试图分析语言的特别的、普遍性的特征如意义、指称、真值、证实性、话语行为和逻辑必然性"。② 罗蒂则把"语言哲学"分为"纯的"和"不纯的"两类：前者的代表人物主要是弗雷格、维特根斯坦和卡尔纳普，他们的研究范围涉及真理、意义、必然性和名字等概念，主要研究语言意义和指称概念的系统化问题；后者主要属于纯认识论的研究，延续了康德的思想，意图为知识论提供一种"非历史的框架"③。陈嘉映的《语言哲学》对语言哲学的研究范围也作了大致的界定，认为其宽式定义指的是 20 世纪以"语言"为主的哲学研究，窄式定义则指的是"分析哲学传统中的语言哲学"④，国内目前关于语言哲学的研究，主要是窄式定义方面的内容。

德·曼与西方语言哲学研究的关系较为复杂⑤，他的语言论涉及了广义的"语言"研究的诸多方面，我们只能依据他的《阅读的寓言》《抵制理论》《美学意识形态》等论文集中所涉及的内容大致归纳，如：

（1）指称、能指、现象、陈述、述行、断言、语气、语义的不一致等，涉及的是语言和意义的关系问题；

（2）自由、道德、完善力等术语等，涉及的是语言和世界的关系问题；

---

① 钱冠连曾在关于西方语言哲学的问题的系列论文中，指出了国内外关于"语言哲学"使用的混乱以及研究对象等方面出现的问题，并且区分了哲学上的哲学家和语言学家对待语言哲学研究对象的不同。本书中关于语言哲学的讨论涉及了语言本质、语义分析、语言和世界之间的关系等方面。参阅钱冠连《西方语言哲学三个问题的梳理》，《现代外语》2001 年第 3 期。

② J. R. Searle, ed., *Philosophy of Language*, London: Oxford University Press, 1971, p. 1.

③ [美] 理查德·罗蒂：《哲学和自然之镜》，李幼蒸译，商务印书馆 2003 年版，第 276 页。

④ 陈嘉映：《语言哲学》，北京大学出版社 2003 年版，第 2 页。

⑤ 结构主义和解构主义关于语言问题的讨论，与现代西方语言哲学研究既有联系，也有区别。在语言本质、结构、功能方面，二者是重合的，但是指称、意义论等语义分析方面则主要属于语言哲学研究的范畴。

(3) 现实、虚幻、叙述方式等，涉及的是文本叙述中的语言和存在之间的关系问题。

尽管我们从这三个方面加以大致的区分，但在实际的论证过程中，这三个"语言"问题是密不可分的，只是在研究入路方面略有不同，语言和意义方面的研究侧重意义论，语言和世界的关系方面主要研究世界的认识论，语言和存在方面侧重哲学上的认识论。

一　语言与意义

语言和意义之间的关系问题是西方语言哲学研究的核心问题，王寅在《语言哲学研究：21世纪中国后语言哲学沉思录》第十一章总结了十七种意义论：指称论、观念论、涵义论、命题论、摹状论、证实论、真值论、功用论、行为论、语境论、意向论、关系论、成分论、替代论、TG语义观、人本哲学语义观和认知语义观。这些理论从不同的角度丰富了我们对语言的理解。指称论认为，指称即意义，名称的意义就在于其所指对象。指称论是最简单直接地说明人与世界之间的关系的语言论，然而不足之处也很明显，一个词语（如"猪"可以指一种动物，也可以形象化指一个人像猪）可以指两个不同的事物，或者一个事物有两个不同名称（如"暮星"和"晨星"都是指金星），指称论就无法解释。观念论认为，语言的意义就是语言所代表的观念。行为论认为，意义取决于听者对于语言刺激的反应，有反应即为有意义。语境论认为，同一个语词可以用于不同的语境之中，会有不同的指称和意义，例如"昨天他去学校了"，这里的人称代词"他"和"学校"只有在语境之中才能确定其指称和意义。对于意向论来说，语词的字面意义和会话含义处于不同的层次，前者是语义学，而后者属于语用学，如"我走进了一座房子"这句话的含义中肯定了一个意义，即这座房子不是说话人的。

语言哲学转向同样影响了德·曼，他也把对意义的讨论置放于语言哲学的层面上来研究。在德·曼看来，意义既不来自本质，也不来自现象，而是一种自然化的方式。具体在文本的语言研究中，意义既不是语法化的也不是修辞化的，而是一种悖论共生的自然化状态。这个观点一方面显示了德·曼与当代语言哲学关于语言的认识论方面的相同之处，都是为了消除传统的主客体二元对立认识论立场，因为在传统认识论中，语言意义一直以符合论的不同形式出现，如词与物、名与实、言与意。人们对语言认识论的理论基础不同，必然影响他们的根本立场，所以在寻找一个更为根本的认识方式上，各有不同的侧重方面。另一方面也显示了德·曼与不同的语言哲学意义论在某些观点方面的不同，他也质疑后者的立场，认为在这些语言论中，语言与存在之间的关系被质疑，取而代之的是关于描述世界的语义问题，之前关于客体对象的逻辑形式问题，也转化为了关于对象描述的逻辑形式问题。由于语言分析替代了知识论，那么，主体及其意向和心灵等问题在某种程度上就变得多余了。把意识问题归为语言问题的关键，并不是对意识、主体等的否定，而是一种彻底的先验化，它把作为世界界限的形而上学的主体与语言本身的逻辑主体统一起来。

从阅读的目的论看，德·曼所涉及的是语言逻辑中的意义问题，即采用何种修辞方法来促进意义的产生。这个问题在解释学的视野中，一般都需要借助于作者、历史等各种文本外的元素对语言进行解释。然而，语言逻辑层面上的意义和理解，与解释学层面的意义和理解，二者迥然不同。由此可以发现，德·曼的文本批评实践的目的是，从哲学认识论上关注所有与理解有关的预设问题是如何在实践中贯彻的，这就首先要区分出来语言逻辑中的"意义"和"理解"，然后再区分解释学中的"意义"和"理解"。德·曼的特点在于，他不是通过经验，而主要是通过质疑一些关于人自身的和社会的已有的概念，来展开概念分析以澄清此类知识的概念化过程。

德·曼设定了一个解释框架，让文本的能指处于一种可定义和不可定义的两难的虚构空间里，进而出现了意义的"不可言说的"困境。所有解释方法中所谈论的体系和术语并不是客体本身所具有的，但在实际运用中,我们常认为这些术语所指称的就是客体,甚至于作为"本体"来认识,直接把语词研究上升为关于世界的讨论。德·曼反对实证分析,是因为这种方法是建立在逻辑分析的基础上的,因此关于意义的分析也必然是结构性的、概念化的,它并不把语言的原初性状态看作是意义的发生地。让·斯塔罗宾斯基认为,"无论是语法的理解,还是历史介入的定位,都有一个阅读的不可避免的先决工作,就是我们的同时代人根据语言学的、符号学的或者实用主义的描述系统重新表达并焕然一新的工作:这是更加形式化的语法和修辞学"。[1] 斯塔罗宾斯基所提出的"更加形式化的语法和修辞学",实际上指的就是语义学和修辞学应该都被看作任何解释的重要的基础性知识。

不同于结构主义语言学把文本与社会现实相脱离,德·曼深入词义内部,发掘意义的起源,是一种方法论上的更新。德·曼在《劝说的修辞学》一文中指出,"对逻辑的和数学的真理进行解构,是建立在一个事实的基础上的,它并不是根深蒂固的知识,而且它依赖于一种先在的假设行为。这个先在行为自身就是解构的目标和结果"。[2] 所有的理论假设都是一种再建构,因为逻辑由假定的言语行为构成,假定了一件事现在不能做,有待于将来完成,或者某个体系不能完成,而这个体系能完成这样一个行为,因此就有了时间的维度,"它把预设的陈述呈现出来,好像它是已经确立的、既定的认识似的"。[3] 德·曼的文本语言分析没有通过假设论证得出科学的语言论,而是通过以文本绎解的方法对文本再阅读,以期通过证伪来辨析解释的可行性。

然而,当代文学批评仍然暴露了其解释中的盲视,伽达默尔的哲学解释学和尧斯的读者反应论在认识论上都是历史论者,新批评和形式主义对于文本的认识属于美学论者。这两种文学批评认识论的分歧

---

[1] 参见郭宏安《从阅读到批评》,商务印书馆2007年版,第228页。
[2] Paul de Man, *Allegories of Reading*: *Figural Language in Rousseau, Nietzsche, Rilke, and Proust*, New Haven and London: Yale University Press, 1979, p. 125.
[3] Ibid., p. 124.

其实早在康德的美学和崇高论中就已经显露端倪了，在黑格尔的回忆论中则更明显地表现出来了，他们都力图把历史和美学糅合在一起。例如，新批评一方面承认文本内语言的隐喻性，认为人的意向对解释文本意义的复杂性很重要，突出文本的历史性；但另一方面却又坚持文本的有机性，强调文本的审美性，这就又把意义关进了体系内。

德·曼以语言的意义讨论为平台展开，是对当代语言哲学的反思，也是从亚里士多德的客观实体论、形式逻辑方法论中解放出来，同时也从康德的主体实体论、先验哲学中解放出来。德·曼的目的是，在任何关于意义的讨论中，哲学的存在论和认识论都是最根本性的基础，在此基础上才能生成各种逻辑思路和论式。德·曼所不断展开的文本分析，不是量上的反复论证，也不是对文本批评的再次增补，而是通过发现已有阅读中的理论体系及其所蕴含的自身的悖论，消解了所谓的文本解释。我们以德·曼的方法来观照不同文学批评的解释方法，借助语言表述的哲学思维，在主客间交融变化的即刻性体验中，我们无法看到一个静止不变的结构，而只是一个充满变化的意义世界。意义世界并不是一个透明的介体，所以德·曼力图揭示不同修辞定义意义的方式，从语言自身中发掘出解释的视角。

二　语言与世界

语言哲学把哲学认识论问题转化为语言问题，其目的不只在于深入了解语言，更在于揭示出语言与世界之间的关系，通过剖析各种概念体系对世界的描述，也能更深入了解人和世界的原初状态。指称论将语言与世界结构等同，认为语词的意义就是它指称的对象，语言是意义的表现形式，语言的意义在于它和外界的联系。观念论把语言与社会的关系进行定位，认为语言就是表达观念的，社会的存在就是这种观念行为的集合。行为论强调可观察到的、体验到的行为，使用论把意义归为使用的语境。世界在这里幻化为各种存在者，如观念、行为、语境。这些意义论对于世界的认识有一个共同点，即语言和世界之间有一种逻辑形式，人们的语词在规定语言表述式的形式，同时也规定了被描述世界的范畴形式。对这些语言认识论的反思是德·曼学术反思的重要入路。

在德·曼看来，语言是了解世界的入口，但只有懂得语义分析才会了解世界，尤其才会理解意识形态、政治和历史。尽管德·曼的许多文章显示了其文本主义认识论的特点，但是，他自认为从来都不回避政治和历史，自己所从事的语言分析也正是理解政治的重要途径，"语言分析能解决意识形态问题，进而解决政治问题"。[1]

从现实语境来看，学界有学者曾为此质疑德·曼的解构论，认为他通过质疑意义的确定性，来为自己在二战时期发表的反犹太人的文章翻案，或者说，这个问题质疑了德·曼的学术写作是否如实反映了他早期所谓的"革命"生活。德·曼出生于一个左派的马克思主义者家庭，他的叔叔就是一个革命狂热分子。在革命思想的推动下，德·曼如同海德格尔一样接受了一些激进的专制思想（德·曼自认为的革命思想），这或许是他在二战期间撰写反犹太人文章的重要原因。二战结束后，德·曼辗转来到美国，开始在学术界崭露头角，他对解构的热衷无疑是对他先前的革命思想和革命行为展开的认识论反思。德·曼研究者为此也纷纷发表自己的看法，如伊芙琳·巴利斯（Evelyn Barish）认为德·曼是一个"反英雄"，拥有双面人生，一方面是一种"自私的政治选择"，另一方面却是"崇高严谨和值得尊重的面具"[2]。德·曼的学生芭芭拉·约翰逊（Barbara Johnson）也曾指出，对于一些人来说，把德·曼在战争与革命中的人物塑造作为一种"语言困境的副产品"[3]，是一种对历史的否定和政治的拒绝。

---

[1] Paul de Man, *The Resistance to Theory*, Minneapolis and London: University of Minnesota Press, 1986, p. 121.
[2] Evelyn Barish, *The Double Life of Pau de Man*, New York/London: Liveright Publishing Corporation, 2014, p. 469.
[3] Barbara Johnson, *The Barbara Johnson Reader: The Surprise of Otherness*, Feuerstein Melissa, et al., ed. Durham and London: Duke University Press, 2014, p. 358.

无论是伊芙琳·巴利斯的尖刻批评，还是德·曼看似诚恳的回应，都反映了语言与政治之间的关系之中所蕴含的某种理解上的悖论，这也导致了他的政治革命在修辞建构或追求真理之间的选择上迷失了方向。换言之，德·曼的论文主张是对语言问题的陈述，还是他作为言说者借助语言问题的述行性为自己的行为进行辩解，这必然是一个严肃的认识论问题。正如有学者所说，德·曼二战时所撰写的文章中的问题"已殃及解构主义的价值如何存在的问题"①，究其所以然，德·曼的论文都可以看作是对他自己行为的再解释，是为自己的观点做掩饰，强调文本的修辞化进而否认文本真理的可能性，这种观点无疑也只能是德·曼个人坚持的所谓的"修辞"认识论，其中所涉及的语言和世界之间的关系，仍然对挖掘那个时代的认识论问题具有现实价值。

从哲学认识论看，在西方形而上学传统的认识论中，世界是不可知的，它只表象于人的主体意识之中，然而人的意识又是变化的，人的意识的内在性变成了各种实体流动、变化的场所，各种存在统一于内在世界。传统认识论中留下了一个问题，即尽管实在世界存在于人的意识中，但是这并不表示它是外位于人主体的客观存在。换言之，人的主体内在世界才是各种现实世界的载体，因此，世界只能从心理、从内在世界的体验获得。进一步看，由于语言是人的内心世界的诉说，是人对世界的感知，因此，"由于言语之物意味着允许在幻觉相似性（决定性幻觉则是共有否定性的幻觉）基础上的替代，因而心灵或主体变成了中心隐喻，即隐喻之隐喻"。② 德·曼也曾专门撰写《隐喻认识论》一文，揭示言意之间的非对应关系，他坚持人的隐喻认识论，实际上是为了说明，世界与现象之间的偏离造成了语言与世界之间的非对应性，如意义的扩大，或者通过语言的错位达到的语词与意义向

---

① 林精华：《解构主义的政治和伦理危机：保罗·德曼修辞学阅读理论与其亲纳粹言行》，《外国文学评论》2018年第1期。
② Paul de Man, *Aesthetic Ideology*, Minneapolis and London: University of Minnesota Press, 1996, p. 12.

左，或者通过语言的异位，到达一种反常规指称，或者一种语言的反相位如交错格的使用。这里都指向一个问题，即语言的结构限制了人的表达能力，或者言不达意。

例如，德·曼就曾关于海德格尔和荷尔德林对"自然"的不同表述指出，荷尔德林笔下的自然，固然不会让读者认为是"前苏格拉底的自然"（the Pre-Socratic's Phusis），但也不会如海德格尔所比拟的哲学存在论中的自然问题，"很清楚，这不再是田园意义上的自然，也不是 Hombrug 时期哲学片段中这个术语所包含的无意识；相反，它是一个即刻性理解（在场）作为对所有存在者的支持者，先于而且使得它们之于意识的再现成为可能"。① 海德格尔的盲视就在于，"把诗人作为对现在在场的命名，"② 忽略了对于荷尔德林作为诗人来说的意义，诗中的自然是诗人欲望之中最想要看到的那种"即刻性现实"③，它是"美妙的"，是对他来说的一种即刻性展示，或者说自然在这里是一种神性存在，使得自然客体具有了存在意义。事实上，荷尔德林的自然是一种具有黑格尔式的教育意义的自然，当"我"走近自然，是感受自然时自我的不断变化。对于黑格尔来说，这种存在是存在的即刻性给予（the immediate giveness of Being），只是这种即刻性的"在"尚处于意识之前。

再例如，文本中的历史认识论问题，甚至可以把这个问题扩大为时间的认识论问题，也表现出了德·曼明显不同的理解。传统认识论认为，历史是一种线性的事实记录，在认识论上表现为进步意识之于先前历史意识的替代。当我们阅读历史、撰写历史时，往往借助当前的概念和模式对先前的历史意识进行判断、归类。然而在德·曼看来，历史也是一种文本性事实，是语言事件。我们都会对世界上的各种事

---

① Paul de Man, *Blindness and Insight: Essays in the Rhetoric of Contemporary Criticism*, Minneapolis: University of Minnesota Press, 1983, p. 256.
② Ibid., p. 257.
③ Ibid., p. 256.

件进行语言学的描述，在这个描述过程中，历史和世界的建构离不开受制于当前的语言观影响。也可以这样认为，一旦传统认识论所认为的语言及其建构起来的世界不存在了，那么整个关于世界的描述也会不复存在。关于主体和客体的论述，关于真理和谬误绝对性的消除，关于一些社会描述的概念体系的消解，各种传统认识论的认识论范畴被解构了，世界需要重新被认识，这都依赖于我们对语言的正确认识。

然而，正如编者安德·沃明斯基在《审美意识形态》的引论部分所言，"事实上，把文本简约为修辞、转义和语言的转义模式是不可能的，因此，简单的'修辞阅读'事实上也永远不是一个充分的过程，这样会让（非）德·曼读者惊讶，认为他所能做的就是把所有的一切都简约为修辞和转义，他的修辞阅读就是不断地显示出心灵与世界、语言和存在，等等之间的联姻被'话语中潜在的形象化和修辞本质干扰并打破'"。① 安德·沃明斯基这里强调了修辞能成为连接人的心灵和世界之间的最好的方式，是因为"转义的现象化（也因此产生的解释的审美意识形态化）"②，帮助实现了所指的现象化。

德·曼通过思考语言的本质，发掘其修辞性本质对于理解人、语言和世界的关系的重要意义，实际上是把对世界的思考首先停留在对世界的表述上，或者说，德·曼对世界的认识也仍然是康德的认识论在后结构主义时代的发展。既然世界是不可知的，我们对世界的表述就必然是最重要的，只有清算了各种关于语言表述的错误理论，才能从语言分析进入关于世界的讨论。借用特里·伊格尔顿对维特根斯坦所评论的话，"因为我们的语言给了我们这个世界，所以它不能同时对它与这个世界的关系进行评判。我们不能在语言中提出语言与这个世界的关系的问题，正如我们不能跳到我们自己的影子上，或者举起一根绳子并试图爬上去。这种可以显示但不能言说的关系，因此只能

---

① Paul de Man, *Aesthetic Ideology*, Minneapolis and London: University of Minnesota Press, 1996, p. 2.
② Ibid., p. 12.

落入神秘的静寂之中"。①

德·曼对语言与世界之间的关系的勾画,对想要获得正确解释的解释学显然没有起到多大效用,因为修辞、语法等处于不同的逻辑层次,似乎在假定的先验主体的纯粹语言中,具体的人类主体总是就世界的结构达成一致。本维尼斯特(Emile Benveniste)就认为,"语言再造世界";"实在(reality)经由语言更新了存在"②。或者说,人的语言表达方式是人认识世界的方式的界限,世界受限于语言结构。理解问题就是被限定在对事实信息的逻辑解释上。其实德·曼认为不可阅读,就是因为缺少了先验主体,缺少一种纯粹语言的存在。就语言与世界的关系而言,对世界的意义解释,个体之间经常会出现沟通上的问题,因为关于世界的最私人性的经验也很少是主体间性的,因此这种经验也很少以语言的逻辑形式为媒介。

由此可见,这一通过拒绝先验语义学的存在,对解释学的反证法有一定的启发意义。德·曼彻底否定一种既客观又主观,既经验又先验的探究的可能性,因为这种可能性与那个只描述客观事实的统一语言的纲领不相容。对于解释学来说,这一立场的最重要的意义就在于:德·曼认为他能够用这种语言形式的逻辑分析来替代对个体意见的前概念的理解。如果一个文本的意义,不能与语言逻辑的意义标准(即证实原则)相一致,那么至少被怀疑是无意义的、无法解释的。

三 语言与存在

语言与存在的关系问题,是西方哲学的一个根本性问题,从本体论到认识论再到语言论,语言从来都只是描述存在的媒介。柏拉图蔑视诡辩论者利用语言的修辞,以意见颠覆真理,遮蔽了理式、

---

① [英]特里·伊格尔顿:《后现代主义的幻象》,华明译,商务印书馆2000年版,第47页。
② Emile Benveniste, *Problems in General Linguistics*, Florida: University of Miami Press, 1971, p. 22.

逻各斯的存在；亚里士多德把书写看作口语的替代品，唯有口语才能说服，修辞是寻找说服方法的手段，知识或真理是或然性的，依赖于语言的诗性言说。18世纪维科的诗性语言论、19世纪浪漫主义语言论中的表现思维，都把存在看作是主体的客体，是从属于主体的附属物，需要借助人的语言描述来实现存在的到场，进入20世纪后的语言认识论如海德格尔，把语言看作一种悖论性的存在，它在敞开的同时也遮蔽存在，常常以对存在者的思考替代人之在世的本真存在。

西方语言哲学中，语言和存在的关系转化为了对语言表述的分析，以语义分析代替了二元论的关系融合。例如弗雷格（Friedrich Ludwig Gottlob Frege）的"晨星""暮星"之论中，不同名称作为能指只是对本体金星的称呼，二者分别处于不同的描述体系内，都是对金星的存在的描述。从语言认识论看，晨星和暮星是从存在者的角度思考存在，而不是从存在的自然状态来看。

同样对于德·曼来说，语言难以描述存在主要有两个方面的原因：一是，存在是一种原初性的（终极）存在，我们对存在的理解都是理论性的、目的性的，会造成对它的误读，唯有以"物质性视野"去观看，像诗人一样理解其中的自然关联，才能真正理解存在的原初性。二是，语言由于自身的原因，其物质性的干扰会遮蔽从语言到存在敞开的过程，当我们理解存在时，语言是靠符号链之间的相互指涉来实现的，但符号与符号之间不是解码的过程，意义只会在符号的叠加过程中，不断远离本义，无法直指存在。

例如，德·曼在《荷尔德林诗歌中的卢梭形象》一文中，通过描述莱茵河、英雄和卢梭三种存在来分析了"语言"与神圣（意义）之间的关系。第一种是莱茵河，它属于自然的事物，是自然的存在，它与神圣（起源）同在。神圣的显现特质是隐在的，尽管它总是把自身投射到某一个存在者身上，但对于每一个世俗的存在者来说，神圣的存在都是缺席的或者隐在的，这种缺席的存在却是意义的起源。简言之，语言无法描述神圣的存在，"神的存在模式会随着即刻性的程度而改变"。① 第二种是英雄，它具有半神半人（demi-gods）的特质，他们并非一种普通意义上的混合物，或以人和神的二元合成的一种隐喻式而出现在文本里。如普罗米修斯作为英雄的代表，其偷盗天火的行为暗示了他与神的直接面对，从而抑制了所有可以插入人与神圣之间的中介形式，或者说，英雄不需要语言介入。第三种是卢梭，他作为人的形象需要用"语言"来描述自己与存在之间的关系。"语言"在《莱茵河》第八诗节里被重复了两次，卢梭被赋予"听和说的天赋，能像葡萄酒神一样说话"，使用的是"内心深处的最纯洁的语言"②。卢梭成了"言说者"：他听、他说、他唱，他变成了时空中声音的起源，语言和时空的统一构成了诗歌。神圣的存在是以一种中介的方式与人相关联，但是，"它代表的是距离，而不是接近：处于行为中的人被直接地、毫无置疑地放置于一个开放的存在中，神直接显示他们的作用；但是对于卢梭来说，神是陌生人，满意于发出符号，然后让卢梭去努力解读"。③ 或者说，神圣的存在是一种意指，是一种符号。

在德·曼看来，在可感知的事物与神圣（意义）的关系之中，它距离神圣的存在最远，即使它们的存在模式只是为了保存世俗的存在，但是相比非可感知事物，前者却被赋予了本体论的先在性，对可感知物的感知变成本体论的经验。在屈从这种诱惑的时候，我们赋予实体以这种存在，而这种存在是实体最缺乏的。"在我们与存在之间，摆放的是一些模糊不清而且毫无变化的客体，把我们与起源永远地割裂开来；正是对起源的遗忘（一种不太正确的说法：对存在的遗忘），成了我们目前文明的特征。"④

---

① Paul de Man, *Romanticism and Contemporary Criticism*, E. S. Burt, Kevin Newmark and Andrzej Warminski ed., London: The Johns Hopkins University Press, 1993, p. 32.
② Friedrich Hoderlin, *Selected Poems*, trans. David Constantine, Newcastle upon Tyne: Bloodaxe Books, Ltd., 1990, p. 51.
③ Paul de Man, *Romanticism and Contemporary Criticism*, E. S. Burt, Kevin Newmark and Andrzej Warminski, ed. London: The Johns Hopkins University Press, 1993, pp. 29 – 30.
④ Ibid., p. 39.

卢梭的存在形态与人的语言行为模式相关，被塑造成了一个可以理解和解释神圣语言的人，其根本上是以时空的内在经验的形式，讲述了存在之于感觉的先在性。假若真是如此，就只有客体，没有实体；只有经验，没有感觉，这样，我们与存在的关系就会建立起来，而不会与缘起分开了。

可以这样认为，德·曼通过语义分析摧毁了遮蔽意义的所有外在的概念、所谓的文本之外的作者意图，以及各种理论介入的强势误读，他的目的是证明，这些层次累积起来的知识使得意义无法被辨认。因此，首先从语言入手，辨析意义的存在，才能理解人的存在。恰如海德格尔所说的："哲学中的建构必须是消解，也就是说，对传统概念的消解——建构实现对传统的历史回归。这不是否定传统，不是把传统贬斥为无用之物；恰恰相反，这正意味着积极地占有传统。因为消解属于建构，就其本质而言，哲学认知在一定意义上同时就是历史认知"。①

德·曼的语言认识论中对于语言与存在的反思，既是对传统语言论的挑战，破解指称论中语言与存在的直接对应，又是对"后-"学语言认识论的反思，他把语言的意义归于存在的神秘认识论，旨在说明存在是不可知的，语言的修辞性正是人作为主体对存在的积极作用的结果，所以才更加促成了意义的多层次、多向度的深度转义。

第四节　后哲学的意义论

谈论后哲学的语言论，需要先了解后哲学的认识论。从广义的认识论看，后哲学认识论始于19世纪中期的克什恺郭尔、马克思等，盛于后浪漫主义时期，尤其以罗蒂的《后哲学文化》和哈贝马斯的《后形而上学思想》为代表的后哲学思想最为典型。前者大致涉及"哲学批判或形而上学批判""文明对话或交互文化沟通""人类美好生活的

---

① Martin Heidegger, *The Basic Problems of Phenomenology*, Trans. Hofstadter, Bloomington: Indiana University Press, 1982, p. 23.

第一章 德·曼语言论的构成

可能性的筹划"三个方面的内容①。后者则通过总结现代哲学的四个主题："后形而上学"、"语言学转向"、"理性的定位"和"对逻各斯中心主义的克服"②，深入分析了促使后哲学发展的原动力。

因为传统的哲学、美学的最大不足之处是"过于理论化"③，诸如上帝、存在等终极词汇的出现，隐匿了各种差异而只强调同一，所以如罗蒂认为的，后哲学实际上就是要克服人构建的一些如上帝、善、绝对精神、物理实在等"非人类的东西"④，也可以说，后哲学是对哲学重新定位和对逻各斯反相位反思，它的认识论形态是一种非形式化的社会存在学，是孙周兴所说的"'后存在学'和'后神学'二元结合体"⑤，因为随着尼采宣布神学终结和海德格尔说的哲学终结，后哲学时代已经不能再"有效地组织和表达思想了"⑥。后哲学的"后"本身就是一种超越，是对之前观点的超越，其中必然含有某种"解构"的意味。后哲学最根本的认识论立场就是拒绝为任何概念下定义，只有反思之前所有的结构体系，才能重新"建构"起来一个相对完整的"后-"学，所以说，后哲学的根本问题是哲学的形而上学批判。

在语言学转向下，后哲学论十分关注语言的意义问题。罗蒂在《语言学转向》中曾警醒读者，以语言的转向来摆脱传统的认识论困境是不可能的，以语言分析来替代"镜式哲学"也并不能解决理解世界和再现世界的问题。如果不重新认识自己的语言，也就根本无法把一种价值与生活联系起来，这也就注定了我们不断地遭受语言的折磨，根本无法回到命名式语言的社会。

同样，德·曼在意义论方面也受到了后哲学语言论的影响，他反对传统的认识论，反思当前关于意义论的各种问题，力图在认知路径、

---

① 孙周兴：《后哲学的哲学问题》，《中国社会科学》2006年第5期。
② [德] 尤尔根·哈贝马斯：《后形而上学思想》，曹卫东、付德根译，译林出版社2001年版，第6—8页。
③ [美] 理查德·罗蒂：《哲学和自然之镜》，李幼蒸译，商务印书馆2003年版，第13页。
④ [美] 理查德·罗蒂：《后哲学文化》，黄勇译，上海译文出版社2009年版，序言第8页。
⑤ 孙周兴：《后哲学的哲学问题》，《中国社会科学》2006年第5期。
⑥ 同上。

意义的元问题等方面，反思语言的存在意义及其对包括文学理论和文学批评在内的人文社会科学研究的影响。

一 意义的认知路径

德·曼在《符号学与修辞学》一文中，通过比较"语法修辞化"和"修辞语法化"两种意义的认知路径[1]，来质疑把语法化认识模式和修辞化认识模式区分开来的可能性。但是，言语行为的倡导者奥斯汀却倡导，"言语行为和语法之间的毫无困难地移动是可能的"，[2] 或者说，言外之意的述行行为可以与语言表述中的命令、疑问等句法结构相适合。简言之，语法上的言内行为和修辞学上的表达效果之间具有一定的联系性。那么，为什么在语言的认识问题上会出现这样迥然不同的两种观点，问题的实质性症结在哪里呢？

根据罗蒂在《语言学转向》的序言中所表述的写作初衷来看，他编写这部论文集的目的是反思当代的语言学哲学（linguisitic philosophy）的问题，"这些哲学问题，或者可能通过革新语言，或者通过我们对现在正在使用的语言更多一些理解来解决"。[3] 罗蒂这里说的语言学问题，实际上指的就是后哲学中的语言论，它反对近代哲学的主客体认识论模式，转而以语言分析、意义分析以及言语行为等认识模式关注语言和世界的关系问题，其目的是要克服传统认识论中名与物的关系论问题。

传统意义论的认知路径比较直接，认为名与物之间的对应是一致的，因此语言对世界的描述即意义的生成过程，这是一个直接的、具有确定性的及物过程。即使对于洛克的语言观念论，修辞格中关于名

---

[1] 国内关于德·曼的研究已经对"语法修辞化"和"修辞语法化"做了许多相关讨论，此处不再赘述。

[2] Paul de Man, *Allegories of Reading*: *Figural Language in Rousseau, Nietzsche, Rilke, and Proust*, New Haven and London: Yale University Press, 1979, pp. 7–8.

[3] Richard M. Rorty, *Linguisitic Turn*: *Essays in Philosophical Method*, Chicago and London: The University of Chicago Press, 1992, p. 3.

称的误用如拟人法也证明了,"名"可以与"物"不一致,但所产生的关于物的知识是正确的。然而,语言学转向后的科学主义认识论模式追求实证性,强调以逻辑和科学为其认识论规范,实际上是把意义局限于经验之内,把哲学等同于语言哲学,推广自然科学的方法论。语言学转向后的哲学改革主要在于对方法论的重新认识,如罗素的摹状词说利用逻辑分析对命题和语词意义的分析,弗雷格的逻辑分析则以现代的数理逻辑代替了传统的认识论基础,以客观的逻辑分析代替了个体的感知。但是,否认了名与物之间的必然联系,把哲学问题归为语言问题,这只是一种简单化的做法,因为一旦不再思考概念是否会符合事物的(名与物)问题,就会缺少对其认识论问题的根源的发掘,这也是罗蒂以后哲学的认识模式来反思语言哲学的根本原因。

不同于科学主义认知路径,以后期维特根斯坦为主的人本主义认知路径强调语词的多义性和表达的隐喻性,简单地说,就是要把语词从逻辑中激发出来。这一认知路径可以追溯到尼采的透视认识论,即语言是多义的,就像一个多面体,会不时地把不同的面展示出来。语言指明的是人和物的关系,但并不界定任何确定性事实。我们习惯性运用的语言的意义都只是一种硬性的约定,我们对世界的认识,来自主体所运用语言的语境,并不是来自世界本来的面目,恰如维特根斯坦所说,"我们给我们自己建造事实的图像"。① 德勒兹(Gilles Louis Rene Deleuze)也认为,概念与事物之间并没有特定的关系,而是与其他概念及其构成概念的要素有关,"它是自指的,当它被创造时就设定了自身及其客体"。②

后哲学语言论中的科学主义和人本主义两种认识论,在德·曼的学术思想中被简化为了"语法修辞化"和"修辞语法化"两种意义生成模式,二者之间的悖论共生关系证明了任何阅读或解释的不可能性,

---

① [英]维特根斯坦:《逻辑哲学论》,贺绍甲译,商务印书馆2002年版,第29页。
② Gilles Deleuze and Felix Guattari, *What is Philosophy*, New York: Columbia University Press, 1994, p. 22.

都是一种人为的误读，建构一种意义其实就是有意地忽略另一种意义的存在。或者说，选择了科学主义的认知路径（语法化），就是为了寻找事物之间的逻辑共性，发现物与物之间的关系，其目的是寻找可以通约的目标；选择了人本主义的认知路径，则是侧重读者与文本之间的对话，任何文本都是作者对世界的修辞性描述，读者也借助审美来了解这个描述方式中所蕴含的作者的意向性。

然而事实并非如德·曼所竭力证明的那样看不到希望，后哲学语言论中的两条认知路径也并非那么泾渭分明，二者在认识论基础上是一致的，都反对传统的意义论，只是在出发点上略有分歧。国内外的后哲学研究也已经证明，后哲学中的语言论发展趋势中出现了分析哲学吸取欧洲人本主义论点的过程，如利科对奥斯汀言语行为理论的借鉴就证明了这种趋势的存在。哈贝马斯也认为，科学主义和人本主义二者之间并不互相排斥，而是应该相互补充，以此来构成一种更加全面的语言哲学或解释学。

德·曼强调意义的"不可言说的"困境，是因为他无法洞穿语法和修辞之间关系，所以他放弃了二选一的胆量，也同时放弃了二者合二为一的勇气。德·曼接受了后哲学的认识论立场，恰如林赛·沃特斯指出的，"德·曼与本雅明的起始点都是黑格尔。他们的后期作品都表现出一种摆脱区分主体/客体这一概念化方法的努力"，[①]强调语言的本性是修辞性的，其意义是不确定的。这一点在认识论立场上与分析哲学、言语行为理论很相近，都认为任何语言表述的意义依赖于语境来实现，发现不同语言的意义，需要思考意义是如何语境化（修辞化）的。

德·曼的修辞语言观显然是这种观点在语言论方面的延续。德·曼通过对修辞概念的改造，探讨人类知识的可能性条件问题。一般都是通过一个语义系统来取代解释学关于主题意向意义的相互理解的问

[①] ［美］林赛·沃特斯：《美学权威主义批判：保尔·德曼、瓦尔特·本雅明、萨义德新论》，昂智慧译，北京大学出版社2000年版，第132页。

题，而所确立的语义系统，也只是先天地把主体间的意义揭示为意向。德·曼反对各种表象形式，反思其中的合理性，这些表象如语言、意义、概念都似乎隐含了其形式之下的本质存在。这些都是传统哲学带来的"理性神话"，而后哲学则力图克服意图建立的人与非人类之间建立的一种本质性信念。同样，德·曼从认识论的隐喻到语言的隐喻，从中得出的不是知识，而是一种图示化。他把任何概念都看作是一种隐喻化，任何解释都是某种程度上的误读，阅读的目的不在于知识的获得而在于发现其修辞性表述，或者说，我们只有在作品中才能认识物的存在。

从阅读的方法论来看，德·曼借助语言哲学中奎因（Willard Van Orman Quine）的"语义上升"（semantic ascent）的模式，没有直接讨论对象，而是谈论语言；避开对象的实在性，关注语词系统的意义以及它们之间的相互关系。这也是整个语言哲学转向原因之中的共知项，即把语言看作是理解实在的入口，却同时又避免了用语言谈论外部世界所产生的指称问题，或陷入思维（语言）与存在的关系问题之中。

但是另一方面，从研究思路看，随着德·曼对语言认识论的深入，发现了哲学认识论中存在的一些问题，如主客体、"我"与他者的关系，同样在美学上也有类似问题；德·曼进一步深入挖掘了这些认识论问题应用于文本理解和解释的表现，但是，他却以泛化的修辞概念消解了后哲学的语言观在未来发展可能的空间。或者说，语言意义一旦实现了最大限度的通约，则同时丧失了解释的空间，变成了大家彼此可以接受的共性，这是语法化的梦想。但是，语法化的认识过程实际上是试图把各种差异综合起来产生同一性，这并不代表同时要否认解释的可能性，毕竟任何语言意义的生成出发点是偶然的，这是世界的本质，也是人作为主体的本性。

二 意义的元问题

后哲学的语言学转向问题，在狭义上指的是语言问题，但广义上指的是符号及其表意系统问题,因为后哲学家们已经不可能再借助原有的知识体系来描述人－语言－世界的关系,所以只有深入符号,重新面对各种符号及其表意系统之间的相互关系,如美国哲学家皮尔士就把对符号的认识从主客体二元论发展为主体－客体－解释项的三元关系,这实际上也是一个关于意义的元问题的研究。

德·曼敢于怀疑各种意义产生的确定性,就是因为他一开始就把自己的学术思考定位在一个"元问题"的立场上,彻底反思语言的认识论问题。当以德里达等为代表的解构主义者旨在解构任何一个既定结构,全力推行解构思想的时候,德·曼则冷静反思,在"结构"之中有"解构",那么,解构背后是否有值得反思的另一种结构认识论呢?这种回溯古典怀疑论立场的观点,把整个后哲学语言论带入了一个新的语义场,即意义的元问题。

从认识论看,德·曼的后哲学立场与德里达的解构论一样,是对康德的延续,从某种程度上展示了认识世界的不可能性。当我们试图以各种方式来描写世界,以各种语言来言说世界的时候,世界就被我们误读了。一切世界的语言都是带有主观色彩的介入,是隐喻的认识论,从来不存在关于客观事实的描述。不同于尼采的极端立场,否定了世界的存在,只承认"'假象'的世界是唯一的世界"①,德·曼只是否定了认识论的确定性,并没有否定存在,在批评一切认识论都只是编织虚构物时,德·曼让存在又回到了康德的"物自体"。

这里可以看出,德·曼是把后哲学与德国的神秘主义传统认识论结合在一起,形成了自己独特的意义的原初性认识论立场。对于德国神秘主义,神秘的直观是理解的最重要的途径。13、14 世纪的艾克哈特(Meister Eckhart)接受了新柏拉图主义的神秘体验,认为上帝是不可以通过逻辑规定来认识的,只能通过人的沉默和神秘直观才能感受到上帝。16 世纪的路德(Martin Luther)继承并发展了这种神秘直观,

---

① [德] 弗里德里希·尼采:《偶像的黄昏》,周国平译,湖南人民出版社 1987 年版,第 24 页。

认为人的心灵在场是基督信仰的重要条件。德国的神秘主义发展到康德，又从另一个侧面敞开了神秘主义的大门，因为在康德看来，人对自由、上帝、真理等一无所知，这种批判哲学成了经验理性的最高阶段，人可以认识现象界，却在认识彼岸的物自体世界方面束手无策。在现象与本体的二元论中，真理、上帝等知识的获得都留给了直观。神秘直观显示了人对经验论获得知识的不信任，这也是德国神秘主义传统的结果。进入浪漫主义时期，神秘主义认识论表现为一种阴郁的浪漫主义，"在我们心灵深处引起一阵恐怖的快感"。①

德·曼在谈论关于费希特（Johann Gottlieb Fichte）的自我论的文章中，也反映了他对意义生成的元问题的思考。费希特认为，"我"创造了世界，同时也改造了"非我"，"我"的实现不需要借助外在的因果关系，二者之间的关系"缺乏任何客观性，是非理性的"②。德·曼也把费希特的自我论看作"否定性自我的对称性设定"③，它成了世界万物生成的缘起，它不仅袪除了主体与对象之间必须符合某种逻辑关联才能存在的传统认识论，还拒绝了各种理论预设，代之以一种存在的"原初性"的生成建构，回答了各种元问题的讨论。

德·曼继承了德国浪漫主义的神秘论，从神秘主义视角出发叩问意义的原初性（终极性）存在。各种关于意义的理论框架把能指当所指，把语言作为实在，让世界变得更加模糊不清，产生了诸多解释问题，从根本的原因看，是因为各种理论，尤其是关于语言的理论，把意义体系建立于错误的认识论基础上了。德·曼面对意义的悖论，选择了避开这些绕口的理论争吵，让意义的还原走向了神秘。

德·曼的意义论所蕴含的神性认识论，可以在巴门尼德（Parmenides）的存在论和中国道家老子的"道"中找到类似的观点。意

---

① ［德］亨利希·海涅：《论浪漫派》，张玉书译，人民文学出版社1979年版，第5页。
② ［德］卡尔·施米特：《政治的浪漫派》，冯克利、刘锋译，上海人民出版社2004年版，第84页。
③ Paul de Man, *Aesthetic Ideology*, Minneapolis and London: University of Minnesota Press, 1996, p. 99.

义、存在和道,无主客之分,亦无动静之别,它就是对某种神秘起源的整体领悟。海德格尔重返存在,也是要回到概念的原点,人从"在手"到"上手"是一种存在主义的论调,但却揭示了人在进入世界的同时,既实现了自我的存在,也完成了世界的存在,通过人的在世状态从根本上消除概念体系与现实存在之间的深壑。但是,无法直接谈论元问题,就像放弃谈论"在"何以显现的问题,却只是以敞开和遮蔽的双重悖论来显示其神秘性,也仍然是一种晦涩难懂无法操作的推理模式。

同样,孙周兴把后哲学看作是"后形而上学",显然是对尼采的认识论的一种回应,更是对西方传统认识论的反思,当前任何关于认识论的研究,显然不能再用目前已经存在的认识方式来认识,而应走到认识方式的背后去寻找认识论的缘由,唯有摒除了这些错误的、人为的认识方式后,我们才能真正达到真正的认识。

从语言分析的方法和对象来看,德·曼的语言分析所针对的是形而上学问题,从一开始的对文学文本的批评声讨形而上的意义解释,到后来的批判各种文本的形而上的解释方法,德·曼所要解决的不只是文学解释问题,还包括了对各种文本在内的人的语言表述问题。如果脱开语言的使用去谈论存在问题,便会陷入传统形而上学的泥潭,德·曼并没有否认所有的形而上学命题,他意图借助语言学转向下的语言问题展开反思,致力于语言批判的宏伟事业,构建一种新意义论,来为形而上学的一些抽象概念做一次清算,批判性地解决西方认识论传统中的问题。

然而一个不争的事实是,德·曼提倡的文本阅读是把研究对象无限扩大,混淆了解释和认识的区别,他把人的阅读和理解等同于人的认知,否定了对事物的客观认知的可能性,也就消解了存在的真实性。这一点与宗教的神秘主义论相对比而言,德·曼对人的认识论的认识已经走得过于深远。佛教的"无"和德国神秘论已经把语言和意义之间的关系张力发挥到了极致,如果再彻底否定其生成的可能性,则极有可能把语言看作游戏,也必然会让我们的认识论研究跌入深渊。

三 意义的体验性

对意义的体验,莫过于佛教采取的经学感悟,佛学讲的是一切皆不可言说,我们只能在阅读经文时感悟禅理,却无法将悟出来的佛法讲出来。道家的道学讲的是大道至简,它不提倡以长篇大论来解释,而是以简单的语言把丰富的寓意说出来,让读者去体验其中的意义。把体验作为一种阅读方式,仍然是把人介入艺术的过程作为研究的重点,强调主体性体验,然而这里的认识方式不是传统的寻找普遍性、本质和逻各斯的唯理论和经验论,而是寻求个体性、差异性的隐喻认识论,这也是后哲学的抽象思维的必然出路之一。

乔治·雷科夫(Georg Lakoff)和马克·约翰逊(Mark Johnson)在《我们赖以生存的隐喻》将具身经验论(embodied experience)引入了哲学思考,其目的是批判西方客观主义哲学。他们把语言分析建立在隐喻的基础上,客观审视体验对于建构人的思维、概念和推理的重要性,认为自然语言的概念结构本质上是隐喻的,"概念结构建立于物质的、文化的经验,就像传统的隐喻。意义因此也从来不是去身体化的或者客观的,而总是建基于习得和概念体系的运用"[1]。王寅从体验视角来评价后哲学,"隐喻认知理论与心智的体验性和认识的无意识性有机地结合起来,形成了一种全新的理论体系:体验哲学"[2]。

林赛·沃特斯曾在《美学权威主义批判》中,把德·曼与康德和本雅明放在一起讨论,认为他们的文学阅读行为已经构成了一种"强调艺术体验的文学艺术批评史"[3]。本雅明对波德莱尔的阅读,研究了

---

[1] Georg Lakoff and Mark Johnson, *Metaphors We Live by*, London: University of Chicago Press, 2003, p. 198.
[2] 王寅:《语言哲学研究:21世纪中国后语言哲学沉思录》,北京大学出版社2014年版,第519页。
[3] [美]林赛·沃特斯:《美学权威主义批判:保尔·德曼、瓦尔特·本雅明、萨义德新论》,昂智慧译,北京大学出版社2000年版,第10页。

现代体验的本质；德·曼从象征到寓言，研究了艺术制作和接受过程中的体验，他们都通过对体验的反思揭示出了当代文学批评对于艺术的阅读方法的错误认识论立场，"不仅导致了艺术的枯竭，更为严重的是，也导致了我们作为人类的自我意识的枯竭"。①

德·曼在《隐喻认识论》一文中对洛克、康德、孔狄亚克的语言观进行分析，认为我们对文本的阅读不能采取"以毫无批评性的先入之见的文本模式"，如超验的目的或者某种密码；"修辞不能与它的认识论功能分开，无论这个功能可能有多么否定"。② 德·曼的目的是要指出，密码的真假值问题是很可笑的，但是却不能把这个问题高悬不问，毕竟语言的转义发生时，模式会再次进入体系，并且以各种形式化的范畴出现，尽力避免形象化的干扰。可以看出，德·曼是把隐喻问题转化了，从语词的分析转化为一种文本话语的分析，语言分析已然处于"一个对转义结构的形象化描述之中"③。

德·曼的隐喻认识论，重视心灵对意义的体验的不可避免性。这种观点从语言的起源到18世纪维科《新科学》中诗性语言，再到后哲学的隐喻认识论，基本上是一致的。例如，洛克的"心智概念是隐喻的"，康德的"概念是物的符号，是隐喻的"，德里达的哲学是"白色的隐喻"，语言的根源是隐喻的，等等。在后哲学的语言认识论中，隐喻不再是简单的修辞格，而是一种认识方式，这种认识模式以语言为起点，向现实和认知两个方向延伸：

现实←——语言——→认知（人）　　体验的认识论模式

---

① [美] 林赛·沃特斯：《美学权威主义批判：保尔·德曼、瓦尔特·本雅明、萨义德新论》，昂智慧译，北京大学出版社2000年版，第9页。
② Paul de Man, *Aesthetic Ideology*, Minneapolis and London: University of Minnesota Press, 1996, p. 49.
③ [美] 林赛·沃特斯：《美学权威主义批判：保尔·德曼、瓦尔特·本雅明、萨义德新论》，昂智慧译，北京大学出版社2000年版，第87页。

"现实"与"人"两个范畴这里都是被动的，属于被描述的；"语言"作为逻辑起点，首先以元语言形式出现，人和世界所存在的形态然后就会以特有的形式，出现在彼此的视野之中。或者说，当语言言说人和世界的存在时，世界和人会共同因为语言认识论的变化一起发生变化，实现二者的彼此协调，直至到达共识。但这里的共识，只是一种隐喻化的认识论。这显然与传统的客观主义和主观主义认识论模式不同。

　　世界——→语言——→认知（人）　　客观主义的认识论模式

　　根据客观主义的认识论模式，世界是本体，是认识的逻辑起点，语言的中介作用是透明的，但是因为不可知论的影响，世界映现于人的认识中的是模糊的，以表象的形式显现，因而人的认识也是隐喻的、形象化的。

　　认知（人）——→语言——→世界　　主观主义的认识论模式

　　同理，在主观主义认识论模式中，人作为认识的逻辑起点，透过语言去描述世界，世界以他者的形式出现，映入人视野的是世界的表象，人得到的也只是一种隐喻化的图像。人类作为主体拥有的"特权视角"，只不过是一个比喻，人们可以借此通过把自己对世界的解释强加给整个宇宙来保护自己的无意义，以一系列人类中心的意义来安慰自己的虚荣，来取代那些能把它只归约为宇宙秩序中一个仅仅是短暂事件的一系列意义。

　　王寅的体验哲学论克服了传统的单向度认识模式的不足，提出了一种 SOS 认识论模式，即主体（subject）—客体（object）—主体（subject）互动模式，这种多重互动理解模式中不仅有主客体互动，还有主主互动，即当面对同一个客体时，不同的主体之间关于世界和语言的描述之间也会有互动，使得交流顺畅。

SOS 互动认识论模式是以现实为逻辑起点，人的认知是轴，不同的人面对现实中的相同或者不同物体，产生不同的语言描述活动。很显然，这种认识模式是客观主义认识论模式的变体，其最直接的效果就是解决了指称论中的名与物的关系难题。它可以用来解释各种语言表述产生的原因，即人的认知能力是各种语言的发生地，但是却仍然无法解决人如何首先面对语言，尤其是隐喻化语言时，如何来实现从语言到世界的认识关系，如何让意义敞亮而不是被遮蔽。

不同的认识论模式中，语言都起着重要的作用，人和世界无论出于主动或者被动的逻辑起点上，都需要用语言来描述。然而事实上，语言之于人和世界的存在是情感的、隐喻化的，关于人或者世界的描述也必然是隐喻化的。由此可知，德·曼关于语言意义的体验彰显的是一种隐喻化的认识方式，它既克服了客观主义的认识论模式，也排除了主观主义的认识论模式。语义分析模式的解构也不再只把语言的隐喻作为一种认识方法，而是作为一种发掘人类语言转义的一个途径，从转义机制方面探讨体验意义的可能性。

第五节　修辞学的"术"论

"修辞"对于德·曼的学术思想形成来说十分重要，有学者直接指出，它是德·曼 20 世纪 60 年代研究主题向 70、80 年代主题的明显转向标志，从"意识"和"时间性"转向到了"语言为导向的关注点"和"修辞用语"方面[①]。这一时间性的划分看似严格地区分了德·曼不同时期思想的着重点，但同时也忽略了他前后期思想中对一些热点问题关注的连续性。正如林赛·沃特斯认为的，"人们习惯上把德·曼的思想历程分为两个阶段——转向修辞学之前和转变之后。……这种划

---

① Paul de Man, *Romanticism and Contemporary Criticism*, London: The Johns Hopkins University Press, 1993, p. viii.

分以一种进步论的叙述形式出现，它源于一个很常见的观念，即认为人的后期思想总是不仅替代了前期思想，而且还比之要高明。……但是，只要揭示出德·曼后期所反对的那种思想倾向，我们就会认识到德·曼 1941—1942 年间的创作对他的巨大影响，而这极大地帮助我们去理解德·曼其人；同样，收录在《盲视与洞见》中的批评文章也很有用、很关键、很有认识论价值的。它们表明，德·曼其时所力求解决的许多论争也是他后期所关注的问题"。[1]

从学理上推论，德·曼研究中的高频词当属"修辞"，这是因为德·曼不断地把文本语言的问题指向修辞，把文本的阅读问题归为修辞阅读问题。从研究方法看，德·曼的修辞阅读以文本语言的表述形式为研究对象，推理其中的意义产生过程，这是一种经验主义认识论，侧重通过观察和归纳，辩证分析文本语言的特点，也可以说这是古希腊以来常用的修辞之"术"。然而，谭学纯却认为德·曼的修辞论"属于修辞哲学，而不是修辞技巧"[2]，这个观点一方面揭示了德·曼以语言研究为基础把修辞引入哲学认识论的取向，另一方面也揭示了修辞如何在现代语言研究中加以辨识，以便能更好地审视修辞"术"对于文本建构的意义。

德·曼的语言修辞论主要关注具体的文本事实，缺少相应的理论抽象化，因此与后现代的泛修辞论有很大差别。后现代主义主张一切修辞化，修辞批评不再仅仅限于传统意义上的演讲论，"而是一切文化形式，包括批评本身"。[3] 因此，德·曼与修辞的关系是其语言论研究中最具实践性的一个方面。

此外，任何文本的解释都需要语言的转换，伽达默尔就把解释学看作是从希腊文"技术"一词翻译而来的，它是"一门有关某种技能

---

[1] ［美］林赛·沃特斯：《美学权威主义批判：保尔·德曼、瓦尔特·本雅明、萨义德新论》，昂智慧译，北京大学出版社 2000 年版，第 86—87 页。
[2] 谭学纯、朱玲：《广义修辞学》，安徽教育出版社 2008 年版，第 4—5 页。
[3] ［美］大卫·宁：《当代西方修辞学：批评模式与方法》，常昌富、顾宝桐译，中国社会科学出版社 1998 年版，导论第 19 页。

或技巧的技艺学",而且"与语法学、修辞学和辩证法等'艺术门类'建立了联系"①。基于此,本节首先从理论上对德·曼的修辞论加以认识论定位,然后论证其与语文学批评的关系,揭示德·曼如何在语言学转向的作用下,实现了修辞术和语文学研究相融合的修辞解释的方法论革新。

一 修辞"术"

研究修辞"术",自古有之。古希腊的修辞论为了说明修辞的社会意义,通过传授修辞技术,显示其辩论的价值。当时的"修辞"既包括修饰词句的艺术,也包括对言语的制作。亚里士多德的《修辞学》讨论了演说的种类和听众的性格,以及修辞术题材和说服方法、演说风格等;古罗马的西塞罗(Marcus Tullius Cicero)和昆体良(Marcus Fabius Quintilianus)则进一步把修辞研究文本化,将其分为构思、谋篇、表达、记忆、演讲五个方面。中世纪也仍然把修辞看作是"打动人心的规劝术"②,唯一不同的是,其关注内容上已经从现实问题转向了宗教方面。中国古代的《墨子》一书探讨过修辞术的逻辑问题,《鬼谷子》论述过修辞术的谋略问题,先秦诸子中如惠子、庄子、公孙龙,也都写过修辞术方面的文章。

修辞"术"的研究在 20 世纪迎来了新的发展,在文体学、叙事学和新修辞学等方面表现十分明显,如理查兹的修辞语境论、伯克的动机修辞学,此外,叙事学研究方面也出现了如布斯的《小说修辞学》、詹姆斯·费伦的《修辞性叙事》。国内的修辞学研究中,谭学纯的《广义修辞学》《修辞学空间》推崇广义修辞学,不断扩大修辞研究范围,把修辞设定为一门涵盖了语言学、文学、哲学的跨学科研究,通过深入剖析修辞过程中的认知模式,把修辞"术"研究推向了新的

---

① [德]伽达默尔:《科学时代的理性》,载《理解与解释——诠释学经典文选》,洪汉鼎译,东方出版社 2001 年版,第 4 页。
② 谭学纯、朱玲:《广义修辞学》,安徽教育出版社 2008 年版,第 142 页。

发展领域。

德·曼对修辞术的理解是从阅读方法入手的,他对修辞"术"的理解有着较为宽泛的认识论基础和思考路径。例如:

(1)修辞即方法,各种理论阅读都是对文本的现象化的、语法化的阅读行为;

(2)修辞即解构,真正的修辞阅读必须是对语法结构上的方法论解构;

(3)修辞即理论,修辞是否是理论,这涉及其存在的"不可能性的普遍理论"①。

根据德·曼的理解,修辞阅读首先是技术性的阅读,而且是辩论性很强的阅读;其次,修辞阅读自身也有缺点,但却可以把其他一切模式包括在内,是一切阅读的基础;再次,修辞阅读也是理论性的阅读,只不过是最富有辩证性的,直面阅读的理论。推崇"术"的修辞阅读,是德·曼学术生涯中的不断追求。然而,简单地把德·曼的修辞之"术"归为一种低层次的修辞阅读,显然不能给予他应有的学术关注,恰如德·曼自己对修辞阅读的评价,"技术上正确的修辞阅读或许是枯燥的、单调的、可预测的、令人生厌的,但却又是无可辩驳的。它们也是总体化的(潜在的极权化),因为它们所揭示的结构和功能并不会导致关于实体(例如语言)的知识,而是一种知识生产的不可信赖的过程,……它们总是处于理论之中,最为富有弹性的理论的、辩证的模式来终结所有的模式,它们可以正确地宣告在自我有缺点的自我中包含了其他所有回避阅读的、有缺点的模式,如指涉性的、符号学的、语法的、述行性的、逻辑学的或者无论什么模式"。②

对比德·曼与尼采的修辞观,可以发现他们有诸多类似之处。尼

---

① Paul de Man, *The Resistance to Theory*, Minneapolis and London: University of Minnesota Press, 1986, p.19.

② Ibid.

采认为，断定不同的语言表述是否为"语法格"或者"修辞格"其实很困难，毕竟说话者自身的"思想内容"和"比喻习惯"都不一样，我们对于它们的判定也主要是"出自习惯的或然判断"①。德·曼也认为，"语法的语内表现行为"和"修辞的言语表达效果"二者之间是否有连续性很难判断，基于这个连续性建立的新修辞学对于托多洛夫和热奈特来说也是一种"新语法学"②。尼采和德·曼都点出了一个难题，我们把语法化认识模式和修辞化认识模式区分开是一个非常困难的任务。艾布拉姆斯也针对德·曼后期著作中谈论的语法和修辞的问题发表自己的观点，认为他所描述的关于语法追求确定性和能指性与修辞指向"非能指和非逻辑"，证明了文本内"表述与述行的不一致"，或如德·曼所说的，"同时肯定又否定它自身修辞模式的权威性"。③

德·曼作为深受结构主义语言学影响的批评家，在论文中也不断提出新的修辞方法研究，也不断论证修辞"术"之于哲学认识论的意义，更在论证中不断提出了自己的修辞观点，这在某种程度上是对新修辞学复兴的回应。在研究方法方面，德·曼采用的是类似于英美新批评和俄国形式主义者的思路，把修辞学术语引入文学批评话语，把文本的语言特点作为解释的对象，将语言学研究的术语融合进文学研究，研究文本语言中各种修辞格的话语，同时也探讨文本建构的不同层级。在研究范围上，德·曼扩大了修辞研究的范围，其涵盖的对象远大于修辞诗学的范围，把叙事中的话语作为语言研究的对象之一，例如，德·曼在《盲视与洞见》中借助一定的认识论框架对既定的理论模式进行批判；在《美学意识形态》中对18世纪机械论认识论模

---

① ［德］弗里德里希·尼采：《古修辞学描述》，屠友祥译，上海人民出版社2001年版，第61页。

② Paul de Man, *Allegories of Reading*: *Figural Language in Rousseau, Nietzsche, Rilke, and Proust*, New Haven and London: Yale University Press, 1979, p. 8.

③ ［美］M. H. 艾布拉姆斯：《文学术语词典》，吴松江等译，北京大学出版社2009年版，第119页。

式、康德和黑格尔等审美认识论模式的批判。由此可知，德·曼所研究的修辞阅读，是一个有着鲜明特色的修辞之"术"抑或"技巧"的哲学认识论。

在研究对象方面，德·曼对修辞术的探讨比较零散，涉及了许多修辞格，如隐喻、反讽、象征。"转义"是德·曼行文中较为突出的一个高频词，在尼采所著的《古修辞学描述》中，转义也被看作是一个涵盖面比较宽泛的概念，包括隐喻、夸张、反讽等三十八种之多[①]，后来被用以指语词意义随着文本符号的转化实现的转移。转义既指观念之间的运动，也指事物间的关联，它可以使事物不只用一种语言表述，同时也可以有"其他方式来表述的可能性"[②]。如果把德·曼对语言的探讨放置于一个修辞论中审视，转义则是一个关于修辞"术"的研究集合，把转义所涵盖的内容进一步扩大，其中至少谈及了语法、隐喻、象征、意象、符号，以及戏剧合唱队（parabasis）等。德·曼的修辞论在内涵意义上就有先天的悖论性，一方面隶属于辞格体系，但另一方面却又作为劝说的修辞方式出现，二者在语言的表述式之中表现为"转义和劝说"或者"认知与述行语言"之间的"破坏性地相互缠绕"[③]。或者说，德·曼的辞格指的是一种语言表述方式，但却并不属于传统意义上窄式定义的辞格论。

德·曼在《论穆雷·克里格》一文中指出，"亚里士多德传统中的古典修辞学家对于特定习俗和环境下特殊转义的正确使用说了很多，但是他们不会用一个转义来反对另一个。转义是内置于任何语言、语义工具的理论，也正是如此，我们没有高于它们存在的立法权；喜欢一个而打发掉另一个，就像废掉双手是因为它们无助于步行，废

[①] ［德］弗里德里希·尼采：《古修辞学描述》，屠友祥译，上海人民出版社2001年版，第47页。

[②] ［美］海登·怀特：《话语的转义——文化批评文集》，董立河译，大象出版社2011年版，第3页。

[③] Paul de Man, *Allegories of Reading: Figural Language in Rousseau, Nietzsche, Rilke, and Proust*, New Haven and London: Yale University Press, 1979, p. ix.

掉双脚是因为它不能让人去抓：例如以隐喻来抵制提喻，就是以手来抵制脚"。① 在《阅读的寓言》中，德·曼同样对比分析了象征与寓言两种修辞格，认为二者都是以替代为核心原则构建的"隐喻方式"②，即使对于象征辞格来说，其部分代替整体完全可以看作是一种提喻；但是，19世纪美学中视象征为优于其他一切的认识论模式，实际上是否认了寓言作为隐喻认识论模式的重要意义。在寓言中，由相似产生的替换功能的有效性，难以满足隐喻认识论对于意义在本质上的空与事实上物质的匮乏之间的关系，而且事实上，隐喻是盲目的，并不是因为它歪曲客观的事实，而是因为它描述出来的，"在很大程度上只是一种可能性"。③ 米勒也赞同德·曼的观点，把隐喻看作是"反常的"，是对事物"真实存在"的掩盖④。

因此，寓言就成为另一个重要的认识论模式，即通过直接陈述或文本语码转换来表述一个实际的意义，然而，没有相似性的文字符号，以及文字符号依次传递一个与它相适宜的意义，但这一意义却与寓言的意义并不一致。刘亚猛称之为"文学批评对修辞的回归"，是西方修辞研究与20世纪中叶之后西方文学思想的融合，如新批评的克林斯·布鲁克斯、罗伯特·佩恩·沃伦，解构论者德·曼和马克思主义文学批评家特里·伊格尔顿都被包括在内，"德·曼的'文学理论'可以说无处不弥漫着修辞精神"。⑤ 这里的修辞精神不是指修辞作为劝说的工具或者语言的表达技巧，而是其思辨性中的认识论元素，这是一种与必然性、确定性等理性逻辑相对立的或然性、不确定性的认识

---

① Paul de Man, *Romanticism and Contemporary Criticism*, London: The Johns Hopkins University Press, 1993, p. 183.
② Paul de Man, *Blindness and Insight: Essays in the Rhetoric of Contemporary Criticism*, London: Routledge, 1989, p. 204.
③ Paul de Man, *Allegories of Reading: Figural Language in Rousseau, Nietzsche, Rilke, and Proust*, New Haven and London: Yale University Press, 1979, p. 151.
④ ［美］J. 希利斯·米勒：《重申解构主义》，郭英剑等译，中国社会科学出版社1998年版，第212—213页。
⑤ 刘亚猛：《西方修辞学史》，外语教学与研究出版社2008年版，第294页。

论立场。

在推理模式上，德·曼与亚里士多德的修辞推理三段论（enthymema）① 上有诸多类似的程序。在《修辞学》中，亚里士多德提出了 28 种推理模式，这里选取前提省略作为一个例证，如：

凡人都有死。（大前提）

苏格拉底是人。（小前提）

苏格拉底有死。（结论）

在亚里士多德的三段论推理中，命题的大前提涵盖了小前提，即人类的一个共有的命运属性——死亡。如果有人没有死，那么这个命题就是无效的。大前提中的"凡人"是主词，包含了小前提中的主词"苏格拉底"，二者同属一个类别。这里的类别就包含了主词的所指在实质上是一致的。这显然是一种理论演绎的方法。亚里士多德把逻辑优先权归于一个大前提，小前提也必须在大前提中才会有效。苏格拉底必须是"人"，一旦不是"人"的类别，命题就没有意义。

对于德·曼来说，演绎法在推理逻辑上的错误导致了整个命题的错误，小前提作为个体有着与大前提类似的特点，但也有个体的特点；大前提关于类别的描述只是概念化的识别，对小前提属于命名性的修辞行为，在知识的获得方面没有一定的科学性，因而会导致误读。我们选取德·曼在论文集《阅读的寓言》中关于卢梭的论文《隐喻》一文为例：

（1）开篇第一段第一句：

> 在卢梭经典著作中，《论人类不平等的起源和基础》（1754）的位置仍然是不确定的。卢梭全部著作是明显二重性的，这个整体包括了部分的政治理论，部分的文学（小说和自传），它不可避免地导致了解释者的分工，从而显暴露出了政治学家、文化历

---

① 国内目前对亚里士多德的 Enthymeme 的译法比较多，如修辞式推论、推理论证、辩论推理、省略推理。

史学家和文学批评家之间的潜在的不相容性。①

（2）开篇第一段最后一句：

一旦这样来假设的话，《第二论文》就会变得非常容易遭到一系列的重复性攻击，它们非常持久地一再出现在所有的卢梭研究中，而且文本的任何一个读者都将会感到自己被迫着去了解清楚。②

（3）结尾最后一段最后一句：

经常有人说，卢梭的小说《朱丽叶》也是他政治学中最好的论文；应该再加一句，《社会契约论》也是他最好的小说。但是，它们都依赖修辞性理论中一个共同的方法论开端，这是《论人类不平等的起源和基础》的基础。③

这篇论文的开篇是基于一个共识，即评论家们在阅读中对文本的分类是潜意识默认的，如果某一个作家撰写了不同的内容，那就应该分别研究，德·曼对此表示不满，认为有的作家如卢梭的政治书写和文学创作共享的就是同一个修辞模式，"经常有人说，卢梭的小说《朱丽叶》也是他政治学中最好的论文；应该再加一句，《社会契约论》也是他最好的小说"。④

把德·曼整个文本的推理模式简化如下：

（1）针对文本阅读的现象提出研究问题：政治和文学分类阅读；

（2）针对问题提出假设：回避关于语言的论述问题，应该关注；

---

① Paul de Man, *Allegories of Reading: Figural Language in Rousseau, Nietzsche, Rilke, and Proust*, New Haven and London: Yale University Press, 1979, p. 135.
② Ibid., p. 136.
③ Ibid., p. 135.
④ Ibid., p. 159.

（3）假设的验证、修正：分析文本中所涉及的一些概念如自然状态、人；

（4）演绎新的假设：语言的修辞性；

（5）评判其他已有或可能的误读：政治和文学都属于一类的文本，都以修辞为基础。

德·曼与亚里士多德在意义推理的模式上各有不同，亚里士多德采用的是演绎，从理论前提推出文本实践；德·曼采用的是归纳，从文本实践归纳出理论问题。德·曼反对形式逻辑方法，因为各种逻辑分析都是建立在概念演绎的基础上，以概念范畴的讨论代替了文本语言的分析，以线性的必然性逻辑推论代替了意义的可逆性分析。在文本的推理过程中，德·曼以语言事实为基础指出某个理论视角存在的困难，分析其理论框架中的问题，最后得出关于语言修辞性的概念，唯一的缺憾是，德·曼没有从文本实践中推理出一个完美的关于阅读的解决方案，也许这对于寻求不确定性的德·曼来说，也是题中原有之义。

再例如《转义的修辞》一文的开篇：

> 把尼采与文学的关系的思考中心放置于尼采的修辞论上，显然是牵强附会的。为什么人们选择似乎是所有证据都指明是尼采事业中的奇怪的、次要的部分，来作为反思文学和哲学话语的特别的文学方面的复杂问题的入路呢？[1]

在接下来的文本论证中，德·曼同样采取了经验归纳的办法，针对尼采提出的理论假设，进一步验证并评判了尼采对修辞的观点，由此拒绝了亚里士多德所倡导的形式逻辑的分析方法。

在研究目的上，德·曼推崇修辞术对于阅读的积极意义，是对尼

---

[1] Paul de Man, *Allegories of Reading*: *Figural Language in Rousseau*, *Nietzsche*, *Rilke*, *and Proust*, New Haven and London: Yale University Press, 1979, p. 103.

采认识论的发展，破除西方形而上学的残余在文学批评上的影响。古希腊时期的诡辩论认为，修辞只可以产生意见而不是真理；"后-"学认识论也认为，一切文本都是构建的，语言是修辞性的。可以这样认为，现代修辞认识论是对古希腊观点的发展，认可了"意见"对于人们认识论的重要性。然而德·曼也指出了，即使我们真正的修辞阅读可以摆脱任何的现象化、语法化的阅读，"修辞性阅读要像其他阅读种类一样，仍然回避和抵制它们所提倡的那种阅读。没有任何阅读能克服对理论的抵制，因为理论就是这种抵制本身"。① 德·曼对修辞之"术"的追求有其积极性的一面，即追求一种纯粹的意义认识论，追问文本的究竟说了什么、想说什么，追问意义如何从语言中生成。

二 德·曼式语文学

语文学②不同于修辞术，因为它不仅像后者那样重视语言的结构及其产生意义的方式，还注重意义的正确解释。然而，对于急于呼唤重回语文学批评的德·曼来说，语文学与修辞术在研究方法上是一样的，他就这样误打误撞地把修辞研究嫁接到了语文学的研究方法之中，其目的只是为了唤醒对文学理论和文学批评在方法上的重视。德·曼的文学批评模式是，选取一个文本的语言片段或者某个语言术语，结合整个文本展开，挖掘既定的意义内无法消除的意义，进而研究这个潜在的比喻意义是如何解构字面意义的。或者可以说，这种强行嫁接的批评方法是德·曼式语文学修辞批评。

德·曼式语文学修辞批评善于对不同文本采用语文学式的阅读，

---

① Paul de Man, *The Resistance to Theory*, Minneapolis and London: University of Minnesota Press, 1986, p. 19.

② 语文学与修辞学分属于不同的研究方法，但是 19 世纪对于"语文学"的解释中就开始蕴含了某种混淆，认为其中包括三个不同的研究模式：文本语文学（古典和圣经研究），语言的起源和本质论，语言和语言家族的结构和历史演化的对比研究。(James Turner, *Philology: The Forgotten Origins of the Modern Humanities*, Princeton and Oxford: Princeton University Press, 2014, p. x.)

注重对文本语言的客观、多角度对比分析，具有一种崇尚科学的实证精神。德·曼在《重回语文学》一文中直接指出语文学对于文学批评的意义；在《上下文》一文中又更进一步阐明语言分析对于文学批评的重要性；他自己也坦承"是一个语文学家，而不是一个哲学家"[1]。那么，语文学对德·曼的文学批评模式有什么影响呢？

传统的语文学研究，起源于4世纪的Pergamum和Alexandria，发展于古希腊、古罗马和拜占庭帝国时期，最后又在欧洲文艺复兴时期的学者那里得到了进一步的延伸。它的研究方法就是以文本为核心，采纳各种材料和证据对各种文本进行研究，旨在重建文本原义。语文学的批评方法有助于科学地审视文本之间的不同，比较并确定某个文本的历史生成过程，进而深入分析文本的内容和思想。语文学作为一种文本批评，以语法和风格等问题为研究对象，不仅重视文本语言层面的分析，更重视重建文本原义，研究文本及其历史生成。

对于处于后结构主义时期的德·曼来说，语文学批评在他的学术生涯里表现得十分明显。例如，德·曼在对里尔克的诗《祈祷书》进行分析的时候，反复考量"我"和"你"人称代词对于整首诗的平衡性作用，其目的是既要唤起主体的行为，也要赋予"你"在诗中的存在，"赋予说话声音一种潜在的行为"[2]。在分析卢梭的《第二论文》时，他选取卢梭早期的剧本《那客索斯》展开分析，"在主格和反身'我'的表面同一中，差异是被预示出来的，并且未来的差异的语法空间被明显的标志出来"[3]。此外，《承诺》一文中对卢梭的社会文本中个体和自然等语言现象运用的分析，《时间性修辞学》一文中对象征和寓言的辩证分析，《反讽的概念》一文中从理论和文本实践上对反讽这个概念的梳理，等等，德·曼都沿用了传统语文学研究的基本

---

[1] Paul de Man, *The Resistance to Theory*, Minneapolis and London: University of Minnesota Press, 1986, p. 118.

[2] Paul de Man, *Allegories of Reading: Figural Language in Rousseau, Nietzsche, Rilke, and Proust*, New Haven and London: Yale University Press, 1979, p. 30.

[3] Ibid., p. 165.

思路，把研究对象聚焦于语言现象，关注意义的生成。

　　除了在文本批评实践中关注语言现象外，德·曼还注重语言分析的理论研究。例如，德·曼在《盲视与洞见》中分析各个理论流派或思想家因为对某一个文本的语言错误解读而造成的误读，其目的是说明语言有本义和比喻义之分，而语言的比喻性或修辞性是本质性的。在《重回语文学》一文中，他还批评了文学阅读中的方法论问题，并且以鲁宾·布鲁尔的文学教学为例，解释了语文学对于文学意义理解的重要性。布鲁尔坚持让学生找出文本中"具体的语言用法"[①]，如语气、短语或修辞转变来支撑自己的文本解释。德·曼高度赞赏这种阅读方法，可以训练学生在未阅读文本之前，"不轻易相信任何理论或观点"。[②]

　　语文学批评带来的阅读效果，激发了德·曼对文本语言意义的科学审视，尽管这种文本细读可能会忽视读者的作用，但是却能让读者获得一种文本意义上的准确性。所有的关于批评的审美的、宗教的、道德的等方法都需要以语文学为基础，否则只能是空谈，"专业的文学批评必须以严格的语文学训练为前提"。[③] 德·曼倡导语文学分析，不是为了通过多种手稿或者文本重建作者最初的文本意图，而是通过语言分析，重新发掘出原文本中的原初意义（终极意义）的悖论状态。这种研究的优势在于，让读者从多个角度进行考证，了解原本的意义。

　　德·曼的语文学批评思路倡导文学批评的"纯粹性"，审美的、政治的、宗教的等阅读都必须让位于语言结构本身。读者应该关注语言的结构，因为语言是先于人的认识存在的，"符号首先存在于世界，其次才进入人的大脑"。[④] 语言先于意义，语言有指涉功能，但不是语

[①] Paul de Man, *The Resistance to Theory*, Minneapolis and London: University of Minnesota Press, 1986, p. 23.

[②] Ibid.

[③] Ibid.

[④] Paul de Man, *The Rhetoric of Romanticism*, New York: Columbia University Press, 1984, p. 101.

言之外，而是语言自身。"当前文学解释的最为迫切的任务是回到作品本身。"① 在具体的文学批评实践过程中，德·曼的文本分析相对更为注重研究文本的"词汇""语法""修辞手段"等最基本的、语言性的构成要素的含义，尽量摒弃主观臆断，充分尊重了文本语言丰富的能指能力和其在言语上下文中的语义特征。

德·曼与其他语文学家的研究思路的不同，就在于他同时也融入了语义学的研究方法。因为对于20世纪的语义学家们来说，语言的特征和功能对意义的研究，都是以逻辑经验主义为基础的。只有对语词、句子和意义做科学的分析，才有意义。在分析哲学看来，笛卡儿的"我思"、黑格尔的"绝对精神"等都是伪陈述，只会带来更多的哲学表述问题，因此应该限定语词的意义，使其符合逻辑，维特根斯坦因此说，"全部哲学都是语言批判"。②

文学作品中的语言都是不严格的、虚幻的，因此被讨论的事物的本质都被这种语言掩盖了，海德格尔就曾说过，"语言是一切危险的危险，因为语言首先创造了一种危险的可能性。危险乃是存在者对存在的危险"。③ 海德格尔这里并不是夸大语言认识论的危机对存在的影响，而是对所有语言论发展的一种警示。从这个角度看，德·曼推崇语文学式的修辞批评，应该看重的就是其语义学式的客观分析，或者从某种程度上说，语词受语境制约，但任何认识论都是语言表述，所以，"分析认识过程与思维结构的最好办法就是分析语言"。④

三 修辞阅读

修辞阅读的前提应该是语言分析，当词与物之间出现不一致时，

---

① Paul de Man, *The Resistance to Theory*, Minneapolis and London: University of Minnesota Press, 1986, p. 23.
② ［英］维特根斯坦：《逻辑哲学论》，贺绍甲译，商务印书馆2002年版，第42页。
③ ［德］马丁·海德格尔：《荷尔德林和诗的本质》，孙周兴译，商务印书馆2015年版，第38—39页。
④ 洪谦主编：《逻辑经验主义》上卷，商务印书馆1982年版，第8页。

语词才是理解事物最重要的根本，这是因为语言就是"社会现实"①。米勒也发现了文学批评的发展趋势是修辞阅读，"关注修辞格在文学作品的功能"，还不断扩大其外延，把"反讽、越位、寓言、讽喻等等"都包括在内②。修辞阅读的目的，不会说任何文本本身没有任何意义，"只会说很多文学作品都具有多个可以确定的含义，但不一定总是要相互不兼容"。③

德·曼借助对文本的修辞阅读，强调"术"之于文本意义的建构作用，是对古希腊修辞学的积极回应，尽管特里·伊格尔顿认为德·曼的学术从本质上说是一种"悲剧哲学"④，但是这也正是古希腊诡辩论者的初衷，力图否定认识的可能性，只肯定修辞方法的有效性。德·曼没有直接谈论修辞作为语言论的一部分对于文学批评的启示，但是从其他论者的笔下可以推断出德·曼对于修辞论的态度，也可以发掘出其关于修辞与文学批评的关系，修辞与语言认识论之间的关系。米勒认为德·曼对卢梭《社会契约论》的分析就证明了，"在阅读行为中负责任的、政治的和伦理的决定成为可能"。⑤

从当前的修辞研究来看，论者们关注了修辞的人文，尤其是泛修辞化的不断扩大，却忽略了修辞作为问题学的内在机理的一面；关注了修辞的推论等运作机制，却忽略了宏观上的问—答模式。这些方面在德·曼的修辞论中得到了解决，他把问题学思维重新运用于修辞论中，把修辞问题重新拉回哲学认识论中加以辨识。

这种修辞论是对当代修辞论在 20 世纪中期复兴的回应，也是对语

---

① [美] 欧内斯特：《想象与修辞幻象：社会现实的修辞批评》，载大卫·宁《当代西方修辞学：批评模式与方法》，常昌富、顾宝桐译，中国社会科学出版社 1998 年版，第 84 页。
② [美] J. 希利斯·米勒、金慧敏：《永远的修辞性阅读——关于解构主义与文化研究的访谈——对话》，《外国文学评论》2001 年第 1 期。
③ [美] J. 希利斯·米勒、王敬慧：《"解构性阅读"与"修辞性阅读"——致张江》，《文艺研究》2015 年第 7 期。
④ Terry Eagleton, *Ideology*, London: Verso, 1991, p. 200.
⑤ [美] J. 希利斯·米勒、金慧敏：《永远的修辞性阅读——关于解构主义与文化研究的访谈——对话》，《外国文学评论》2001 年第 1 期。

言学转向的回应,更是对文学批评不断发展的语言论的回应。德·曼在整个关于修辞阅读的过程中,关注不同语言单位作为意义发生点的作用。不同的是,新批评认为的"复义"指的是意义的多元化,不确定性,意味着"一项陈述有多种意义"[1]。德·曼修辞批评中强调意义的不确定,可能认为它们都不合题意。然而,正如斯托弗·诺里斯所认为的,德·曼的研究尽管涵盖普通语言论所涉及的语法、逻辑和修辞,但是显然已经"上升到语言哲学层面"[2],相比之下的新批评则只研究文本实践。德·曼在关于新批评的讲座中也认为,美国的新批评走的是一条"非历史"和"非哲学"的道路[3]。理查兹的语言论属于传统的认识论,仍然强调语言的指涉义,把理解阅读的意义看作是对文本的指涉意义的理解。尽管理查兹认为文本是自足的,但其本意仍然是希望通过细读文本来还原作者的意义,这一点类似于弗·施莱格尔的传统解释学和普莱的对作者意识的还原。把阅读的正确性归为是否与作者一致,其实就是在语言之外预设了一个意义本体,把语言理解为对世界的体验。事实上,任何语言与世界之间的体验关系都不是完全的、充分的;如德·曼所认为的,理查兹的修辞论中假定了符号和所指物之间存在连续性,"符号替代了其所指物体"。[4] 这种立场蕴含了解构主义认识论的共性,它们都否认符号和所指之间的对应性。

德·曼通过对包括反讽、寓言、象征等修辞格进行文学解释,将其表现放置于整个文本中考察,证明了辞格并不是一种简单的语义事件,而是一种哲学认知。高辛勇也赞同德·曼所探讨的"认识论的检

---

[1] [英] 威廉·燕卜荪:《复义七型》,载赵毅衡《"新批评"文集》,中国社会科学出版社 1988 年版,第 310 页。

[2] Christopher Norris, *Reason, Rhetoric, Theory: Empson and de Man*, London: Chatto and Windus, 1978, p. 150.

[3] Tom Keenan, *Bibliography of Texts by Paul de Man*, Minneapolis: University of Minnesota Press, 1986, p. 122.

[4] Paul de Man, *Blindness and Insight: Essays in the Rhetoric of Contemporary Criticism*, Minneapolis: University of Minnesota Press, 1983, p. 232.

验"①，即考察修辞与知识、意义以及再现等关系。

德·曼强调语言能指的存在价值，实际上是将传统修辞"术"的劝说和现代修辞学的广义认识论结合起来，把修辞格的内涵不断扩大，使文本变成了能指的语言游戏。德·曼泛化了修辞的用法，拒绝把修辞作为一种特殊用法，其目的至少包括两个方面：一，否认文本内语法与修辞之间相互统一的可能性，认为任何解释都是修辞性的，是以符号替代符号，不存在从符号到所指物的完全、充分的合体。这个符号过程作为能指游戏，会对阅读产生一种纯粹的能指过程，一种皮尔士的"以符号生成符号"的纯粹修辞学②。二，把修辞作为一种符号过程，也就是把语言学和修辞学的不同论点共置于文本阅读之中，就是思考文本意义的生成过程，这就从根本上摆脱了指称论所带来的逻辑认识论负担。关注文本内语言的修辞性，也就同时为文学批评研究打开了一个隐形的阅读模式，开启了新的认识论的可能性。

从另一个方面看，能指在把哲学、社会性、心理学等所指内容作为视角引入文本意义分析时，不断地把修辞的"意见"改造成了"知识"，从认识论上加以改变。这就在很大程度上改变了整个修辞的运作机制，使得原本只具有可然性逻辑渐渐被赋予了认识论逻辑的特性，把特定的意义转化为了普遍性的意义。

德·曼的修辞阅读实际上是对原初（终极）意义的探讨，属于元批评模式，他把语言作为包含了各种层级的符号进行论述。任何词语都是象征性的符号，都是复杂构成的，都是在原有符号——物的简单对应关系上的复杂化。各种文本都属于人的修辞共同体的产物，唯有从修辞的角度切入才能理解不同文本作为个体存在的意义，也可以从中发掘出生活共同体的意义。但与此同时，把一切定义为修辞产物，实际上就失去了寻找问题驱动下的意义过程，因为任何批评方法都暗含

---

① ［加］高辛勇：《修辞学与文学阅读》，北京大学出版社 1997 年版，第 44 页。
② Paul de Man, *Allegories of Reading: Figural Language in Rousseau, Nietzsche, Rilke, and Proust*, New Haven and London: Yale University Press, 1979, p. 9.

了意识形态素,恰如詹姆逊所言,"对意识形态素的任何共时性分析都顺从于变化的历史布局中的某个时刻",但是,我们却把这个"不情愿的变化"(unintended change)称为辩证性的,并且把这种虚幻性归为批评所赖以存在的解释代码①,或者说,一旦忽略了它的修辞作用,必然会忽略产生盲视的根源:语言的不可定义性。

---

① Fredric Jameson, *The Ideology of Theory*, London & New York: Verso, 2008, p. 545.

第二章

象征语言的认识论困境

象征语言之所以为浪漫主义诗人所青睐,并且成为长期以来一直主导着人们认识论习惯的语言表述方式,在于其宣扬的以有限代表无限的能力。德·曼曾高度评价象征语言在 19 世纪拥有的崇高地位,"是语言的再现和语义功能的统一的一种语言表述,成了文学品味、文学批评以及文学历史常说的基石"。①

然而,象征语言在后浪漫主义时期却备受质疑,安娜·巴拉克恩(Anna Balakian)通过分析马拉美的《希罗狄亚德》、瓦雷里(Paul Valery)的《年轻的命运女神》、里尔克的十四行诗和叶芝的《第二次降临》之中的后象征模式(post-symbolic mode),思考这些诗人在 19 世纪末期上帝死亡和浪漫的抒情诗已经过去后,如何来寻找"一种语义学上的超验主义来弥补消弭的形而上渴望"②。德·曼的博士学位论文《马拉美和叶芝诗歌中的浪漫主义问题》也深入研究了象征主义诗人马拉美和叶芝诗歌中的语言问题,那么,后浪漫主义指的是哪个时期,象征语言缘何会在这个时期出现认识论困境,这些困境又表现在哪些方面呢?本章首先对象征语言、象征文学与西方认识论传统之间

---

① Paul de Man, *Blindness and Insight*: *Essays in the Rhetoric of Contemporary Criticism*: *Essays in the Rhetoric of Contemporary Criticism*, Minneapolis: University of Minnesota Press, 1983, pp. 189 – 190.

② Anna Balakian, *The Fiction of the Poet*: *From Mallarme to the Post-Symbolist Mode*, Princeton: Princeton University Press, 1992, p. 5.

的关系进行梳理,为后浪漫主义时期定位,然后分析象征语言中所蕴含的认识悖论,以及想象力作为浪漫主义时期倡导的修辞原则,为何会导致物质存在与诗学描述之间的非对应关系。

第一节　象征语言的后浪漫主义说

德·曼是一位对浪漫主义情有独钟的学者,对浪漫主义的关注始终贯穿他的整个学术生涯,"后浪漫主义"更是德·曼论文里一个很值得关注的术语,它不仅可以帮助我们理解浪漫主义之后语言论的发展状况,还可以揭示出德·曼对当代语言问题的反思。恰如德·曼研究专家马丁·麦克奎兰所说,"'后浪漫主义的困境'代表了一个持续时期的工作,其中德·曼开启了一系列占据他后半生的学术关注点"。[1]

一　后浪漫主义的界定

德·曼十分关注浪漫主义时期文学作品中的语言问题,他的博士学位论文《马拉美和叶芝诗歌中的浪漫主义问题》研究了诗歌的语言问题、《阅读的寓言》研究卢梭的阅读问题、《浪漫主义修辞》研究浪漫主义诗歌的修辞格问题、《浪漫主义和当代批评》研究浪漫主义的文学批评问题,这些论文涉及了诸多浪漫主义时期的思想家和诗人,如卢梭、康德、黑格尔、华兹华斯、柯勒律治、尼采、本雅明、荷尔德林、马拉美、叶芝、里尔克。而且德·曼在《浪漫主义修辞》的序言部分中,承认自己的博士学位论文中关于叶芝的"意象和图征(emblem)"的论述"已经是对形象语言的修辞分析",[2] 而且这种模式后来主导了他的学术写作。

---

[1] Paul de Man, *The Post-Romantic Predicament*, Edinburgh: Edinburgh University Press, 2012, p.1.

[2] Ibid., p.4.

德·曼选择从语言角度重新认识浪漫主义，迥然不同于以赛亚·柏林的观念史视角和卡尔斯密特的政治论视角，这在浪漫主义的谱系学研究中也属于一种突破。他把象征语言在马拉美、波德莱尔、叶芝等文学作品中所表现出来的认识困境归为一种"后浪漫主义的困境"，而且还认为这些困境的历史根源可以追溯到浪漫主义时期，如：

（1）《后浪漫主义困境》中，德·曼认为自己对后浪漫主义困境的研究是一种历史的、诗学研究，其目的是寻找诗歌中的困境，并以此为当代诗歌研究困境找到出路。然而这种困境又是"形而上的"①。

（2）《阅读的寓言》的序言中，德·曼承认自己既定的文本阅读策略是以历史视角来展开，是"为了对浪漫主义进行一种历史性的反思"②。

（3）《浪漫主义和当代批评》的编者这样总结，"根据德·曼，因为这个浪漫主义的历史意识对我们自己的意识来说是一个有力的'来源'，对浪漫主义的历史研究也必然是对我们自己历史困境、我们历史的一种反应"。"很明显是他长期对英、德和法国浪漫主义一些主要文本的思考，以及对这些文本在20世纪文学批评和理论中的接受情况"，而且这些论文都集中探讨了浪漫主义的问题，思考的是"一个真正的历史意识"，这也是对"我们自己的历史困境，我们的历史的一个反思"。③

从历时角度看，后浪漫主义时期作为浪漫主义时期的延续，早期的卢梭、康德和后期的尼采、本雅明，必然对浪漫主义有着不同的认识；华兹华斯、柯勒律治和马拉美、里尔克对于诗歌语言的理解也必然有所不同。尽管它们在认识论上的表现上有诸多不一致的地方，但

---

① Paul de Man, *The Post-Romantic Predicament*, Edinburgh: Edinburgh University Press, 2012, p. 2.
② Paul de Man, *Allegories of Reading: Figural Language in Rousseau, Nietzsche, Rilke, and Proust*, New Haven and London: Yale University Press, 1979, p. ix.
③ Paul de Man, *Romanticism and Contemporary Criticism*, London: The Johns Hopkins University Press, 1993, p. vii.

依然源自同一个认识论基础。因此,对后浪漫主义认识论困境的研究也就决定了德·曼整个研究的立场属于一种历史性的反思。

那么,德·曼所指的后浪漫主义时期指的哪个时间段呢?从德·曼所撰写的不同论文中,可以摘取一些有关后浪漫主义的描述作进一步分析:

(1) 当我们观看象征文学的时候——我这里用这个术语来指后浪漫主义传统,它兴起于法国的波德莱尔,到19世纪末已经影响了整个欧洲文学——我们发现它被两个明显矛盾的关注点所困扰。①

(2) ……这些历史被如此简洁地结构了,以至于它们似乎是由一个单一的叙述单元构成的(《从波德莱尔到超现实主义》《从经典的到浪漫的》)。这个问题在那些企图以与过去相关来自我界定中普遍存在,就像当代的心灵被说成是,如"后浪漫主义"或"反理想主义"一样。②

(3) 赋予形象化优于劝说的特权,是一种典型的后浪漫主义态度,尼采对自弗雷德里希·施莱格尔以来的德国浪漫主义传统先辈们的依赖,有着丰富的文献资料。③

(1) 的描述出自《象征主义的二重性》一文,"后浪漫主义传统"指的是象征文学时期,是以波德莱尔为代表的象征诗歌及其对整个欧洲文学所产生影响的时期。从具体时间上看,波德莱尔作为法国19世纪典型的浪漫主义诗人,马拉美和叶芝也都是19世纪后半期有名的象征主义诗人,德·曼的写作目的就是,从马拉美和叶芝的诗歌中发掘

---

① Paul de Man, *Romanticism and Contemporary Criticism*, London: The Johns Hopkins University Press, 1993, p.149.
② Paul de Man, *Allegories of Reading: Figural Language in Rousseau, Nietzsche, Rilke, and Proust*, New Haven and London: Yale University Press, 1979, p.79.
③ Ibid., p.130.

可以解决"当代诗学所遇到的难题"①，等等，这些关键词都可以让我们在时间方面大致推定，后浪漫主义时期是19世纪中后期和20世纪上半期，它涵盖了大部分的现代时期和后现代时期在内，而不单单是指后现代时期。伊夫·瓦岱（Yves Vade）在《文学与现代性》中也曾指出，"许多作品——从波德莱尔的开始——从美学角度而言完全可以属于现代性的范畴，但它们同时又是反对进步意识形态的"。②

（2）中，德·曼没有说明"当代精神"的具体时期，但是根据《发生与系统》这篇文章收录于《阅读的寓言》的时间来看，这部论文集序言的撰写时间是1979年4月。再结合德·曼曾撰写过的两篇关于当代文学批评的危机的文章来看，《批评与危机》和《浪漫主义的当代批评》都写于1967年，那么，这里的"当代"的理论危机应该指的是西方在20世纪六七十年代刚刚兴盛起来的后现代主义时期③。

（3）出自《说服的修辞学》一文，德·曼对于后浪漫主义中关于"修辞"一说，又关联了西方20世纪中期的新修辞学的复兴。不同于传统的修辞论视劝说为第一要义，新修辞学开始反思其与哲学和逻辑之间的关系，出现了"如何重新理解话语、知识和思想之间的关系问题"④，这一点在研究内容方面与德·曼的修辞论是大体一致的。

从时间上来看，上文所选的三段描述中，德·曼所说的后浪漫主义时期这个时间段是有一定的继承性思想和学术思潮的时期，既包括创新的现代，也包括颓废的后现代两个时间段⑤。此外，在《盲视与

---

① Paul de Man, *The Post-Romantic Predicament*, Edinburgh: Edinburgh University Press, 2012, p. 33.
② ［法］伊夫·瓦岱：《文学与现代性》，田庆生译，北京大学出版社2001年版，第115页。
③ 学界共识是，后现代主义这个提法最早出自让-弗朗索瓦·利奥塔的《后现代状态：关于知识的报告》（1979）一书，而且这本书是关于后现代方面研究的重点著作。
④ 胡曙中：《美国新修辞学研究》，上海外语教育出版社1999年版，第97页。
⑤ 王寅：《语言哲学研究：21世纪中国后语言哲学沉思录》，北京大学出版社2014年版，第589页注释1。根据王寅，论者们从语言哲学方面关于现代和后现代的时间段划分问题尚不明朗，认为将二者的分界暂定为20世纪50年代和60年代可以缩小论者们之间的分歧。

洞见》中,德·曼也使用了"我们自己的后浪漫主义现代性"这样的表述方式①,主要应用于关于形式主义批评和海德格尔对荷尔德林的批评这两篇论文的论辩过程中,他针对的是当时的文学批评发展的趋势所展开的思考,以及这些批评趋势中的解释问题和历史问题。诺瑞斯在论及德·曼的专著里,曾两次都以"现代的(后浪漫主义的)"这样的方式②,来标示自己对德·曼关于浪漫主义对后世影响的这个时间段。这个时期所涉及的内容是象征文学、现代主义和后现代时期的文学批评的主导认识模式,以及新修辞学研究,它的核心问题是从浪漫主义反思中为后浪漫主义困境寻找出路。正如马丁·麦克奎兰所认为的,"似乎他已经思考了现代主义和浪漫主义的关系,而且对自己所找到的以及现代性自身并不愿意承认,他进一步回溯到浪漫主义时期,以便于追溯问题的根源,首先是卢梭,后来是黑格尔和康德"。③而且德·曼自己也承认,后浪漫主义的主要表现在于,"不依赖于18世纪的审美有机主义的模式,而这是席勒和康德所推崇的"。④

从内容上看,在德·曼所说的后浪漫主义时期中,浪漫主义思想对现代和后现代的各种人文思潮所产生的影响,大都属于"现代性"的问题。这里的现代性,不是纯时间意义上的,而是伊夫·瓦岱所说的"现代性","具有现时意义的、关注变化的东西,因此从根本上说它总是富有现时性的东西"。⑤德·曼也撰写了两篇论文来分析"现代性",认为这是一种忘记行为,它意图忘记过去甚至与现在分离,以求达到"一种真正的现在"⑥。

---

① Paul de Man, *Blindness and Insight: Essays in the Rhetoric of Contemporary Criticism*, Minneapolis: University of Minnesota Press, 1983, p. ix.
② Christopher Norris, *Paul de Man*, London: Routledge, 1988, pp. 29, 35.
③ Paul de Man, *The Post-Romantic Predicament*, Edinburgh: Edinburgh University Press, 2012, p. 137.
④ Ibid., p. 15.
⑤ [法]伊夫·瓦岱:《文学与现代性》,田庆生译,北京大学出版社2001年版,第116页。
⑥ Paul de Man, *Blindness and Insight: Essays in the Rhetoric of Contemporary Criticism*, Minneapolis: University of Minnesota Press, 1983, p. 148.

传统意义上的把现代和后现代加以历时性划分,这是德·曼所斥责的,因为他反对以有机的、连续的时间观来区别人的思想。也有学者如诺曼·霍兰德(Norman N. Holland)认为,这样的划分并不是严格按照时间,而是依照其文化精神来区别,把后现代看作是20世纪文化史中的第三个阶段,"并不是纯粹按年代划分的"。[①] 从这个角度看,狭义上的浪漫主义指的是18世纪末19世纪初的浪漫主义运动,但是对于德·曼来说,浪漫主义影响下对后浪漫主义的反思,是指以历史为视角的认识论为平台,重新认识"当代精神",这里的"现代性"的历史认识可以看作是后现代的,至少也可以如有的学者指出的,"西方传统浪漫主义精神在20世纪的新形式"。[②]

对后浪漫主义困境的言说,不只是对当代思想的思考,更是对浪漫主义以来认识论困境的反思,当浪漫主义批判理性主义张扬主体性的同时,又会对主体以及主体与世界之间的关系产生哪些影响,是哪些因素的夸大或哪些因素的贬低导致了人们在认识论上的困境呢?正如后哲学论者中的反讽主义者们所认为的,理性、上帝、本质等终极思考早已不复存在,人们所追求的现象后的本质论早已是虚幻的修辞物。但是,人们对世界和存在的经验认识论视角同样经不起推敲,即使把科学、客观赋予理想化的语言论,也无法从自然语言中辨析出究竟是人们在思考语言还是在思考世界;同样,认识论的困境在于从存在论到语言论的转化过程中,关注的对象越来越细微,却并没有让困境变得越来越清晰。

从研究思路看,谈论浪漫主义与后浪漫主义,就像谈论现代主义与后现代主义、结构主义与后结构主义、康德主义与后康德主义、人类学和后人类学,等等,在认识逻辑上都蕴含了时间性的意味。这些"后-"学都是在"前学"的基础上的进一步发展,无论是正相位抑

[①] [美]诺曼·N.霍兰德:《后现代精神分析》,潘国庆译,上海文艺出版社1995年版,第300页。

[②] 车铭洲:《后现代精神的演化》,《南开学报》1999年第5期。

或反相位，都围绕一个或者几个问题展开，"后－"的认识论应该是其前一个时期的延续、发展或者反思。例如后现代这个概念，它并没有暗示说现代主义会随着后现代主义的到来而消失。二者可以同时并存，而且后现代还更多对现代有着辩证性的回应。后现代需要建立于现代的背景之上，post 可以解释为"后"，也可以解释为"相对""相反"。另外，二者之间的关系不只是时间性的，还是主题上的或者概念上的，是一种修辞动力下的延伸。后现代在概念上与后结构主义有关系。借助维特根斯坦的语言游戏论和利奥塔的认识相对论可以推出，在后现代知识论中相对性是主要特点，现实不存在了，指称被悬置了，真理成了过时的概念，所有的都是仿像（simulation），我们已经无法认识世界，因为语言已经成了后浪漫主义视域中的修辞话语，所有的认识论问题也都反映在象征语言的"后－"的演化之中了。

可以这样认为，德·曼所针对的不只是后浪漫主义困境一说，更不能狭义地局限于象征语言、象征文学传统，而应放眼于整个西方认识论传统，毕竟后浪漫主义只不过是西方认识论传统的极端化的、晚近的代表和集中体现。

二　象征语言作为认识论标识

"语言是认识论标识"，这个命题中包含了马克思主义唯物论的元素，语言被视为用以传达人的社会观念的一种方式。正如罗蒂曾说过的，"如果你只对知识论和语言哲学感兴趣，而无心于道德和社会哲学，那么，阅读尼采或古典实用主义，对你往后的行为不会有什么太大的影响"。[1] 也就是说，了解语言就是了解社会，就是了解人在某个特定时期如何言说自己的世界，如何用语言来描述自己的存在的。

象征语言可以被看作是浪漫主义的语言论在文学作品上的实践，是浪漫主义认识论者对人和世界的体验，它作为浪漫主义时期社会图

---

[1] Richards Rorty, *Essays on Heidegger and Others: Philosophical Papers* (Vol. 2), Cambridge: Cambridge University Press, 1991, pp. 2 – 3.

景的展示视角,同样具有认识论标识的作用。从词源学上看,"浪漫"(Enromacier)这个词指的是用"口语"进行翻译和写作,用这种语言写出来的文本即 Roman,因此,浪漫这个词的本义以及这种创作理念下创作的文体类型,就是它自身的认识论标识码。它推崇诗人的个性化表达,拒绝古典主义固化思维下的语言,他们所采用的语言都是如华兹华斯所说的,"真实的自然的语言",① 而不是模仿的语言。

浪漫主义的语言是浪漫主义诗人们用来描述自己和自己生活世界的审美语言,它也具有不同的地域色彩,标识了不同国家的社会图景,如德国政治经济的落后、资产阶级的软弱以及唯心主义哲学的盛行,决定了其早期浪漫主义浓厚的神秘主义和宗教色彩。法国浪漫主义鲜明的政治色彩,表现为夏多布里昂《勒内》和《阿达拉》中的世俗爱情和宗教信仰的矛盾,以及史达尔夫人《论文学》和《论德国》对法国古典主义传统的抨击。美国 19 世纪上半期重视人的精神创造和追求自由的超验主义,也常常被视为浪漫主义的表现,等等。

现代语言学研究也证明了,任何语言都与它的社会认识论之间有着密切的关系,如韩礼德认为,语言是一个社会意义体系,而不是心智系统。但是,语言只具有意义潜势,语义的选择和组合必然要受到社会结构的制约,或者说,语言所形成的是一个"符号潜势",让人尽可能地接近构成社会实在的意义大厦。艾布拉姆斯也曾指出,"在社会形成之前,远古的语言中肯定充满了极为奇特的比喻,因为比喻本是语词的自然特征"。② 卢梭关于语言起源的"情感说"中也包含着人类文化起源的理论,刻画了语言在文化演化过程中的表现:人从一开始因为交往的需要产生了情感,情感发声即成为语言;然而,一旦语言的整体发展变成了语法化的单维度膨胀,必然会失去其原本的情感本性。

---

① [美] M. H. 艾布拉姆斯:《镜与灯:浪漫主义文论及批评传统》第二版,郦稚牛、张照进、童庆生译,北京大学出版社 2004 年版,第 127 页。
② 同上书,第 91 页。

第二章 象征语言的认识论困境

语言起源中的情感说、神话思维和象征性，都证明了人的认识论维度的存在，但是，在进入现代语言研究阶段之后，语言变成了死的隐喻，失去了原有的活力，甚至于变成了结构主义语言学中的符号，语言符号（能指）的单独存在没有价值，只有在整个语言体系中才会有意义。直到后哲学认识论的兴起，解构主义语言学开始对结构主义认识论展开批判，这才彻底打破了语言被禁闭的现状。通过否认索绪尔提出的语言符号是能指与所指的任意性结合体，挖掘出其社会性归约的潜在意义，终于把语言符号又拉回到现实世界之中。德里达的意义延拓和皮尔士的符号论，都突出了"解释项"的存在，能指的解释中有所指物（符号），但后者的解释之中仍然有另一个所指物（符号），能指与所指在层次上依次交替延异，所指是不断推延到场的，但却会因为人的主观解释的需要而即刻性到场。这里的"解释项"正是语言在不同社会时期由隐到显的认识论标识的再现。

象征语言在后浪漫主义时期作为语言认识论的重要标识，反映在文学创作、哲学思想等方面，如象征主义在波德莱尔诗歌中的运用，充分表达了浪漫主义之后的诗人作为主体对语言进行把握时的无能为力，马拉美就直言以语言来描述现实的不可信。这些质疑语言的表达能力的极端诉求，让浪漫主义所倡导的个性想象和情感的张扬，以及主体征服客体的认识立场，都受到了沉重打击，语言不再是人作为主体认识世界的重要媒介。后现代社会中人与人之间的交流陷入无效表述的困境，意义的片段化也加速了语言认识逻辑的消亡。恰如克莱斯特所感慨的，"甚至连我们惟一拥有的表达方式——语言——也无济于事，它不能描绘人的灵魂，它给我们的仅仅是残缺不全的碎片"。[①]

德·曼同样发现了象征语言在后浪漫主义时期（现代主义时期）出现的认识论困境，他先后在《浪漫主义修辞》《后浪漫主义的困境》中思考关于象征主义诗歌的语言问题，在《阅读的寓言》《浪漫主义

[①] 参见阮慧山《克莱斯特的语言论及其现代性》，《解放军外国语学院学报》2005年第3期。

与当代批评》和《抵制理论》中探讨各种文本内的文本修辞方式，这些都是浪漫主义认识论在当代文学作品和语言论中的集中表现。德·曼在《抵制理论》中也坦言，"如果回归美学是对寓言和修辞语言的远离，那么这也是对文学的一种远离，一种诗学和历史之间联系的断裂"。① 或者说，美学远离历史，语言远离社会，都是因为它们在认识论的维度上失去了可证伪性的勇气。

浪漫主义语言论的哲学认识论基础是康德的全知主体论，是浪漫主义者们思考语言与社会认识论的重要视角，它凸显了语言的表现属性，促成了主体对世界认知的积极性和主动性，即我们试图用有限的语言来表达世界的无限存在。但是，象征语言作为浪漫主义语言的表现，在后浪漫主义时期出现的反相位发展趋势，"源于对康德的全知主体论的重新界定，其后这种认识论所发生的天翻地覆的转向与康德哲学则形成了天壤之别。尼采、汉斯·费英格、威廉·詹姆斯以及美国的实用主义者们、奥尔特加·伊·加塞特以及让-保罗·萨特（尤其是在其早期的重要著作中，如《想象心理学》和《存在与虚无》）都是著名的后康德主义哲学家。"② 因此，深入发掘后浪漫主义的象征语言的认识论困境之源及其在认识论上的表现，是关乎人存在的根本性问题，具有一定的学术价值和社会意义。

三　象征语言的后浪漫主义困境

后浪漫主义是浪漫主义的反式走向，是后康德哲学的反映，为此我们也可以发现，反思这个困境的除了哲学上的尼采、伦理学上的齐格蒙德，还有语言研究上的德里达和德·曼。

首先，后浪漫主义本身就处于困境之中。尼采反思康德，发现后

---

① Paul de Man, *The Resistance to Theory*, Minneapolis and London: University of Minnesota Press, 1986, p. 35.
② [美] 弗兰克·伦特里奇亚：《新批评之后》，王丽明、王梦景、王翔敏、张卉译，南京大学出版社2017年版，第39页。

者的认识论范畴是一个伟大的虚构，其功能就是为了以幻想和娱乐的形式打压意识的其他形态。德·曼反思尼采，却又发现尼采的思想中康德的影子，认为《悲剧的诞生》根本不是存在主义的，它完全是《权力意志》的先行者。日神与酒神的对立，与康德美学中的美学理念和现象世界的对立几乎一致。《悲剧的诞生》代表了后康德思想，是对本体论的回归，即酒神冲动直至存在本身并揭示存在的真相。在对《权力意志》的评价中，德·曼也指出，"自在的现实只不过是所有虚构最必须的东西，是我们对一个稳定和永恒的基础最深层的需求的虚构，是一个恒定、规律，相似并与自己相一致的整体的语境（后者是传统逻辑的基础）"。[1]

对于后康德的关系论者（后浪漫主义者）来说，反式认识论的形成主要表现在认识论的关系论维度，如索绪尔、列维－斯特劳斯、萨丕尔，以及结构主义和语用主义，他们把实在语言论与本体论和逻辑论结合在一起。然而，社会的客观存在无人否认，或者说语言游戏也需要根植于生活中，命名或解释也需要有"所指"来承载。

浪漫主义混淆了存在论与认识论，促成了后浪漫主义时期现象即本质的认识论立场。浪漫主义借助情感促发了主体对客体的认知，同时又反向产生了新的主体。主体和客体在认识的活动中，作为实体是存在论，作为思维是认识论，二者相互认同，实现了浪漫主义的幻想。老子、庄子以及禅宗哲学中也有类似表述，如老子的"惚兮恍兮，其中有象"，庄子的"心斋""坐忘"，禅宗的"顿悟"，都是通过存在论与认识论的相互替换来把握实体同时又认识自我。

一旦我们认识到浪漫主义所说的客体并不是纯粹的世界，而是存在于人的情感意识中的主客体同一，反而证明了客体的发生只能发生在主体激发的情况下。就相当于胡塞尔的意识现象学，意义（存在）只能在意识中被生成。意义的在场，是以表象呈现而不是以存在在场，

---

[1] Paul de Man, "Action and Identity in Nietzsche", *Yale French Studies*, No. 52, Fall (1975), pp. 16–30.

这也是典型的康德的不可知论的翻版。

后浪漫主义实际上是一场还原，是浪漫主义无法实现的情感理论向意义显示的还原。意义（存在）作为现象，是主体对客体的情感认知，但此意义并不能直接展现客体，而是以假相形式出现。但是，浪漫主义认识论却告知我们，主体的情感认知尽管并非现实本身，但却并不妨碍了解现实，客体的本质不一定存在，意义假象却能让我们返回客体。后浪漫主义也正是基于此认识循环，力图为主客体无法统一的认识窘境找到出路，并能在言意之争的辩证过程中得以化解。

其次，象征语言同样面临着困境。浪漫主义的语言观认为，语言特征决定了人的思想和能力。浪漫主义关于语言认识中的实际逻辑，是把意义归于自己的生活经历。语言所持有的态度不是一种语义空洞的权力，而是超越现实生存及其表象，意义才能发生，存在才能显现。

但是，后浪漫主义的语言认识论则变成了一种否定式社会认识论，它从中发掘出了形而上的、意识形态的、权力的话语。语言及其使用模式作为社会中的重要的交流信息的工具，把社会分为不同的世界，区别出不同的社会阶层。对社会的改变也来自对语言的象征权力的改变，直至对社会权力的改变。意识形态作为语言的使用模式起到的就是这种作用。传统的意识形态获得了一种象征暴力，当社会主导权力获得了一种语言学的和符号的策略，就会迫使人们顺从并默认这个意识形态世界为真实的世界。"正是语法把语言建构出一种体系，提醒我们象征为了抓住并且掌握权力就必须体系化。……任何语言的语法都是一种经验论，更甚至于，它就是意识形态。它制定规则和界限，并且研磨出了一个放之于四海而皆准的指示性镜头让我们经由此去观察一切事物。"[1] 话语和符号实践在实际逻辑中起到了重要作用。所有这些策略也被深深置入行为的客观条件之中，即权力结构之中。

进一步看，浪漫主义所推崇的认识主体已然不再是实体的存在，

---

[1] John Zerzan, *Twilight of the Machines*, Los Angeles: Feral House, 2008, p. 5.

也不是透明的介体，意义无法实现从物到人的直线穿越，因此，一切都是语言的构建物，但是，换个角度看，语言是时间性的，既然主体和意义都必然受限于语言，那么它们同样也都受限于时间，所以，象征语言所向往的超越时间，将个体与超验统一起来的愿望根本无法实现。恰如米勒指出的，德里达和德·曼特别关注象征语言的问题，"尽可能准确地阐释由不可克服的语言之象征性所产生的意义的摆动"。①

第二节　象征语言的认识悖论

象征是以此物替代彼物，强调"对应"的认识论；象征语言之中的词与物之间的对应依赖于主体的想象力来实现，如波德莱尔的"应和"与兰波（Jean Nicolas Arthur Rimbaud）的"通灵"。在象征语言的理论构成中，类比是一条重要的原则，是以有限来类比无限，进而在一定的时空环境中实现事物与思想的完美结合，以求达到永恒，即象征的意义存在于一切事物之中，天地万物都和精神的真实存在有着特殊的联系。

然而，德·曼在分析了柯勒律治的象征论和波德莱尔的"应和论"后，却发现象征概念无论是在理论上还是在文学诗歌中都是悖论性的，而且和寓言语言认识论混淆在一起，"观看被一系列的对应联系起来的物质世界和精神世界，能把自然归约为一套符号，而且这些符号寓言般地指向了一个更大的秩序的统一体，那种感觉正如其所是地成为了这个寓言般的解密"。② 那么，这里必然出现一个问题，寓言舍有限取无限，而象征以有限代替无限，在这一"舍"一"换"两种不同的认识模式中，人的认识如何能被融合在一起呢？

---

①　[美] J. 希利斯·米勒：《重申解构主义》，郭英剑等译，中国社会科学出版社 1998 年版，第 83 页。

②　Paul de Man, *Romanticism and Contemporary Criticism*, London: The Johns Hopkins University Press, 1993, p. 106.

一 象征语言的理论解构

象征及其各种理论观念的出现，一开始就命中注定式地和寓言同时出现①。二者都是把对立项的两方结合起来，只是结合方式不同，象征总是"表示别的东西"和"采取间接的形式"，寓言则是"理性、俏皮话、献殷勤"②，或者说象征的对立项可以合二为一，寓言的对立项则是"否定之否定"③。

象征在立论之初，颇受浪漫主义诗人的推崇，柯勒律治以"半透明性"定义象征作为介体的存在特点，认为它不只可以解释特殊与一般之间的关系，还可以让"永恒通过时间在时间中显现"④，也有人把象征看作现象与观念之间的相互替代，"理念始终是不断地处于活动状态而且不可企及，即使用所有语言来表现，它也永远是无法表现的"。⑤ 伽达默尔也指出，"象征概念有形而上学背景，这是寓言的修辞运用完全缺少的，"象征可以从其最初的用法升华为哲学意义上的神秘符号；"寓言概念也经历了相当多的扩张，因为寓言不只是指修辞手段和被解释的意义，还和意象中艺术再现的抽象概念相关。"⑥ 前者是可见的表象与不可见的意义的"吻合"（coincidence），后者只有指向他者才能产生这种"意义的统一"。或者说，寓言就像一个符号，只指一个具体的意义，一旦被解码，意义就被穷尽了，而且这种意义往

---

① 对于德·曼关于象征与寓言的关系，国内外研究颇多，这里不再赘述。可以参阅林赛·沃特斯《美学权威主义批判：保尔·德曼、瓦尔特·本雅明、萨义德新论》，昂智慧译，北京大学出版社 2000 年版。罗良清《寓言和象征之比较》，《中国文学研究》2009 年第 1 期；《保罗·德曼：阅读的寓言理论》，《马克思主义美学研究》2006 年第 00 期。
② ［法］茨维坦·托多罗夫：《象征理论》，王国卿译，商务印书馆 2004 年版，第 254 页。
③ 同上书，第 278 页。
④ Samuel Taylor Coleridge, "The Stateman's Manual", in *The Collected Works of Samuel Taylor Coleridge* (Vol. vi), R. J. White, Princeton: Princeton University Press, 1972, pp. 36 - 37.
⑤ ［美］雷纳·韦勒克：《近代文学批评史》第 1 卷，杨岂深、杨自伍译，上海译文出版社 1997 年版，第 277—279 页。
⑥ Hans Georg Gadamer, *Truth and Method* (Second, Revised edition), Trans. Joel Wrinsheimer and Donald G. Marshall, London and New York: Continuum, 1975, p. 67.

往是说教的,自己并不是意义的构成部分,它依赖于对客体的反射来表达意义。象征则能把人对物质的情感认知和自身的想象力结合起来。

然而,象征是否如柯勒律治所认为的那样呢?"半透明性"又如何能完美解释象征的认识模式呢?柯勒律治认为,"象征总是参与现实并使其明白易懂",但是,寓言只不过是一种翻译过程,"把抽象观念翻译成图像语言"①。从本体论角度看,象征的意义丰富,寓言的意义贫乏,甚至是对存在的一种幻觉。象征作为一种特殊的语言模式,不仅使我们拥有对于终极存在的想象,达到"半透明"的认识论内涵,还由于象征之于存在的半现实性即"作为整体性的一个生动的部分"②,让我们经由这个整体性的代表参与了存在,同时拉近了事物的起源与我们的意识之间的距离。

但是,德·曼从名与物的关系入手,剖析了柯勒律治象征论中的理论弊端,认为他把象征与自然实体,把寓言与本质上的空洞联系起来,表面上看是区分开了,但他用"半透明性"来定义象征的特性却是一个盲视,因为这个词不仅取消了象征所代表的自然物质性,还把象征看作是对物质和精神的"统一体的反映"③,这就在与寓言的区分标准上出现了混淆。如果二者都拥有了寓言的"非物质性"即都是对非存在世界的反映,那么,对于在表现现实的物质性方面,究竟是在象征的情况下基于提喻的有机一致会显得合适,还是利用寓言的形式体现心灵说教更为妥当,就显得次要了许多。换言之,浪漫主义只是以肯定方式看待象征的反映,以否定的方式看待寓言的反映,但是,在认识论层面上最终面对语言与社会之间的关系时,浪漫主义的象征和寓言的区别,都被语言的"半透明性"消解了。

从时间认识论看,柯勒律治的"半透明"论不是为了展示关于象

---

① Samuel Taylor Coleridge, "The Stateman's Manual", in *The Collected Works of Samuel Taylor Coleridge* (Vol. ⅵ), R. J. White, Princeton: Princeton University Press, 1972, pp. 36 – 37.
② Ibid., p. 37.
③ Paul de Man, *Blindness and Insight: Essays in the Rhetoric of Contemporary Criticism*, Minneapolis: University of Minnesota Press, 1983, p. 8.

征认识论的结果,而是为了展示象征生成的过程,因此象征就变成了一种关于时间的文学行为,它悬置了正在进行着的活动时间和无法企及的不可定义的时间(超验),同时也打开了一个更为宽阔的时空体。可以这样认为,象征作为认识论并不是展示意象,它也不是某种并不存在的物体或思想的反映,而是一种人们在时间上触手可及的、随时可以经历的存在方式。象征此时是一种介体,一种时间标识,一种把人与物都放置于时间之中的方式。

对于德·曼来说,象征作为语言符号,具有"最终指向一个整体的、单一的和普遍的意义的作用",寓言则指向"一个特定意义的符号"[1],二者在构成意义的指称上区别较大。寓言显示了符号和所指物之间的分裂,使得"意义和客体之间假想的一致性受到质疑"[2]。或者说,前者关注语言和世界两个范畴之间的联结,而后者只有一个语言世界。象征模式中的语言是由可识别的成分构成,是再现的,而寓言所代表的后符号学模式,语言是全面的(holistically),是生产性的。在这种模式的对比下,语言的特点或者是构成性的而非再现性的,或者是事件的而非体系化的,更有可能是人的理解和主体间的对话。

德·曼在《论穆雷里》一文中也指出,象征是"认知否定的否定,具体在写作过程中实现,或者在虚构的构建行为之中",然而,寓言只是"隐喻的否定,认识到美学直觉中的否定,允许整体化的象征对隐喻的同化"[3]。从这里可以看出,象征语言不同于寓言语言,属于一种审美崇高论,是为艺术寻找本质,这也正是德·曼所竭力反对的"美学帝国主义"[4]。在分析马拉美的诗歌中,象征之于诗人的存在并不是两个实体的识别,而是"作为主体的一边和自然的另一边的调

---

[1] Paul de Man, *Blindness and Insight: Essays in the Rhetoric of Contemporary Criticism*, Minneapolis: University of Minnesota Press, 1983, p. 188.

[2] Ibid., p. 124.

[3] Paul de Man, *Romanticism and Contemporary Criticism*, London: The Johns Hopkins University Press, 1993, p. 183.

[4] [美]林赛·沃特斯:《美学权威主义批判:保尔·德曼、瓦尔特·本雅明、萨义德新论》,昂智慧译,北京大学出版社2000年版,第118页。

解"，是象征语言"翻译"了存在的这种模糊性。因此，德·曼称波德莱尔的诗是"存在之诗"，马拉美的是"正在存在之诗"①，正是这两位后期的诗歌对于我们当前来说是"真理之路"②。

德·曼对浪漫主义审美观中的象征论所提出的批判，实质上是对有机审美的理想主义方案提出了质疑。有人声称非象征性的描述是可能的，这种观点构成了实证主义的彻底写实主义和现实主义的提喻法的基础，这种观点是同浪漫主义为追求事件中存在的无中介意义所做的努力紧密地联系在一起的。实证主义和理想主义这些20世纪人学思想中所存留的19世纪的成分，都摒弃了象征中假定存在的抽象，以及与之同时出现的修辞的"虚假"的运用。象征性违背了经验主义科学的准则，也违背了艺术自发性的原则。它以演绎的方式公开地将意义强加在可感知的物体上。德·曼对修辞的强调，实际上就是对实证主义、理想主义和浪漫主义的认识自信提出了强烈的质疑。

德·曼意图解构浪漫主义象征论中所谓的统一神话，强调语言实际上存在的破坏、断裂功能，以此来反对获得象征统一体的虚幻。象征坚持形式与内容的不可分，却因为缺少辩证性忽略了对内容的形式分析，以及对形式展开内容上的美学赏析。超验与物质客体的同一构成了一个神学象征，这是一个文本的认识悖论，扭曲成了自然表象与概念本质之间的关系。

二 象征语言的多元本性

宽泛地讲，象征语言③作为一种语言表述形式，主要是指浪漫主义时期和象征主义运动时期的诗歌语言，如柯勒律治的诗就被看作一

---

① Paul de Man, *Romanticism and Contemporary Criticism*, E. S. Burt, Kevin Newmark and Andrzej Warminski ed., London: The Johns Hopkins University Press, 1993, p. 161.
② Ibid., p. 163.
③ 王兴中从文化语言学角度研究"象征语言"，认为象征语言可以分为语言形式和非语言形式。即使以非语言形式出现，也是以语言的模式进行交流。交流的方式如介入式、转移式、语流形成式。这与本文从19世纪浪漫主义美学中衍生出来的语言的象征性，有一定的区别。参阅王兴中《象征语言的第二层交流》，《云南师范大学学报》1999年第4期。

种"象征语言"①。象征语言的作用在于选择一种事物并从中提炼一种情绪,以此来表达诗人的内心欲望。正如艾布拉姆斯所说,"全部伟大的浪漫主义诗人都创作神话,都是象征主义者"。② 米勒则进一步泛化了象征语言的范围,认为所有的语言都可以看作是象征语言,"包括纯粹所指性的或概念性的语言"。③ 由此可见,19、20世纪的诗歌观念大多都被象征主义所主导,如波德莱尔、兰波、马拉美、瓦雷里、里尔克、叶芝和艾略特。

然而事实上,象征语言所要努力构建的意义统一体一开始就是失败的。艾布拉姆斯在《英国浪漫主义:时代的精神》中指出,浪漫主义诗人们在很大程度上是政治的、道德的诗人,但他们只是呈现一种"视野上的政治"④,把革命事件和宗教启示并置起来,仍然以原有的诗歌形式来传达社会的认识。或者说,象征语言在本质上已经实现了认识论意义上的置换,物质和精神已经完全分离了。这就造成了一种美学上的认识论丧失,即不再区分经验和经验的表述,其根源源于其对语言的认识论不足,象征美学其实并不都必然是其建立的基础,很多情况下是寓言的,而非象征的。尤其在进入后浪漫主义时期之后,现代主义的语言危机随之而来,诗人们发现语言已经无法来满足自己的书写欲望,或者放弃原来的语言,改为现实的描写,也或者重塑语词,创造性运用并发现新的语言表述方法,这些都暗示了象征语言多元性的本性。

象征语言的多元性,在语言表述方面主要表现为一种非逻辑性,让象征从象征物到主题意义的生成过程变成了多种自然实体随意搭配

---

① M. H. Abram, "Structure and Style in the Great Romantic Lyric", in Harold Bloom, ed. *Romanticism and Consciousness: Essays in Criticism*, New York: W. W. Norton & Company, 1970, pp. 223–224.

② [美] M. H. 艾布拉姆斯:《镜与灯:浪漫主义文论及批评传统》第二版,郦稚牛、张照进、童庆生译,北京大学出版社2004年版,第181页。

③ [美] J. 希利斯·米勒:《重申解构主义》,郭英剑等译,中国社会科学出版社1998年版,第83页。

④ M. H. Abram, "English Romanticism: The Spirit of the Age", in Northrop Frye, ed. *Romanticism Reconsidered*, New York&London: Columbia University Press, 1963, p. 44.

的过程，例如，波德莱尔《恶之花》中对丑的命名，巴黎的阴暗和神秘，被抛弃的穷人、盲人和妓女，是丑的象征。这里的"丑"是一个上义词，它的下义词则把穷人、盲人、妓女等都包括了进去。从逻辑上讲，丑作为主词，其谓词应该是一系列的形容词来搭配，解释主词的特征。但是诗人却脱离了语言的逻辑法则，把"丑"的意义解释权下放给了多个自然实体，直接走向了对物的呈象，从而借助象征语言对实体的描写，让读者去发现一个如里尔克所说的，"语言从未到达过的空间"。① 这种语言观最大的优势在于，语言把世界的各个部分都连接在一起了，世界不再是彼此毫无关联的孤独的世界，而是一个有着各种象征意义的，具有普遍性意义的世界。但是从反相位看，这恰恰说明了，象征语言在表现意义与世界之间的关系时，充分展示了其多元所指的物质特征。

德·曼在分析《生命的凯旋》一诗时也指出，诗人雪莱为了歌颂阳光存在的意义，把它比作那喀索斯的"眼睛"，甚至还比作一种拥有编织世界力量的"线"，这两者无法在诗中形成协调的关系，但为服务于诗人歌颂阳光的需要，又被武断地置放于文本内。"把阳光和水、颜色、热、自然、心理和意识联系在一起的隐喻链，肯定在诗中起了作用"，但是，"象征据说是以一种脆弱的（tenuous）的坚持模式存在在那里"；② 尽管如此，整首诗的语言的主题化过程仍然产生了，即当诗的旋律与"作为特别再现的表意的现象学方面的分离开后，转而强调语言的字面的、物质的一面"③。而这些自然实体只是作为"说明原则"出现而已④，或者说，作为文本的象征在主题上具有决定性作用，但却无法在文本指称方面实现其有效性，原因就在于诗人忽略了象征所选择的两个物质作为介体无法统一。从另一个角度看，象征

---

① [德]里尔克：《给一个青年诗人的十封信》，冯至译，生活·读书·新知三联书店1994年版，第1页。
② Paul de Man, *The Rhetoric of Romanticism*, New York: Columbia University Press, 1984, p. 108.
③ Ibid., p. 113.
④ Ibid., p. 116.

对意义的整体性的追求，是所有诗人创作的旨归，象征作为一种虚构出来的客体的元语言，它们唤醒了我们的感情和心灵。但是，象征介体的构成成分是混合在一起的，这种多元性却会无时无刻地解构文本意义。

即使对于现代语言学来说，如索绪尔认为的，语言符号作为能指与所指的结合体，任意性是符号的典型特征，但却不是象征的特征，因为对于象征来说，能指与所指结合为一体，一个能指却会有多个所指，象征不是符号那样的双重结构，而是一种多元的意指关系。象征之中的动因关系，并不会在自然关联的层面上找到能指与所指结合的证据，它只是把多个所指相互联系在一起，每个所指又会在不同层面上发挥作用，如物质的、道德的、精神的。这些作用服从于从文本向现实世界辐射所对应的类比物，或者说，对于索绪尔也是如此，符号是单一的，但象征却是多元的。

三　象征语言的文本困境

在语言的认识论史中，把人与世界的关联转化为语言的情感性始于古希腊的修辞论，盛行于19世纪的浪漫主义诗歌创作中，并且成了影响后世哲学、语言学和文学的主导认识模式。华兹华斯曾在《抒情歌谣集》1800年版的序言中指出，诗是情感的自然流露，好的诗歌是"强烈情感的自发流露"[①]，那么，诗人的感情靠什么来才能使这内在的东西外化为诗歌呢？密尔认为是靠象征，"不论情感以何种形态存在于诗人心智，这些象征总能尽可能准确地把它表现出来"[②]。

然而，德·曼却认为，象征作为表达诗人情感的重要原则，有时候并不能完全尽如人意。在《象征主义的两面性》一文中，德·曼通

[①]　R. L. Brett and A. R. Jones ed., *Lyrical Ballads: Wordsworth and Coleridge*, London and New York: Routledge, 1991, p. 237.

[②]　[美] M. H. 艾布拉姆斯：《镜与灯：浪漫主义文论及批评传统》第二版，郦稚牛、张照进、童庆生译，北京大学出版社2004年版，第22页。

过分析叶芝的《白鸟》一诗来证明象征语言和寓言语言之间的区别。在《白鸟》中，诗人叶芝描写了一种浪漫主义的、纯粹的爱情。

> 但愿我俩，亲爱的，是双白鸟飞翔在大海浪尖！
> 流星虽未殒逝，我们已厌倦它的耀眼；
> 暮色中蓝色的星星低垂天边，其微光
> 已在我们心中，亲爱的，唤醒一丝不灭的伤感。
>
> 沉溺于梦幻，露沁的百合与玫瑰让人生厌；
> 啊，莫梦它们，亲爱的，划过夜空的流星璀璨，
> 或那徘徊于降露时低垂蓝星的惚光：
> 但愿我俩：我和你，化作双白鸟流连于浪尖！
>
> 我心头萦绕着无数的岛屿和丹南海岸，
> 那里岁月定将我们遗忘，悲伤不再重现；
> 只要我们远离玫瑰，百合和恼人的星光，
> 我俩就会是双白鸟，亲爱的，激荡于大海浪尖！[①]

诗歌中的流星、玫瑰和百合构成了一种世俗的爱情，流星和星体以及玫瑰和百合，两组关系项相互对应，诗人突出了白鸟超凡脱俗的爱情，这里存在的爱情显然是超越了世俗的情感范畴，白鸟和用于搏击的大海之间没有直接的隶属关系。

再者，"象征"作为一种修辞格强调部分与整体之间的关系，以类比的方式来表达诗人的情感。诗歌中诗人没有对流星、玫瑰和百合进行描写，关于这几种自然物的特征、形态以及其他的性质都被忽略了，或者说象征物与其所依赖存在的物质被有意识地隔离了，诗人选

---

① [英]叶芝：《叶芝诗集》，傅浩译，河北教育出版社2003年版，第84—85页。

取的是这几种自然物的共性，这种共性是来自诗人观照自然所产生的意象联想，而不是修辞意义上的象征。按照德·曼的说法，这种象征是一种"伪象征"，"掩盖了自然意象失败的死寓言"。① 或者可以说，这些自然物作为辞格的存在是失败的，它们以其自然性来吸引读者，却又让读者感觉这一自然意象就是象征。德·曼因此视之为一种寓言，是因为象征和寓言都是隐喻方式，都是对物与意识之间的关系的思考，但是，对于前者来说，象征的生成过程中主体与语言的关系、主体与自身的关系是契合性的，是精神与自然的一致，主客体之间的统一，寓言的生成过程则反映了诸多关系之间的断裂和矛盾。

进一步说，真正重要的象征白鸟与大海之间的关系更加证明了这种象征的不存在，而只是诗人用以表达情感的意志行为，是语言和意识的结果。此时的辞格不仅仅是语词符号，即能指与所指的统一体，把其意义潜势归于社会约定或许其实就是一种心理现实。事实上，象征式阅读忽略了自然物作为文本内的符号之一与其他符号之间的关系。从意义论看，自然物作为象征属于语义分析或逻辑研究的范畴，而不是修辞与解释的关注对象。换言之，诗人感受到了人与自然的分裂，外位于人的自然作为客体并不能为人所掌控，因此，作为描写自然的语言也并不能实现人对世界的命名，"词语、逻各斯，不再与世界相吻合，而只是以一种不是以'命名'的语言而'在'方式存在，这里的语言，换句话说，只是象征"。②

从认识论来审视象征主义语言，可以发现，这里的语言是类比和虚构下的语言论，而不是真/假的认识论意义上的语言论。德·曼的描述很明显揭示了象征语言中认识论统一的失败，即人的意识与自然之间是难以融合的分裂，而此时的语言正是为了跨越这种分裂，意图恢

---

① Paul de Man, *The Rhetoric of Romanticism*, New York: Columbia University Press, 1984, p. 163.
② Paul de Man, *Romanticism and Contemporary Criticism*, E. S. Burt, Kevin Newmark and Andrzej Warminski ed., London: The Johns Hopkins University Press, 1993, p. 150.

复这种分裂所造成的人与自然之间的断裂。众多学者把诗人的意图说成是"想象力",事实上,语言作为象征语言并不能把二者统一起来,反而是把人的个体和自然的客体连接在一起,把这种分裂、对立都包含在词语中,对此语言的识别,绝不是单单从个体意识出发,而应该是从发掘出二者之间的分裂开始。也正如德·曼所说的,"从象征语言作为统一的恢复者,我们走到了象征语言作为宇宙毁灭的执行者,尽管这些诗人绝对不会公开放弃他们对理想统一体的最初的努力"。①

象征借助想象力意图展示物的整体性,弥合人的意识和外在自然的分裂,这种努力是一种"意识形态"力量在起作用。德·曼在《审美意识形态》中坦率地指出:"象征是一个意识形态的而不是一个理论的概念",② 可以这样认为,象征对德·曼来说不是美学的,而是政治的,他以寓言式认识论立场与一切保持距离,是为了消除象征的"意识形态"所产生的幻象,这是因为寓言始终让自己与"起源有距离",可以由此来避免"自我与非我之间的虚幻同一"③。林赛·沃特斯认为,德·曼是为了"损毁文本的外部伪装以便看清它是如何运作的,不把它看成由某种生命精神引导的东西,而是看成一种机械装置。这样一种分析方法在操作中可以用来认识每一个文本中修辞手段和修辞目的如何不相称以及句法和语法如何不和谐"。④

象征语言以情感作为联系作家与读者、主体与客体之间的纽带,其本质上的认识论不足是明显的,最终结果必然是以象征语言来实现主体意识与客体之间的统一,但语言中所包含在一起的冲突和张力却是一直存在的。无论是语言,还是象征,也或是象征语言,它们的根

---

① Paul de Man, *Romanticism and Contemporary Criticism*, E. S. Burt, Kevin Newmark and Andrzej Warminski ed., London: The Johns Hopkins University Press, 1993, p. 157.
② Paul de Man, *Aesthetic Ideology*, Minneapolis and London: University of Minnesota Press, 1996, p. 100.
③ Paul de Man, *Blindness and Insight: Essays in the Rhetoric of Contemporary Criticism*, Minneapolis: University of Minnesota Press, 1983, p. 207.
④ [美]林赛·沃特斯:《美学权威主义批判:保尔·德曼、瓦尔特·本雅明、萨义德新论》,昂智慧译,北京大学出版社2000年版,第128页。

本在于替代，强调意义无法从经验性的语境中得以显现。

从审美的角度来看，在叶芝关于象征与寓言的区别之中，前者代表同一性思维，表现的是意识形态的遏制，后者代表差异思维，隐含乌托邦倾向。象征性的思维是为了参与现实并使得现实明白易懂，寓言思维是非实体性的，是将抽象概念图像化了，甚至于只是对存在的一种幻觉。对于解释来说，象征参与存在，拉近了读者与终极存在之间的距离，所以读者在阅读中似乎也参与了存在；后者则与本体论分离，只维持着主客体之间的接线。诗歌之中所包容在一起的精神必须转化为实体，感觉必须转化为非存在，所以二者无法融合的状况只能是如德·曼所说的"永远的悲伤"①。

由此可以说，对于德·曼来说，浪漫主义认识论和象征主义诗歌中所表现出来的是一种主观愿望，主体与客体、精神与自然所能实现的美学统一其实是批评者主观还原的原初体验和感受。李增也曾这样评价，"情感的二重性不仅能假定符号与意义之间的差异，也可以假定二者之间的连续性"。② 这里的"假定"充分说明了，情感对于符号与意义之间的关系的连续性是不真实的，然而，这种不真实可以在情感修辞作用下产生一种假定的联系性，但无论如何，二者之间的差异却的确是真实存在的。正如有论者所说，"今天全球精神危机的根源在于一场对即刻性（immediacy）的远离运动，这是象征性的标志"。③

第三节　想象力作为修辞原则

"想象力"（imagination）作为认识论概念，在亚里士多德《心灵

---

① Paul de Man, *Blindness and Insight*: *Essays in the Rhetoric of Contemporary Criticism*, Minneapolis: University of Minnesota Press, 1983, p.237.
② 李增：《论保罗·德·曼情感理论和修辞理论的统一》，《东北师大学报》（哲学社会科学版）2002年第6期。
③ John Zerzan, *Twilight of the Machines*, Los Angeles: Feral House, 2008, p.6.

论》里指的是思维的表象能力，它能通过感觉建立起物与物之间的联系从而获得知识。这个概念之中明显出现"创造性"之类意义的表述则始于康德："把一个对象甚至当它不在场时也在直观中表象出来的能力。"① 康德的想象力是美学概念，即想象力可以综合客观和主观的认识，以自由的合法性的形式创造一种非概念化的想象。浪漫主义诗人柯勒律治把康德的想象力概念应用于文学创作中，并专门对幻想和想象做了严格的区分，认为前者重视思想和自然之间的类比关系，但幻想所反映出来的关系不是事物的客观秩序，而是一种幻觉掩盖下的与存在的偏离。对于想象来说，它具有创造性，但是它应用的目的不是为了类比，而是为了思想之于自然的升华。

想象力的认知能力因其情感性、非知识性的突显而逐渐被忘记，但是新修辞学复兴后，想象力以其强大的修辞性吸引了诸多论者的注意力，如理查兹就高度赞赏想象力作为一种修辞的重要性就在于，"把纷乱的、互不相关的种种冲动变为一种单一的、有条理的反应"。② 利科也认为，从字面的意义上看，想象力也是从康德开始，这是因为想象力被看作是图式，表现了它的"语词维度"③。然而一个不言自明的事实是，对想象力的推崇造成了对意义的压制，想象力首先属于语言而不是心理，首要产生的是意义而不是图像。恰如法国哲学家加斯东·巴什拉（Gaston Bachelard）在《空间的诗学》中说的："它（诗的意象）变成了我们的语言的一个新存在，它通过把我们变成它所表达的东西而表达我们，换句话说，它既是表达的生成，又是我们的存在的生成。在这里，表达创造存在。"④ 人不能在语言之外而沉思，想象力是人认识世界的修辞动力。

---

① ［德］康德：《纯粹理性批判》，邓晓芒译，人民出版社 2004 年版，第 101 页。
② I. A. Richards, *Principles of Literary Criticism*, London: Routledge&Kegan Paul Ltd., 1976, p. 193.
③ ［法］保罗·利科：《活的隐喻》，汪堂家译，上海译文出版社 2004 年版，第 274 页。
④ ［法］加斯东·巴什拉：《空间的诗学》，张逸婧译，上海译文出版社 2009 年版，第 9 页。

一 情感的非认知性

柯勒律治认为,想象力是一种认识论问题,尤其是"第一位的想象力"是原动力,可以产生一种促使"我"去创造无限。尽管柯勒律治否认了"第二位的想象力"作为单独存在的可能性,但恰恰是后者作为"第一位的想象力"的回声能与"我"的情感共存,可以创造一切[1]。或者说,柯勒律治的"第二位的想象力"才是与情感最为密切的部分,也可以这样认为,情感语言作为浪漫主义认识论的标识码,是人借助语言对存在的情感认识,而不是"第一位的想象力"对于存在的认识。

若情感变成了语言标识码,那就是一种修辞化存在,而不是符号存在。因为一旦说语言是符号,就是承认语言的自在性,而情感是修辞的动机,是促成语言修辞化的动因。浪漫主义者的情感追求无法在现实的、有限的事物上得到满足,最理想的解决办法就是把一切都情感化,情感修辞因此就变成了认识世界、理解存在的重要依据。或者说,情感逻辑指导下的语言标识成了揭示、洞穿人的存在的重要工具,情感取代理性产生了一种非自然逻辑的语言认识论立场,其重要的认知价值就是增添了现象化意义,客体从康德的不可知论正式迈向了可以认知的现象化图像,表现为一种主体与客体在视觉修辞意义上的共在性,也从而达到了最初步的认识论和存在论的同一,很显然,这里的同一仍然是在主体的想象力促使下产生的。但是,德·曼否认了情感性可以作为认识纽带的可能性,认为这种情感修辞恰恰彰显了语言中所保有的分离和认识困境,情感只能是一种修辞性的结构。

德·曼在分析卢梭的《皮格马利翁》时指出,卢梭所"称谓的情感的指称再现",实际上它只不过是"逃离了自我控制"的修辞结构

---

[1] [英]柯勒律治:《文学生涯》,载辜正坤《英国浪漫派散文精华》,作家出版社1989年版,第71页。

再现①；在分析卢梭的《第二论文》时，德·曼认为，卢梭文本内人的政治命运被语言模式结构化了，而且是从这个结构之中派生出来的，它独立于自然和主体之外。"它和称作'情感'的盲目隐喻化是一致的，这个隐喻化并不是一种意向性行为。"② 在《那喀索斯》中，卢梭塑造的瓦莱尔爱上了自己的肖像，而且这个肖像是一个以女性形式出现的肖像。对于故事里的瓦莱尔，现实中的人和肖像中的画可以相互产生感情，"迷恋"可以帮助他消除现实的物质存在和肖像精神存在之间的差别，实现情感上的交融。卢梭借助情感实现人物从物质到精神的跨越，是基于一种写实的行为，因为卢梭作为小说家外位于故事，把瓦莱尔和肖像都放置于一个平台上，让人物去迷恋肖像，只是为了展示人物的这种写实行为。

但是对于德·曼来说，"肖像"不一定都是虚构的，而是以一种"仿像"的模式存在。肖像如果是以"我爱自己"中的反身代词所替代，实现二者的互换，那么，这个肖像就既是"我"又不是"我"，二者相像（resemblance）可以产生"爱"，这是因为它可以被解释为"一致"，也可以被看作"差异"，这些仍然是情感构成中的一部分③。在德·曼看来，对于肖像的迷恋来自自我对于肖像的一种确定性认识，而这种认识行为正是基于一种情感修辞，是在情感修辞的作用下，无名的或者不确定的事物才有了确定性，于是消除了物的本义与认识主体之间的距离，这个转义过程中产生的连续性实际上掩盖了其中的认识论断裂。或者说，情感既可以解释语言在本义和转义之间的差异的存在，也可以成为洞察作家利用情感作为文本修辞动力的原因。

浪漫主义的认识论把语言的生成归为情感逻辑，物的存在就是情

---

① Paul de Man, *Allegories of Reading: Figural Language in Rousseau, Nietzsche, Rilke, and Proust*, New Haven and London: Yale University Press, 1979, p. 172.
② Ibid., p. 156.
③ Ibid., p. 168.

感化的存在。在浪漫主义认识论的观照下，人之于各种事物的存在意识首要的、最为根本的原则就是情感性，而情感就成为浪漫主义哲学构建体系中的最为本源的概念、要素。从语言认识论来看，浪漫主义语言观的形成也建基于这种情感逻辑基础之上，否定了传统认识论中的自然逻辑，把一切事物都看作是外位于"我"的存在，浪漫主义于是就抛离了物理的、客观的存在论，把世界的存在变成了想象性的、情感性的存在。

浪漫主义的情感修辞化，在后浪漫主义时期变成了鲍德里亚的仿像论。人们的生活中不再有可以确定的知识，不再与现实相关，一切都变成了非实在性的，这个时期的"真"并不具有传统认识论意义上的真实，而只是一种真的仿像。人的情感作为想象力的核心词汇，不断被推向认识前沿，直接挑战了我们的认识原则。

或者可以更为大胆地假设，浪漫主义的认识论也是传统不可知论的翻版，它以主体的情感为逻辑轴线和修辞原则，重新描写世界的不可知的（无限的）部分。我们知道，传统的认识论认为知识来自世界的自然状态，一切知识都是不可归化的，其本质上是物质性的。这是一个非常朴素的唯物主义认识论假设，即存在都有结构，如果有结构，就可以被发现、被理解。古希腊的自然哲学、18 世纪的理性主义认识论，都把对世界的认识简化为一个由上到下的层级体系。它们的认识原则之中，也暗含了在可以认知的区域之外，不可知的非认识世界不能再现其原理的状态，而这些只能依赖于我们的推理，如柏拉图的理式论。不同的是，浪漫主义认识论是把推理情感化了，以类比的原则来描述不可知的存在。

二 物质想象的非诗性

对于柯勒律治来说，"想象力"并不是这个词的词源学所显示出来的那样，它不是对现实形成图像的能力，而是参与现实、形成现实之外的图像的能力。布鲁姆也认为，浪漫主义诗歌中的各种语言表述并不只是一种情感的表述或者认识论断言，更是一种"历史理论"①，是诗人借用诗学的想象力来审视、认知人类生活的一种方式。每一种想象模式都有一种话语模式来承载，而且还被这种话语模式所创造，每种想象模式和话语模式也都可以用来解释现实。

诗的话语模式是浪漫主义批评有机论的化身，通过以新的图像来表达自己，尽管是由语言来丰富的，但存在变成了语词，语词出现在最显眼的地方，以一种直接的、即刻性的显示人的心理变化的模式来让自己在场——存在即语词。但是，语词又不是透明的负载思想的符号，而是某种有体积和质量的东西。对于马拉美来说，文字具有事物的体积和密度，诗篇可以视为一种可塑性的对象，有重量和硬度，甚至还有某种程度的不透明性。"诗已变成旋律般的人的基本语言，它表达存在的各方面的神秘意识。诗给短暂的人生以真实的价值，而且构成了唯一的精神工作。"② 似乎象征主义诗人也认可这个观点，"人的心灵深处都隐藏着一种部分遗忘部分活着的原始语言，这种语言非常密切地联系着音乐和梦"。③ 叶芝同样强调语词的重要性，虽然没有像象征主义者们那样，因为文字而丧失了对事物的把握，但是在叶芝看来，只有通过语言来把握事物。在叶芝的诗里，语言没有失去本性，只是被稀释成一种普通灰色的语词性（wordiness），语词始终保持了事物的轮廓和形象。

在巴什拉的物质想象论中，形式想象与物质想象相互对立，前者为哲学家、艺术家所偏爱，他们青睐于对事物进行直观、现象式审视，期待"意料之外的事情"，唯一的例外是诗人可以深入到物体的内部，而诗人的行为才是物质想象的目的，即着力寻求着存在中"原始的"和"永恒的东西"。这里的"物质"是关键词，因为这些意象都拥有

---

① ［美］哈罗德·布鲁姆：《批评、正典结构与预言》，吴琼译，中国社会科学出版社2000年版，第168页。
② 柳杨编译：《花非花——象征主义诗学》，旅游教育出版社1991年版，第172页。
③ 同上。

一个物质特征来揭示它们的特点。换言之，如果我们对某物只有关于概念性的意象，那我们只是形式的想象，如果涉及更多的是物理特征，如感觉、纹路、面孔，那就是物质想象，是"物质的直接形象"①。在巴什拉看来，意象只有在最初的时候是纯粹的，一旦被概念化或者契合为某种模式就会变质。意象自身的物质性不会消失，即使时间停止，主体切换，意象仍然是一个具体的、特别的存在，巴什拉也因此巧妙地避开了一些形而上的含义和解释。

从这个视角看，言说者出现，语言出现，诗学意象把我们置放于缘起的位置，我们只能设想语言是因为诗学意象而存在，简言之，表述产生了存在，诗学意象是一种表述，存在是一种言说存在，由此我们发现了巴什拉关于存在的物质特征。概念语言依赖于诗学语言，因后者是前者存在的缘由。这些与海德格尔的"语言是存在之家"很相近。但是，巴什拉关注意象的物质和质量的方面，认为意象的物质性让存在出现，让主体与客体相关。语言的概念一面只是随后才开始出现的事情。

海德格尔和巴什拉都认为语言的起源和存在是同时的，海德格尔更关注语言如何让人出现，巴什拉关注语言如何让存在的特征和物质性出现。换言之，前者把语言看作是媒介，在时空之中生成了存在，后者把诗学语言也看作媒介，但却只导向其物质性，不涉及时间。

德·曼在分析叶芝的《学童中间》一诗时，同样反思了诗中的物质想象问题。诗歌的最后一节，"O chestnut tree, great rooted blossomer, /Are you the leaf, the blossom or the bole? /O body swayed to music, O brightening glance, /How can we know the dancer from the dance?"② 诗歌中的"树"和"舞者"唤起的是同一个难题，二者都是意义生成中必然要借助的介体，或者说，"树"和"舞者"在存在论上没有分别：

---

① ［法］加斯东·巴什拉:《水与梦——论物质的想象》，顾嘉琛译，岳麓书社2005年版，第1—2页。

② Richard J. Finneran, *W. B. Yeats The Poems* (Second Edition), New York: Scribner, 1983, p. 221.

舞动的身体只是另一个展开的栗子树，当树张开树枝，就像舞者随舞蹈现身。这就必然导致一个问题，如果从解释学的角度看，树和舞者必然都指向一个神秘存在，因为读者不确定其在场的实体的存在意义，不得不求助于其共有的超验特征，那么，脱离了诗中的物质介体是否能看得清其物质后想象出来的实体本质呢？诗中的说话者试图理解的问题是，观察舞蹈而不求助于舞者是否可行？如果按照普遍意义上的语法化理解，这首诗歌的最后一句通常被解释为陈述，并带有一种修辞反问来强调形式与经验之间、创造者和创造之间的潜在统一。

如果按照德·曼的理解，读者以字面义而不是形象义来看待这最后一句，两种不同的成分如符号与意义非常紧密地联系在了一起，这种情况只发生在诗歌的想象"在场"的条件下，那么，我们又如何能从错误中识别出来哪些是无意义的呢？在德·曼看来，诗歌最后一句并没有为读者提供一个意义的出口，而是展示了任何在场在本质上的延迟，最后一行不仅没有升华两种物质想象并融合为一个超验的意义，反而解构了原有的在场，展示给读者一种视觉上的虚构性。或者说，一方面是形象化为了一个整体性；另一方面，字面意义让整体性消失。这种双重的分析潜势透露出一个信息，任何阅读都不可能在对方缺席的时候出现：没有舞者的舞蹈，就像没有所指物的符号。语法结构促发的意义权威被这个想要差异的形象所迷惑。德·曼由此通过诗中的物质介体的存在，解构了其中可能暗示的统一体这个概念，同时也为读者敞开了对于存在的理解。

三 非知识论

知识是人的认识论的核心，即使对于康德来说，物自体的不可知也会给人的认识带来困境，但是，把客体的表象看作知识形成的表现，反映了人之于生存的本义，这仍然可以看作是知识，即唯有实现认知的圆满才能满足人的欲望。但是，从古希腊自然哲学以来对世界的认知，以及启蒙理性对世界的解释，把知识的终极源泉归为本质、理性，进而梳理出一套知识体系，这些认识论所形成的知识在浪漫主义认识论后出现了断裂。浪漫主义作为人类思想史上的认识论改革，力图解决启蒙主义的认识论危机，如帕斯卡尔质疑理性对人性的解释，休谟否定理性的几何或逻辑方法寻求客观认识的立场，卢梭批判科学和文明对人性堕落的负面影响，所有浪漫主义者们都在反思知识论问题，因为他们无法忍受"机械式的说明"和生活中"诗意的丧失"，这就为他们推崇想象力奠定了理论基础。

这种反思表现在浪漫主义语言论中，即推崇隐喻，拒绝客观、科学的语言。雪莱在《诗辩》一文中坦率指出，诗人的语言"是真正的隐喻性的，它用来标记物之间尚未被理解的关系"①，这是因为人与物之间的关系在未确定之前都是不确定的，是诗人首先借助想象力创造了他们之间的关系，但是，简单的隐喻式命名并不是诗歌的意义所在，诗歌"正是表现在永恒真理之中的生活图像"。②

从认识论看，浪漫主义诗歌中的象征语言借助情感修辞打动读者，其目的不是描述，而是在一种认识论修辞原则支配下的劝说言语，这是自古希腊修辞论中关于如何借用文本语言来触发听众情感的修辞手法。在柏拉图对话录中，语言的修辞论是被贬低的，因为言说者重视修饰自己的语言来达到自己的目的。随后理性语言的盛行，修辞作为语言的重要特征一直处于边缘化状态；直至19世纪浪漫主义时期，象征语言才让情感修辞正式进入人的认识论视野。也可以说，20世纪的语言学家（如奥斯汀、塞尔、格莱斯和斯特劳森），他们注重语言的推理，借助语境来确定意义，对比自然意义和非自然意义，德里达、米勒等更是把研究重心聚焦于语言的修辞性，逐渐摆脱了传统认识论上语义的本义论限制。

德·曼对这种语言上的认识论变化做了较为巧妙的分析，认为象

---

① Shelley Percy Bysshe, *The Complete Works of Percy Bysshe Shelley*, Delphi Classics, 2012, p. 1803.

② Ibid., p. 1806.

征语言的认识论并不是真实的、自然的认识。例如在分析卢梭"巨人"寓言①的概念意义时,德·曼认为,"整段都在以相似、平等、差异这些质和量的概念玩一个复杂的游戏",② 事实上,当原始人遇到高大的人,认为他是"巨人",这是因为原始人的"恐惧",表现在语言学意义上,"是实体的外在特征和内在特征之间一种可能性的偏离的结果"。③ 恐惧作为一种情感所促成的意义的生成,改变了"人"原有的属性意义。这个例子中透出一个观点,即前语言的意向性状态,即关于"巨人"的意义,并不能转化为语言表达式指导命题内容。人这个专名形成之前,本义包含于情感义之中,随后情感义逐渐退化并固化为本义。二者在描述人的存在状态中,有一个可以交融的涵义领域。

再例如卢梭的《社会契约论》中,当用于讲自然的法律、自然的宗教和自然的自由时,卢梭用的是一般的用法,却并不用来修辞自然的意志。这是因为"自然"从古希腊自然哲学开始就被赋予了一种理性主义的概念,对于卢梭来说,自然这个概念则被赋予了一种情感,变成了浪漫主义的"幻想曲"④。当把普遍意志与特殊意志相对论时,特殊显然又是与个人紧密相关的。这里的自然的和特殊的,都用于表征人的存在,个人的显然就超过了自然的状态。从社会学角度看,卢梭对于人的社会性存在持有否定态度,认为人的存在在最初形态下是纯粹的,但是社会性赋予人一种强迫的属性即理性,因此卢梭提倡恢复人的情感性。

由此可知,德·曼的修辞性语言论,与先前维科的诗性语言观、

---

① [法]卢梭:《论语言的起源:兼论旋律与音乐的模仿》,吴克峰、胡涛译,北京出版社2010年版,第15页。"一个原始人(未开化的人)在初次遇到其他原始人时,他会吓一跳。并且,由于害怕,他会感觉他所碰到的这些人比自己高大、强壮。他称呼他们为'巨人'(giant)。但与他们交往得多了,他会发现,这些原来被他称作'巨人'的人,实际上并不比自己高大和强壮多少,他们的体格并不符合他先前所赋予的'巨人'一词的含义。于是,这个原始人便新造了一个普通名词,如'人'(man),用来称呼那些因幻觉而给他留下深刻印象的假想物。"
② Paul de Man, *Allegories of Reading*: *Figural Language in Rousseau, Nietzsche, Rilke, and Proust*, New Haven and London: Yale University Press, 1979, p. 149.
③ Ibid., pp. 150–151.
④ [德]卡尔·施米特:《政治的浪漫派》,冯克利、刘锋译,上海人民出版社2004年版,第60页。

尼采的隐喻语言观一样，都把语言看作是原初的、意向性的，他们的认识论立场是一致的。不同的是，德·曼把象征语言在后浪漫主义时期的发展看作是一种对语言的"述行性"的过度依赖，它过度尊重语言的情感性对于信息交流的价值，增加了意义的不透明性，掩盖了原有词语的陈述性。德·曼对马拉美、叶芝等诗人的反思，也同样揭示出了后浪漫主义时期诗人对语言的情感性的过度依赖，以及由此带来的一种非知识性描写。

在随后的论文中，德·曼把反思带入了对卢梭、尼采等思想家论文中的概念分析中，认为这种语言论在实际的文本语言分析中，让读者无法实现对文本意义的正常阅读，把对文本语言的检验放置于语言论的反思中，让陈述与述行相互冲突，在某种程度上走向了神秘主义认识论。德·曼夸大了文本内异质性的重要性，对于这一点，米勒也曾指出陈述和述行二者之间的关系不是二元对立的关系，"如果雅克·德里达、保罗·德·曼和我正确的话，那么，语言的述行功能和认知功能将互不相容"。[①]

德·曼的立场实际上也反映了后浪漫主义语言认识论中的另一个困境，即原本透明的语言介体不可能再为人类提供一个可供信息传递的模式，语言的想象力维度增加了意义在表述过程中的不确定性，也必然导致解释的不确定性。伽达默尔认为真理只会出现在主体的视域融合游戏，利奥塔把知识看作商品一样的东西，实用才是判断标准，但是对于德·曼来说，对象征语言的深刻反思，乃至于对整个西方认识论传统的反思，都没有让他发现语言的原初状态，或者说，德·曼在摆脱了西方哲学中关于知识论和存在论只谈知识问题的同时，还否认了以"元"立场来认识语言的可能性，这必然导致一种语言认识论的两难境地，从纯粹的理性认识论走向虚无的知识，只能让语言留在了一个充满不确定性的困境之中。

---

① ［美］J. 希利斯·米勒：《土著与数码冲浪者：米勒中国演讲集》，易晓明编，吉林人民出版社 2004 年版，第 45 页。

第三章

语言符号的认识论

　　语言符号作为重要的符号种类之一，是我们用于信息交流的介体，然而，自现代语言学把它看作能指与所指的"一体两面"结构之后，语言符号存在的纯粹性就遭到了质疑。但是，索绪尔把概念和声音形象的结合原则看作是任意性的，它们之间的关系没有任何自然理据可以用来考证。这个观点遭到了本维尼斯特的强烈反对，后者批评索绪尔对语言符号下的定义过于武断，认为他把能指与所指之间的结合看作是形式化的，但在证实语言符号的特性时又引入了实质来加以判断，或者说，索绪尔在关于语言的最初的定义中把"物自身，实在"的作用忽略掉了，而一旦把这个"第三项"介入他的语言符号结构二分法的定义中，实质上的矛盾就会导致自我解构[1]。德·曼也为此评价索绪尔，认为他的语言观解放了符号，语言得以有机会从"所指的限制中解放出来"[2]，但是，语言符号的认识论价值却被忽略掉了。或者说，索绪尔的语言观作为一种为了构建语言体系的修辞性表述，与实际的认识论之间是非对应性的，甚至是相互解构的。

---

[1] Emile Benveniste, *Problems in General Linguistics*, Florida: University of Miami Press, 1971, p. 44.
[2] Paul de Man, *The Resistance to Theory*, Minneapolis: University of Minnesota Press, 1986, p. 10.

第一节　语言符号的物质性

为了构建语言符号体系，索绪尔把现实世界从言意的关系之中剔除了出去，其目的是辨析清楚语言和言语的关系，而言语作为必然要指称某个具体的所指物，因此被清理出了他的符号理论体系。在索绪尔为代表的结构主义语言论之中，语言的物质性是一个被有意忽略掉的因素，而且"物质"似乎一开始就是一个不会引人注意的透明体，但是，对于德·曼来说，语言符号的物质性并不是形式化的、文体化的外在表现，在他的论文中经常出现带有"物质"词语的表述，如"物质性的视野""语言的字面和物质方面""实际历史的物质性""康德的现象性和物质性""思想的感官表现作为名字的物质铭写""符号的理论以物质的方式显示自身"[1]"如果我们把能指的物质性和它所指的事物的物质性混淆了，将是很不幸的"，[2] 等等。因此，分析德·曼语言论中的物质性，可以从另一方面反相位剖析现代语言学忽略了"物质"后所带来的认识论意义上的盲视。

一　铭写的物质性

"铭写"（Inscription）来自动词 inscribe，意思是刻写、雕刻、题刻，常用来指刻于器物上的书写。从词源学意义上看，铭写产生的铭文，属于一种内容简短、蕴意深刻的哲理文体，有着重要的语言学价值和史料价值。然而，德·曼却把对铭写的思考引入对语言符号的思考。

德·曼在《潜藏书写与铭写》一文中，通过分析米歇尔·里法泰尔（Michael Riffaterre）的《诗歌符号学》，认为书中所探讨的核心问

---

[1] Paul de Man, *Aesthetic Ideology*, Minneapolis and London: University of Minnesota Press, 1996, pp. 102 – 103.

[2] Paul de Man, *The Resistance to Theory*, Minneapolis: University of Minnesota Press, 1986, p. 11.

题实质上是"潜藏书写"问题,即如何"把潜藏书写转化成文本的规则"①,这是因为任何文本下都有一个潜在的文本存在。里法泰尔在该书中指出:"诗产生于基质(matrix)的转换:一个从最小的、字面的句子转换成一种较长的、复杂的、非字面的迂回式表述。基质是假定的,只是作为一种结构在语法和词汇方面的实现。基质可以被概要为一个词,在这种情况下这个词并不是直接出现在文本中。"② 这种"基质"就是"潜藏书写",它有一个既定的结构,决定了意义的完整性,体现了文本的结构意向。

德·曼认为里法泰尔的"潜藏书写"只不过是索绪尔提出的"易位书写"(anagram)的一个发展。在1971年由斯塔诺宾斯基编辑出版的索绪尔关于易位书写的手稿中,索绪尔主要研究拉丁文诗歌和吠陀梵文诗歌中,如何通过变换词语中的字母顺序来构成另一个词语,组合成另一个音响结构。例如,"Taurasia Cisauna Samnio Cepit"是一句拉丁文诗歌,但索绪尔认为,如果把 ci, pi, io 几个嵌在诗句中的词语组合起来,就变成了罗马政治家 Scipio(西庇阿)的名字。在索绪尔看来,诗歌体系中任何词汇的改变或者移动,都会影响书写的不同的组合安排,这种安排甚至就成了作诗的基础。创作诗歌就是要把易位书写考虑进去,"以此为基础,并受控于它"。③

对此,在《潜藏书写与铭写》一文中,德·曼认为索绪尔在选择"书写"这个术语的时候,先选择 anagram(易位书写),又换成 paragram(异常书写),再后来又换成 hypogram(潜藏书写)。在这几个词语中,索绪尔都使用了后缀 - gram,该词缀来自希腊语的 graphy (= letter 字母),即"书写"。ana - 、para - 和 hypo - 这几个词缀的改变意义并不大,对于索绪尔来说,"使用 anagram 一词,我丝毫没有打算

---

① Paul de Man, *Resistance to Theory*, Minneapolis: University of Minnesota Press, 1986, p. 39.
② Michael Riffaterre, *Semiotics of Poetry*, Indianapolis: Indiana University Press, 1978, p. 19.
③ Jean Starobinski, *Words upon Words: The Anagrams of Ferdinand de Saussure*, Trans. Olivia Emmet, New Haven: Yale University Press, 1979, p. 17.

考虑文字的意思"，①而且这些术语也不像现象学的或者数学上的概念属于必须进行解释的范畴。在他看来，关键是要证明文本的语音移动与文本的中心概念相一致；词是以一个专有的名字，以其原初性出现的，不管能指如何支离分散，所指一直存留。

德·曼所论述的易位书写对于意义产生的影响，无疑与后结构主义语言观中所凸显的语言游戏思路一致，如卡勒和巴特都把语言的物质性归于一种语言沉淀后的衍生品，亟待读者的阅读②，其共性都在于把书写看作是文本意义的生成过程中，符号结构断裂和意义不确定性的证据，显示出一种特殊的文本生产能力。语言的能指之间通过易位书写的形式，以不同的方式联系在一起产生新的意义。索绪尔因研究重心的问题而忽略了书写的影响，却因书写的差异导致其犹豫不定，这也正反映了书写的意义。正如德·曼所认为的，索绪尔对易位书写词语的选用问题，让我们看到对语言现象性的拆解，"对认知的拆解以及无法控制的作为铭写的文字的替代"。③

德里达在他的《论文字学》著作中也谈到了索绪尔的书写问题。德里达认为，索绪尔秉承的是早在柏拉图和亚里士多德时就有的对书写的传统定义，把书写视为第二性的交流系统，"受限于语音书写的模式和语言中的词语"。④ 诚如索绪尔所提出的，"语言和它的书写形式构成了两个不同的符号体系；后者存在的唯一原因就是表现前者"。⑤ "最明显的结果就是，书写模糊了我们的语言观。书写不是一件衣服，而是一种假装。"⑥ 索绪尔的语言观可以追溯到柏拉图与亚里士多德时期，例如亚里士多德在《解释篇》中提出的，"口语是内心

---

① S. Lotringer, "The Game of the Name", *Diacritics* 2（1973）, p. 3.
② 吴波：《文学与语言问题研究》，世界图书出版社2009年版，第111页。
③ Paul de Man, *Resistance to Theory*, Minneapolis: University of Minnesota Press, 1986, p. 37.
④ Jacques Derrida, *Of Grammatology*, trans. Gayatri Chakravorty Spivak, Baltimore and London: The Johns Hopkins University Press, 1997, p. 30.
⑤ Ferdinand de Saussure, *Course in General Linguistics*, trans. Roy Harris, Beijing: Foreign Language Teaching and Research Press, 2001, p. 24.
⑥ Ibid., p. 29.

经验的符号,文字是口语的符号"。① 这种语言观强调书写服从于口语表述,深刻影响了现代语言学的发展。

德里达也发现潜藏在索绪尔中关于书写的物质性的论述。根据索绪尔的观点,"语言学符号不是事物和名字之间的联系,而是概念和声音模式之间的联系。声音模式不是实际上的声音;因为声音是某种生理上的东西。……这个声音模式或许可以叫做'物质'的成分,因为它是我们感官印象的表述"。② 对于索绪尔来说,似乎语言符号把读者的吸引力引导到了它的物质性,会影响交流的透明性,因此,非物质性才会让语言交流变得容易。实际上,尽管索绪尔的所指是符号体系的一部分,但从根本上说,它们同时是社会建构的。关于语言符号这一个问题的纠结点,在后索绪尔时代的语言观中,又被物质化了。正如德里达所说,"在索绪尔的语言论中,索绪尔没有说出来的是,既没有象征也没有符号,只有将要成为符号的象征"。③

德里达所说的从象征到符号的转变过程,与德·曼的转义思路大体一致。在《潜藏书写与铭写》一文中,德·曼认为,索绪尔的语言符号论背后隐含的是一种转义。索绪尔的"潜藏书写"术语"hypogram",来自希腊语"hypographein",意即"面具或脸",暗指最初的词语具有稳定的意义,但却会被潜藏的书写改变,而且最初的词义或将消失,渐渐形成一个新的词语;这个通过转义获得的词语,就成了去命名一个根本不存在的客体的词语,因此,潜藏书写从一开始就与转义相关。所显现的物质性即为"铭写的物质性",对它的描述其实是一种掩饰铭写的方法和手段。在德·曼眼里,"铭写既不是形象,不是符号,不是认知,也不是欲望,不是潜藏书写,不是基质;如果

---

① [古希腊]亚里士多德:《亚里士多德全集》第1卷,苗力田译,中国人民大学出版社2003年版,第49页。
② Ferdinand de Saussure, *Course in General Linguistics*, trans. Roy Harris, Beijing: Foreign Language Teaching and Research Press, 2001, p. 66.
③ Jacques Derrida, *Of Grammatology*, trans. Gayatri Chakravorty Spivak, Baltimore and London: The Johns Hopkins University Press, 1997, p. 47.

只是通过一种形象化的逃离,即以巧妙而有效地逃离形象的形式,来回应它的能力,那么任何阅读理论或诗学理论都无法到达一致"。①

德·曼对语言是否可译这个问题方面的分析,也充分证明了这个观点。本雅明认为,"译者的任务在于,发现意图对于他正在翻译成的语言的影响,这种意图会在翻译中引出原著的回声"。② 然而,从一种语言到另一种语言的翻译过程中,异质语言之间在词语、句子和结构上会有很大不同而相互排斥,因此,译者必须发现异质语言之间的关系,即潜存于每种语言之下的、作为一个整体的意图中的"纯语言"——"一种不再意指或表达任何东西,而是一种无表现的、创造性的词语"。③ 德·曼赞同本雅明关于纯语言的论述,认为语言的不可译性表现在文字与意义之间的关系,而且这二者的关系充分体现了语法和意义之间的不相容性。例如,当拼写一个单词的时候,我们通常会说出一些毫无意义的字母,这些字母聚在一起便构成一个词,但词的意义又不会出现在每一个字母身上。就像 fish 这个词,意义并不来自词的各个组成字母如 f-i-s-h,整个单词 fish 的意义来自这个词的整体,是完全独立的,意义与字母毫无关系。同理,词语与句子之间的关系也存在这样的问题,如果翻译只是字面词语的翻译,那么整个句子的意义就消失了。换言之,在翻译的过程中,词语之间的语法结构并不能完全控制意义的表现,因此也就造成了意义的不可译性。这种语法和意义之间的断裂造成了意义的不可译,"文字的物质性、独立性,以及通过引入滑移来破坏具有明显稳定意义的句子的方法,而这种滑移使得意义消失、逃离,也由此使对意义的控制完全消失"。④

德·曼关于语法和意义的论述,是要说明意义并不是依赖于某个词,就像我们并不会去经验 fish 这个词中的每一个字母,而是通过 fish

---

① Paul de Man, *Resistance to Theory*, Minneapolis: University of Minnesota Press, 1986, p. 51.
② Benjamin, Walter, *Illuminations*, trans. Harry Zohn, New York: Schocken Books, 2007, p. 76.
③ Ibid., p. 80.
④ Paul de Man, *Resistance to Theory*, Minneapolis: University of Minnesota Press, 1986, p. 89.

整个词语来经验这个转义出来的虚构整体。这必然导致一个断裂，即一个转义后的虚构整体与一个转义的确已经达到了一个目之间出现的自我解构。"虚构的整体"即我们通常所认为的实在，而这个所谓的"实在"，德·曼认为，属于语言运用的普遍性错误倾向，使得意义无法认知，只是体验、经历句子中所有词共同构成的整体转义。因此，翻译无法穷尽文本，文本总是会不同于我们的翻译，抵制我们的任何同化。那么，"无法穷尽"指的是什么呢？德·曼指出，"在本雅明看来，语言是一种完全没有任何意义功能的、纯粹的能指，没有任何语义功能，是一种纯粹的、技术性的语言学语言"。① 实际上，译者翻译时，是把跟语言有关的一切东西诸如意向、情感都带入了翻译的过程中，而这个被带入的东西，就是"物质性"，它潜在地内置于语言之内。翻译会显示出，"在意向去命名一个事物与这个事物的单词自身的物质性之间，存在一个根本性的差异"。② 正如有些评论家所述，"物质性"，对于德·曼来说，"是一个必然的、具有抵制性的非现象"。③

其实德·曼早在《后浪漫主义困境》中就发表有类似的表述，如"语言变成了一个纯粹的形式实体，是保留了一种意象在里面的、可以触知的符号，这种意向是不能实现的，却遗留下了欲望的痕迹"；"语言作为这种实体，保留的两种经历构成了诗学行为——渴望统一的欲望和这种欲望的失败"④。随后，德·曼又进一步指出，语言这种实体作为一种调解，包含了一种本体论的对立而不会被分开。"语言不是真理，只是两种本质是保持对立的存在模式之间的一种调节。"⑤ 例如在分析马拉美的诗《伊纪杜尔》（Igitur）时指出，"钟表质变进

---

① Paul de Man, *Resistance to Theory*, Minneapolis: University of Minnesota Press, 1986, pp. 96–97.
② Ibid., p. 87.
③ Tom Cohen, Claire Colebrook and J. Hillis Miller, *Theory and the Disappearing Future: On de Man, On Benjamin*, London and New York: Routledge, 2012, p. 16.
④ Paul de Man, *The Post-Romantic Predicament*, Edinburgh: Ediburgh University Press, 2012, p. 43.
⑤ Ibid., p. 67.

入语言中：很快，滴答和闹铃声变成了诗的语词，然后变成了一本书。正是通过'钟表/语言'自我最终获得了平衡；语言在物和对物的意识之间做调节"。①

符号是欲望的痕迹，滴答是自我与世界的对话，这些显然都说明了一个问题，即铭写的物质性实际上以另一种方式记录了语言与现实世界之间的关系。语言自身是物质性的，我们所使用的语言决定了我们对真实世界的经验；我们必须先感受语言，然后才是感受世界，如人首先感受的是桌子性，其次才是桌子。铭写的物质性的研究意义在于：语言作为概念存在，这两者之间的断裂或空隙，是逻各斯和字面意义所掩盖的、消除的。我们只是经历语言的物质性，而不是世界。

二 历史的物质性

马克思主义的唯物认识论中，人类社会的政治、文化等都属于上层建筑的范畴，受制于社会的经济基础，这种物质关系必然体现在人类的历史观中。不同于唯物主义认识论历史观，德·曼在《康德与席勒》一文中认为，历史"与时空没有关系"，它实际上是"语言认知的一种语言能力的体现"②。那么，历史作为语言能力所表现出来的物质性，又主要指的是哪些方面呢？根据德·曼论文对历史的不同表述，可以从"事件"和"意识形态"两个方面来理解。

把历史看作是语言事件，是对传统历史观的挑战。恰如德·曼认为的，"历史不能被认为是进步的或者退步的，而是事件、发生的事"。③ 这样，德·曼就避开了社会学分析的思路，不再把历史看作是一种线性的历时发展，而是作为一种语言记录下来的事件来看待，其最大特点就是把历史从时空范畴中拉出来，从历史的有机论中分离出

---

① Paul de Man, *The Post-Romantic Predicament*, Edinburgh: Ediburgh University Press, 2012, p. 65.
② Paul de Man, *Aesthetic Ideology*, Minneapolis and London: University of Minnesota Press, 1996, p. 133.
③ Ibid.

来。历史不能像自然进程那样做类比性推论,或者说不能把历史看作是一种有机的成长或者辩证的发展,而应倒置过来,从历史的角度看待自然进程的改变。例如,在分析哲学与历史、文学与历史的关系的时候,德·曼认为对任何事物的历时阶段的划分,是"黑格尔式的"传统的认识论思维定式,即习惯于把语言形式与所指物对应起来①,这是历史的偶然性与思想表述的必然性之间的断裂,是把历史的物质性降低为一种历史事实。

德·曼把历史定义为一种事件,认为历史是语言描述中的一个"事件",是由言语行为所产生的,是语言或其他符号使得事情发生的。这与海登·怀特(Hayden White)的论述较为相似。怀特认为,"同一组历史事件借助不同的比喻模式完全会出现不同的解释效果;而史学家究竟选择哪种比喻进行叙事,归根结底决定于他对历史的想象。因此,没有真实、客观或正确与否的历史,只有史学家对历史的想象,而这种想象又体现在历史作品的语言之中"。② 对比可知,二者的共性在于,从语言的角度区分历史认知和历史事实,前者是以一种知识的形态出现在文本内,属于一种历史认识论;而后者作为物质事实,发生于特定的时间与环境。或者说,关于过去所发生的事件的"陈述"不可能与其原始的"事实"是对应的。历史的物质性,作为一种非纯粹客观性的存在,是由历史书写者的主体意识决定的。因此,作为事件的历史,只能是一种认知,也必然呈现出某种主观性和相对性。

然而,德·曼在区分历史认知和历史事实时,强调物质事实向物质性的转化过程中的复杂性。"历史不是人文的,因为它与语言的顺序紧密相关;它也不是自然的,这是基于同一个原因;它也不是现象学的,关于人的认知和知识无法从历史中获得,因为历史本身就有一

---

① Paul de Man, *Aesthetic Ideology*, Minneapolis and London: University of Minnesota Press, 1996, p. 92.
② [美]海登·怀特:《后现代主义历史叙事学》,陈永国、张万娟译,中国社会科学出版社 2003 年版,第 44 页。

种纯粹的语言复杂性；它也不是时间性的，因为产生它的结构不是一个时间结构。"① 这样，历史在被物质化的命名过程中包含了人的认知，而语言的修辞性以及人的主观性无形之中把历史的物质性个体化了，造成了一种历史的物质认知与物质事实的偏离。

意识形态之中也有物质性存在，这不是德·曼的独创，早在《德意志意识形态》一书中，马克思就指出："即使从一开始也不是就具有'纯粹的'意识的，'精神'（mind）注定要受折磨，要受到物质的'拖累'（burdened），这里的物质是以振动着的空气层、声音，简言之，即以语言的形式来表现着。"② 在这里，马克思强调的是存在与意识之间的关系，认为存在的物质性必然反映在语言的物质性之内，而语言又必然同时受制于人的主观意识。这样，语言的中介作用就从本质上否定了人的意识对存在的直接反映。为此，保罗·利科称马克思的语言是"以某种特殊的方式连结的各种声音，即为感官所知觉并以其特定的语言形式为人所'产生'，排列和控制的物质过程"。③ 德·曼在马克思的语言与意识形态的关系论述基础上，进一步强调前者，认为要处理意识形态的问题，必须先要解决语言媒介的问题，否则就会造成"语言和自然的实在的混淆，所指物与现象论的混淆"，因而将成为"肤浅的马克思《德意志意识形态》的读者"④。

德·曼认为，语言在从社会的存在到人的意识过程中，表现出一种不及物状态，即语言符号作为指称与所指物之间是不透明的。如他所说，"关于语言的这个陈述，即认为符号和意义永远不能重合的看法，在被称为文学的这种语言中已经完全被视为当然了。文学，同日常语言不一样，始于这种知识的远端；它是摆脱直接表达谬误的唯一

---

① Paul de Man, *Resistance to Theory*, Minneapolis: University of Minnesota Press, 1986, p. 92.
② Karl Marx (with Friedrich Engels), *The German Ideology*, New York: Prometheus Books, 1998, p. 34.
③ ［法］保罗·利科：《哲学主要趋向》，李幼蒸、徐奕春译，商务印书馆1988年版，第404页。
④ Paul de Man, *Blindness and Insight: Essays in the Rhetoric of Contemporary Criticism*, Minneapolis: University of Minnesota Press, 1983, p. 11.

语言形式"。① 这里的"直接表达谬误",即符号与意义可以重合。德·曼拒绝本质主义者所持有的这种观点,强调语言符号之间的不断推延,因此无法言及所指物。类似于托多罗夫所认为的"不透明的话语","覆盖着种种轮廓和图形以至人们无法看到它的背后:这是不指涉任何现实的自足的语言"。② 语言之中的各种"不透明"存在,使得语言并不直接指示实体,而是指向自身,不断自我推延,因此由语言构成的文本就切断了与社会的联系。

与此同时,德·曼还强调了语言的自足性,认为语言的意义存在于语言的"能指"游戏之中,亦即语言的不断转义之中。换言之,在继承马克思关于语言与意识形态观点的同时,从语言的角度进一步弱化了意识形态存在的必要性。他认为,转义后的语言学实在与对事物的真实经历经常被混淆,其实质是意识形态的运作结果。只有去掉它们所指的具体的东西,才能把握它们。这个论点与后现代历史哲学观点相近,认为历史只能作为话语或文本而存在,对历史的理解只能是理解而非真实的再现,这在一定程度上彻底摒弃了历史的客观性乃至真实性。罗兰·巴特坚持认为,历史的话语按照结构来看,"本质上是意识形态的产物,或更准确些说,是想象的产物,……即:对言语所负之责,正是经由想象性的语言,才从纯语言的实体转移到心理的或意识形态的实体上。正因如此,历史'事实'这一概念在各个时代中似乎都是可疑的了"。③ 很显然,德·曼推崇语言的不及物性,把理论推向了一个公开的、语言化的、拒绝历史的审美形式。

简言之,德·曼所涉及的意识形态作为一种历史物质性的体现,表现为人作为个体,与社会作为所指物之间的不确定关系中所起到的作用。他所持有的语言论,既不是经验的,也不是理想的,而是一种

---

① Paul de Man, *Blindness and Insight: Essays in the Rhetoric of Contemporary Criticism*, Minneapolis: University of Minnesota Press, 1983, p. 17.
② [法]保罗·利科:《活的隐喻》,汪堂家译,上海译文出版社2004年版,第312页。
③ [法]罗兰·巴特:《符号学原理:结构主义文学理论文选》,李幼蒸译,生活·读书·新知三联书店1988年版,第59—60页。

批判语言学的态度。

三 审美的物质性

审美是人的主体性对于客体的一种无功利性的活动,恰如康德在《判断力判断》中关于美的论述:美是愉悦的,不带任何利害关系;美是普遍的但不是概念;美具有合目的性,但无目的(无目的的合目的性);美是主观的,却带有必然性。这里的关键词如"没有任何利害关系""普遍的""无目的的""主观的",都显示了康德对于美的认知是一种纯粹的形而上的追求,不是对物质世界存在的某个物体的欣赏。

然而,德·曼却在《康德的现象性与物质性》一文中反驳了这种美学论,认为康德所说的对客观事物的审美观照过程中,有一种"物质性的视野","这种视野是纯粹的物质性的,没有任何自反性的或知识性的并发症状;它也是纯粹的形式的,没有任何语义上的深度,可以归约为视觉上的形式化的数学和几何图形"。[1] 那么,这种视野如何成为物质性的呢?

首先,它体现为形式的物质性。在《康德的现象性与物质性》一文中,德·曼对康德的崇高论进行了客观的批评,认为他的审美原则"并不依赖于哲学的规则,而是一种语言学原则"[2]。例如,数学的崇高,就是一个转义的替代体系,实际上这里不是对"绝对大"的判断,而是层次的移位、置换和替代,从很大、太大到绝对大,这个广度是想象力的界限。再者,从数学的崇高到力态的崇高,并没有一种过渡性解释,反而出现了一种断裂,即从人的认知到行为,从转义到述行的断裂。德·曼认为,康德的崇高论中隐含了一个"看"的过程,这个过程对于康德来说,是从"看"到自然界的事物的物质视

---

[1] Paul de Man, *Aesthetic Ideology*, Minneapolis and London: University of Minnesota Press, 1996, p. 83.

[2] Ibid., p. 78.

野,再到人内心世界对事物进行反应的现象视野,然后才是理念引导我们,带着"合目的性"的理念去征服现象,去征服物质。这种崇高不存在于自然界的任何事物之内,而是内在于我们的心理。或者说,"在那些观象里,这些现象的直观在自身带着它们的无限性的观念"。①

德·曼借助对康德的崇高论所展开的分析,指出了审美的物质性的必然。康德所说的大海和天空,并不涉及人的思想,而是对于眼睛来说的一种冗余的现象。德·曼把这种现象称为"非现象",它是先于人的感知的"物质视野"②。但是,康德在论述崇高的时候,把物质和现象混为一谈,把两者当成同一样东西,或是同一事物的两个方面。"凡是我们依照判断力的指示在直观里所能表现的,(亦即审美的表象着的)都是现象,因而也都是量。"③

然而,正如德·曼所分析的,康德把看到的物质事实作为一种现象进行审美观照,是把物质转换为现象,同时也就成了经验客体。客观事物是物质的,对人的感觉是开放的,而人对物质的经验是复杂的,不可确定的,也是不可归约的,那么现象就是各种各样的审美观照。非功利性的审美行为认为,审美是主体之于客体的需要和欲望的缺席,由此可以发现,现象和物质并不是绝对吻合在一起的,而是某种程度的相关,因为毕竟现象总是要牵涉人的感知,"是一个绝对的形式主义,毫无所指和符号学的概念"。④ 因此,康德的崇高论就涉及了从物质到现象的各种转义现象。例如,观看大海、天空属于转义行为,是对自然界一切大小的估量,最终都转化成为审美的行为;面临深渊险境,需要在心里先装有一些理性的理念,让我们离开感性的恐惧,转而以更高的合目的性去战胜恐惧,从而获得崇高感,这属于述行行为。

---

① [德]康德:《判断力判断》,宗白华译,商务印书馆2009年版,第89页。
② Paul de Man, *Aesthetic Ideology*, Minneapolis and London: University of Minnesota Press, 1996, p.82.
③ [德]康德:《判断力判断》,宗白华译,商务印书馆2009年版,第84页。
④ Paul de Man, *Aesthetic Ideology*, Minneapolis and London: University of Minnesota Press, 1996, p.128.

其次，审美的物质性表现为阅读的非现象性。德·曼从语言学的角度切入，审视康德的崇高论，认为物质视野的根本在于，去发现事物的物质性本身及其构成意义的要素，而非对事物进行现象化情境描述。对于"构成"，这既不是建构，也不是创造，而是把对事物自然的、未经思考的、朴实的认识论中所混淆的意识的意指对象陈列出来。这种观点类似于马拉美关于诗歌创作的立场，即诗人是用语词写诗，而不是根据本质或者观念来写诗。马拉美的语词论强调以语象来锚定观念，在文本物质层面实现的是按照规则进行的语象组合，或者说，是按照诗的方式进行修辞化的组合。

具体到德·曼所论的阅读行为，我们应关注语言的自动性潜在物，关注意义，放弃现象中所包含的其他内容，然后恢复现象自身的模糊性。很显然，德·曼提倡的是一种非现象性阅读，即非感受的、非审美的阅读，反对泛形象化（para–figural）趋势，因为后者把语言现实与自然现实、指涉关系与现象论相混淆，把词与物之间的习俗关系当成现象关系，把指称效果当作现实关系。这种阅读趋势中的现象化的所指就成了一种偏离。阅读过程中的形象化作用，就是去除语言的锚定能力，不再从文本再现的角度阅读，而是研究"意义和价值确定之前的生产和接受方式"[1]。米勒曾评价德·曼，认为后者的修辞阅读论是"整个人类生活的活动场所和基础"[2]，包含了"感受、认知，并因此包括所有的人类活动"[3]。因此，文本的所指其实是一种非现象化的形象化过程（nonphenomenal figuration），我们需要克服阅读过程中的这种物质性，运用一种非现象化的阅读方法看透语言与世界之间的隐喻的替代机制。然而，德·曼对文学语言的过度褒奖，完全放弃对意义的确定性的追求，是不可取的。

---

[1] Paul de Man, *The Resistance to Theory*, Minneapolis: University of Minneapolis Press, 1986, p. 7.
[2] J. Hillis Miller, *The Ethics of Reading*: Kant, de Man, Eliot, Trollope, James, and Benjamin, New York: Columbia University Press, 1987, p. 48.
[3] Ibid., p. 58.

从认识论角度看，德·曼提出来的物质视野，几乎就是对柏拉图关于艺术本质讨论中的"镜子说"的发展。柏拉图曾把艺术创作比作"镜子"，"有一个方法并不难：你能很快就完成，特别是如果你在很多地方都愿意随身带个镜子，因为这是最快捷的办法。你能很快地得到太阳，天空中的万物，大地，你自己，其他动物植物，以及刚才谈论的其他所有东西"。[①] 然而不同的是，柏拉图所说的艺术的物质性，是自然物体中所蕴含的某种自然存在，其最终的论点归为理式，是追求艺术的本质。

在德·曼的物质性论述中，用以解释语言的物质性和现实世界的方法论，充分显示了他对胡塞尔现象学的理解，即抓住语言现象（事物的物质性存在）这一个我们可以经验地肯定的东西，悬置一切关于本质、理性和逻辑的思考。但是，这里的现象既不是事物的表象，也不是存在的事实，而是以一种不同于任何心理经验的纯粹的事实，一种语言事实。胡塞尔倡导我们要凝神于事物的具体现象，直观其本质，从人的感觉经验返回到现象。"面向现象本身"，在这里也是德·曼研究语言物质性的重要思路之一，即通过现象学还原，回到认识过程的始源和客观性，暂时拒绝各种外在的概念和理论，把所有的关注聚焦于语言现象，把语言的现象看作是各种研究的前提。

从文学解释的角度看，德·曼反思康德的判断力，一方面是为了说明任何语词之中所含有的物质性，另一方面也是质疑康德关于审美之中的认识论问题。康德对于美的界定仍然是一种形而上的论调，是从一般到个体的理论化模式，否定了个体存在的审美价值。

简言之，德·曼所谈及的物质性，不只表现为词语的书写组合安排，还表现在历史的语言事件性和阅读的非现象性等方面，其主旨是为了显示出"物质性"作为一种抽象性的存在，渗透于我们的语言和生活中。因此，他在探讨物质性的时候，倾向于使用的都是物质性、

---

① Plato. *Plato Complete Works*, John M. Coopere ed., Indiannpolis/Cambridge: Hackett Publishing Company, Inc., 1997, p. 1201.

所指性等词语，强调物质性的抽象维度。与此同时，他的物质性理论，也启发我们去发现语言意义构成的复杂性，消除本体论，认识人与语言、语言与世界之间的关系的不确定性。德·曼关于物质性的辩证性存在成了理解他批判语言学立场的一个重要方面，在意义书写与消除之间始终体现的是一种在场与不在场的辩证法，即所指和无所指的关系。

第二节　语言符号的属性论

德·曼为了反对结构主义语言学的语言符号体系，提出了语言的"物质性"特性，但他同时却又表示出另一种态度，认为任何文本阅读过程中，"考虑作家的实际的、历史的存在，从批评的角度看是浪费时间，"[1] 那么，"物质性"对于德·曼来说，究竟指的是什么？为何有学者把德·曼的"物质性"定义为一种"没有实质的物质性"呢？[2] 因此，有必要结合中西方的符号论对语言符号的属性展开"现象学"审视，首先，清空一切语言符号的理论预设，使之归于零符号，目的是让那个规定某物存在的普遍观点失去效用，把所有注意力聚焦于语言符号之"象"。其次，研究语言符号的负性，我们可以发现，从零符号到语言符号的过程中，人与世界之间的关系的对应性的描写，实际上是语言符号在不同语境中的修辞错位促成的。再次，研究符号意义的"不可言说"，即符号的转义所导致的意义的困境。

一　符号的零性

零性是符号的本性，也可以说，符号的缘起是"零"或者"空"，顾名思义这是一个没有内涵和外延的符号，然而这种定义只是一种语

---

[1] Paul de Man, *Blindness and Insight*: *Essays in the Rhetoric of Contemporary Criticism*, Minneapolis: University of Minnesota Press, 1983, p. 35.
[2] Tom Cohen eds., *Material Events*: *Paul de Man and the Afterlife of Theory*, Minneapolis: University of Minnesota Press, 2001, p. vii.

义上的重复，并没有对其存在形态加以真实、客观的描述，而且会带来诸多歧义。一旦零符号没有内涵和外延，"零"在认识逻辑上似乎应该是"空"或者"无"，这从存在论上讲是不存在的。事实上，空或者无作为一种哲学修辞并不是我们传统认识论意义上的不存在，冯治库曾结合中西方的包括老子、庄子、柏拉图、康德、黑格尔等思想家的观点和立场，把"无"分为纯无、否定性的无（有的无）和主体不性的无①，其中的纯无即"零"，它与纯有同时存在，只是名不同。黑格尔就曾在《逻辑学》中指出，"纯有和纯无是同一的"，② 二者都是人的认识的开端。

歌德1787年提出的"原初植物"概念中蕴含了"零"即原初性的观点，即事物的原初状态抽象地存在于自然界中，具有真实性和必然性，其他的都是它的影子。只有认识原初植物的原初形式，才能发现真正的自然。植物的本质是叶子，植物的各器官都是通过叶子的生长发育出来的，也通过叶子产生联系。歌德的植物认识论，是以自然哲学来解释自然科学。想象力和理智是其研究工具。这里，歌德的"原现象"，即无法还原到纯粹感性特征或者纯粹理智意义上去加以理解的现象。

零符号作为一种"无存在"的符号，在古希腊巴门尼德的存在论里早有定论，即任何事物的存在只是在形态之间的转换，不可能是不存在的。某物存在，指的是某物的一种"有"存在；若某物不存在，并不是指某物是空的，而是某物的"无"存在。老子《道德经》第四十章也有类似表述，"天下万物生于有，有生于无"。这是一个较为鲜明的关于"无"的反式论。在"道"之前，老子从"有"和"无"进行反向推理，然后再从道到万物进行正向生成，其中"无"是万物的本源。若将巴门尼德和老子的存在论进行对比可以发现，巴门尼德的"无"是针对"有"而出现的一个属性，描写存在的形态，二者是

---

① 冯治库：《无之基本问题——中西哲学对无的辨析》，人民出版社2013年版，第189页。
② ［德］黑格尔：《逻辑学》，梁志学译，人民出版社2002年版，第70页。

共存的；老子的"无"与"有"都是一种存在类型，只不过"无"作为存在先于"有"，二者是母与子的关系。相比而言，老子的"无"是在哲学认识论意义上的一种关于"零"的修辞论，也是零符号存在的重要哲学理据，即零符号作为符号的一种形态，是存在的，但不是虚无的或者空的。我们谈论无，是针对有，谈论"零"，则是对于生成来说。

从认识论看，零符号是人们认识事物的起点，"零"具有向"一"延展的潜势。例如数学上通常的计数方法是，0，1，2，3，…；计算机编程有关于0、1进制的设定，把"零"设为一个程序起点。再例如《金刚经》中"法身非相分第二十六"，须菩提聆听佛言后说，"世尊，如我解佛所说义，不应以三十二相观如来"。世尊补充偈言道，"若以色见我，以音声求我，是人行邪道，不能见如来"。这里所谈论的如来（佛）即零符号，三十二相则是俗世中的众生之相，人若依自身所在的相位去理解佛的存在只能是幻相。佛学上常讲的"空"不是存在论上的空，而是哲学认识论意义上的本性存在，是对存在的静态描述，任何对"色相"的追求都是远离本性（佛性）向众生相生成的幻象。同理，老子的"道生一，一生二，二生三，三生万物"中，"道"即一种大写的"零"，包容万物的大圆，是一种认识论意义上的起点，先于一。尽管老子这里讲述的一、二、三并不是具体的数字，但其认识论上仍然是默许了认识顺序中"零"的在先性，以及"万物"作为众生的被生成的必然。再者，老子的"道可道，非常道"。这里的"道"不可言说，指的是符号与客体的同一性存在，是不可概念化的、不可命名的，但"道"必然不是西方哲学认识论上的"无"，任何解释的开端也根本不可能是虚无或空；"道"只能是一种零符号论，因为"零"才具有生成作用。

再者，如果符号的原初性是零性的，那么，符号与语言之间、与存在之间的关系如何呢？"语言是存在之家"，海德格尔这里把语言放置于存在之前，但是存在自身已然是一个形而上的话题，语言又是以什么样的形态存在？一旦说语言是一种存在，是否就会被囿于海德格尔的存在与存在者之争呢？老子的"道生一，一生二，二生三，三生万物"，以及佛教中的拒绝"相论"而倾向于"空论"，那么，语言的存在形式是不是如这些"道""空"呢？显然不是。语言作为认识世界和存在的工具，它只依附于人这个语言主体，其存在形式只能是语言的情感化。

浪漫主义认为，语言是人的情感的表达，任何存在也因此必然是情感化的存在，情感相比其他一切事物显得更具有本体性，成了人与世界之间关系的重要介体。换言之，人与语言与存在的位置关系，如下所示：

人—空—语言—存在

这种语言认识论借助于浪漫主义的审美本体论和想象逻辑，同时又没有放弃语言的自然逻辑和推理，促成了后浪漫主义时期反讽和隐喻语言论。但是，无论是正相位的人—语言—存在，还是反相位的存在—人—语言，语言的存在自身都被质疑了，或者说被符号化了。

语言符号化，在现代语言认识论中并不是贬义的或者不被接受的，而是自索绪尔开启了现代语言学的认识论以来的主流思想。索绪尔把语言分为能指与所指，以二元对立的认识论生硬地劈开了原本自在的语言存在，无论是结构主义语言学，还是反驳其认识论立场的解构主义语言认识论，它们都把能指与所指作为研究对象，有意忽略或者刻意漠视了从能指到所指这个过程中的任意性，也因此遮蔽了语言符号化的认识弊端。语言作为符号、话语和文本，其存在形式是否依然是语言自身的存在，没有受到来自其他因素所造成的符号污染呢？这是后浪漫主义语言认识论中的一个重要困境。

二 语言符号的负性

语言符号的属性之一是"负性",这个概念源自索绪尔的《普通语言学手稿》,它指的是语词之间没有绝对的肯定性的差异,也就是说,符号之于符号之间的差异是以类似"否定"的方式存在着,符号A,只能以"A不是B"或者"A不是C"之类的方式来解释。索绪尔认为,"无论哪里都摆脱不了这根本的而且永远的两个词项的差异,差异永远都是以相反的方式存在,而不是取决于一个词项的特性"。[①]索绪尔所说的语言差异的"相反"论是单向度的,即符号A的负性存在不是"-A",而是"-B"。这里说的"负"是相对于"正"而言,表现为一种"不足"或者"欠缺",需要用替代或者补充的方法使之恢复"正"的状态;但"负"不能解释为"否定",因为否定的对立面是肯定,二者是截然相反的对立、冲突关系。换言之,语言符号自身的零性决定了其意义的空无,唯有放置于一个体系内,借助于不同语词的负性差异来获得意义,这就为言意的关系论增加了修辞化的空间,即我们无法说"A"是什么,那就以"-B""-C"等之类的修辞错位的形式来描写。尽管索绪尔的表述中没有直接陈述出符号这个属性的事实,但是,在他关于能指与所指的论述中,所指与现实世界之间的关系依然显示出了他对符号修辞化的关注。或者说,索绪尔为了语言符号论体系的纯粹,有意地回避了符号的修辞化可能会造成"言"之于"意"的非对应性,只保留了"负性"作为语言符号的意义生成的基础这个静态化的立场。

从反相位看,负性的存在正是符号修辞化存在的起点,或者说,从语言符号的认识论看,从零符号向语言符号的生成过程中,修辞化是此符号之于彼符号的负性差异的拓展过程。零符号的本性存在是不可见、不可言说的,那么,任何关于零符号的正相位论证也都是不可

[①] [瑞]索绪尔:《普通语言学手稿》,于秀英译,南京大学出版社2011年版,第54页。

能的，因为我们不可能把推理起点设定在一个零位上，去判断未来的某一个可能性的生成状态，而只能是从已经生成的符号状态进行反式推理，从"符号+"的结构中去发掘出其零性存在状态。或者说，语言只有在交流使用之中才会符号化，恰如海德格尔在《存在与时间》中谈论关于如何寻找存在时这样写道，"存在总是实体的存在"，[①] 因此只能从先以展开的实体（存在者）之中发现存在。语言符号同样如此，唯有在符号的修辞化过程中才可以发现语言的修辞性存在。

人是符号的动物，因为人需要符号作为交流媒介，那么，用以完成符号的意义交流的平台就是修辞场。符号自身即意义，这是一种乐观主义认识论，修辞场内只有符号存在，不需要其他关系项的介入。符号自身没有意义，只是一个载体，需要借助社会归约来完成意义的装载，这是现代语言符号学的通识，但是，我们也可以发现，这其实是符号论的悲观主义论调，此时的修辞场内充满了各种用以实现符号的意义过程的关系项。这两种认识论立场都涉及符号认识的标准问题，即我们认识符号的意义是什么，是为了认识符号的本质和意义，还是认识事物的本质和意义呢？这样，零符号的认识论问题就不得不归为哲学认识论上的名与实的问题，即符号及其构成的修辞场的意义生成问题。

一般来说，符号与客体之间的关系可以分为三种：（1）一对一的关系，是名即实的关系，名即意义；（2）一个客体与多个符号之间的关系，是现象学存在中的认识论；（3）一个符号对多个客体，这是符号的概念化的科学功能。文本内的符号多属于第二种情况，即一个客体如何被修辞化为多个符号的问题。

客体——→符号化^1——对象^1
客体——→符号化^2——对象^2
客体——→符号化^3——对象^3
……

[①] Martin Heidegger, *Being and Time*, trans. Joan Stambaugh, New York: State University of New York Press, 1996, p. 7.

这里的客体需要经过不同的符号化的过程才能化用为对象，因此它的认识过程是认知性的，这是根据人的认知程度来决定的。语词是符号，而符号需要阐释，所有符号的功能显然不是陈述，只能是述行的，符号化后的客体作为符号，其"符号+"的表意结构是靠各种转义手段来实现的，对符号的阐释只能是取其各种语词符号的表意结构的交叉来暂时指涉意义。

对于零符号来说，各种义素的出现也是由于解释的需要才出现的，其运作机制仍然类似于一种"场化效应"，零符号是各种符号意义生成的原发动力，促动了整个场内各种义素之间的相互作用，但零符号的修辞场不是符号论中的根本性问题，而是构成性的元素问题。零符号有向"符号+"运作的潜势，这也就导致了通常意义上的符号认识都是从语法或者修辞的认识模式进入符号的意义讨论之中。

然而，一个无法回避的问题是，人作为主体的认识依赖于自身的知识构成，再者，客体的显现也不是事实性的存在，而是隐喻性的幻象，因此，人对符号的认识都是或然性的，所形成的知识也只是或然性的，这就必然导致在符号的意义论中，在语法化认识模式和修辞化认识模式之间，我们的解释缺少了一个批判逻辑。符号的语法意义来自我们对于符号的本质、符号之间的关系等，或者，符号的修辞意义来自从一个主体到另一个主体的意义传递过程中，符号设定的规则或条件，这两种意义论都有一个认识逻辑的后天设定问题，即符号所拥有的可以生成政治的、伦理的、宗教的、文化的意义的可能，都来自语词的社会规约性。或者说，各种符号理论的提出并不都是基于符号自身属性的存在，而是根据解释者交流的逻辑需要，这显然是目的论逻辑（teleological logic）的强势介入。

三 语言符号的转义性

语言符号的前存在是零性的，语言符号的意义生成过程是它的负性差异存在的修辞化，那么，从符号到"符号+"的增值过程，语言符号实现意义生成的机制是什么？答案是"转义"。

在《隐喻认识论》一文中，德·曼通过分析洛克、孔狄亚克和康德的语言论，从理论上为语言的转义性定位。根据洛克，语言作为一种介体可以看作是"渠道"，它所产生的隐喻力量经常会产生一种"迷雾"来欺骗我们的理解，甚至于可以"破坏"我们对事物自身的知识源泉的把握，因此，德·曼认为洛克的语言论实际上就是"转义理论"[1]。对于孔狄亚克来说，现实并不指的就是事物，而是人的意识的产物。人凭借意义来感知事物，或者说，语言与现实之间是"概念的抽象化"关系[2]，这种以部分代替整体的修辞化，反映的正是语言转义的生成过程。康德关于拟形说的分析，以"类比相似"来推理两个属性不同的事物[3]，如以三角形来再现抽象观念，将国家的部分和整体来比喻为有机体的关系，同样都属于转义认识论的范畴。

德·曼在《阅读的寓言》中，结合里尔克的哀歌系列诗和《图像集》，从文本实践上来证实语言转义的必然性。德·曼认为，里尔克的诗歌表层主题解读很有魅力，在关注人作为自我与语言的关系的时候，它借助一种表现性行为来实现"意识和意识对象之间的综合、统一"，然而，当整首诗歌发生比喻的转化之后，主体就被"荒谬的颠倒"引入了客体和物体之中，模糊了形象，被描述的物体的结构成了"语言的比喻的潜在结构"，因而导致了意义的解构[4]。同样，在分析普鲁斯特的小说时，德·曼也指出，小说所刻意描述的画像产生了两种意义：一种是描述的、字面的意义，另一种是语言的"本来的"、原初性的意义。而后者的描绘导向了一个与最初的意义相背离，以致排斥其表现形式的意义。这里，语言的能指与所指之间建造的是一个

---

[1] Paul de Man, *Aesthetic Ideology*, Minneapolis and London: University of Minnesota Press, 1996, p. 36.
[2] Ibid., p. 43.
[3] Ibid., p. 46.
[4] Paul de Man, *Allegories of Reading: Figural Language in Rousseau, Nietzsche, Rilke, and Proust*, New Haven and London: Yale University Press, 1979, pp. 34–38.

断层，字面意义和深层意义之间往往存在巨大的差异。文本语言的两个层面的意义冲突所产生的解构，并不是一种随意性的行为，"它和语言的任何使用方式共存，而且这种使用方式是强制性的，或者如尼采所表述的，是命令的"。①

德·曼强调语言符号的修辞意义，认为任何语言的意义都是转义的、不确定的。我们可以在尼采的思想中找到类似观点。尼采曾直接否认了语言符号本义的存在，"语言就是修辞，皆为转义，本意的语言是不存在的。指称真实的词语和比喻之间几乎没有区别，直截了当的言语和施用修辞手段之间也没有什么界限"。② 即使把这种思想回溯到柏拉图，也可以发现类似的表述。根据柏拉图，每一个存在的事物都可以有五种方式来表述：第一，名称；第二，描述；第三，形象；第四，关于对象的知识；第五，作为只是真实对象的那个真正的实在③。除了第五种方式，前四种符号的表述方式都是不确定的。或者说，它们都不是陈述性的，而是修辞化的。

根据德·曼的理解，语言符号的本义需要借助词源学、语文学对语词的原初语境加以界定后，才能实现语言符号与所指的直接对应，避免意义的曲解或者误读。但是在回到原初意义之前，语言作为中介来实现从符号到现实世界之间的修辞化过程，它就变得不是那么透明了，语言的意义产生过程，及其意义成值条件就会变得比较复杂。

利科（Paul Ricoeur）也从语言符号的结构分析语言符号的多义性，认为语言的多义性在于它与语境之间的不断调解，一旦脱离了语境，其多义性必然会显示出来。或者说，语言在特定语境之中显现某种意义的同时又隐蔽某种意义。而且任何转义后所获得的意义都是本义的派生品，失去了原初语境的限定，也必然导致意义的失真。对于

---

① Paul de Man, *Allegories of Reading: Figural Language in Rousseau, Nietzsche, Rilke, and Proust*, New Haven and London: Yale University Press, 1979, p. 125.
② ［德］弗里德里希·尼采：《古修辞学描述》，屠友祥译，上海人民出版社2001年版，第180页。
③ ［古希腊］柏拉图：《柏拉图全集》第四卷，王晓朝译，人民出版社2003年版，第97—98页。

文学语言来说，审美的语言服务于作者的意识，也可以从某种程度上获得读者意识的认可，然而，语言的原初境遇中的本义会在认识论层面上消解转义后的意义。

利科关于语言符号结构及其意义之间的不确定性，实际上也涉及了符号意义的"不可言说的"困境问题，他把文本语言和日常语言之间的关系看作是一种派生关系，"认识到它根植于日常语言本身的功能中，就能更新全部文本解释的问题"。[①] 可以这样认为，利科实际上是把语言符号的转义特性引入了社会行为分析，即日常语言作为社会行为也是一种文本亟待我们去解释。我们的行为也需要经过语言学分析，才能得到进一步的理解。

语言转义的问题，主要是由于我们无法确定语言符号的原初意义，当我们想要用语言说明一个问题时，就必然超越了语言的原初性进入了特定的时空境遇之中，追求一种后天设定的逻辑语义。即使对于日常语言来说，语言的概念化依然用于消除一切偶然的语义因素的存在，把流动性的语义归为一种必然语义项和义素之间的对接和冲突。在语言的运用语境之中，无法找到纯感知和纯描述话语的批评，任何语言都是观念，文字是物质性在语言符号中的沉淀，也或者可以称之为一种意识形态的功能。柏拉图、黑格尔、胡塞尔采取的也都是同一种认识逻辑。

然而，如尼采在《悲剧的诞生》中所说的，"非逻辑的东西乃是人类存在的不可战胜的必然性，因此而产生许多很好的东西！它顽固地存在于语言、艺术、情绪、宗教里，存在于一切赋予生命以价值的东西里！想把人的天性转变成逻辑性，这种人多么天真啊！天性和逻辑性相互近似的程度也许是有的，但是这里一切都不见了。随着时间的推移，人类重新需要对待事物那种非逻辑的原始天性"。[②] 在尼采看来，一切语言都是转义的结果，不受逻辑和语法的控制，事物和概念

---

① [法] 保罗·利科：《活的隐喻》，汪堂家译，上海译文出版社2004年版，第321页。
② [德] 弗里德里希·尼采：《尼采遗稿选》，虞龙发译，上海译文出版社2005年版，第25页。

之间也不是一一对应的关系，而且这种修辞性是人的一种生命价值体现，是一种非逻辑的存在。

因此可以这样认为，德·曼以转义的方式来否定对语言符号的原初意义追寻的可能性，只把意义归为是语法化抑或修辞化的结果，其思路是从语言符号的属性说起，反思语言的不可定义性的困境，即转义是常在的，而它的原初性意义是无法追回的。

第三节 语言符号的差异性

语言符号的差异论源自索绪尔，即语言符号的意义不在于它的内在价值，而在于它在体系内所处的位置，符号之间的差异关系正是他符号理论努力构建出来的构成性关系。然而，把差异性作为一种主导认识模式来崇拜的却是解构主义认识论，如德里达通过对索绪尔的批判，解构了语言符号作为统一体的可能性，符号的能指与所指之间的不断延异，导致意义的不到场，差异性也因时间性的缺席而应然而生。在这个延异的过程中，每一个符号就表现为与上一个符号的"痕迹"之间的意义连接，即一种符号差异的存在性关系。

芭芭拉·约翰逊就曾指出，差异不是事物之间的某种因子不同或者外在属性不同，而是"事物内部的差异"，"无限地阻止了文本各部分或意义累加起来的可能性，它无限地阻止达到一个总体的、完整整体的可能性"。[1] 弗兰克斯·拉路勒（Francois Laruelle）[2] 也在《差异哲学：非哲学的批判引论》中通过分析尼采、海德格尔、德鲁兹和德里达的差异哲学，认为从人的认识顺序来看，最低级层次的差异是物理上的、可以看得见的客体作为存在，其差异性表现为肉眼可以分别

---

[1] B. Johnson, "The Critical Difference: Balzac's 'Sarrasine' and Barthes's 'S/Z'", in *Untying The Text: A Post-Structuralist Reader*, ed. Young, R. Boston, London and Henley: Routledge and Kegan Paul, 1981, p. 166.

[2] Francois Laruelle, *Philosophies of Difference: A Critical Introduction to Non-Philosophy*, trans. Rocco Gangle. London: Continuum International Publishing Group, 2010, p. 33.

的个体的不同；高于人的经验层次的差异是一种本体论的差异，我们可以理解为：柏拉图的理式论如美的理式、崇高的理式、恶的理式和善的理式，这种差异是类属上的不同，是在我们概念体系的介入下为各种物理存在加以分类，概括出一个抽象的、理论的差异论；最高层次的差异论是一元论，超越于经验论、本体论，它类似于海德格尔的存在、中国老庄哲学中的"道"、佛教中的"法"，差异性表现为事物的内在属性，遵循自然之法。

德·曼赞同解构主义语言论中的差异性观点，也"抵制"任何理论对语言的概念化，特里·伊格尔顿就评价德·曼像福柯和德里达那样，旨在建立的是"一个完全由差异打造的世界"①。不同的是，德·曼从语言符号的差异性出发，辨析文本语言中语言符号在不同方面的差异表现，如符号与意义之间、概念与所指物之间、超验与存在之间在认识论层面上的不一致，由此揭示语言符号及其意义的不可定义性。

一 符号与意义之间的偏离

"符号与意义永远都不会吻合"，德·曼曾这样直接否定了文本阅读过程中意义产生的确定性，并且将差异产生的原因归为语言符号。他认为，"语言的区别性特权就在于能把意义隐藏于一个可以误导的符号中，就像我们在笑脸背后隐藏了愤怒和仇恨"，②"文学语言的修辞特点打开了原型错误的可能性，即符号与所指的反复性混淆"，③ 等等。

德·曼认为，符号所代表的东西是一种内在的基质，就像本雅明的"纯语言"，它隐于语言的表达形式之下，每一种解释都会无意识地对这种"基质"造成认识论差异，因此在《符号学与修辞学》一文中，德·曼把矛头直指这个发源于法国的文学符号学，"一种把符号

---

① [英] 特里·伊格尔顿：《理论之后》，商正译，商务印书馆2009年版，第15页。
② Paul de Man, *Blindness and Insight: Essays in the Rhetoric of Contemporary Criticism*, Minneapolis: University of Minnesota Press, 1983, p. 11.
③ Ibid., p. 136.

当作能指的科学和研究；它并不问词语的意义是什么，而是他们如何表达"。① 文学符号学的研究旨向，尽管是在弥补语言学转向后的文学批评中存在的不足，但无形之中却暴露出了这种努力背后的另一个认识论缺憾——"潜藏在符号与所指之间的语义一致的神话"②。那么，这种致力于融合符号与所指的努力是否实现了呢？

答案是否定的。对此，德·曼借助肯尼斯·伯克提出的"偏离"的概念，说明了语言在表征和识别过程中出现差异的必然性。在《语法的动机》一书中，伯克认为，人们总是期待找到词语来忠实地反映现实。"为了这个目的，他们必须开发出一些词汇，这些词汇是现实的选择。而任何现实的选择，在一些特定的情况下，起到的作用是偏离现实。"③ 我们仍以叶芝的《学童中间》为例来说明，当读者面对一种"被现实选择"的语言时，认知会出现一定的偏离。"O chestnut tree, great rooted blossomer, /Are you the leaf, the blossom or the bole? / O body swayed to music, O brightening glance, /How can we know the dancer from the dance?"

这里所引用的诗句来自这首诗的第八节最后四句，其中"我们怎能分辨舞蹈和舞蹈着的人呢"是最后一句，也是作者抒发自己感情表现最为强烈的一句，因此也常被看作是反诘句，因为只有这样，整首诗读起来才会产生一种主题连贯性的阅读。在叶芝的诗歌里，思考记录了心灵移动的轨迹，以一种象征性行为积聚力量，剔除不纯洁的内容。舞蹈只是一种体现，是与大地和时间的休战。细腻的语言与自我开心和评价的舞者相对应，可感知的形而上学与肉体相对应。舞蹈泯灭了世界，只为这个意象。也正是基于此，原本两个根本不同的成分如符号和意义，在这里就以一种想象性的"在场"紧密地联系起来

---

① Paul de Man, *Allegories of Reading: Figural Language in Rousseau, Nietzsche, Rilke, and Proust*, New Haven and London: Yale University Press, 1979, p. 5.
② Ibid., p. 6.
③ Kenneth Burke, *A Grammar of Motives*, California: University of California Press, 1969, p. 59.

了。从另一个角度看，这就像"不能没有舞者的舞蹈，不能没有所指的符号"①。然而，德·曼选择这一行诗句中的"舞者"这个形象旨在说明：当符号和意义同时都出现在诗人所描写的形象化存在中的时候，似乎我们的阅读会通过语言的修辞化而让二者的区别消除。然而，换一个角度看，符号和意义实质上是非常复杂地纠缠在一起的，如果单从字面意义而不是从比喻意义或修辞化后的意义来理解，整首诗的主体和陈述就会复杂化，进而解构诗句的意义。也就是说，当诗人看到栗树的叶子、花朵和树身在随乐曲舞动时，真的无法"分辨舞蹈和舞蹈着的人"。这样，一个语言的表达形式，就有了两种认知的可能性，而且彼此相互解构。

出现在文学作品中的这种符号与意义之间的认识论差异，在我们的日常语言交流中同样也会遇到这种语言现象，"无法让实际表述与表述的内容相吻合，无法让实际的符号与它所指的相吻合"。② 这是因为，在日常的语言交流中，"并没有占有先在特权的符号超越意义，或者意义超越符号；解释行为对于每一个特定的事件，都将总是再次建立这种关系"。③ 符号与意义之间的关系需要根据不同的语境不断地重新确立，读者也需要据此对符号不断地进行重新解释，这一过程被德·曼比作"西西弗里的任务"（a Sisyphean task）④。例如，德·曼选取了夫妻之间的一个日常对话：当妻子问丈夫："保龄球鞋的鞋带是系在上面还是下面呢？"丈夫回答："这有什么不同吗？"丈夫的回答可以有两种认知方式：从语法意义看，妻子的问题是询问一个答案，希望丈夫告诉她鞋带系上面或下面，丈夫对此却无所谓，所以他的回答的隐在含义是：上面与下面都一样。从修辞意义看，这个回答就是

---

① Paul de Man, *Allegories of Reading: Figural Language in Rousseau, Nietzsche, Rilke, and Proust*, New Haven and London: Yale University Press, 1979, p. 12.
② Paul de Man, *Blindness and Insight: Essays in the Rhetoric of Contemporary Criticism*, Minneapolis: University of Minnesota Press, 1983, p. 11.
③ Ibid.
④ Ibid., p. 12.

反问，妻子不仅没有得到答案，接下来还可能是一场无聊的争吵。德·曼借用这个例子，充分说明了语言符号在表述意义的时候，并不是说我们既有语法意义又有修辞意义，而是我们在面对这两种意义时束手无策，"不能决定是语法的或者其他的语言学手段（完全不相容的）能取得主宰地位"。① 这种意义之间的相互解构，恰如他在《符号学与修辞》一文中所强调的，"并不是我们加入文本的东西，而是它首先构成了文本"。②

关注语法意义和修辞意义产生过程中的差异，从研究方法上看与德里达的解构分析似乎如出一辙。然而，单纯把德·曼对语言形式的分析看作解构，并不能真正理解德·曼的初衷。语言符号本身看起来就是悖论式的，或是内容性的，或是表述性的，但我们不能把符号说成只是内容性的，或者只是表述性的，因为符号是一种两面性的实体，外向朝着表述性的，内向朝着内容性的。作为一种命名，符号代表着某个事物，是对一个整体（unity）的命名，其中包括了内容形式和表述形式，而这两个功能被我们称为符号功能的东西紧紧地连接在一起。因此，德·曼对文学语言和日常语言中语言符号的悖论式理解，是把语言符号看作表述和内容共同构成的一个整体，看作是一个纯粹的形式实体。意义并不是语言形式的一个必然前提，但是语言形式却是意义的必然前提。换言之，语言形式是常量，意义是变量。

从认识论看，语言符号的建立来自一种逻辑，这里的逻辑立足于一种语言事实，而不是物。语言事实是人为的，而物是自然的。索绪尔的符号是命名与对象（概念）的对立，这里的对象只是心理事实，不是物理事实，而且语言符号不是指向世界，而是为了体系，是基于一种语言的差异性。因此由语言而来的意义则是人为的，这样的真理（意义）也只能是一种产物。各种对物的本然存在的描述都只是一种

---

① Paul de Man, *Allegories of Reading*: *Figural Language in Rousseau, Nietzsche, Rilke, and Proust*, New Haven and London: Yale University Press, 1979, p. 10.

② Ibid., p. 17.

语言事实，如老子的"道"、黑格尔的"绝对精神"、萨特的"存在"，都只是一种观念形态。

再者，语言符号的成立前提不是"真"，如农妇、舵手，它们不靠推理，其本义就是陈述意义，有着特定的语域，而一旦被转义，就会发生逻辑上的越界，出现了所谓的时空逻辑等方面的悖论，即可能性的问题。越界的可能在于所指的不确定，在于从客观的概念意义到主观的联想意义，语义发生了逻辑层次上的变化，实现了从可能语境到不可能语境的移用。因此，语言的符号性，是从物理世界进入观念世界的中介性存在，语言符号是以命题为基础，但命题不都是以符号表示，这里面有一定的认识论断裂，而且这种断裂决定了语言符号的悖论性。

可以这样认为，德·曼对语言符号的分析并没有停留在相互的解构上，而是为了展示文本语言对于意义解释的可经验性，即我们可以通过对语言自身的现象进行不同的经验，从语言认识论层面上会显现出不同的意义。这里涉及的是一个认知的问题。在这个过程中，即使是面对同一个符号，语言形式的构成因素也会对人的阅读产生不同的认知刺激，从而导致符号的功能和意义之间出现不同程度的差异。或者说，每一个语言形式的表面逻辑形式，对于不同的主体来说，未必就是真实的逻辑形式。

德·曼处理符号与意义之间的关系的态度，表现为他在语言分析中对待阅读的悖论式观点。一方面，德·曼承认，意义产生的过程是主体和客体互动的结果，一种语言形式会有不同的意义。人的心智可以直接感知理解世界，是人之思和物体的本质。这是现代认识论逻辑的立场，例如尼采的超人和叔本华的意志，采取的都是主体大于客体，心智赋予事物意义的认知方式。但是，另一方面，德·曼又反对这种逻辑，指出心与世界之间的关系中必然会出现断裂。我们对于物的理解，来自对物的名称，而这种名称只是事物的修辞化理解，却不是事物本身，而且语言形式中形成的事物的认知，是修辞化的，偏离了实际物体，因此，这种修辞认知只不过是进行体验得出来的一种意义。那些相信语言中的符号和意义是吻合的，或者至少认为这两者是一种自由的、和谐的平衡形式彼此相关的观点，德·曼称之为"浪漫主义的妄想（romantic delusion）"①。在他看来，这种妄想强调主体和对象之间有合乎逻辑的关系，同时也就决定了认知过程中出现的必然是阅读过程中对语言符号无情地进行主体性介入。因此，他在《抵制理论》一文中称赞巴特的观点，"把语言看作是符号和意指的体系，而不是一个既定的意义模式，不仅移置、或者说甚至悬置了语言在文学的和非文学使用过程中的传统壁垒，还把语料库从世俗的文本经典化的负荷中解放出来了"。② 德·曼这种寻求感官和理性之间的辩证认知的态度，深刻影响了他的语言认识论。

二 概念与所指物之间的移置

对于德·曼来说，文学批评所提供的意义形象是一种"理论化"的形象，理论凝固在意义固定的表征模式里，然而又拥有一种推翻所有表征的欲望。它产生了一种差异，同时也未停止对自我的肯定，借助于不同理论流派的意义交换实现自然的繁殖，这种交换体现了意义在场和缺席的悖论。语言表述的固定表征模式里，概念是一个重要的指标，也是符号建构意义的重要组成部分。

例如，在《论人类不平等的起源》一书中，卢梭认为，"最初每个事物都被赋予一个特定的名称，没有种属差别，那些最初创造语言的人也无法区分这些差别；所有的个体都以自己的样子呈现在他们的头脑中，就像这些人出现在自然的图画中那样"。③ 当我们要言说某一个物体时，例如橡树，我们就会称呼某一棵树为 A，而另外一棵就是

---

① Paul de Man, *Blindness and Insight: Essays in the Rhetoric of Contemporary Criticism*, Minneapolis: University of Minnesota Press, 1983, p. 12.
② Paul de Man, *The Resistance to Theory*, Minneapolis: University of Minneapolis Press, 1986, p. 9.
③ Jean-Jacques Rousseau, *Basic Political Writings of Jean-Jacques Rousseau*, trans. Donald A. Cress, Indianapolis and Cambridge: Hackett Publishing Company, 1987, p. 50.

B。在言说两棵树的时候，我们发现它们的相似处，然后用替代的方法为两者寻找到一个共同的抽象概念。卢梭关于概念的讨论是为了引出"想象力"在认知过程的作用，即只有当人的想象力参与到语言之中，"每个抽象的概念就立刻变成具体的事物了"。[1] 德·曼在《隐喻》一文中，再次引用了卢梭关于事物名称的论述，认为任何一种语言的使用都是概念化的，即以一种言说的话语来替代另一种话语，这种替代发生在两者的相似基础上，但与此同时，这种概念化也掩盖了它们之间的不同点。我们生活的自然世界是一种纯粹的、可以直接接触的世界，所有的个体存在都是独立于人的心智世界的。即使在言说"树"这个概念时，我们用替代的方法寻找到一个共同的抽象概念，但可惜的是，两者的相同点之下所隐藏的不同点就被忽略了。因此，从这个过程看，我们对事物的相同点的感觉并不会促成事物的概念化，而是因为在我们的言说的过程中，才会使得显现的相同点掩盖了差异。

德·曼在《承诺》一文也中指出，卢梭借以构建的主题学范畴术语，构成了整个文本的形象逻辑，但这些主题概念词之下所掩盖的差异，却又同时解构了文本。例如，在分析公众意志和个别意志，自然宗教和自然权力的时候，德·曼认为卢梭遇到了一个很大的问题，就是词语选择方面的问题，"自然的"、"特殊的"或"个人的"这些词语的交替使用，造成了文本内在逻辑的混乱，这是因为"他对自我的复杂性的感觉，使他所描绘的个人远远超过了自然状态的单纯性"[2]。或者说，卢梭所言说的人作为个体的"自我"，并不是单纯的"我的"存在，而是一种与"社会人"相对应的"自然人"，但事实上，这个"自然人"并不是存在状态下的，因为它们并不表示"物质实体"，

---

[1] Jean-Jacques Rousseau, *Basic Political Writings of Jean-Jacques Rousseau*, trans. Donald A. Cress, Indianapolis and Cambridge: Hackett Publishing Company, 1987, p. 160.

[2] Paul de Man, *Allegories of Reading: Figural Language in Rousseau, Nietzsche, Rilke, and Proust*, New Haven and London: Yale University Press, 1979, p. 248.

"不表示存在的单位或模式",而是"关系性的特征、关系综合或分解的方式"①。

可以发现,卢梭首先在话语层面上对"自然""个人"等概念进行了修辞重构,然后又把这种修辞重构思路延伸为整个文本的结构设计。例如,在论述个人和公共的价值观的不同话语中所暗含的不同的、特殊的逻辑形态时,德·曼就进一步指出了卢梭是如何利用概念之间的置换,来实现自己的修辞效果的。在论及社会道德的时候,卢梭这样写道:"我们每一个人都把自己和全部的力量置于公众意志的最高指导下;我们作为一个团体把每一个成员都当作整体中不可分割的一部分";"这种联系的行为才会立刻产生一个道德的、集体的团体,取代每一个契约共同体中的个体的人"②。德·曼认为,这种叙述采用了一个特别的组织原则,把公众共同的协调性原则归化为一个不求同一的原则,"所谓的一个民族的集体化原则即普遍化原则不是在部分与整体之间发挥作用,而是由各个不同的部分互相之间建立的关系"。这个原则的优势在于,差异"不再是在两个实体之间起作用,实体的差异既是多余的(因为它从一开始就是被假定的),又是超验的(因为它最后是被悬置起来);它现在用来揭示差异的作用"③。换言之,同一个个体,可以在各种各样的体系内被加以描述,而由这些所谓的公众性概念如"幸福""国家""民族"等造成的同一性,也就无需考虑这些观点是否协同,因为各个不同的个体的存在变成了一种符号,隶属于不同的体系。

在这个反逻辑的阅读过程中,德·曼对于卢梭主题学范畴的建立过程展开了一种概念解构,但并没有从整个思想高度进行攻击,而是

---

① Paul de Man, *Allegories of Reading: Figural Language in Rousseau, Nietzsche, Rilke, and Proust*, New Haven and London: Yale University Press, 1979, p. 249.
② Jean-Jacques Rousseau, *Discourse on Political Economy and the Social Contract*, trans. Christopher Betts, Oxford: Oxford University Press, 1994, pp. 55-56.
③ Paul de Man, *Allegories of Reading: Figural Language in Rousseau, Nietzsche, Rilke, and Proust*, New Haven and London: Yale University Press, 1979, p. 253.

从构建体系的基本组织原则开始，揭示出总体化创造的同一性的幻觉，即把以某种自然性为基础的公共性，看作是某种契约性。也正是基于这种研究思路，德·曼从各个文本的主题范畴选用的一些诸如"政治""伦理"的判断词切入，对人的社会存在进行虚构，并对事实之间的关系范畴进行辨析。德·曼的目的旨在说明：概念的构建是一种契约性的、人为的命名过程。然而，也需要指出的是，在德·曼对概念化的描述中，蕴含了一个二元对立的体系，如"自然的"和"人为的"、"行为"（感觉）和"言语"、"个体"和"共性"、"具体"和"抽象"。这种辩证对立的稳定性，也出现在德·曼语言的具体运用中。例如，在一个语言符号内，语言的命名功能和概念功能之间就表现得十分明显。命名导向的是对物体的字面的专名，而不是概念化的行为。"命名世界，是让世界的再现与世界自身相一致；命名我自己，就是让我在世界上的再现与我传递给他者的世界的再现相一致。"①

如果结合整个文本来看，德·曼对卢梭文本的专名的解构，并不是语法现象，而是语言哲学问题。如果把他的阅读方法放置于后结构主义认识论立场中来判断，那么，他的出发点也是为了解构，只是不同的是，他的解构重心反映的是语言指称的悬置问题，涉及的是存在与非存在的逻辑关系，也可以说，是现实中语言的逻辑语法和指称物与虚构文本内的语义的非逻辑语法和指称，这两者之间是如何不断相互否定彼此之间的直接联系的。德·曼对卢梭的分析，就是为了证明差异是不可论证的，因为它是一种非存在的存在。

简言之，德·曼借用卢梭的文本来阐述概念的问题，其中的语言分析是为了消除形而上学对语言的滥用，意义的逻辑论证分析，是为了确证意义生成的过程。德·曼论证概念过程中的语言在文本体系内的移置，充分显示了语言实用过程中的虚构性。

---

① Paul de Man, *Allegories of Reading: Figural Language in Rousseau, Nietzsche, Rilke, and Proust*, New Haven and London: Yale University Press, 1979, p. 146.

三 超验与存在之间的距离化

事物与本质之间的关系始终都是形而上学思考的问题，在语言学转向的影响下，语言表述式对于世界、真理的解释成了后哲学思考的问题，其不变的是人、语言和世界之间的关系。传统的认识论靠道德完善来实现从事物到真理的跨越，浪漫主义认识论靠想象力来实现从现实到理想的意识融合，对于后哲学来说，现实与本质和真理之间的距离是无形的，这种距离来自语言论中对逻辑和语法的解构。

德·曼在研究语言的修辞性及其在不同文本内的语言意义的悖论性存在时，认为在语言的表述层面上语法化认识模式和修辞化认识模式之间存在一种相互解构的现象，其根本指向是要解决语言和世界之间的关系。正如德·曼自己认为的，"我感觉我能从纯粹的语言分析，进入到了那些真正的政治和意识形态本质的问题"。① 但是，从方法论上看，德·曼对于语言的构成要素的差异分析，主要表现在语法和修辞之间，而对于阅读过程的语文学分析，显现了"盲视"与"洞见"之间的悖论性存在。这种语言分析，超越了语言模式的传统认识论基础，改变了语言指涉的语言本体论思想，也改变了语言在主体和客体之间的认知逻辑顺序。

这一点与黑格尔在《逻辑学》中关于知识和语言的观点很相近。在此书中，黑格尔指出，科学知识没有前提和预设，没有来自外部的形式或内容的确定性。"开端必须是绝对的，或者说是一个同义的、抽象的开端；因此它或许没有任何预设，也并没有任何考虑，也不需要一个基础；相反，它自身就是整个科学的基础。"② 根据黑格尔的观点，科学根本不需要从任何的主体事实本身开始，也根本没有任何预

---

① Paul de Man, *Blindness and Insight: Essays in the Rhetoric of Contemporary Criticism*, Minneapolis: University of Minnesota Press, 1983, p. 121.

② George William Friedrich Hegel, *The Science of Logic*, trans. Georgedig Iovanni, New York: Cambridge University Press, 2010, p. 70.

先的设定；"逻辑的开端，就是当我们决定开始纯粹的思考、关注不确定性的一个即刻性"。① "在这种不确定的即刻性中，它自身等同于自身，它也和其他的并不是一种不相等的相关性；自身中没有多样性，也没有任何外向性的所指。"② 黑格尔认识论逻辑中自我与他者的识别，始于这种差异，彼此都没有最初的确定性。识别和差异二者同时出现，在过程中相互缠绕。认知逻辑中的共生性引导黑格尔去发掘词语所固有的辩证法本性。在他看来，"一个词语拥有相反意义，这种把相反意义结合起来是思辨的结果，但是对于理解来说却是无意义的"。③ 例如，德语中的"aufheben"（意即"否定"）有两层意义："保持、保存"；"使停止、使结束"。即使对于第一层意义"保存"来说，这个词也包含一个否定的意义，即为了保留某物，需要从它的即刻性处隔离开，与外在的因素隔离开，因此，否定也就有一个思辨的含义在里面④。

对比德·曼在《浪漫主义修辞》中的一段论述："花朵是如何产生的？它们从土壤中而来，没有任何的摹仿或类比。它们除了自身，没有任何模式可以参考，……它们的起源是由它们自己的存在决定的。它们的生成无时不刻与他们的生成模式相吻合。"⑤ 随后他又进一步阐述，"我们只能依照差异来理解缘起（origin）：缘起的出现是因为有一个到某处或去成为其他物体的需要，而不是现在这个样子"。⑥ 在这段论述里，对德·曼来说，任何事物的生成都是一种自我的生成，不受任何外在的影响，而且这种生成必然包含了一种彼此之间的差异性的识别，以及关于自我与他者之间的逻辑关系。也基于此，在他关于语言的语法认知和修辞认知的论证中，二者是相互缠绕的，内在于文本，

---

① George William Friedrich Hegel, *The Science of Logic*, trans. Georgedig Iovanni, New York: Cambridge University Press, 2010, p. 70.
② Ibid., p. 82.
③ Ibid., p. 12.
④ Ibid., pp. 81–82.
⑤ Paul de Man, *The Rhetoric of Romanticism*, New York: Columbia University Press, 1984, p. 4.
⑥ Ibid.

相互解构，这是语言自身的构成中所固有的一种辩证性。再者，从语言批判的目的来看，德·曼对语言构成因素的差异的讨论，始于概念的分析，发展于概念在实际话语中的运用，但论证的最后并没有一个确定性的结果。或许这其中是因为德·曼自己也对语言的运用持有不确定的态度。

同样，柏拉图在《克拉底鲁》中也有类似的语言讨论。当克拉底鲁提出，最好能从学习真理开始的时候，苏格拉底反驳道："如何学习和发现事物，或许对你我来说都是一个庞大的内容。但是我们都应该很满意地承认，最好调查事物并通过它们研究它们，远比通过它们的名字要好得多。"① 柏拉图在这句话里所要表述的是，他的目的是要把握实在，但对于语言并不信任。这一点还可以参考对比《克拉底鲁》中关于名称的指称问题，《智者篇》中关于陈述和判断的意义问题，《欧绪弗洛篇》中关于语言的滥用问题。柏拉图所要提醒的是，对于语言的用法要保持谨慎态度。

很显然，柏拉图与德·曼二者在展开语言批判的时候，都是通过语言研究实在，但对语言却不信任。他们都批判语言的实际用法，而不是语言的表述功能。然而，无论是柏拉图还是德·曼，都需要借助语言来研究整个世界。柏拉图从现实世界走向了理念世界，把对事物的识别权力让给了一个超验的所指，但是德·曼却把识别的平台让给了"有限性"，即在他的差异论背后是对一元论的排斥，他所论证的差异不是为了解构，而是为了呈现语言符号在认识论方面显现出来的差异性。德·曼对待语言现象所采用的胡塞尔式直观法，让我们意识到语言的"象"所具有的有限性，而且这还是一个充满不确定性的"象"。

需要说明的是，德·曼的语言现象认识论所关注的差异并不是一种辩证法，而是表示一种解释，它既不是从超验的角度显现不同存在者的个体差异，也不是不同存在者的本体论差异，而是把存在和人紧

---

① Plato, *Plato Complete Works*, John M. Cooper ed., Indiannpolis/Cambridge: Hackett Publishing Company, 1997, p. 154.

紧纽扣在一起，把实在和超验联系在一起。这里的"实在"是以存在者的身份出现的，而"超验"只是一个神秘的存在。换言之，德·曼把语言现象作为一个存在者进行思考，先归于对它的描述，再把描述归为一种隐喻性，然后再把它辩证性的意义的一面显现出来。从这个辩证关系看，德·曼所发现的存在于人的认知中的差异，是一种被遮蔽的存在。这一点显然受到了海德格尔的存在论的影响。他们都强调语言内部结构促成了隐喻的形成，使之具有自我指涉性。海德格尔的存在论差异，实际上指的就是存在与存在者之间的差异：存在不是存在者，或者存在就是存在。在这个论述中，暗含了另一重意义：存在在显性层面表现为存在者的存在，但与此同时这个显性的存在暗含了一个"隐"，即存在隐入存在者中得以使自身存在。也就是说，差异就是存在本身，存在本身就包含差异。这是一种显-隐共存的存在模式。

与海德格尔相对比，德·曼明显从现象学中汲取了自己所需要的理论支点，"现象"在海德格尔那里是存在的现象，在德·曼这里是语言的现象，他们都通过分析显性的语言现象来发现隐性的语言存在，进而使之解蔽让意义显现。其实，海德格尔在后期思想中也把语言纳入自己的存在论探讨中，认为传统的语言学研究总是把语言看作是一个既定的存在者，总是从逻辑中寻找语法，这样语言就以一定的形式来表现为词语的总和，像物体一样以一定的存在形式表现出来了，因此他警醒世人，要从形而上学的思维模式下把语法从逻辑的魔咒之中解放出来。然而，在德·曼这里，语言现象只是对存在者的此在的分析，他巧妙地避开了超验的存在，用符号学的术语来说，德·曼只探讨能指的各种显现形式，而绕开了所指的确定性，对存在者作为客观事物和存在作为超验意义进行距离化处理，以语言现象驱散了所指妄想（referential delusion），悬置了所指功能。

简言之，从差异论审视德·曼的文本解释，可以发现他并不是一个如德里达一样的解构主义者，而是一个从文本语言入手，思考人的认知过程的辩证主义者。他在符号与意义，概念与所指物之间论证的认知差异，深刻反映了现代认知科学对他的影响；而他在超验与存在之间的思考，也反映了他对当前语言研究的严肃性态度，即任何对事物存在的研究，首先要科学、客观、辩证地审视每一个存在者，发现显-隐悖论性共存的特点，避免在使用过程中，为了取得一个确定的意义，而把意义强行指称化的窘境。

德·曼把关于事物的质的差异讨论转化为了关于语词差异的讨论，或者说，德·曼从关于逻辑范式的讨论转到了现象学范式的讨论。德·曼所做的研究是指向语言的概念分析，而不是指向事物的质的研究，也可以这样认为，德·曼的哲学考察是语法化的，面对的不是语言现象，而是现象的陈述方式，即现象的可能性。他也不是要在语法和修辞之间的关系中故弄玄虚，无法根据我们的阅读得出一个正确的结论，而是充分利用语言符号的特点，通过寻找一种适当的逻辑来讨论我们已经知道的事情。德·曼关心的是语言言说的可能性和界限，我们一旦把他的设问象转换为人的存在处境，他的目的论立刻就会显现得十分清楚。

第四章

文本寓言的认识论

文本的认识论定位是一个仁者见仁、智者见智的问题，从历时角度看，传统的认识论意义上的文本被看作是语法化、逻辑化的产物，其中的语言运作都是为了呈现文本意义，所以文本并不是主要的研究对象；但是，到了后结构主义时期，文本不再是一个静态的语言客体，它变成了一个充满冲突的言语域，变成了语言的构造物，语言的"本体论"研究占据了主导地位。恰如董希文认为的，文本理论形态的变化来自语言观念的变化，呈现一种由"工具形式论—语言本体论—话语间性论形态"的延续变化[①]。

然而，把文本的问题归于语言观的问题，并不能彻底解决文本的认识论问题，而是把问题以一种类比的方式暂存下来了。以利科对文本的定义为例，文本指的是"任何由书写所固定下来的话语"[②]，从话语的表现形式看，文本是文字符号系统，是可感知的物性存在，但是文本作为思想的载体，又不是纯粹的物性的存在，所以利科所说的"话语"不是语义学意义上的文本，而是一种广义的认识论意义上的文本。

无论是亚里士多德关于文本的结构化的窄式定义，还是后结构主

---

① 董希文：《语言观念演进与文本理论形态的嬗变》，《山东社会科学》2016年第1期。
② ［法］保罗·利科尔：《解释学与人文科学》，陶运华、袁耀东译，河北人民出版社1987年版，第118页。

义关于文本即"意指实践"的宽式定义①,文本都不仅仅是对世界的临摹式说明,也不仅仅是对世界的理性认识,而是一种真真切切的"解释"。德·曼就秉承了文本认识论的"解释"立场,把文本结构看作是一种寓言化表述,而且他的《阅读的寓言》一书在出版之前的名字是《文本寓言》,这部书的后半部分集中讨论了卢梭的文本问题,如《隐喻理论》《自我的隐喻》《伦理寓言》《宗教寓言》《政治寓言》《文本寓言》。德·曼采用持续论辩的方式探讨卢梭文本中所涉及的认识论和解释问题,旨在从文本层面上反思语言的特性,即文本结构和文本话语作为修辞性表述与卢梭所要传达的认识内容大相径庭,因此常常无法实现其创作初衷。

第一节 文本结构的修辞化

文本结构是一个意义结构体,是各种因素相互配合产生的。传统的观点认为文本的结构是语法化的,是一种关系体。这是结构主义语言学对文学文本的看法,也是学界普遍认同的观点,无论是横向的组合还是纵向的聚合,文本的结构都是客观的。然而,不同于传统的文本认识论,现代和后现代视角下的文本是动态的,伊瑟尔就把文本看作是一个"召唤结构",其中所蕴含了"人类感知活动的基本原则"②,但是,文本内的现实只是文本外现实的一种讲述形式,或者说能指与所指之间的关系不是一一对应的,而是有一定的间隔的。

同样,德·曼也反对结构主义文本观,倡导文本结构的寓言化,认为结构主义认识论寻求一种客观性,把各种表意行为如文学和文化都看作是先验结构作用下的不同变体。例如,德·曼曾反对列维-斯

---

① [法]罗兰·巴特:《罗兰·巴尔特自述》,怀宇译,中国人民大学出版社2010年版,第129—130页。
② [德]沃尔夫冈·伊瑟尔:《阅读活动——审美反应理论》,金元浦、周宁译,中国社会科学出版社1991年版,第48页。

特劳斯的结构主义人类学研究,因为后者把人类学看作是一种"没有作者的神话"①。其实对于列维-斯特劳斯自己来说,他也承认了自己的观点中存在一个悖论性的事实,一方面,结构主义认识论可以扩大我们对人和世界的认识,但是另一方面,结构主义更多关注的是"抽象观念",而且结构主义语言学越来越走向另一个极端,把"自然科学"和"人类、社会科学"分开了②。因此,德·曼提出,文本意义的研究,至少不应该忽略其寓言化的一面,"文本的令人敬畏的功效是由于它是修辞模式的一种"。③

一 动态性

德·曼对文本结构的定义始于他对文本意义的讨论。他在谈论文本意义时曾提出,"从修辞视角看,这个结构值得注意的地方是,同一个单一的实体(一块特定的土地)可以被看作是两个完全不同的文本的所指物,一是基于一个前后连贯的概念体系产生的本身的意义,二是基于一个不可比较的关系体系的彻底断裂和疏离,而且不容许有任何判断行为,进而没有任何稳定意义和地位"。④ 简单地说,第一个文本是语法意义,它独立于指涉意义,只产生自身的合适的意义;第二个是修辞意义,它颠覆了文本赖以存在的语法意义,只有这种能从双重视角进行阅读的实体才是"文本"。

对于文本内的语法意义和修辞意义,传统认识论认为意义始终由语法来控制,语法不仅控制语词之间的关系,还控制语句之间直至整个语篇的意义,即使文本内有一定的修辞义,也会被认为是对语法意义的刻意偏离,是整个文本意义的独到之处。很显然,与传统意义上

---

① Paul de Man, *Blindness and Insight*: *Essays in the Rhetoric of Contemporary Criticism*: *Essays in the Rhetoric of Contemporary Criticism*, Minneapolis: University of Minnesota Press, 1983, p. 11.
② Claude Levi-Strauss, *Structural Anthropology*, trans. Claire Jacobson and Brooke Grundfest Schepf, New York: Basic Books, 1963, p. 69.
③ Paul de Man, *Allegories of Reading*: *Figural Language in Rousseau*, *Nietzsche*, *Rilke*, *and Proust*, New Haven and London: Yale University Press, 1979, p. 277.
④ Ibid., p. 264.

的文本定义相比，德·曼把文本视为一个悖论性的实体，可以从语法和修辞两个相互对立的意指体系来阅读，这就使得文本在认识论上产生了一种强制共现的认知特点。语法意义产生于一个语法体系，当这个非指涉的指称体系在产生文本的同时，却无法控制修辞意义，甚至经常被后者颠覆。与此同时，任何阅读中潜在的认知取向又不断把意义指涉引向文本外的所指物，并将其意义潜式同时移植到了所指物上，从而造成了"语法与指涉意义之间的偏离（divergence）"①。正如德·曼惋惜的，"对文本的'界定'也说明了它存在的不可能性"。②

在《阅读的寓言》中，德·曼对卢梭和尼采的文本分析都涉及了文本结构的问题。例如在讨论卢梭文本中的寓言问题时，德·曼指出，文本寓言化这个模式并不是卢梭所能控制的，它是文本语言运作的一种语言事实。其他文本也是如此，只是很多人没有意识到，文本的寓言化过程会在某种程度上让读者误读了文本，这种错误不在于读者，而是因为"语言自身将认知与行为分离开"，从某种程度上说，这种误读是必然的，"语言只是必要性地传达关于自己的真理的承诺。这也是为什么在这个修辞复杂性的层次上，文本的寓言生成历史"。③

德·曼在论及尼采的《发生与系统》一文中也提出类似的观点，认为尼采的《悲剧的诞生》的文本结构如此简洁，它通过日神/酒神的二元对立来结构文本，"以致于它们似乎是由一个单一的叙述单元构成的"，④ 但是事实上，这个结构只是一种"辩证法的伪极性"（psuedo-polarity）⑤。尼采的《悲剧的诞生》，是以日神阿波罗和酒神狄奥尼索斯来象征古希腊艺术的起源和发生，其本义是为了说明人生的意义，但尼采却对关于艺术的分析不置可否，整个文本也看似很少依

---

① Paul de Man, *Allegories of Reading: Figural Language in Rousseau, Nietzsche, Rilke, and Proust*, New Haven and London: Yale University Press, 1979, p. 270.
② Ibid.
③ Ibid., p. 277.
④ Ibid., p. 79.
⑤ Ibid., p. 83.

赖于历时的叙述，而主要由日神和酒神来控制，前者是真理的隐喻性表述，后者是对事物的洞察，以否定的道路展开。在语言层面上表现出来的是，日神的语言是"再现的、图示化的语言"，而酒神的语言是"音乐的、非再现性的语言"①。在这部书里，尼采没有用历史时期的划分来探讨发生模式，可能因为在他看来，这是一种形而上的错误的理论前提，但是也或许正是基于这种考虑，《悲剧的诞生》的文本结构的安排，才表现为一种"由缺乏主题比重的纯形式上的对称构成"②，陷入了诸如语言和音乐、字面词和隐喻词、描写性的叙述和时间性的叙述等伪极性的辩证结构之中。恰如德·曼评价的，"《悲剧的诞生》中外在叙述的转换经常包括的只是形式上的对称，缺乏主题性的比重"，因此，整个文本就变成了一个"没有什么联系的碎片的拼凑物"③。

同样，在《浪漫主义修辞》中，德·曼分析雪莱《生命的凯旋》一诗的结构时也指出这首诗中的结构问题。雪莱在这首诗里主要描述的是生命对世俗生活的一种逃离。温暖的太阳可以驱散"昏暗"，但也会打乱正在做着白日梦的诗人。从第41行开始，诗歌对世俗"生命"展开描写，直到第300行，诗歌才开始描写了卢梭从梦中醒来发现了溪水流过的山谷，这象征着生命的苏醒。对于德·曼来说，雪莱在诗歌里安排了一个隐性结构，最初的顺序（sequence）包括一个梦或者视野，然后又向另一个梦或者视野打开，进而揭示了更深层次的东西。在每一次的转换过程之中，我们遇到的顺序只是为了解释之前的那个顺序，但每一次的解释又被推迟到下一个问题，以至于读者会怀疑这个解释是否可能。因此，这是一个否定式的推断，在这个模式中，主题不断地被不同的视野相互移置（displacement），来描写我们对根本性

---

① Paul de Man, *Allegories of Reading: Figural Language in Rousseau, Nietzsche, Rilke, and Proust*, New Haven and London: Yale University Press, 1979, p. 92.

② Ibid., p. 84.

③ Ibid., pp. 84–85.

东西的追求，与此同时，它也展示了我们所不能言明的事物，即我们无法明确其中所包括的东西。换言之，我们知觉到的根本性若是否定的，那么最好的能展示出来的就是否定性的东西。具体说，我们只能以抽象的形式来展示否定，因为毕竟否定抵制具体，所以抽象地展示否定性就构成了理论。这样看，"生命的凯旋"就变成了理论的胜利。对于雪莱来说，理论建基于能抽象地思考的能力，能理解不能具体的能力。

德·曼把文本的结构归于理论预设或者作者的无意识建构，显然把它们都归为一种修辞化的表述，或者说这是一种对文本语言运作所采取的形式化思维推论下的结果。恰如他在《文学史与文学的现代性》一文中发表的类似观点，"文学文本（文学职业）仿佛在一个时期背离其中心，然后在特定时刻又反加于自身，回归到他真正的原始点。各点之间这些想象出来的运动，与地图上的地域或者种属史上的变化不同，不能确定其他位置和世界，也不能标志出来"。[1] 文学的运动好像一个实体，不断通过背离或者回归来完成自身存在的变化，很显然，这不是按照时间来的，而只是一个隐喻，实际上是以共时性的方式发生的并列内部，又创造出一个新的序列。这种形式化思维为原本没有时间性排列创造了一个历时性的序列结构。

德·曼对小说、诗歌、戏剧、自传、政治、美学等多个类型文本的阅读，始终都围绕着如何来定义文本语言的某些修辞特点（语言运作特点）展开。它们是否结构了文本或者解构了原义，这是一个非常严肃而且重大的文本认识论问题，毕竟对于与德里达具有同等重要地位的这位耶鲁学派领军人来说，德·曼应该多少了解德里达所提出的文本类型之间相互的"参与从来不等于归属"这个观点[2]，文本从来都不是一种单纯的结构，任何文本行为问题也都不能简单地结构化，

---

[1] Paul de Man, *Blindness and Insight: Essays in the Rhetoric of Contemporary Criticism: Essays in the Rhetoric of Contemporary Criticism*, Minneapolis: University of Minnesota Press, 1983, p. 163.

[2] Jacques Derrida, "The Law of Genre", in David Duff ed., *Modern Genre Theory*, London: Longman, 2000, p. 230.

更不能形而上学地来定位。

可以这样认为,文本结构不是形式化的产物,而是一种语言学产品,它更不是作者个体的欲望书写,而只能是语言在物质性的过程中构建出来的。从这个角度看,德·曼的文本结构观远不同于从柏拉图以来的文本结构认识论,因为对于后者来说,一切形而下的客观事物以及对这些事物的模仿都只是对逻格斯的单纯模仿,它们都只是走向逻格斯的不同进阶阶段的表现。换言之,自柏拉图以来的各种文本认识论都是语法化的模式,有意识地忽略乃至否定了文本内的非连续性,以及由于语言的隐喻化造成的认识论断裂和文本的虚构。

二 概念隐喻

任何概念的形成都是语言化的过程,它脱离不了语言的描述体系,或者说,文本作为一个语言描述体系是概念生成的基础,文本内语言固有的物质性,如政治、文化等领域相互产生联系的构成的语义领域,是概念得以生成的重要言语域。简言之,社会中不同的政治、经济、文化等范畴借助概念化实现了与语言的对接,经过语言符号的转换完成了意义的传递。这也印证了阿尔都塞所认为的,意识形态是现实生活关系的想象性表达。

一个值得反思的问题是,一旦指涉模式确定,语言的意义就成了一个可以证伪的问题。但是,德·曼却认为,"只有当它的指涉性的后果忽略不计时,语法化的逻辑才会起作用",[1] 这就是传统文本认识论意义上的文本内外联结的可能性。本尼特(Tony Bennett)也曾指出,语言为现实所构建出来的是一种"概念机体",它是"反映现实而非意指现实的幻觉"[2]。或者可以这样认为,对于德·曼和本尼特来

---

[1] Paul de Man, *Allegories of Reading: Figural Language in Rousseau, Nietzsche, Rilke, and Proust*, New Haven and London: Yale University Press, 1979, p. 269.

[2] [英]托尼·本尼特:《形式主义和马克思主义》,曾军等译,河南大学出版社2011年版,第5页。

说，文本内的概念作为非意指的语言表意关系，它对文本中的历史或现实的描写并非认识论意义上的真假，而只是一种语言行为，它是依据各种符号关系对这个主体和客体并存的世界再塑造，也如怀特所说的，它是一种"隐喻陈述"①。

德·曼在《阅读的寓言》中用了《隐喻》《自我》《寓言》《承诺》《辩解》五篇论文持续论辩了卢梭的《第二论文》《皮格马利翁》《社会契约论》《忏悔录》等文本，他的目的是为了证明，任何文本的语言都应该看作是一种概念化的过程，所有文本的意义系统都在营造一个概念隐喻来压制差异，它们的存在价值是实现概念体系的完整性，满足文本结构的自身要求，但是，概念自身的隐喻性却会解构这个体系，唯有通过剖析文本内不同的概念形成的意义系统来发掘出它们之间的关系，才能发掘出这些概念在实际话语的运用过程中是如何压制差异的，以及这些差异背后的修辞认知问题。

在分析《社会契约论》时，德·曼认为，卢梭在论证的过程中采用了诸多语义领域的词语融合在一起，如普遍意志、个体意志，自然的宗教、自然的法律，它们都是基于各自不同的意义系统打造出来的不同术语。例如，"幸福"作为一个用来定义公民个体的概念，卢梭首先否定个人幸福向国家繁荣过渡的可能性，造成一种不可逆的语义关系，"……公民不是通过情感获得幸福，其结果是，一个人也不能根据他们的幸福来判定国家的繁荣"，② 其次，卢梭从国家的认识论角度，放弃了个人幸福的独自生成的可能性，把公民的幸福需要与国家的政治经济发展联系起来，"最幸福的国家是，它能最轻易地舍弃所有其他的国家，最繁荣的国家是，它是所有其他的国家最不能舍弃的国家"，③ 在卢梭的"幸福论"中，他把"幸福"的定义从否定"自

---

① ［美］海登·怀特：《话语的转义——文化批评文集》，董立河译，大象出版社 2011 年版，第 90—91、95—96 页。
② Paul de Man, *Allegories of Reading: Figural Language in Rousseau, Nietzsche, Rilke, and Proust*, New Haven and London: Yale University Press, 1979, p. 250.
③ Ibid., p. 254.

我与社会的统一"转换为否定"家庭与政治的统一",在"自我""社会""国家"这三个意义系统中,卢梭相互借用来说明幸福对于这三者的意义,它们的并列出现似乎并不会影响整个隐喻系统的构建。或者如德·曼所说,我们作为读者可以从不同的角度来分析这些意义系统,"不必去考虑这些多样化的角度并列,它们和其他系统之间的相互干扰,我们也不必去考虑一些特别的互换或融合"。①

再例如关于卢梭所论证的"财产"问题。这个问题在卢梭的文本内是一个很有争议的问题,德·曼也从语言认识论角度反思了财产作为一个概念在文本中的解释问题。从语义学看,对财产的认可只是契约性的,而不是自然的、合法的。换言之,拥有财产的个人和被拥有的土地之间的契约认同是"自我反映的"②,它只是以一种"符号性的幻想"存在于文本内。③ 这里的符号学幻想的存在意义,是基于人们交流的需要,假定了符号与所指物之间的符合论,认定在人们认识论中的语言符号共同实施了认知和述行的功能,达成了并认识了意义上的一致和理解上的默契。然而,文本话语是否如哈贝马斯所预测的,我们作为主体彼此之间可以达成一种主体间性的共识,"是为了证明认知言语的有效性而进行的活动",④ 这仍然是一个问题。

德·曼在《阅读的寓言》中这样评价卢梭的文本意义系统,认为它们的指称权力"被它们的比喻逻辑肯定的,又被它们的比喻逻辑所削弱。最终的'意义'可以被说成是伦理的、宗教的或幸福论的,但是,这些主题范畴的每一个范畴都被构成它的难点所破坏,从而使这些范畴恰好产生这样的效果,即它们消除了它们的分类所赖以为基础

---

① Paul de Man, *Allegories of Reading*: *Figural Language in Rousseau, Nietzsche, Rilke, and Proust*, New Haven and London: Yale University Press, 1979, p. 253.
② Ibid., p. 262.
③ Ibid.
④ Jurgen Habermas, *On the Pragmatics of Social Interaction*: *Preliminary Studies in the Theory of Communicative Action*, trans. Barbara Fultner, Cambridg: Polity Press, 2001, p. 94.

的意义系统"。①

从德·曼对卢梭的这些文本展开的语言分析看,他实际上把宗教、道德等概念驱逐出了意义论讨论,这是因为它们并不属于广义上的知识论范畴,而是一些文本构建出来的一些隐喻概念,"要想用一个比喻指涉另一个比喻,使它看上去显得进入存在之场,那么使它产生的载体就必须缺席——最好永不会来"。② 但是,在从语言分析过渡到主题分析的过程中,德·曼又把宗教和道德等概念拉回来,他是为了揭示一个问题,即语言和意义之间是概念式的关系。概念有虚构性和叙事性的特点,任何出于命题的解释也都是虚构的。语言的专名如"莎士比亚"所指涉的对象如戏剧家本人是不可能被直接认识的,对这个词的解释依赖于读者的描述和定义,这些描述和定义与这个词一样,都是语言范畴,会随着历史发展而变化。当这个词语的指涉过程完成了,这个假定的经验时刻也会暂时性确定下来,但这个时空并不会增加我们对"莎士比亚"这个词语的理解,只是借助于这个词让语言所涉及的其他物质层面到场。

文本是概念的隐喻叙述,所叙述的也正是共时发生的比喻或比喻系统的设置和结构,因此文本结构的意义是不确定的,只有借助超文本意图的干预,才能予以澄清。这种介入只有在充分了解了文本内的语言模式,才能辩证理解文本的语言模式与所知论之间的关系。发现文本内的语言模式,需要了解语言作为现象的结构。文本作为意义发生地,文本语言是从静态的直观经验中发现,是文本语言的结构,是语法化的,旨在发现意义的构成;如果是从动态的发生学中审视,则是语言的历史化,是修辞化的,重在发现意义的物质性。前者靠本质直观,后者则来自历史性直观。这里的"历史"不是一种事实性的历

---

① Paul de Man, *Allegories of Reading: Figural Language in Rousseau, Nietzsche, Rilke, and Proust*, New Haven and London: Yale University Press, 1979, p. 247.

② [美]保罗·鲍威:《向权力说真话:赛义德和批评家的工作》,王丽亚、王逢振译,中国社会科学出版社2003年版,第117页。

史，而是一种原初性的语境。

三 寓言化

约翰·塞尔认为，人对世界的体验主要靠语言的各种"范畴"，同时也借助这些范畴来改变世界，从而不断协调语词—世界的相互关系[①]。因此，在人—语言—世界的关系之中，语言一旦是概念化的，那么这里的认识论就是一种关系性的，而不是实体性的。这一点，德·曼在分析卢梭的《社会契约论》时就指出了，文本的起点是"自然"，这个概念并不是具有确定性的一个实体存在，由此相应建立的对立项如文化状态（现实状态）也是不存在的。德·曼认为，这样的设定对于卢梭来说，最大的益处就是一方面具有虚构的自由，同时也有历史学家的权力。简言之，人对文本的认识，表现为一种语言的修辞化结构和认识论结构的类比式存在。

在伊瑟尔看来，文本既是作家根据自己的创作意图在文本所呈现出来的意象构造，又是读者根据文本内的语象把无形之物加以相对的确定，它是"文本与读者相互作用的产物，所以格式塔的形成既不能单独追溯既成文本，又不能单独追溯读者意向"[②]，或者说，文本不是一个封闭体，而是一个由作者和读者共同创造的语义体系，读者从不同的语义层面与作者的意象结构进行连接，这个语义体系一方面来自经验方面的，另一方面也来自文本语象，二者之间的不同逻辑层次会导致意义的不确定，转换为文本叙述，就变成了作者的叙述和读者的被叙述之间的文本间隔。

对于德·曼来说，文本间隔是文本寓言化的基础。"所有文本的范例都由一个比喻手段（或一个比喻体系）和它的解构构成。但是，

[①] John R. Searle, *Expression and Meaning: Studying in the Theory of Speech Acts*, London: Cambridge University Press, 1976, pp. 3–4.
[②] ［德］沃尔夫冈·伊瑟尔：《阅读活动——审美反应理论》，金元浦、周宁译，中国社会科学出版社1991年版，第48页。

因为这个模式不可能被一个最终阅读来封闭,它转而生成了一个增补的比喻叠加,由它来叙述先前的不可阅读性。因为与最初的集中于比喻而且最终集中于隐喻的解构叙述不同,我们称这些叙述为第二(或第三)度寓言。寓言性的叙述讲述了阅读失败的故事,而且转义叙事,如《第二论文》讲述命名失败的故事。这个不同是程度上的不同,寓言并不会消除比喻。寓言总是隐喻的寓言,实际上,它们总是阅读的不可能性的寓言———一个所有格'的'本身必须被'读'作一个隐喻的句子。"① 这里,德·曼把文本看作是寓言化的,任何阅读都是对原初文本的二度、三度乃至四度的阅读,甚至于所有格"s""of"也可以看作是一个隐喻化的句子。

这里,德·曼把语言作为阅读的唯一预设,反驳自柯勒律治、阿诺德和艾略特以来就控制了文学研究的文化思想中的整体性,与本雅明在《德意志悲苦剧的起源》中表述出来的观点十分接近。本雅明通过赋予巴洛克悲苦剧以高度的隐喻价值,认为寓言的本质特点是歧义或多义性,它的意指作用就在于,"指向另外之物而获得的一种力量",其自身形式是"尚无定性的碎片"②。寓言是一个模式,但是它作为模式又是"认知的对象"③,进一步说,寓言作为模式,它是把握某些主题的方法,但是作为被认知的对象,它又揭示了意义显现的过程。从语言的意指关系看,寓言是无所知的能指,它的真正所指在意指系统之外,文本的结构是"尚无定性"的。因此,文本的形式与意义,语言的符号与所指之间就成了一种天然的分离状态。

同样,德·曼在《抵制理论》一文中援引济慈未完成的叙事诗《许帕里翁的倒下》("The Fall of Hyperrion")来说明,即使对于这首诗的题目而言,意义的不确定性也十分明显,它既涉及专名"许帕里

---

① Paul de Man, *Allegories of Reading: Figural Language in Rousseau, Nietzsche, Rilke, and Proust*, New Haven and London: Yale University Press, 1979, p. 205.

② [德]瓦尔特·本雅明:《德意志悲苦剧的起源》,李双志、苏伟译,北京师范大学出版社 2013 年版,第 209—210 页。

③ 同上书,第 222 页。

翁"的形象化意义和字面意义，也涉及它的"倒下"问题。如果只是从字面意义看，这个故事是包括济慈在内许多诗人和作家常用来作为主题的作品，即旧的势力迟早会被新的生命力所取代，"许帕里翁"作为一个人物的名字只是名字而已，整个故事的走向是现实化的，描写这个人物的悲惨命运。然而，"许帕里翁"又是古希腊神话中大地女神盖娅和天王宙斯的儿子，是太阳神之父，他的出现是为了世间的生命，支撑起了整个大地的东边的天空。许帕里翁的倒下这里却又暗含了许帕里翁的倒下中"站起来"的重要意义。两个意思是构成两个故事的根本要素，从语法上讲，"许帕里翁的倒下"作为题目是毫无疑义的，但是一旦从形象化、历史化的语境看，则整个故事都无法理解，因此，叙事诗中的题目中的问题，"是形象化（figuration）的，而不是语法的"，[①] 两个题目解读之间的差异来自结构自身的转义，在"许帕里翁的倒下"中，"倒下"是完全形象化的，我们是从神话学、历史学中把这个"倒下"解释为"站起来"的意思。米勒也同样从德·曼的论文集题目《阅读的寓言》中读出了意义的寓言化，阅读的寓言中的"of"从语言学上看是所有格，即一种"产生"，但它同时也有"关于"（about, concerning）的意味被保留下来。这样从题目就开始寓言化了，这里的"of"就是隐喻的，是虚构的、偏离的、形象化的。

可以这样认为，德·曼关于"的"的论述中，"的"不是所有格的"的"，也不是发生学的"属于"，而是在一种寓言化的认识论上对文本内语言符号之间关系的再认识。进一步说，寓言化阅读模式，是对现实叙事、主题先行等理论的暴力解剖，反对现实叙事中的理念和本质的存在。本雅明、阿尔都塞和拉康，都把寓言看作是一种认识论意义上的修辞格，揭示了真理的缺席和知识的虚幻。然而詹姆逊却认为，寓言化的文本就是历史性的文本，这个是研究语言和历史之间的关系的入路。历史只能是文本的，而寓言化则是历史的存在

[①] Paul de Man, *The Resistance to Theory*, Minneapolis: University of Minnesota Press, 1986, p. 16.

方式。

德·曼基于对本雅明寓言论的发展，推崇求差异、求开放的审美观，拒绝了象征的追求整体性，侧重对意义形而上的批判。在《阅读的寓言》中，德·曼指出了卢梭的政治和自传类文本中的寓言和反讽，由于语言自身的修辞性产生了"空隙"（gap），即能指和所指之间的不一致。然而，此空隙并不只限于叙事，而是语言的普遍状态，因此就产生了错误的交流、错误的识别、错误的阅读。卢梭文本的表层上显示的是指称性的故事，如《社会契约论》中的承诺，《忏悔录》中的主体。对于卢梭来说，自我、真理、虚假，善良与邪恶，社会的与政治的秩序，人类和上帝的功能这些范畴都是进入了一个类似语言模式的关系体系之中，要想把其中一个隔离出去，如认识论与伦理，宗教与政治，这些都是不可能的。同理，把能指从意指中分离出来也是很困难的，如《新爱洛绮丝》小说中的语言并不是基于自然与意识之间的辩证关系，而是以伦理冲突的方式显现了寓言，但是人类学、道德、政治和宗教并不是十分清楚的范畴，而是一个修辞格，但文本恰恰可以借助这些辞格恢复其隐喻性的存在，产生这些范畴的共同的认识偏离又激发出新的概念传统。

在卢梭的《社会契约论》中，一些语词构成的概念主题成了文本寓言化的中心，如"公民"的概念就是为了社会契约而造的。在一个社会团体之中，每个个体需要甘心出让自己的一部分权利，大家共同遵守公共享有的权利，这个公意即是公民意志的体现。如果有人不愿意服从这个公意，大家就会"强迫"他服从，或者说，"强迫"他享受这份权利，因为公民需要祖国来保证他的存在。可以这样认为，公意和个体意愿是对立的，公意的形成之中并不尊重个体的意愿，它只是一个为了契约而生成的一个没有现实基础的抽象概念。对此，德·曼也曾批判，认为卢梭首先确立一个普遍性的修辞原则，以"感情语义学"把个人与社会之间的关系共同放置于乌托邦模式内，描画出群体、家庭和国家之间最自然的和谐状态，与此同时，卢梭也解构了这个隐喻的总体性,"否认将自我和社会统一起来的隐喻的有效性",①认为公民个人的幸福并不是衡量国家幸福的标准。简言之,卢梭关于公民的词汇意义的使用,增强了其劝说功能的使用,某种程度上却遮蔽了语言的认识功能。

　　语言作为一种自然的存在,我们无法以理论来假设各种框架。语言存在于当下中,然而当下一旦脱离了原初语境中的事物,就不再受历史感的束缚,我们无法推理,若要以语言构建这个形态,则只是人用自己的感官造了一个表象世界来尽量还原本来的世界。正如本雅明所说的,仿象是对真实的最大的伤害。我们对于任何文本内词汇的理解,首先要排除其修辞用意,即某个词汇自身所携带的历史化概念。

第二节　文本话语的述行化

　　文本话语作为意义单元的表层,可以如福柯所说的是"表达行为整体、一系列的句子或命题"②,也或者可以含混地称之为,"从符号的整体产生出来的(可能是全部的)东西"。③ 然而,把人的认识归为对话语意义产生过程的符号与所指物的关联,把意义归为某种生活实践中的某个话语,必然会忽略一个重要的认识理据,即任何文本内的语言符号都是一种非充分性的存在,对于意义的生成来说都是不自足的,符号体系的存在是非所指的。这里把文本话语归为一种"+话语"的形式,是借助不同的语义学领域的内容相互指称来达到对文本的理解,由此而构成的不同的话语体系变成了读者需要的意义系统,事实上,这种理解会犯下一种德·曼称之为"把概念加以实体化的危险"④。换

---

① Paul de Man, *Allegories of Reading*: *Figural Language in Rousseau, Nietzsche, Rilke, and Proust*, New Haven and London: Yale University Press, 1979, p. 252.
② [法] 米歇尔·福柯:《知识考古学》,谢强、马月译,生活·读书·新知三联书店2007年版,第118页。
③ 同上。
④ Paul de Man, *Allegories of Reading*: *Figural Language in Rousseau, Nietzsche, Rilke, and Proust*, New Haven and London: Yale University Press, 1979, p. 248.

言之，把术语与文本外的世界进行对应，就会默认文本外世界的客体在文本内占据一定位置，进而把文本实体化为一种世界模板，忽略了这些术语自身存在的意义，它们"是关系的特征、关系综合或分解的模式，而不是存在的单位或方式"①。这种解释危险论涉及了文本话语的述行问题。

一　伪陈述

伪陈述是一个文学理论术语，最早出现在理查兹1924年的《文学批评原理》中，其目的是区分科学语言和情感语言，前者的属性是指示性的、逻辑性的和陈述性的，后者则是感情性的、非逻辑性的和伪陈述的。在认识论上，科学语言是为了通过陈述引向指称物实现认识论任务，但是情感语言却是为了在陈述的过程中，"在我们的情感和态度中产生效果"。②理查兹提出了"伪陈述"即真实最终可否证实的问题，诗人的情感言语由一些貌似陈述其实是伪陈述的句子所组成。但是，我们有时候把伪陈述看作"'真实'的陈述"③，是因为它们有时候有助于我们用来表述某种态度。

德国接受美学家施蒂尔勒（K. Steierle）在《虚构文本的阅读》中也指出，文学语言主要是自指（autoreferential）语言，因为其存在价值主要是自我指称而不指向文本外，因此也可以看作是伪指，"语言的伪指作用只是以伪指形式出现的自指性"。④它远不同于用于描述和叙述对象的指称功能，毕竟伪指所要求的条件不是在文本外，而是文本内，是为了实现其虚构功能，服务于文本审美的，读者有时候区分文本指称的伪指和实指，是为了阅读时的立场问题。文本一旦成了表

---

① Paul de Man, *Allegories of Reading: Figural Language in Rousseau, Nietzsche, Rilke, and Proust*, New Haven and London: Yale University Press, 1979, p. 249.
② I. A. Richards, *Principles of literary Criticism*, London and New York: Routledge&Kegan Paul, 2002, p. 250.
③ Ibid., pp. 58–59.
④ ［德］施蒂尔勒:《虚构文本的阅读》，程介未译，载张廷琛编《接受理论》，四川文艺出版社1989年版，第173页。

第四章 文本寓言的认识论

意实践，那么把文学作品局限在虚构的范围内来探讨，就失去了许多关于语言表述的理解。而且即使对于作为某一种文类如自传来说，其中也有非指称（non-reference）的可能。换言之，伪陈述对于现实世界来说是不真实的，但是对于文本世界却是真实的，是逻辑起点。

德·曼则从语言认识论的角度分析了文本中伪陈述的必然性。他把现实世界的一切构建方式归于人的语言模式，类似于海德格尔的"人以语言的方式拥有世界"，但是，德·曼也指出，"人的政治命运如语言模式那样建构，也派生于语言模式，但这个模式却是独立于自然和主体：它和称作'情感'的盲目隐喻化是一致的，这个隐喻化并不是一种意向性行为"。[①] 或者说，人们直接以语言来认识、界定世界，那么，语言所起的功能是否是依据现象世界的规则进行的呢？

德·曼在分析卢梭的"巨人"寓言时，其实早就说明了这个问题，即任何陈述的存在其实都是一种悬置起来的、虚构的指称，它们的存在是文本的构成性的条件。当原始人产生了恐惧，这是因为它反映了一种认识论困境，一种不可知状态的焦虑或者对某种可能性的猜疑。如德·曼所说的，"恐惧就是一种例证，因为它结构上与隐喻的修辞模式相一致"。[②] 恐惧代表的是认识论上的怀疑或者悬置，或者是悬置意义的一种形象化状态。同样，我们也可以认为，恐惧作为定义某种关系的开放性结构，呈现的是实体的外在和内在特征之间出现的可能性偏离的结果，这种可能性无法被经验或者分析方法所验证，所以它是伪陈述，是不可信的陈述，我们无法判定它是真实的，还是虚假的，这只能是一种永久性假设。它不是认知条件的副产品，而是条件自身。

恐惧作为情感指称，在一个虚构的状态下把可能性变成了确定性，或者说，"巨人"这个隐喻忽略了实体本性之中的虚构和文本成分，

[①] Paul de Man, *Allegories of Reading: Figural Language in Rousseau, Nietzsche, Rilke, and Proust*, New Haven and London: Yale University Press, 1979, p. 156.

[②] Idid., p. 153.

假设了一个世界，内在的和外在的文本事件、语言的字面形式和形象化形式可以被区分开，字面的和形象化的也可以被隔离开，当然也可以互换或者彼此替代。这很显然是一种认识论错误，"这个陈述可能是错误的，但是它并不是谎言"。① 或者说，"巨人"的命名行为是一种盲目性的行为，它并没有曲解本义，而是言说了一种可能性，一旦这个可能性失去效果了，那么巨人作为恐惧所展示出来的指称假设也会随之消失。

从德·曼关于"巨人"寓言中的伪陈述论可以看出，他其实是把关于伪陈述的问题变成了一种构成性的神性转义（theotropic）问题，因为唯一为超验意指设定的可以理解的名字自身不再是一个符号，而且这个唯一的词语且拥有一个确切的意义的实体是"神"，它赋予语词所产生的意义也可以看作是神的意义。事实也确实如此，由神衍生出来的指称及其意义必然导致一个有限的、实际的，或者我们说的历史的意义。任何行为的命名及其意义就是神性的意义，神性转义及其现实化就必然与寓言相关联，我们可以称之为"修辞+形而上的问题"。

汤姆·科恩曾把德·曼对文本的认识论立场归为一种"向神主义"，"向神主义是文本标记与所指的必然偏离，即所有的标记都是转义的，从来都不是事物本身，所有的所指最终都有一个神学的或神秘的基础地位。这些基础首先被某个转义获得，被语言或某事物锚定。然而，如果某语言或某事物有之前的基础，那么，任何意义的返回都是不可确定的，它既不能放弃之前的，也不能抓住二者不同之间的即刻性存在"。②

从"向神主义"的表层理解，它研究词语与"神"的关系，那么，词语的指称问题实际上就归为心理学的问题，但最终可以视之为神学的问题。人在寓言中寻求逻辑意义，追求意义的存在，然而"无"是本

---

① Paul de Man, *Allegories of Reading: Figural Language in Rousseau, Nietzsche, Rilke, and Proust*, New Haven and London: Yale University Press, 1979, p. 151.
② Tom Cohn and Barbara Cohen eds., *Material Events: Paul de Man and the Afterlife of Theory*, Minneapolis and London: University of Minnesota Press, 2001, p. 22.

性,唯有"神性"才是自身存在的意义。任何文本话语能指的基础是自由游戏,因为我们都默认"有一个文本机器",意义和价值可以在一种最基本的模式中达成共识。

但是进一步看,德·曼的"向神主义"涉及一个深刻的指称问题。指称,可以粗浅地认为是指示一个物体。但是,当我们指向一个具体的东西时,它怎么会具有了抽象的、形而上的含义呢?如古希腊关于世界的理解,水如何能成为世界的本质?当我指着某物说"这一个"时,它又如何具有了概念意义?也可以以自然文学为例,当我们感知具体的风声、颜色描写时,这些感性的认识论或体验如何能成为普遍性的东西呢?其实答案很简单。我们谈论的感性的东西,并不是指向感性的具体的物体,而是指向语词和概念。也就说是,任何指称,首先指向语词,或者说,是语词促成了指称的存在意义。

正如德·曼认为的,语言与意义之间并不存在天然的吻合关系,意义只是语言的外来者,是阅读过程中读者赋予语言的。数字如1、2,它自身不是具体性的、具有普遍的性质,但是在抽象层次它却又是确定的、科学的尺度。前者的具体是自身的存在,后者的体系化是其意义。因此可以说,意义和指称分属于两个范畴,这也就决定了任何指称都是伪陈述。米勒也把语言的指称性称作一种"幻想",认为我们对于语言的使用一开始就是比喻性的,这并不是我们恰好在某个场合比喻性地使用了它,而是因为我们忘记其"隐喻性'根源'才产生的幻想"这个事实[1]。

二 话语的转义

福柯认为,文本的话语是为了"谈论或表征有关某一历史时刻的特有话题"[2],它的话语结构是陈述性的,这是因为话语所涉及的主要

---

[1] J. Hillis Miller, *Theory Now and Then*, New York: Harvester Wheatsheaf, 1991, p. 89.
[2] [英]斯图尔特·霍尔:《表征——文化表象与意指实践》,徐亮、陆兴华译,商务印书馆2003年版,第44页。

是知识的生产问题。对于福柯来说，陈述自身并没有一定的规则，主要依赖于表述的过程中通过自身的语言逻辑规律将话语表述出来。换言之，文本的内容作为话语体系出现，可以以不同的陈述形式出现。那么，"陈述"作为文本话语体系的表述方式，其目的是认识论意义上的，或者说，它的功能并不是为了话语体系的完整，而是为了实现每一种话语能对"外部世界"进行有效的表述，实现其言后的述行效果，那么，如果一个文本话语体系中有多个话题进行陈述，它们之间就是相互作用的关系，而不是认识论意义上的事实呈现。或者从符号认识论看，陈述是一种符号，话语是一种实践，话语的"陈述"必然就会陷入一系列的"述行"问题。

第一，话语中的叙事转义问题。一个有关某物的叙事序列，作为一种语言行为经过了一系列转义后，就成了关于某物的另一个语言行为，进而表现为另一个叙事序列，即一种重置（relay）的语言行为。两种语言行为之间的转换悬置了叙述的真实性。德·曼认为，《悲剧的诞生》中叙述层次的交叉出现，其目的是传递尼采的梦幻主题，但认识模式时不时因酒神、日神和苏格拉底代表的三种认识样式的共现，破坏了这部书中"历时的、连续的结构"及其叙述一致性所产生的"假相"。

每一种认识模式，常常会借助于主题的发生学模式自动转变为审美模式。表层的叙述模式并不会影响整部著作的信息传达，如尼采把"梦幻"放置于文本的叙述表层，起到一个"触发者"（trigger）的作用，即梦幻并不是一个虚幻的、有待于揭示的意识状态，因为它只是用来显示其他的一系列的幻想是如何与现实相互替代的，"这个幻觉状态恰巧与通常在日常谈话中所称的'现实'即与我们生活于其中的经验现实相一致"。[①] 梦幻揭示出来的现实很复杂，也很残酷，但并不改变这种现实状况。德·曼称之为，"叙事现实主义的双

[①] Paul de Man, *Allegories of Reading: Figural Language in Rousseau, Nietzsche, Rilke, and Proust*, New Haven and London: Yale University Press, 1979, p. 91.

第四章 文本寓言的认识论

重幻想性",① 即任何文本并不只是描述一个事件,因为文本也不是事件本身,事件本身已经不是一种描述了,一切经验主义的体验在本质上看都是幻想性的。

从叙事学角度看,德·曼所认为的叙事的双重幻想性,实际上涉及的是叙述过程中的叙述层次越界,把原本属于某一个描述体系的叙事元素置放于另一个体系。整部书于是显现出一个难以解决的矛盾,即"叙事模式之下的再现范畴,和支持所有劝诫口吻的主体范畴"二者之间的不可调和②。梦幻原本属于相对于清醒状态的叙事元素,各种现实元素外位于梦幻,因此显得虚幻。这是由于观察视角的不同导致的叙述内容的失真。修辞越界泛指的就是话语越界,一种假相的越界,一种没有指称的越界,如叙事声音、视角、意识的越界。简言之,修辞越界又可以看作一种本体越界,它没有指称,而且摒弃了所指物,凸显出来的是语言符号自成一体的符号性观念。

进一步说,转义在话语层面的呈现,表现为对表征逻辑的违背,而不是简单地偏离。例如怀特关于历史话语的问题,历史能被认为是转义的,而不是偏离,它是一种本体论上的违背,是一种虚构行为。卢梭关于自己的行为的忏悔,也不是事实,因为忏悔行为是一种逻辑,带有了某种因果关系的逻辑话语,违背了原来的事实的表征。换个角度看,任何事实的存在都是一个框架,但是,由于认知框架的介入就会发生转义,因为人的认知是文化构型上的一种固定概念,具有稳定性,同时也构成了抽象的认知概念,一旦认知介入就会发生原有认知框架的改变、转义。

从认识论角度看,德·曼强调的是叙述主体在处理文本内容时不断强行介入的修辞性,把各种叙事元素修辞化了。例如,在谈及现实主义的拙劣模仿和瓦格纳音乐的高雅模仿时,德·曼认为,

---

① Paul de Man, *Allegories of Reading: Figural Language in Rousseau, Nietzsche, Rilke, and Proust*, New Haven and London: Yale University Press, 1979, p. 91.

② Ibid., p. 94.

"叙述的缘起和开始，是神圣启示和权威的、字面的、事实性的行为"。① 这个观点在《批评与危机》一文中，被德·曼进一步泛化，认为任何叙述的开端都是"虚无"（nothingness），"意识并不是来自什么缺席，而是包括了空的在场。诗学语言正是以不断更新的理解来命名这个空（void），正如卢梭的渴望，从不厌烦地再一次地去命名"。② 这里德·曼依然借助了外位于整个文本叙事体系的高层位的观察视角，来显示叙述之中由于作者个人的修辞意图造成的叙述困境。

再例如，在《审美的形式化：克莱斯特的〈木偶戏〉》一文中，德·曼认为，克莱斯特的文本内同样存在这样的问题，一方面是作者以讲述的方式（diegetic narratives）的形式讲述，另一方面又以人物对话的形式来讨论，这种双重的叙述方式遵守了文本结构的传统认识论模式，但与此同时它也颠覆了它们所共同起作用的模仿过程。"模仿模式被叙述复杂化了，直接引用（正如说的，纯模仿）和逃避性的手段如文体上的间接libre之间的不断改换。叙述者的刻意突出，再次引入一个讲述的成分（diegetic element），弱化了模仿，完全一样的是，虚拟的或者条件性的动词形式弱化了指示形成的宣告的权威。所产生的叙述模式是某种复杂：纯粹的讲述性叙述被框架于一个模仿的框架内，然而这个框架又再次引入自己的讲述构成部分。"③ 双重的叙述方式并不意味着它们叙述的内容没有意义，而是因为它们的"非历史性"，尽管它们是以历史的模式出现，用以达到说服的目的，但是事实上，文本内"汇报性的和叙事性的话语之间的不稳定结合"④，却促成了一种叙事的转义，即真实性被放置于叙事者身上，而不是事件的

---

① Paul de Man, *Allegories of Reading: Figural Language in Rousseau, Nietzsche, Rilke, and Proust*, New Haven and London: Yale University Press, 1979, p. 95.
② Paul de Man, *Blindness and Insight: Essays in the Rhetoric of Contemporary Criticism: Essays in the Rhetoric of Contemporary Criticism*, Minneapolis: University of Minnesota Press, 1983, p. 18.
③ Paul de Man, *The Rhetoric of Romanticism*, New York: Columbia University Press, 1984, p. 274.
④ Ibid., p. 275.

真实上。

第二，话语的述行困境。文本话语的述行困境，在于作者无法从自我的修辞表述和认识论反思之间的悖论性相遇中剥离出来，德·曼在《卢梭与自我的超验》一文中指出，卢梭的意识中也同样存在这样一个问题，即作者作为经验自我的意识和另一个带着自己的名字出现在文本内的自我。这种"复制"（duplication）借助戏剧性对话（the dramatic dialogue）的各种修辞化中来实现它的叙述目的，但是，结果显示却都失败了，因为在卢梭的文本中出现了两个叙述困境：一个是纯粹的客体，它是一个完全不透明的客体外位于自己，拒绝任何内在的理解，另一个的经验自我与文本自我的合体，它们之间达到了一种完全的统一境界，外位的自我可以解释自我的存在。但是，这里的自我透明其实是不可信的，"是自然的经验主义以一种极具误导性的伪理想主义来伪装起来的"[1]。卢梭的目的，是想要艺术通过一种想象行为来实现自己的欲望，去掌控自己的全部存在。然而正如德·曼所说，在《那喀索斯》中，那喀索斯的形象"既没有实质性也没有身份，在完成它的功能后可以被扔掉"[2]。事实证明，卢梭文本的想象力都是一种"虚构"，或者是对原初状态的虚构（如《论人类不平等的起源》中的自然，《论语言的起源》中的语言），或者是对过去回忆的虚构（如《忏悔录》中的行为），是对虚构世界的审美建构（如《朱丽叶》）。

同样，在《皮格马利翁》中，欲望成了对"空的"一种欲望，可以认为是审美意识对真实性的欲望，这种虚空并不是主体间的，而是一种本体论上的空。身体和心灵只能在象征形象上实现，但是，这种欲望驱使下的"色情模式"并不足以完成卢梭的欲望，因此，这里的欲望不是肉体和心灵的，而是"从自己的存在被隔离开造成的失去的

---

[1] Paul de Man, *Romanticism and Contemporary Criticism*, E. S. Burt, Kevin Newmark and Andrzej Warminski ed., London: The Johns Hopkins University Press, 1993, p. 38.

[2] Ibid., p. 41.

感觉",这是一种"时间困境"①。唯有当意识到自己的存在模式与自然客体的不同时,才会发出这种感慨,"这不再是我了!"从经验自我的角度看,它什么都不是,只是卢梭想要文本叙述超越经验的自我的一种欲望。

人物形象所构建起来的叙述是虚构却不是神话,因为虚构就是以虚构来命名,评论家对文学去神秘化,而实际上评论家自身也在被去神秘化。我们在叙述的时候也是一样,我们知道文学是虚构,却总是忘记虚构,转而以客观、科学等指称来确定这种虚构,正如胡塞尔意识到了欧洲大陆哲学中的哲学危机,但是却在论辩过程中依然把讨论的重心设定在哲学平台上。评论家认可了文学语言具有的特权,却又在评论时选择以文学语言为支撑材料来展开辨析。正如德·曼所说的,"危机的修辞正是在于以一种错误的模式言说自己的真理"。② 这种认识结构同样出现在各种叙述的过程中,当然也包括文学的文本实践和语言的理论论证在内。

三 判断语言的修辞化

康德认为,"判断力"是人的一种先验性。对于自在之物,我们无法判断,但是,毕竟自在之物生成了表象,是我们现象生成的基础,自在物的存在形式在未意向化、未概念化之前,只是毫无意义的材料,需要借助先验范畴进行综合、联结,形成一个判断,最终得出一个知识论概念。在康德的表述中,判断是一个复杂的、富有逻辑性的过程。但是,一旦把哲学意义上的判断具体到语言的认识论中,判断这个概念就不是一个十分清晰的概念了。

一般而言,文本话语是富有体系化的模式,其中的陈述是文本组

---

① Paul de Man, *Romanticism and Contemporary Criticism*, E. S. Burt, Kevin Newmark and Andrzej Warminski ed., London: The Johns Hopkins University Press, 1993, p. 46.

② Paul de Man, *Blindness and Insight: Essays in the Rhetoric of Contemporary Criticism: Essays in the Rhetoric of Contemporary Criticism*, Minneapolis: University of Minnesota Press, 1983, p. 16.

织特定的意义系统形成一定的判断结构,是一种认识逻辑的必然呈现。我们称之为现象的东西,都是我们判断中所参照的确定物。客观现象不同于主观想象的东西,所以思维就是判断,判断就是讲多种不同的表象合为唯一概念的功能。事实上,判断结构自身的产生受到了语言修辞性的影响,也因而颠覆了认识判断整个客观性的基础。

德·曼就曾指出,"一个像判断、意志或自由这样的概念,是像差异原则那样解构性运作的,但是,由于指称性内置于语言模式中借助心灵行为在直观的层次上又重新统一起来了。这个次要运作的相关物,无论叫作判断的意义,行使意志的自我,还是叫作自由创造的上帝,它接着又重新发现存在的(自然的)属性,因而能再次被同一个体系解构"。[1] 或者可以这样认为,判断作为一个概念,无法接近物自体,但是经过人的心灵的直观,可以通过现象来感知物自体。一旦判断到达了物自体,就认为所有的知识是对物自体属性的正确判断,但是判断忽略了一点,它判断的依据来自心灵的感知,来自现象的而非存在的属性,于是判断因为缺失了真正的直观而使其判断失效。

海德格尔在《物的追问》中也指出,我们对于世界的认识都被"某种几百年来对于物之物性的解释所左右",其实"物"的结构必然反映在真理的结构之中,而后者发生的场所是"陈述",这个陈述实际上就是由文本话语组成的,而陈述显然是关于物的情况的说明而已,它是修辞化的,并不是判断[2]。可以这样认为,海德格尔从物的概念出发,认为我们把物的存在以语言加以描述,就是以类比原则把语言结构和物的结构进行镜像式观照,这显然是推理而不是判断,因为整个过程中,"物"的本性被语言或者概念原则遮蔽了。如果我们以直观的方式来感知物的存在,则会让我们对物一无所知,毕竟物的"物性"无法直观到。可以这样认为,判断从来都是修辞化的,无论是理论

---

[1] Paul de Man, *Allegories of Reading: Figural Language in Rousseau, Nietzsche, Rilke, and Proust*, New Haven and London: Yale University Press, 1979, p. 240.

[2] [德] 马丁·海德格尔:《物的追问》,赵卫国译,上海译文出版社2016年版,第37页。

结构出来的,还是心灵直观出来的,都无法使话语变成一种陈述表述。

首先,判断语言的修辞化。德·曼在《信仰自白》一文中也深刻剖析了判断和修辞之间的矛盾,认为这种矛盾直接导致了卢梭文本可信度的降低。例如,"我发现……我内心的赞同与否有着很大程度上的不同。据此观察,我毫无偏见地对这些不同观点进行比较,发现最初的和最为共通的也是最简单的和最合理的"。① 在卢梭看来,比较是判断的根本出发点,然而,内心的赞成却是判断的标准,这样就把判断的客观性交付于一个主观性(心灵的直观),甚至于这里还有一个在先性的先验的判断行为(理论推论),即最初的和最为共通的。那么,人们对事物的判断如何来认识?判断是从个别的现象上升到抽象概念后作出了一个客观行为,这是对各种关系项的权衡之后作出的。但是,卢梭《信仰自白》关于宗教信仰论述时,总是陷于一种陈述和语气之间的不一致,而这个不一致主要表现为"理智分析和内心冲动之间的距离"②。

德·曼认为,卢梭关于判断的论述始终都呈现为"一种感觉的解构","一种模式,这种模式将世界划分为沿着一条内部/外部的轴线组成的二元对立系统,接着又根据类似和潜在的一致互换这条轴线的两个方面的特征"。③ 根据卢梭的论述,"我只知道,真理存在于事物中而不是对事物进行判断的大脑中;我在对事物进行判断植入我自己的成分越少,就越确定我离真理更近"。④ 在这里,德·曼认为卢梭把判断和人的思维联系在一起,或者说,卢梭关于事物的每一个判断并不是关于某个实体的,而是依照结构的关系系统来建构的。当我们说某个事物是错误的时候,我们所使用的语言是被排除在判断之外的实

---

① Paul de Man, *Allegories of Reading: Figural Language in Rousseau, Nietzsche, Rilke, and Proust*, New Haven and London: Yale University Press, 1979, p. 228.
② Ibid., p. 238.
③ Ibid., p. 230.
④ Jean-Jacques Rousseau, *Emile or On Education*, trans. Allan Bloom, New York: Basic Books, 1979, p. 272.

体,何况判断也是言语的一种形式,也是由充满比喻义的语言结构构成的,那么,我们又如何来判断事物呢?换言之,当我们采用一个指意体系的时候,所产生的指称是关于这个指意体系的指称,而与本性存在的事物是不一致的。我们所采用的语言也是如此,语言的指称,不是向外的、指向所指物的世界,而是向内的、自我指涉性的符号世界。

其次,判断过程中的修辞化。从文本语言的表述方式来看,卢梭文本之中经常出现从判断语言过渡到伦理语言的无意识的语言切换,它严重阻碍了话语意义体系的完整性。判断语言是认识语言,其中蕴含的是真假认识论问题,它是为了"生成一些关系体系,它们不是实体的而只是结构性的"[1],然而,伦理语言之中的却是情感、善恶等感情词语。

例如《承诺》一文中,德·曼就把卢梭文本内的政治话语构建称之为"奇怪的逻辑形状"[2],认为卢梭的《论公民的幸福》主要论述个人价值和公民价值之间的对立,以此来说明国家政体的意义。但是,整篇文章的辩证性并没有展示出"个人的"和"公众的"对立逻辑,而总是以"总体化的逻辑"形式来解决个体的"一"和公众的"所有"之间的关系。例如:

(1) 共和国将拥有他们全部拥有的一切,也将成为他们的一切。[3]

(2) ……不用去想象,当所有的成员都处于痛苦中时,国家会开心。你们所称谓的公众幸福的伦理虚构,它自身就是一种幻想(chimera);如果幸福(well-being)的情感不能让任何人都感

---

[1] Paul de Man, *Allegories of Reading: Figural Language in Rousseau, Nietzsche, Rilke, and Proust*, New Haven and London: Yale University Press, 1979, p. 232.
[2] Ibid., p. 250.
[3] Ibid., p. 251.

受得到，那么，它就不存在；如果孩子们不富裕，家庭也不会繁荣。①

（3）民族的道德状况，与其说是成员的绝对状况的结果，不如说是成员们之间的关系的结果。②

（4）幸福的根源并不完全在于被欲求的客体中，也不在于占有它的心里，而是在于这个人对于那个人的关系中。③

卢梭把对公众的判断归为对个体成员的判断，把对国家和社会的认同归为个体成员之间的彼此认同，这里明显蕴含了从政治判断向伦理判断的转换，他借助"隐喻总体化的方式造成了认同的假象"④。从修辞认识论看，卢梭文本从部分与整体的二元结构转换成了部分与部分之间的主体间性的多元结构。德·曼把伦理语言从政治判断语言之中剥离出来，并不是要告诉我们，读者在文本语言之中找到的所有关于判断的句子结构或法则，以及关于语言塑造出来的形象都存在于文本之内，而非存在于读者的阅读之中。事实上，我们所阅读的文本除了话语之外，没有其他的任何判断语言，我们的意义都是经由修辞推理出来的。

再次，判断过程的辩证性。从语言的认识论看，语言的起源中涉及的也是对人的事件的记录，这时候的记录可以看作是一种简单的陈述，但却不是一种简单地做记号。这时候的语言是对人的生活的整个过程的再陈述，是把人的存在作为一个整体保存在记录中。人的感性存在被理性书写加以判断，并将其高度凝结。人的感性存在保留在语言中，换言之，人的感性被保留在判断性的陈述之中。南帆曾以政治口号为例说明了语言判断中的情感性存在，认为语言可以消除"抽象

---

① Paul de Man, *Allegories of Reading: Figural Language in Rousseau, Nietzsche, Rilke, and Proust*, New Haven and London: Yale University Press, 1979, p. 252.
② Ibid., p. 253.
③ Ibid.
④ Ibid.

概念所产生的隔阂",并为人们提供一个共享的"语言横切面"①。"语言的横切面"即为一种判断结构的情感化,语言作为政治符号在人的大脑中进行联合、升华为一个概念,它不只让我们形成一个认识,还以其情感性制造公众的情感共通。作为政治符号的语言,实现了对人的语言的政治构式的解构,人的感性力量被敞开至最大限度,已完全被语言所承载的政治秩序所统一和接管。

德·曼在《面目全非的雪莱》一文中通过分析这首诗的文本判断过程,揭示了判断语言中的情感性。德·曼为这篇文章选定的英文标题是 Shelley Disfigured,其立论意义很明显,雪莱或者浪漫主义一开始应该如传统认识论那样去把他们定位成一个雕像的"实体","能被打碎、被肢解,或者被寓言化",② 然后,再把他们看成一个被冷落、被抛弃的、不为人知的片段。在德·曼看来,"雪莱"作为一个文本已经逝去,我们在阅读中尽可能去还原这个"面目全非"的文本。"阅读就是去理解、去质疑、去了解、去忘却、去消除、去抹去(deface)、去重复,也就是说,无止境地拟人化让死者重新获得面目和声音,讲述他们死亡的寓言,也允许我们能反过来加以顿呼。"③ 雪莱的"个体"是一切超越了总体的一种代表,它本身就代表了无限。因此,"面目全非"这个词就具有着二重性,可见的"个体"和不可见的"面目全非",前者是"我",凝聚个人的主体性,从而对抗"面目全非"的侵蚀;后者指的是面对的他人,描述人类社会之中存在的自然的伦理关系。由此可以说,figure/面目是意义的载体,它与言谈同时在场。在与"他者""相遇"的意义上,"面目"是"可见"的,但除此之外,"他者"的面目在每一个环节都被破坏并超过它留给"我"的造型形象,逃离作为认知的对应物,而指向某种"不可见"的东

---

① 南帆:《文学的维度》,生活·读书·新知三联书店1998年版,第7页。
② Paul de Man, *The Rhetoric of Romanticism*, New York: Columbia University Press, 1984, pp. 94–95.
③ Ibid., p. 122.

西。这种不可见之物就是"他者"的绝对"他性""无限性"。或者说，德·曼选用这首诗进入一种反相位的分析，其目的就是为了充分展示出判断语言中"我"或"他者"之间的关系处理上都是情感化，我们其实一直是以一种看似确定的语义来达到修辞的目的。

德·曼对文本话语的关注，表层反映的是文本语言中判断结构的述行功能问题，它对读者产生了解释的作用，不仅表现在对文本语言的语义识别，还更多地源于对文本话语所隐含的判断结构的理解。然而，深层问题却是我们阅读过程的修辞路径选择问题，这也是解决话语的元语义学的重要思路之一，其正向意义是一种去修辞化过程，发掘出其中的语义问题，设定为一种构式，其反向则增加修辞度，实现意义的增值，把语言视为修辞问题，设定为非构式。这两个过程都需要寻找如因果、对比、抽象这样的认知参照点。

第三节　文本符号的表意论

解构的革命性在于，打破形而上的等级秩序，重新认识语法、逻辑和修辞的关系，但是语言作为一个介体，其多层性（layer）的展布特点显示出，它并不是我们所能一眼洞穿的实体。20世纪的胡塞尔就发现，人的意识不可能把握外在实在，因为意识是内在的，实在却是外在的，二者之间缺少了认知的直接性，所以，胡塞尔放弃了认知外在世界的欲望，专心认识意识。对于文本认识论来说，同样如此。一个外在于我们的文本是如何表意的，这个问题的提法本身就是基于形而上的认识方式，这就需要我们换一种思维方式，放弃主体的外部介入的视角，以现象学的视角客观重新认识文本内的表意机制。

一　文本的转义点

符号的原初状态是零性的、无确定性，一旦变为文本中的语言符号，就会因其所处的不同的文本层具有不同的符号表意机制，这也必然涉及意义的生成点问题。托多罗夫曾说过，"产生意义的具体方法是转义（并不只是抽象概念在具体条件下的简单表现）"。① 换言之，意义的产生不是靠语词本身，而是借助隐喻或转喻衍生出来的，或者说，意义都是辞格模式下的理解。托多罗夫谈论的"辞格"显然不是狭义的，而是一种认识论概念，是读者作为主体与辞格中蕴含的作者主体在认识论上的交叉，这就涉及了转义点问题。

对文本的转义点的思考，打破了传统认识论中文本表意方式的识解入路，就像修辞论中从喻体到本体的转换需要一个"转义点"，文本的符号关系在意义生成的表意体系之中也必然直接或者间接提供了意义转义的视角，如伽达默尔的视域融合和弗洛伊德的"移情"②，都可以看作是两种符号产生关联并用于解释的重要的转换点。

德·曼在分析语言符号之于意义的生成模式时，发现我们通常意义上的解释都是在"语法化"思维模式的作用下制造出来的诸多解释假象，其根本原因就在于我们忽略了文本中"各种修辞手法的转义系统"③。

首先，转义点是意义表意机制中的关键点。德·曼在《形式主义批判的死胡同》一文中就指出了新批评代表人物理查兹理论上对于文本转义点的盲视。理查兹认为，人的常识性的经验感觉占据了重要的地位，但事实上其中却隐含了一些充满疑问的本体论前提（ontological presupposition），这些前提中最根本的就是语言言说经历的概念。例如"我看到一只猫"这个陈述句中，意义似乎直接被传递出来了，但是，这看似简单的句子中意义并不能全部转化，没有一点剩余。正如德·曼认为的，"理查兹假定符号与所指物之

---

① ［法］茨维坦·托多罗夫：《象征理论》，王国卿译，商务印书馆 2004 年版，第 96 页。
② ［奥］西格蒙德·弗洛伊德：《释梦》，孙名之译，商务印书馆 1996 年版，第 564 页。
③ Paul de Man, *Allegories of Reading: Figural Language in Rousseau, Nietzsche, Rilke, and Proust*, New Haven and London: Yale University Press, 1979, p. ix.

间有一种完美的连续性。通过重复性的联结关系,符号替代了所指物"。① 或者说,根据理查兹,人对客体的经历和对客体进行意识之后的经历二者之间具有同一性。语言和感知是相互关联的,视觉感知和词语都可以被视为符号,二者都有指称功能,似乎在语词和实体之间没有任何供能指游戏的地方。

理查兹所论述的关于文本的力量属于一种归化思维,但是很显然,这种表意理论是象征的而不是符号的。词语是通过与客体的联系,代替了客体,对词语的经历变成了对客体的经历。但是,理查兹并没有从历史上或者理论上对之加以说明,即所指和能指之间的纽带是原初性的动因还是任意性的呢?可以说,理查兹忽略了"我看到一只猫"这个短文本之中"猫"符号作为意义的空间转义点,进而让人产生了意义的幻觉。事实上,我们通过词语的描述所"看到"的世界,并不是"猫"的形状、颜色,而是可以命名的客体。我们不过是通过类比原则,从视觉感知进入词语,但是同时又借助隐喻从词语回到视觉感知,这一切都是在主体的反思过程中进行的。文本中的转义应该是借助语言中的物质性即可见的字母和词语模式,把认识论倒回到视觉模式上去。理查兹忽略了这个转义过程,也就必然导致其表意论是基于意识上的同一而不是借助语言的符号化来完成的。这也充分说明了,语言作为修辞性表述与现实的认识论之间是一种非对应性关系。

其次,转义点是意义生成的构成要素。解释一旦建立于朴素的同化意图上,把文本内由于修辞造成的紧张关系进行掩盖,就形成了伽达默尔视域融合中所暗含的无奈,融合必然意味着解释的强力介入,而事实上的解释只能去暴露这种紧张关系,修辞关系只能被视为一种符号的隐喻性关系的构建,把不同于自身的符号以相同或不同的方式融合。这里的紧张关系不是纯粹的,而是符号之间的。

任何文本都是语言的,但语词并不是透明的,而是如伽达默尔认

---

① Paul de Man, *Blindness and Insight: Essays in the Rhetoric of Contemporary Criticism: Essays in the Rhetoric of Contemporary Criticism*, Minneapolis: University of Minnesota Press, 1983, p. 230.

为的"摹本",是在能指与所指之间架设起来的语词媒介。传统的认识论认为,语词是人创造的,但语词在人之初与人同时生成,只不过由于人难以忍受索绪尔所说的符号的任意性,而宁肯把语词归为一种任意性的符号。然而,这里的符号的任意性却无法解释语词作为零摹本时表现出来的镜子效果。

这就需要反思,在意义的生成转换中需要借助语义点来作为逻辑起点,以不同事物之间的相似或相邻的关系来推断其可能性特征,实现从逻辑语义向可能性的心理反应的转换。这就涉及了符号关系之中象征与符号之间的差别。象征由于意义的无限性被浪漫主义美学推崇,但象征不是纯粹的符号,因为象征与所指物之间有一定的联系,共同构成了一个自指的体系。然而对于符号来说,符号永远都不能自指,不能以符号来指涉自身的存在,只能靠指涉他者来实现符号自我的存在。简言之,符号体系的转换是一种不平衡的意义转移,在于符号不断减少自身的物性,同时不断扩大他者的物性特点,实现对他者的指涉。此时的转换点是包含有他者属性的空符号的转义。

具体到艺术认识论来说,对符号关系的转换的分析来自对艺术的目的论的认识论,是模仿自然还是模仿真理,文本符号作为表现物不是内容而是一种形式化的呈现。这是解释的理念论问题而不是理想化问题,解释理念是基于方法论考虑,实现文本的意义本源化,而解释理想化是为了把文本内涵超验化、理想化。二者在寻找符号转换点上的分歧,必然导致意义推理过程中的人为理想化认识论对文本符号的介入。或者可以说,转义的理据即为符号的转换点,在认识论上主要表现为形象、属性、功能。从单一的主客体模式变成了多维的证伪模式,以知识的可信度为标准。可以说,对符号的解释来自对符号的认识,比较解释也就是一种认识论,只不过立场不一样。认识论是主体对客体的认识,而解释是我注六经式的介入。二者在转义点上有着截然不同的选取视角。

二 文本的语象

文本都具有语言自身的文体特征构成的文本之"象",然而,文本语言的每一个成分是否都是功能性的，并且具有文本外指涉的意义，这是一个需要深入反思的问题。德·曼认为，"把语言看作是符号和意指系统，而不是既定意义模式，可以转移甚至悬置文学的和所谓非文学的语言运用之间的障碍，把全部作品从文本经典化的世俗重压下解放出来"。[1] 修辞阅读的目的，并不是否认语言从文本内到文本外的指涉的可能性，而是因为我们无法断定文本语象是否也有类似现实世界的发生原则，与此同时，修辞阅读也并不是否认文本的意义的运作机制，而是把权衡重心放置于意义的生成之前，这样可以更好地审视我们的阅读过程，辨析文本语象化中是否会出现由于语言的指涉作用的不定性导致的认识偏离。

德·曼多次探讨语象的相关问题，如他的博士学位论文的"叶芝的戏剧和历史"一节，《浪漫主义修辞》中"叶芝的意象和图征（emblem）"一节，《浪漫主义与当代批评》中"象征主义的两面性"一节，以及《审美意识形态》中"黑格尔《美学》中的符号与象征"一节，他的目的是说明，文本符号的"象"在表层表现为意象与图征，即一方面是为了文本自身的存在表现出来的语言的功能化，另一方面是由于读者阅读的介入，把意义引向了外指涉，混淆了语象作为美学的一部分中所蕴含的认识功能，这种困境在深层则表现为历史与美学的关系问题。

第一，意象的修辞与图征的认识论之间的非连续性。德·曼早在其博士学位论文关于叶芝的诗歌分析部分中就已经指出，意象和图征之间的张力对于诗歌文体和主题在意义生成方面造成了很大的困境。在德·曼看来，叶芝的图征诗歌并不是抒情诗，也没有表达想要寻找主体与客体之间的一种天然的统一性，而是为了"尽力以神圣存在的声音说话，以外位于自然来显示自身"[2]。

德·曼通过对比抒情诗和象征诗指出，叶芝其实从未注意到"象

---

[1] Paul de Man, *Resistance to Theory*, Minneapolis: University of Minnesota, 1986, pp. 9 – 11.
[2] Paul de Man, *The Post-Romantic Predicament*, Edinburgh: Ediburgh University Press, 2012, p. 128.

第四章　文本寓言的认识论

征的功能是反戏剧的（anti-dramatic）"①，例如在戏剧诗歌《在贝勒海滩上》中，叶芝的神学思想被充分注入了诗歌创作中，也正是基于此，神之间的斗争只能表现为一种象征，尽管是一种被提升后的斗争，但依然只是把世俗间的斗争转换为了神之间的斗争，其中象征与戏剧并不是融合，而是排斥的，象征只是看起来"是和解的使者"②。同样，在《来自星星的独角兽》戏剧诗歌中，叶芝又让意象执行着象征的功能。整首诗中没有一个统一的主题，缺少了象征的力量。叶芝让诗歌中出现的相互对立的两种象征力量一直处于一种张力之中，但是却缺少了戏剧的张力来架构整首诗的戏剧化进程。叶芝的诗中的戏剧修辞力量让戏剧和陈述合二为一来实现自己的创作意图，这主要表现为历史的戏剧化。

德·曼把叶芝诗歌中的意象和图征加以区分是为了说明，单纯的风景描写是自在的，而图征中的风景描写中含有丰富的传统的、历史的、神圣的等方面的内容。事实上，德·曼对叶芝的诗歌的批判也指出了一个问题，即叶芝想要表现的意象是混乱的。一方面是纯粹的意象的不可能性，即只能是一种未被识别出来的图征；另一方面，图征的存在恰恰证明了创作中固有的模式的影响，影响了创作的认识论。图征代替自然意象的失败可以归于"诗歌不能驱散与他们意象相异的戏剧化成分"③，结果造成了诗歌中的一个奇怪的现象，即把充分装饰成分的、寓言的图征装进了一个戏剧化进程的诗歌中。文本的戏剧化不断排斥图征的丰富内涵，图征又时刻排斥戏剧化进程对内容的简化。

这一点尤其表现在诗歌多个方面的对照（antitheses）中，如"傻瓜与盲人，Cuchullian 反对 Cochubar，老人反对年轻人，理智对抗情感"④，但是，叶芝对于这些对照中所含有的认识论并没有直接深入分析，只是

---

① Paul de Man, *The Post-Romantic Predicament*, Edinburgh: Ediburgh University Press, 2012, p. 129.
② Ibid., p. 133.
③ Ibid., p. 130.
④ Ibid., p. 132.

把象征的内容加以罗列，更没有意识到它们会成为整个文本结构的不足之处。正如德·曼自己所说，"体系的自相矛盾（antinomies）的踪迹很容易被发现，尽管这些踪迹经常被奇怪的扭曲了。可以随手捡起一个线索，通过其重复、类比随着它的蜿蜒前进，从这本书到那本书"。①

对照作为修辞方式，不仅可以显示文本的语象化过程，还可以帮助呈现我们的认识立场，如中国古代的连山法、归藏法，山形结构和圆圈结构；西方的柏拉图的理念：从一种型到另一种型，最后归结为型；亚里士多德的认识论逻辑：个别和一般层次一体，不可分割的本体论；以及德国古典哲学创新出来的哲学逻辑方法：康德的菱形判断表、范畴表，设想的理性巴别塔，黑格尔的大小圆圈模式有机结合为一体，就形成了彩色立体型的认识论模型，完成了河图样式的转化和质变，使它从思辨的形式变为直观的具体的形式，从而使哲学逻辑图像的应用功能彰显出来。

德·曼只提到了叶芝诗歌中的对照的修辞力量，即便如此，他也很清楚地指出了对照作为修辞格的技巧分析对戏剧文本结构的影响。从德·曼的分析来看，叶芝的象征来自法国象征主义。事实上，叶芝所向往的泛神论的"一"（oneness），即人与自然之间的统一远不如尼采，至少尼采把狄奥尼斯神话作为一个解释圈来看，从破坏掉最初的人与自然的统一，到重新回归统一，至少艺术如音乐是一种不可或缺的力量。尼采的艺术观仍然是对浪漫主义艺术概念的回归，即艺术是统一于自然的归元。但是，德·曼在《象征主义的两面性》一文中指出，象征主义者正是意识到作为自身存在与非自身的自然之间的分裂，无法去认识去命名他者，自然和世界，自己所运用的语言与世界的存在不是统一的，语言"只是一个象征"②。这里的象征不是传统认识论

---

① Paul de Man, *The Post-Romantic Predicament*, Edinburgh: Ediburgh University Press, 2012, p. 135.
② Paul de Man, *Romanticism and Contemporary Criticism*, E. S. Burt, Kevin Newmark and Andrzej Warminski ed., London: The Johns Hopkins University Press, 1993, p. 150.

中认为的统一主体与客体的抽象的艺术概念，而是一个把主体与客体的分裂清楚显现出来的一种展示窗口。语言是恢复统一的重要入路，象征主义诗人意图借助象征，重新回到被驱逐的乐园。

然而事实上，象征语言并不能直接把我们带入被分离的起源，恢复的动力来自人的想象力，换言之，人的精神世界与物质世界的分裂要通过语言来表现出来，但是却只能靠想象力来实现。这样，表现在文本内即象征语言中所蕴含的两个方面：一是语言中所蕴含的人与世界的分离，二是人的想象力所意图恢复统一的努力。这样的语象必然是一种困境，读者或者看到的是统一，或者看到的是分离。

从哲学认识论看，对于巴门尼德的存在论来说，作为归元的一的统一中也蕴含了这种语象的困境。存在不能自己存在，只能以非存在来界定自身的存在。同样在费希特的自我论中，"我"的存在也要从"我"与"非我"的转换中发现存在，"语言是对这种存在混乱的反思"。[①] 换言之，正如德·曼所说，"虚无主义是意象和图征之间无法解决的冲突的结果"，[②] 我们无法决定文本更倾向于哪一个极点。意象、符号、象征和图征都是能指上的不同称呼，是文本内相对应内容的外在表征。从认识论看，德·曼是把这些作为一种符号修辞来认识，而且在文本意义生成中产生不同的效果，其结果只能是在建构的过程中，由于语象化中的相互解构导致了意义的不确定。

第二，美学的修辞性与历史的认识论之间的张力。意象与图征的最重要区别在于其是否含有历史性内容，或者说，文本在意义生成过程中所依赖的成分是历史性的还是美学的，这是文本语象化分析的重点。这个问题也是从史前到后现代过程中，关于美学如何来认识的重要问题。

---

① Paul de Man, *Romanticism and Contemporary Criticism*, E. S. Burt, Kevin Newmark and Andrzej Warminski ed., London: The Johns Hopkins University Press, 1993, p. 159.

② Paul de Man, *The Rhetoric of Romanticism*, New York: Columbia University Press, 1984, p. 177.

史前时代的美学，是人与自然相合的认识立场，强调人对自然的有机认识。一旦人对区分后的艺术有所意识，这种意识是人的最初自觉，美学就从自然的消极的变成了积极的，也让人学会把陌生的美学变成熟悉的事物，掌握了其中的相像性。然而，理性时代的美学让美学成为人的牺牲品，陌生的、异质的美学不存在了，一切都能在理性中找到根据。在浪漫主义和后浪漫主义看来，一切概念和概念化的理解都是这种美学的牺牲，是人对艺术的认识的简单化和投射，即将艺术简化为与我的意识相似的事物，从而通过我的意识来控制美学。人按照某种模式来认识美学，美学并不重要。这是对人，也是对美学的一种近似"双重戕害"（阿多诺语），即以字面上的"美学契约"来废除美学的存在。人通过自我的虚无和美学的外观化来归约美学。

从语言认识论看，美学认识论的能力从古希腊时期到18世纪的理性时代，再到后现代时期发生了很大变化，人与自然的美学关系也从认识性的美学到表达性的美学，再到一种虚无的投射，以无形式美学对抗理性美学。美学堕落了，其原有的美学即意义变成了一种为了外在于美学的指称的物。原本的美学认识论变成了神话，理性、概念、虚无都成了人的美学认识论发展的神话变体。德·曼在对自传文本和政治文本的分析中批判了这种文本认识论。

在《失去原貌的自传》一文中，德·曼指出，"因为文类概念所指的是美学功能和历史功能，那么，最为紧要的就不只是将自传作者和他的经验分离开的那种距离，还有就是美学的和历史的之间的可能的汇聚"。[1] 自传相比较小说等其他文学形式来说，更有确定性、可信度，这是因为自传文本内的所发生的时间似乎可以潜在地得到证实，在文学形式上似乎属于"一种简单的指涉性的、再现性的和指示性的（diegesis）的模式"[2]，即使自传文本中可能会有虚构的成分在，但是

---

[1] Paul de Man, *The Rhetoric of Romanticism*, New York: Columbia University Press, 1984, p. 67.
[2] Ibid., p. 68.

由于所发生的事件都来自一个真实的主体，这些虚构的成分也会因此而显得微不足道。然而，德·曼却把自传看作是"非文类或非模式的"，它作为一种阅读或理解的"修辞格"，"某种程度上发生于所有的文本之中"。① 即使对于法国自传理论家菲利普·勒热讷来说，关于自传的定义也不是建立在事实性的基础上的，而是建立在言语行为上的一种"契约性"关系。自传文本内主要讲述的是作者内心的、个性的历史，而不是外部的重大历史事件。自传文本必须遵循一种"自传契约"（autobiography pact），即作者向读者和出版者保证真实性，出版者也要负责审查其真实性，在此基础上，读者才会认为自传文本内就是真实的事件②。

同样，德·曼也批判了卢梭的自传《忏悔录》中的美学在契约上的虚幻性，似乎《忏悔录》的真实性，是由作者卢梭及其签名所构成的契约来实现的。然而事实上，卢梭在《忏悔录》和《一个孤独的散步者的遐想》中两次提到"玛丽永事件"，是通过语言的运用实现了从事实的陈述变成了主体的辩解。偷丝带的善恶价值观，被转换为卢梭偷丝带这个行为的真实和虚假，其辩解是以真实的名义发生的，但是，根据借用丝带来展示这个辩解事件与真实状况的方式来看，文本中的忏悔是"指称性的"，而辩解是"语词性的"③，从语言的认识论看，卢梭的忏悔语言既可以是指称认识，具有历史性的作用，也可以是表述性的作用，具有自传文本的美学需要。二者之间不是泾渭分明的，德·曼的目的是让读者想象，卢梭文本中所谓的忏悔语言其实是不真实的，并不具有历史性意义。

德·曼选择自传文本作为研究对象，其目的不言而喻。自传文本作为最具真实性的文本，它的语象构成也极具含混性、揭示了语言符

---

① Paul de Man, *The Rhetoric of Romanticism*, New York: Columbia University Press, 1984, p. 70.
② ［法］菲利普·勒热讷：《自传契约》，杨国政译，生活·读书·新知三联书店 2001 年版，第 218—219 页。
③ Paul de Man, *Allegories of Reading: Figural Language in Rousseau, Nietzsche, Rilke, and Proust*, New Haven and London: Yale University Press, 1979, p. 280.

号对于文本建构和意义生成的重要性，语言符号不只具有历史性的、外指涉的作用，还具有自身文本的意义。然而在实际的阅读中，读者更倾向于认同自传文本的历史性，忽略其美学文本的意义。关于自传文本的美学意义，菲利普显然更愿意关注自传文本的历史性，忽略美学文本中由于语言的修辞性导致的美学认识论失败。这也从反面说明了，自传文本是非历史性的文本，更何况其他文类的文本。

德里达在《类型的法则》中也指出过文本类型的结构化问题，任何文本都"参与"一个或者几个类型，或者说任何文本都会具有某种结构的潜质，但是"参与从来不等于归属"①，因为从文学行为论来看，文本在结构上的"参与"行为并不能作为划分的依据，也不能从中找出其建构理据的先验性范畴。正如约翰·佛柔评价的，德里达的观点属于"某种熟悉的后浪漫主义"②，他拒绝传统的文本认识论意义上的分类。

美学与历史的关系，就是揭示文本双重实体的重要入路，文本内的两个系统分别配置给了美学和历史，前者是语法化的系统，后者是比喻系统，后者的含义经常颠覆了前者的语法意义，因此，我们无法在语言符号中的美学功能和历史功能被区分开之前，就对文本意义作出判断，只能把一切意义归于语象，即文本的语象是所有意义生成的材料。

三　文本的表意体系

一般而言，我们对事物的认识都基于一种概念或理论的假设，不同的人因此就会产生不同的视角，这是尼采的"透视论"所揭示出来的问题。或者说，尼采把世界看作一个文本，他通过质疑传统的语法结构来悬置传统的客观认识论。但是，不同的是，德·曼拒绝了后哲学中的否定思维，以一种自然化的认识方式来呈现认识中的悖论，语

---

① Jacques Derrida, "The Law of Genre", in David Duff ed., *Modern Genre Theory*, London: Longman, 2000, p. 230.
② Frow John, *Genre*, London: Routledge, 2006, p. 26.

法化或修辞化都无法真实呈现文本,就在于文本作为表意实践经常处于一种修辞和认识的悖论共存的困境之中。

文本表意体系中的语法和修辞,是人们认识文本到世界之间的关系的阅读视角,也是传统的文本认识论的观点。一方面,文本犹如一架语法机器,无语法不文本,这是索绪尔结构主义的思路,即遵从了先验论和唯理论的认识论立场,把文本的构成因素归为关系项之间的差异对立,在一个体系内彼此构成了文本形态。但是,另一方面,文本又是一种修辞化的存在,任何肯定性的认识论都是语法化思维的结果。当解释的制造者想要把语法和修辞融为一体,其实就是在倡导一种有机论,即文本的任何形式化表现都会逐步实现言义合一,最终走向传统的名与物的应和式认识论,变成一种认识意义上的"帝国主义",因此,德·曼以及后结构主义者们强调反讽的意义,否定把文本视为某种语法表意体系或修辞表意的存在。

德·曼的否定认识论为阅读打开了一个新的视野,但是在阅读方法上却造成了一个认识障碍,即传统的语法化的阅读模式在修辞化文本面前宣布失效了,因为任何阅读首先都是修辞性的,也因此必然会对先前的修辞阅读进行再次修正,这样就造成了符号层级似的意义压制,如果语法和修辞都是阅读的重要成分,必然会出现其中一个对于另一个的"否定",语法化认识被修辞化认识所解构。德·曼在《抵制理论》一文中直接指出,阅读"就是一种否定过程","不能导致对任何实体(例如语言)的知识,而是产生知识的一种不可靠过程"。[1]

然而事实上,从现代美学来说,浪漫主义美学推崇的象征美学,渴望整体性的存在,质疑文本的寓言美学则是真正的审视文本。把主体看作上帝一般,把文本历史化,仍然无法拒绝文本的多义性,更无法把文本看作独立于时间和空间的存在物,阅读需要摆脱这种传统的形而上学思维方式去理解文本的客观性。文本作为一种存在者,是当

---

[1] Paul de Man, *The Resistance to Theory*, Minneapolis: University of Mionnesota Press, 1986, p.114.

下生活的一种显现样式，它的多样性或者在解释层面上的歧义性都是一直"客观存在"的，这一点不是主观可以改变的。

文本表意体系的哲学认识论基础是西方形而上意义上的认识论传统，即使对于后哲学来说，其极端的反相位模式，也是以此为基础展开的。"我思"故我在，我思的是意义，意义是知识；"我在"的是世界，世界是语言的同构存在。由笛卡尔开启的是一种语法特征的符号体系，它把意义的根本性忽略了，把语言结构、思想结构和世界结构一体化了，从这一点我们也可以看出尼采驳斥形而上学和语言结构的目的。如海德格尔在《形而上学导论》中所说的，"世界因冲突而存在"，一旦结构化了，冲突如何存在？然而文本又不只是一个文本，是在海德格尔意义上的人的存在论展示，"整个世界就是一个文本，或更确切地说，是一个由文本构成的图书馆"。① 人的"在世"总是历史化的，人对文本中所蕴含的人的在世再现也必然总是历史性的，这就决定了一切都是修辞化的。

对此，德·曼持反对立场，认为一切语法化或者概念化都是"对语言的否定"②。这是因为在德·曼看来，语言与真理之间的关系，永远不是"一个没有调解的联系"，"真理是客体以稳定的在场状态和意识构成统一体，这个统一体包括我们，但却并不等于是绝对的统一。语言不是真理，而是两个仍然在本质上相互对立的存在模式之间的调解"。③ 那么，无法完全得以调解的歧义是如何产生的呢？

文本作为存在，这是客观性的必然，但却不是传统认识论认为的某种现实意义上的客观，其中所描写、理解的世界都是即刻性的在场，我们不能以传统的形而上的方式去思考。文本作为一种存在，它的历史局限性对于文本自身的存在来说，是即刻性的，无所谓主观、客观

---

① ［德］马丁·海德格尔：《形而上学导论》，熊伟、王庆节译，商务印书馆2009年版，第70页。

② Paul de Man, *The Post-Romantic Predicament*, Edinburgh: Ediburgh University Press, 2012, p.99.

③ Ibid., p.67.

或者先验、超验，更不是主客体主体间性的存在，因为一旦进入叩问意义的过程，就必然会出现否定性的阅读，进而否定了文本的存在。

但是，我们这里谈论文本的否定性，并不是要做出一种二选一的否定性对立，二元对立的模式是传统的认识论模式，它可以视之为文本表层上的普遍现象，但却不能把它作为认识的本质，因此，选取一个认识论视角很重要。例如，巴特的"中性"的策略就采取了一种非二元对立的认识模式，它在审视文本内的文化编码的表意体系时，对一切事物都无所取舍，放弃判断，于是就避免了冲突，巴特在《符号帝国》中倡导，禅宗禁止语言就是远离各种意志，它表现出"一种巨大的实践力量，这种力量注定要制止语言"，它提出来的"悟"造成"语言的空白推导了符码对我们的统治"[①]。同样，对于德·曼来说，如果把文本符号所构成的表意体系看作是语法化的，那就成了一种概念实体的武断判断，如果以修辞化来二元对立式地否定，就会陷入纯粹的否定认识论陷阱之中，可以这样说，德·曼对意义的"不可言说的"困境的慎重思考中蕴含了一种反基础论色彩。

---

① ［法］罗兰·巴尔特：《符号帝国》，孙乃修译，商务印书馆1994年版，第111页。

第五章

修辞的认识论

"修辞"是德·曼论文中经常提及的词语,也是国内外德·曼研究中的关键词,但是他却从没有给自己提出的"修辞阅读"下一个概念性定义。我们这里只列举几部论文集中题目包括"修辞"的论文为例,如:

(1) 论文集《盲视与洞见》(1971):《盲目的修辞》《时间性修辞学》;

(2) 论文集《阅读的寓言》(1979):《符号学与修辞》《转义》《转义修辞学》《劝说修辞学》《寓言》《阅读的寓言》;

(3) 论文集《抵制理论》(1993):《波德莱尔的寓言和反讽》;

(4) 论文集《审美意识形态》(1996):《帕斯卡尔的劝说寓言》《反讽的概念》。

这些论文中明显运用了修辞学方面的术语和观点,对文学文本的修辞现象之于文本意义的作用进行了深入细致的挖掘和思辨。然而,德·曼所说的"修辞",不属于传统意义上的辞格论,而是介于辞格修辞与劝说修辞的一个范畴;它也不单单是在术语或者语调上有了一些变化,而是在不断的论辩过程中形成的一种新的修辞论,它具有一种本质上的变化。

从意义论角度看,以修辞来观照文本意义的生成,就是为了发掘出作者对文本话语进行安排时所依据的原则。德·曼把修辞作为文本阅读的重要意义发生原则来看待，其目的不在于建立一个修辞阅读体系去做概念知识的分析推理，而是关注这样一个修辞之于意义生成的认识论问题。我们通常从狭义的角度把修辞看作一种典型的语言表述式，却忽略了其中的认识论要素，或者说，修辞作为作者构建意义和读者阅读意义的解释方式，二者之间的偏离也是必然的。

本书的第二章已经对象征和寓言作为认识论的模式进行了探讨；本章选取模仿、交错法和反讽为例来揭示辞格中认识论与解释（修辞性表述）之间的非对应性，主要是因为它们作为语言的表述方式之中蕴含了典型的转义模式，有助于辨析语言的语法化（认识论）和修辞化（解释论）的悖论共存特点。

第一节 模仿

言意一致，是传统的语言论观点，对于柏拉图来说也是如此。柏拉图认为，言说的声音（vocal sound）是无限多，但是，与之相对的"字母"却不能让人们"从中获得关于任何单一字母的知识，拥有它却并不理解"，把字母统一起来的关联是"一种读写的艺术（the art of literacy）"[1]。我们的心灵可以被比作一本书，记忆和感知和其他感觉在一个特定的条件下一致的话，就会把语词写进我们的心灵，"如果写的是真实的，我们会形成对事物的真实的判断和真实的说明。但是我们写的是错误的，那么结果将会是真实的对立面"[2]。所以，柏拉图崇尚言语（对话）不信任语言，就是担心它会让我们远离真实（理式），进而把模仿当作对事物的真实认识，无法达到言与意在逻各斯中的理想统一，这就是我们通常所说的模仿说。或者说，模仿也是连接言与意的重要的语言表述方式，尽管它是虚构的，但也是某种对应

---

[1] Plato, *Plato Complete Works*, John M. Cooper ed., Indiannpolis/Cambridge: Hackett Publishing Company, 1997, p. 406.

[2] Ibid., p. 428.

论，艾布拉姆斯就认为，"模仿是一个关联语词，表示两项事物和它们之间的某种对应"。①

模仿作为一种认识模式，是语词之于现实的一种单向度的表述形式，恰如我们欣赏绘画和照片，是去欣赏其中所蕴含的模仿认识的表现方式，不只为了去认识所刻画的事物。对于德·曼来说，模仿其实是"修辞格"②，而且是"其他众多转义中的一种"③，它以其虚构性的本质和意识形态模式作为运作模式，向我们展示了一种非实在性。

一 虚构性

传统的模仿论中，模仿的虚构性问题被放置于一种朴素的认识论的框架内，文本虚构与现实世界构成类比，通过对现实世界的仿真达到对其运作形式的置换，从而实现从艺术内部来审视现实世界。文本内的虚构和文本外的真实相吻合构成了模仿认识论的基本原则，即一种类比性的存在。然而对于德·曼来说，把模仿作为文本对现实的虚构，是因为我们对虚构的错位认知，虚构性（fictionality）其实是"模仿的另一个术语"④，指的是由于文本内可经验的现实世界的缺席，只得通过虚构或者虚指的形式进行指示，来促成现实实体在文本内的修辞化生成。

从理论上看，模仿是一种虚构修辞。热奈特（Gérard Genette）曾对"虚构"进行词源学分析，证明了虚构和修辞格之间的共生关系。虚构这个词语来自拉丁文动词"fingere"，表示"制作""描述""虚构""创造"的意思，其名词形式是"fictio""figura"，也就是虚构

---

① [美] M. H. 艾布拉姆斯：《镜与灯：浪漫主义文论及批评传统》第二版，郦稚牛、张照进、童庆生译，北京大学出版社2004年版，第6页。

② Paul de Man, *Blindness and Insight*: *Essays in the Rhetoric of Contemporary Criticism*: *Essays in the Rhetoric of Contemporary Criticism*, Minneapolis: University of Minnesota Press, 1983, p. 84.

③ Paul de Man, *The Resistance to Theory*, Minneapolis and London: University of Minnesota Press, 1986, p. 10.

④ Paul de Man, *Blindness and Insight*: *Essays in the Rhetoric of Contemporary Criticism*: *Essays in the Rhetoric of Contemporary Criticism*, Minneapolis: University of Minnesota Press, 1983, p. 283.

(fiction) 和修辞格（igure）的原型，二者都是从这个词语中派生出来的，因此修辞格可以被看作是虚构的别称①。修辞格的意义也就在于："其一是用寥寥无几的话语所产生的纯粹形式意义上、非明显的语义上的修辞效果，对此有人以显著和典型的结构特征名义将之命名为修辞格；另一种是通过语义转换的效果产生了语义内涵丰富的'奇迹'（我们会对这个词有一种重新发现的认识）。"② 德里达也曾把文本看作是模仿，是对所指的模仿的模仿的模仿，这个过程的延续无止境，它是以"模仿复制在场，通过替换在场来补充在场"③。模仿以其多样的形式指示了书写和真实世界之间的关系，这是一个再现实在和意义的想法，但是，在超验现实主义的影响下，现代诗歌中出现了否定这个认识原则的趋势，它们倡导意义并不存在于所要表达的语词之外。后浪漫主义时期，象征主义让意义独立于语言表述之外，它的出现正是基于模仿的危机，模仿的危机也解释了意识形态解构现象，赋予言说能指的物质和形式重要性，同时也打乱了内容和表述之间的平衡，作品中的信息是不及物的，真理也不再具有价值，意义也被终结了。

德·曼也认为，"文本因此不是能指的模仿，而是一种特别的修辞格拟人法（prosopopeia）的模仿。因为模仿自身是修辞格，是修辞格的修辞格（拟人法的拟人法），在表象和实在方面的任何程度上都不是描写"。④ 或者说，模仿以修辞表述的形式出现，在文本表象方面指的是言说与所指之间任何联系的缺席，在人与物之间的实在关系的描写方面，指的则是话语逻辑关系的错位修辞。

在文本表象方面，虚构性作为模仿的重要因子，是由于言说与所指之间联系的缺席。例如，对于卢梭《忏悔录》中关于对偷丝带事件

---

① [法] 热拉尔·热奈特：《转喻：从修辞格到虚构》，吴康茹译，漓江出版社2013年版，第14页。
② 同上书，第17页。
③ Jacques Derrida, *Of Grammatology*, trans. Gayatri Chakravorty Spivak, Baltimore and London: The Johns Hopkins University Press, 1997, p. 289.
④ Paul de Man, *The Resistance to Theory*, Minneapolis and London: University of Minnesota Press, 1986, p. 48.

的问题，德·曼就指出，"真的组织原则"在忏悔和借口两种叙述中是不一样的①，真实的忏悔，其逻辑起点是认识论意义上的真或者假，或者说，真/假是卢梭忏悔事件在文本层面上各个相关词语意义汇聚后的在场，然而事实上，卢梭的忏悔不是认识论意义上的，而是审美意义上的，它是基于一种辩解的、满足自我暴露欲望的语言事件。从根本上看，卢梭的忏悔录不是认识，而是一种摆脱了真假之辩的审美判断，其目的是述行性的，服务于作者的情感目的。德·曼从语言的认识论发掘出了卢梭文本内缺席的意义，刺穿了认识与辩解之间的悖论性存在，揭示了卢梭自传文本的虚构性。

从存在认识论看，卢梭文本内所刻意描绘的是一个普通人由于犯错后想要忏悔的一种个人事件，其指涉层面是错的，因为作者所反映的是人的内心世界。但是从另一个方面看，卢梭描绘的是大写的人的内心世界，把大写的人的世界作为一个指涉事件看，这却是错的。作者的目的是建构一个社会性的人的世界，但语言反映出来的却是一个人的自我的世界，其目的性越强，暴露的自我性也越多。或者说，卢梭的忏悔事件是语言事件，是借助模仿论中对事件的再现来实现自我的虚构，即自我内心世界作为本体以爱情的名义被虚构出来，达到模糊自己忏悔的动机。

在德·曼看来，"使虚构成为虚构的不是事实与表述之间的某个极点，虚构跟表述毫无关系，而是言说与指涉物之间任何联系的缺席，无论这一联系是否是因果的、编码的，或者被任何其他的设想出来的使之体系化的关系所控制的"。②这里，德·曼想要说明的是，虚构不是语言和世界之间某一个方面的虚假或者是非事实的存在，而是二者之间的联系由于某种原因在文本内无法被发掘出来，因而使得文本呈现为一种虚构性。这种能指与所指之间的分离是常态的、不可改变的，

---

① Paul de Man, *Allegories of Reading*: *Figural Language in Rousseau, Nietzsche, Rilke, and Proust*, New Haven and London: Yale University Press, 1979, p. 280.
② Ibid., p. 292.

"似乎想让虚构独立于任何意指过程的那一刻孤立出来是不可能的；就在它被锚定（posited）和它所产生的语境的那一刻，它立刻就被误读进了一种被多种因素确定的确定性之中"。①

德·曼这里关于虚构的论述说明了一个问题，任何文本的模仿其实都是作者依据自己的创作意图，用因果等诸多修辞手段把分离的二者联系起来，并强加上一定的意义。这种意图就是模仿的原因，即我们的任何关于文本的阅读都是基于某种原因和意图，把分离的能指与所指强行组合，进而得出固定的意义。

在人与实在的关系的描写方面，由于虚构的存在导致了话语关系方面的错位描写。这里的"错位描写"，实际上类似于语言学转向的虚构话语论。言语行为理论就把文学看作是虚构话语，借助文本虚构的文学世界来实现从虚指到实指的延伸。塞尔的在《虚构话语的逻辑地位》一文中指出，虚构话语属于一种"假装的（pretending）"言语行为②，其中蕴含了一种意向性在里面。热奈特显然否定了塞尔关于虚构话语的"假装"，认为尽管虚构文本每次都向真实借鉴，却都是转化为虚构成分，绝不引导到文本外的任何真实。"这种不及物性通过题材之虚空性或泛话语之封闭性，变文本为独立的客体，变文本与读者的关系为审美关系，在审美过程中，意义与形式是不可分割的。"③ 简言之，虚构话语的指称是述行的结果，而不是描述的事实。

德·曼在分析里尔克诗歌中的博喻修辞格时，就反相位表达了这种分离作为修辞手法所能实现的效果④。诗歌中没有直接命名实体，而是用"法则""怀乡病""森林""歌唱""网"这些喻体以多种能

---

① Paul de Man, *Allegories of Reading*: *Figural Language in Rousseau*, *Nietzsche*, *Rilke*, *and Proust*, New Haven and London: Yale University Press, 1979, p. 293.

② John R Searle, *Expression and Meaning*: *Studying in the Theory of Speech Acts*, London: Cambridge University Press, 1976, p. 65.

③ ［法］热拉尔·热奈特：《虚构与行文》，载《热奈特论文集》，史忠义译，百花文艺出版社2001年版，第106页。

④ 第六章第二节《指称因果的述性》部分对诗歌的前半部分做了分析，这里只分析诗歌的最后两句。

指的形式与本体"你"发生逻辑关系。这首诗后两句中的押韵部分则又构成了另一种能指形式:"Lass denine Hand am Hang der Himmel ruhn/Und dulde stumm, was wir dir dunkel tun."[①] 这里的准押韵(dulde stumm)和头韵(wir dir, dunkel tun)实现了诗歌意义在语音层面上的升华。也可以这样认为,里尔克的诗歌返回到音乐和语言共有的丰富而异质的开端。这种语音修辞的效果,实际上是对诗歌前半部分的巧妙回应。

诗歌前半部分,能指与所指的分离,表现为一种虚构认识论,然而,诗歌后两句的语音修辞实现了修辞的表意性,是一种朴素的认识论。语音中不存在能指与所指的分离,因为其中不含有逻辑企图。前文中各种称呼与实体之间构成的逻辑关系,是一种意义陈述,以指称逻辑转义为具有真假价值的命题。但是,诗歌里这些押韵和头韵,不需要与本体之间构成任何对应,也不存在于本质、本体的相符合,更无法从语音修辞中读出经验效果。诗歌前半部分的虚构,与后半部分的"写实",其实都是一种虚构,是对作者内心深处实体的理解的模仿,只不过前者是虚幻的、分离的,是对命名式的对立性的实在关系的界定,后者是朴素的、实体的、体验式的,它直接诉诸感受的差异性。二者都是诗歌的意义生成方式的一部分,而且都是对读者而言的一种不真实的、虚构性的描写。

里尔克诗歌中在符号修辞和语音修辞共同作用下的虚构性描写,是借助文本能指尝试与读者建立一种意义上的契约关系,也就是说,符号修辞并不试图在能指与实体(所指)之间建立确定的关系以便获得确定性的意义,而是以不断更换的能指的名称唤起读者对实体的不同感知,使实体意义隐喻化。语音修辞是对实体的一种召唤,更是对实体的一种直接式回应,与意义相关联。整首诗歌的意义发生原则归于这种虚构性的双重性,其模仿的本质不在于文本层面上的名称或者

[①] Paul de Man, *Allegories of Reading: Figural Language in Rousseau, Nietzsche, Rilke, and Proust*, New Haven and London: Yale University Press, 1979, p. 28.

语音，而是基于一种诗歌整体性上的意义转义。

二 意识形态性

模仿的虚构性，是基于一种文本内容真与假的认识论基础上产生的；但是，模仿的意识形态性却是在语言的认识论影响下产生的"类真实"，德·曼曾坦言，"虚构会变成意识形态",① 甚至于有时候会产生某种认识论混乱，混淆了"语言"和"自然实在"。这就涉及一个重要的问题，即文本阅读中意识形态的作用问题，或者说，模仿如何借助其意识形态性来混淆文本内的认识性陈述与修辞性表述的。

第一，文本的模仿是意识形态性的，它与现实之间的关系性是再现性的。阿尔都塞曾把意识形态与现实的关系看作是"想象性的关系"，即一种"再现的再现"。模仿的虚构性让文本内的认识和虚构分别处于两个指称体系，不存在直接的文本内外对应关系。从认识论看，意识形态语言再现这个事物，同时却又是意味着另一个事物。真正的事物却是不可再现的。我们只能以想象性的方式来再现。这显然属于一种三元的认识论，每一个意识形态过程都有符号价值，意识形态就是符号，它再现、描写和代表了一些自身之外的东西。或者说，模仿是意识形态的，意识形态又是寓言性的，经常言此及彼以此客体指向另一个客体，因此，文本模仿中的现实是一种意识形态性的世界，而不是认识论意义上的世界。

从文本的指称与所指物之间的关系看，文本的类真实（意识形态性）是在意识形态的作用下被转换过的现实镜像，它只服务于文本的审美意识形态，从而造成一种仿真感。巴特在《神话学》中通过对比分析所指的、主题的阅读与能指的自由游戏之间的关系，凸显了能指对于文本的意义，揭示了模仿的意识形态性。巴特提出"能指的解放"，让文本阅读摆脱了社会主题论的局限性，他指明了文本中的

---

① Paul de Man, *Romanticism and Contemporary Criticism*, London: The Johns Hopkins University Press, 1993, p. 170.

"指涉幻象",认为"意识形态的体系是虚构的"①。德·曼在评价巴特的神话论时也指出,"虚构是人类创造的最好的市场化的商品",② 神话作为一种虚构在任何社会架构中都存在,但是,它毫无语义的责任,仅仅是虚构出来的符号而已。

詹姆逊则从语言和思维的关系出发,从另一个角度验证了德·曼的认识立场,即任何寻求模仿的本质论都是一种神话。西方形而上学思想中,思维和语言之间的关系中隐含了一种幻想,"即单义的物质是存在的,绝对的此在是存在的,因而我们可以直接面对事物;意义也是存在的,而且应该有可能'断定'它们到底是语言的还是非语言的,此外,还存在着一种叫知识的东西,我们可用一种明确的或一劳永逸的方法来获得它。所有这些观念从根本上说都是那个关键的有关绝对的此在的形而上论的实质的各种表现;这一形而上的观点促使主体(在这一点上与萨特的那个虚幻的'自在'不无相似之处)坚信无论自己的经验多么支离破碎,别的地方肯定存在着绝对的完整,正是对此在的这种信念构成了西方思想的'围墙'或认识极限;德里达本人的问题就在于他自己也属于这个传统,无法摆脱它的语言和惯例,并且必定陷入困境"。③

第二,语言的意识形态特性。语言注定与意识形态有着不可分割的关系,其历史性的(时间性的)存在必然让其具有了某种意识形态的色彩。或者说,任何语言的认识论都是意识形态性的,它以其意识形态性对非主流的认识模式造成认识压制;同理,不同模式的模仿认识论之间也会出现彼此的冲突、融合。这是因为我们无法找到一个超验的语言来作为终极标准认识、解释一切,不同的意识形态只是某种程度上有了部分的认识功能。

---

① [法]罗兰·巴特:《文之悦》,屠友祥译,上海人民出版社 2002 年版,第 46 页。
② Paul de Man, *Romanticism and Contemporary Criticism*, London: The Johns Hopkins University Press, 1993, p. 170.
③ [美]弗里德里克·詹姆逊:《语言的牢笼:马克思主义与形式》,钱佼汝、李自修译,百花洲文艺出版社 1995 年版,第 144—146 页。

德·曼曾提出，"任何文学研究必须面对自己的解释的真值问题，而不再是内容超越形式的天真信念，而是作为一种混乱经验的无法消除偏离指称内涵的自我话语的后果"。[1] 德·曼所说的解释的"真值"实际上就是追问模仿之于文本意义的逻辑基础，质疑文本语言之中的意识形态的价值。恰如在《抵制理论》一文中德·曼指出的，"在逻辑领域里，语言学关于自身话语的严谨，同数学关于世界的话语的严谨相匹敌"。[2] 17世纪的几何学认识论被认为是当时唯一可靠的推理方式，是因为其他的所有方式，都会引起某种程度的混乱，而只有擅长几何学的头脑才能意识到这种混乱的存在。

意识形态性所具有的类认识的功能，主要表现为如理查德·沃尔施所说的意识形态虚构转化为关联的问题，即解释大都来自对文本中的"关联性的预设，而不是对文字真假性的期待"，或者说，这种虚构"是一种语境假设，也就是说，在理解一个虚构言说时，明确假设这个言说是虚构的，它的语境效果将依赖于字面真实性的那些含意置于相对从属的位置，更重视那些通过广泛累积的方式建立关联性的含意"。[3] 这种认识论必然消除了虚构与非虚构的界限，更忽略了文学模仿之中的语言问题，以及语言与存在的关系问题。

拒绝把能指与所指直接地、紧密地结合起来，也拒绝在语言符号中构建一个完整的现实世界，这是德·曼反思模仿论中的意识形态问题，其目的也是为了排除解释中对文本发展各种所指内容的可能性。在文本虚构的语境中，模仿的真实性消失了，文本之于现实的指涉成了"幻象"，各种人物和事件都是文本对世界进行模仿的一种话语，其指涉已经蜕变为虚构世界内部的指涉了，读者处身于一个跟现实世

---

[1] Paul de Man, *Romanticism and Contemporary Criticism*, London: The Johns Hopkins University Press, 1993, p. 174.

[2] Paul de Man, *The Resistance to Theory*, Minneapolis and London: University of Minnesota Press, 1986, p. 106.

[3] [美]理查德·沃尔施：《叙事虚构性的语用研究》，载詹姆斯·费伦、彼得·J. 拉比诺维茨主编《当代叙事理论指南》，申丹、马海良等译，北京大学出版社2007年版，第163页。

界相分离的虚构世界,语词与实在相关联的"纵向原则"就不得不被暂时悬置了。

福柯也曾否认从文本外部理解语言修辞的可靠性,认为文本是语言修辞的产物,"把自己封闭在一种根本的非及物性(intransitivite)之中;它摆脱了所有那些在古典时期可以使它传播的价值(趣味、快乐、自然、真实)并使所有那些可以确保对这些价值进行滑稽地否定的东西(丑行、丑陋和不可能的事情)在它自己专有的空间中产生出来;……当语言作为扩散了的言语变成了知识对象的时候,却以一种截然对立的形态重新出现:词静静地、小心翼翼地淀积在空白的纸面上,在那里,它既无声响又无对话者,在那里,它要讲的全部东西仅仅是它自身,它要做的全部事情仅仅是在自己存在的光芒中闪烁不定"。[1]

第三,意识形态性的运作方法。德·曼把模仿论从传统的认识论困境中拉出来,并没有陷入虚无主义困境,他强调文本是非再现的、能指的游戏,这是因为人们知识的科学认识功能不可能直接地表达出来,它必须通过语言的象征和隐喻功能表达。科学概念体系是严密的隐喻体系,是思维的符号化,是思维的表现形式,思维附着在概念身上表现自身,而思维就是存在本身,因此,意识形态功能主要表现为一种"用词不当"(catachresis),如定位与错位,句式层面上的功能表现,从人的心理到客体的过程,是一种非知解力,而不是知解力,客体的呈现也是识别(identity),而不是存在(being)。人对语言的理解,无论是欲望还是知识,都源自人对物与名的一种虚幻的认识。这显然不同于马拉美的《模仿》中所揭示的关于写作的无所指涉论(non-referentiality),其所谈论的"纯诗"没有包含任何真实,即没有任何实在(reality)的再现,诗歌必须"把自己包裹在神秘之中"[2]。马拉美是想通过文本的相互多重的转写,消解本原、模仿和真实等传

---

[1] [法]福柯:《词与物》,张宜生译,载杜小真编选《福柯集》,上海远东出版社 2003 年版,第 112—113 页。

[2] Roger Pearson, *Stephane Mallarme*, London: Reaktion Books, 2010, p. 49.

统概念。

文本模仿中意识形态运作的模式，主要以一定的意识形态素对文本符码进行替换来实现意义的转义，其中蕴含了结构主义关于文本意义的生成认识，即一种"代码的置换"[①]，如新批评的符号置换，结构主义的结构置换，这里的能指与所指都是被强行固定的文本语言符号系统。然而，后结构主义者却反其道而行之，把固定的文本符码的转换模式变成了一个不断流动的符号群，认为文本内外之间的代码置换是任意的游戏，却永远不会有终点，如德里达的延异论、拉康的能指游戏[②]。

进一步看，阅读、理解、解释本身都是一种意识形态。"学院派"批评家们宣称一种客观性，"假装不存在意识形态"，他们"以常识的名义接受或拒绝所有意识形态下的批评"，但是事实上，"传统批评中温和模式的折中主义（eclecticism）是最专横的意识形态"，[③] 因为他们自认为自己知道哪种方法正确，哪种是错误的。人以隐喻的方式来把自己对世界的解释强加于世界，认知本身就是诗学的和政治性的，阐明概念也属于语言学行为，所以这些借助于语言来实现其意图的努力实际上都是一种为了增加说服力的修辞，这就是认识论的危机所在。

不同于其他后结构主义论者，德·曼坚持了文本模仿论的悖论性，即虚构和现实之间的反讽关系。反讽揭示了虚构之于现实的越界，即文学需要对现实进行原生态反映，但文学自身的反讽模式又常常对自我进行揭示，由此产生的反讽状态说明了模仿之中的意识形态性，即一方面是现实世界，另一方面又是意识形态的世界，文本语言所说非所是，而意味着其他的东西，而经验性的成分也就变成了隐喻。这是德·曼模仿论对传统认识论下的文学模仿论的改造。特里·伊格尔顿也认为，"对于德·曼来说，在一个视呓语为真话的时代，无限的自

---

① [法] A. J. 格雷马斯：《论意义》（上），吴泓缈、冯学俊译，百花文艺出版社 2005 年版，第 9 页。
② [英] 特里·伊格尔顿：《二十世纪西方文学理论》，伍晓明译，北京大学出版社 2007 年版，第 126 页。
③ Jonathan Culler, *Barthes: A Very Short Introduction*, Oxford: Oxford University Press, 2002, p. 50.

我反省式的反讽是我们达到经典超验世界的最便捷的途径"。①

三 非实在性

非实在性（irreality），指的是一种虚幻的、不真实的存在状态，这是对传统认识论意义上实在论的反向观照，它不再强调主体和客体在现实世界中相符合的二元论立场。从语言认识论看，非实在性指的是文本内的能指与文本外的所指在关系性上表现出来的不一致，能指并不指向文本外的物质世界，或者所指也并不是文本的旨归。德·曼认为文本内的非实在性恰恰是文本意义生成的重要原则之一，是作家根据创作意图对现实的反相位观照。

例如，德·曼在对里尔克的诗歌《祈祷的码头》进行分析时，指出了文本内所具有的许多超现实的特征：诗歌利用黄昏时刻的昏暗灯光来反映运河的河水，倒映着的世界比真实的世界还要真实，昏暗灯光下的街道比白天的街道还要清晰，诗人把现实的属性转化为一种非实在性表述。诗歌里空间的、视觉的描写在光与影的工作作用下，展示了一个超现实的世界。然而，诗歌里的一个时间点"布道日"显示了诗歌现实时间的真实性，这里的时间是"死去的布道日"，是对已经消失的真正的现实时间的回忆，我们只能从河水上面所留下"组钟的声音"（the bells of the carillon）听到世界。这时候的"码头"就不再是真实的了，"这个实在不再很坚实地固定在地面上，倒影使之空虚了；虚幻的稳定性已经被镜子里的影像的超现实的非实在性（ireeality）所取代"。② 换言之，时间已经变成了一种可以听得见的实在，世界却只能是非现实性的映像。

德·曼对文学作品中的非实在性问题反复论证，既从文本层面分

---

① ［英］特里·伊格尔顿：《美学意识形态》，王杰、付德根、麦永雄译，中央编译出版社2013年版，第342页。

② Paul de Man, *Allegories of Reading*: *Figural Language in Rousseau*, *Nietzsche*, *Rilke*, *and Proust*, New Haven and London: Yale University Press, 1979, p. 41.

析了意义生成的过程,又从认识论层面分析了理论术语之于意义生成的介入作用,这是对传统实在论的认识论反思。根据实在论,最朴素的实在论认为物体就直接呈现在世界之中,物即象本身所显,无所谓现象和本质之论。这种朴素的实在论成了后来各种认识论的基础,如戴维森的实在论认为的:语言与世界的关系是一种同形同构的关系。然而从更宽泛的实在论看,虚构论背后都有一个形而上学的认识论做支撑,如可能世界论背后必然有一个本质的世界,各种道德价值观背后必然有一个道德本质。虚构并没有让认识论从形而上学中逃离出来。

德·曼的非实在论某种程度上类似于后哲学中以达米特(Michael Dummett)为代表的反实在论,认为语言的意义不依赖于文本的现实世界,语言的使用来自使用者对语言的理解。意义论是存在论的基础,只有先了解人们是如何用语言对存在进行描述的,才能真正了解存在。传统的形而上学都是以"图像"的形式出现,其观点本身并没有意义[1],很明显的悖论是,实在论者坚持真值的语义学,但却形成了一种隐喻化、图像化的表述方式。任何对世界的描述,都是描述语言事实,而不是客观存在。事实上,"意义、理解和知识三者的关系是语言哲学中最有趣的没有解决的问题",[2] 任何语言表述式可以脱离其固定的语境仍然具有自身的命题意义,然而一旦脱离原初语境,其意义必然也会改变。因此,有效的意义论必定注意到了语言原有的概念和意义,还考虑了语言表述式在新的语境之中与言说者的理解和知识的融合。达米特强调了意义发生的非实在性,即意义论是"关于理解的理论"[3]。它把语言与世界分割开,不再把世界作为意义生成的指南,这个观点本身也是后浪漫主义主体的认识论困境,以及19世纪以来浪漫主义认识论中对主体的张扬对主客体关系认识论的影响。再者,否

---

[1] Michael Dummett, *Elements of Intuitionism*, Oxford: Oxford University Press, 1977, p.383.
[2] Michael Dummett, "Appendix 2: Sluga", in *The Interpretation of Frege's Philosophy*, Harvard: Harvard University Press, 1981, p.530.
[3] Michael Dummett, *The Seas of Language*, Oxford: Clarendon Press, 1993, p.36.

认词语的意义直接来自其与世界的关系，认为意义的多元化只是能指与所指的多种连接的表现，任选其一进行所谓的寻求本质式的阅读，只能是形而上学思维下的本体论。换言之，传统认识论中强调模仿以及文本中作者和读者之于文本的意向性，都是实在论的表现，唯有去除这种把存在作为一种本体上和认识论上之于主体的独立性，才能看透从本体升发而来的现象论，只关注语词及其之于其他语词和世界的相关性，才是真正的非实在论。

德·曼把"非实在性"的言意关系论运用于解决现实的认知再现问题，其目的是批判形而上学的"再现论"，即再现总是对隐身于背后的某个客体的再现。同样，对于卡西尔来说，再现不是反思（reflection），毕竟我们的目的是为何要了解客体的知识，而不是关于再现客体的这种再现行为呢？每个经历的阶段都有一个再现的特点，因为从这个阶段到那个阶段是通过经验的整体性原则来实现的，个体从属于整体。特别的经历只能通过构建性的知觉行为来获得意义，而知觉必然是一种关于某种结构的逻辑存在于心灵之中。

19 世纪末期的再现危机，导致了类似的解释者、理论框架、语言游戏、概念框架等危机。所有这些理论都反对再现危机，是因为它们可以提供一个第三方力量来调解认知与实在的关系，说明主客体假想双重性的破裂。这里的认知框架把实在进行知觉结构，如卡西尔的象征形式。符号、象征、意象等通过与同一个阶层的其他内容所处的不同位置来获得意义，与此同时，也正是通过这个关联，个体可以获得代表整体的机会。内容代表结构，从而引发其再现。

第二节　交错法

交错法辞格的英文"Chiasmus"，从词源学上看，来自希腊词语"Chiasmos"，这里的"Chi"即希腊词语中的"X"，因此也有人把"Chiasmus"写作"Xhimos"，这是因为"X"的形状充分展示了这种修辞格在语言表述上的外在结构。例如"One should eat to live, not live to eat",用最简单的表述式来表示这个结构,即 ab, ba。前后两个分句中的词和句法以相反的、颠倒的方式出现。汉语中的"回文"也是类似的表述,如"信言不美,美言不信",即相同的词或者句子在下文中颠倒过来,产生首尾相接的修辞效果。

交错法之于意义的产生在于其关系项之间的对立、交叉、融合,以及由此产生的新的关系项认识。在德·曼所撰写的论文中,交错法辞格变成了用以解构如里尔克的诗歌、普鲁斯特的小说,以及席勒和康德的美学文本的法宝。那么,德·曼把交错法作为一种典型的语言表述方式来加以分析,对于理解语言的认识论有何启发呢?

一 错位解释

交错法的产生前提是事物的并列,然后才有对立项之间的交错、配列。例如寓言体小说中正义与邪恶的对立、神话故事里神仙与现实的对立,这些文学作品中不同人物的并列对比是交错法产生的前提,也是后世文学复杂化的基础。从文本认识论看,鲜明的二元对立的文本属于一种语法文本,是静态的,文本中的人物是功能性的,文本叙事的推动依赖于语法逻辑和概念逻辑的推演。然而,一旦对立发生了交错,整个文本结构就会呈现修辞化的样态,产生动态的认识逻辑取向,文本的推动力转而依赖于文本的对象化逻辑。这一点在德·曼论及里尔克的"转义"一文中表现得十分清楚。

德·曼认为,里尔克诗歌的魅力来自他对人的"自我的最隐秘的部分"的探讨。从诗歌的形式看,里尔克重视语音逻辑对意义的展示,例如"Lass denine Hand am Hang der Himmel ruhn/Und dulde stumm, was wir dir dunkel tun."这两句诗中[1],主韵和准押韵(dulde stumm, wir dir, dunkel tun)使得整首诗要表达的宗教思想与音韵搭配合适,充分

---

[1] Paul de Man, *Allegories of Reading: Figural Language in Rousseau, Nietzsche, Rilke, and Proust*, New Haven and London: Yale University Press, 1979, p. 28.

展示了里尔克想利用语音在听觉上造成的文体效果来实现自己的目的，显示了"诗歌的指称是语言的一种属性"①。

然而，德·曼却发现，里尔克诗歌中的主题与形式之间并不是完全融合，或者说，"意义和用来传达意义的语言手段之间的融合"，②是否真如里尔克所设想的那样呢？正如德·曼所评价的，里尔克诗歌的独特性就在于"主题和形象之间的习惯性关系被歪曲了"③，主客体之间的关系也并非我们通常意义上的二元对立，而是以交错法的方式来实现的。诗中描写的物体结构与语言的比喻的潜在结构之间的关系，以及颠倒词语与事物属性之间的交错，促成了里尔克诗歌的"交错法语音诗学"④。这里涉及了从主体到客体的移置过程中的主体丧失，以及镜子的反射导致的虚幻的稳定性，还涉及了时间、指称、总体化和内在性等问题。

首先，交错法将主体移置客体，使主体丧失。例如里尔克的《黎明之前》一诗中，"我是一根琴弦，/穿越广阔的空间，发出轰鸣的回响"，⑤ 属于"我"的内在精神被移置到物体"琴弦"之中，一个客观实在的主体变成了一个空心的琴，一个含混不清的主体的内在经验变成了可以感知的琴声。在德·曼看来，"原本属于主体的内在性却被内置于物体之中，物体不再是不透明的、实心的，而是空心的，就像盒子里装满了黑色的感情和历史"。⑥ 物体与主体在属性上发生了交错配置：

我　　不可以听　　主体

---

① Paul de Man, *Allegories of Reading: Figural Language in Rousseau, Nietzsche, Rilke, and Proust*, New Haven and London: Yale University Press, 1979, p. 31.
② Ibid., p. 25.
③ Ibid., pp. 35-36.
④ Ibid., p. 49.
⑤ 译文选自［美］保尔·德·曼《阅读的寓言》，沈勇译，天津人民出版社2008年版，第39页。
⑥ Paul de Man, *Allegories of Reading: Figural Language in Rousseau, Nietzsche, Rilke, and Proust*, New Haven and London: Yale University Press, 1979, p. 36.

第五章　修辞的认识论

| 琴 | 可以听 | 客体 |

在这个原本的二元对立中,"我"和"琴"的主客体的对立是明显的,然而在里尔克的诗歌里,原本具有共识性的主客体辩证认识模式被取代,诗中所展示的不再是主体面对客体,而是主体属性的全部丧失,并且被移置为客体属性的一部分。这种移植的可能性在于结构上的类似,客体琴作为乐器,并不是象征主体的主观性,"我"与客体琴之间也不存在本质上的类似,但二者却在形式和结构上有类似性,也即把原有的内在性的属性外化为一种品质加以交错配置,以词语描写来强化二者在属性上的交错效果。

同样在里尔克的诗歌《图像集》里,"你用你的目光⋯⋯/缓缓地搭起一棵黑色的树,/将它纤细、孤单的躯干竖立在天空的前面。你创造了这个世界。⋯⋯你创造了这个世界,而它是广阔的,/它就像一个在平静中仍然变得成熟的词。/一旦你证明自己理解了现实的意义,/现实就会彬彬有礼地让你的眼睛获得自由⋯⋯"[1] 在这首诗里,"世界"是交错配置的中心点,传统的认识论把世界看作是由客观的物体构成,然而在里尔克的诗歌里却是由"你的目光"构成的,而且这个世界还是一个"词语的世界",唯有当你走进世界,才能发现其中的意义,也才能实现"眼睛"的自由。这里,世界变成了眼睛的客体,但这个客体的属性是"词",其意义深邃亟待你的理解。在原本主客体辩证法中主体认识世界的模式,变成了客体由主体建构。

其次,交错法导致现实与非现实世界之间的属性的交错配列,加强了人之于世界的识别的意义。在里尔克的《祈祷的码头》一诗中,"清澈的黄昏的河水⋯⋯/ 映着⋯⋯/镜像的悬浮世界/它比任何时候的事物更真实"。[2]

---

[1] 译文选自[美]保尔·德·曼《阅读的寓言》,沈勇译,天津人民出版社2008年版,第43页。

[2] 同上书,第44页。

现实	城市	总体化
非现实	悬浮世界	非总体化

"镜子"原本只能映照出事物的幻象,然而,这首诗歌里的镜子却具有创造世界的功效,而且镜子里的世界比真实的世界还真实,很显然诗歌以镜子作为中轴,把镜子里和镜子外的两个世界做属性上的交错配置,将镜子世界的虚像真实化、稳定化,镜子外世界的真实相应地弱化。

再例如,"街道迈着轻盈的脚步/……当它们到达广场时,它们等待着/永远等待着另一次行走,单独地/穿过清澈的黄昏的河水……",① 这里的"街道"与"人"之间,"走"的属性被赋予了街道。这里的"能指的解放",破除了传统意义生成的可能性,原本把意义固定于指称的认识论被解构了,从客体和意识中发掘出意义和主题的可还原性是对作者意图的最大尊重,但是,交错法导致了主体的丧失,也导致了言说的失败。里尔克用"内在性"(不同的称呼如内心、形成、内心世界)这个矛盾的术语来称呼这个"指称性的丧失",此时的内在性,"并不意指意识的自我存在,而是指向了那个可以依赖的指称的不可避免的丧失。它表明诗歌语言适用于任何事物如意识、客体或是两者的综合的不可能性"。②

对比王国维的"有我之境"和"无我之境",前者指的是逻辑化的思维,是"以我观物";后者指的是审美直观的思维,是"以物观物"③。王国维推崇"不隔"说,同样强调要以直接的、形象化语言来造就境界,这一点显然与里尔克的立场一样,都强调人与物之间的直接性,即不依赖于原有的词语之间的搭配对"我"和"物"的限制。

---

① 译文选自〔美〕保尔·德·曼《阅读的寓言》,沈勇译,天津人民出版社2008年版,第45页。
② Paul de Man, *Allegories of Reading: Figural Language in Rousseau, Nietzsche, Rilke, and Proust*, New Haven and London: Yale University Press, 1979, p. 47.
③ 王国维:《人间词话》,中华书局2016年版,第2页。

里尔克推崇的交错法不只是对传统认识论的突破,更是在解释各种成分的交错搭配会给意义生成带来的巨大空间。传统的语法逻辑文本从柏拉图到索绪尔,是一种时间的线性逻辑;然而里尔克诗歌中意象语言削弱了认识论的概念意义,强化了情感逻辑,实现了从叙事模仿到反实在认识论的转变。这必然导致一个解释问题。

德·曼对交错法的辨析,说明了文本语言实际上是语言与心智的关系,而不是语言与世界的关系。交错法的体验现象中,体验的"X",实际上就是体验性视觉下的"X",文本内的相异性(alterity),促成了解构的出现。或者说,德·曼所思考的语言的逻辑和符号问题,是关于意义的真知问题,是认识论。所指(物)与名(文本)之间,"人"的具身性存在值得思考。把线性语言转变为一个客体或者肉体,产生了一个时空效果。这种优势在于,把交错法变成了一个可见性的隐喻,一切都是一种错位的解释,而我们传统意义上的解释都是以现实语言来替代审美语言,是对文学文本的认识论错位。

二 论辩推理

修辞常常被用来作为哲学论辩和推理重要认识工具,古希腊柏拉图的洞穴隐喻、太阳隐喻、线段隐喻都是用来阐发自己的理式论,说明人的不同认识阶段的表现。谭善明就曾指出,柏拉图的不同隐喻都是以文学转义的方式阐明哲理,这种方法实现了"修辞学和辩证法的合一"[①],修辞学的价值就在于让哲理变得富有文学魅力。解构论的鼻祖尼采也曾用超人、古希腊神话中的日神阿波罗和酒神狄奥尼索斯作为论证悲剧诞生的重要认识论类别。关注修辞格的认识论意义,是为了发现修辞本身所含有的从本义到修辞意义的转换。交错格作为转义修辞的一种,它不只是建构哲学的工具,还是解构自身的重要入路。

德·曼在《帕斯卡尔的劝说寓言》一文中对帕斯卡尔(Blaise

---

① 谭善明:《柏拉图"哲学修辞"中的转义问题》,《西南民族大学学报》(人文社会科学版)2017年第2期。

Pascal）的认识论进行了彻底的剖析，认为交错法是帕斯卡尔重要的辩证推理模式，如《思想录》中到处都是双重对立的内在游戏：数学心灵（mathmatical mind）和直觉心灵（intuitive mind）、自然与习俗，但是，这些对立并不是纯粹的二元对立，而是一种辩证模式，它既建构自己的体系，同时又使之修辞化了。甚至帕斯卡尔自己后来也不得不承认，自己关于几何学精神的分类描述不能自圆其说。

　　了解交错法，必须先了解二元对立构成的立论。在帕斯卡尔的思想录中，数学心灵和直觉心灵是对立项，前者是证明和辨别真理的最好的方法，但是与此同时，他又认为原始术语是"不证自明的"，因为相比一些生活中的概念或真理，原始公理是"自然之光"的恩赐，以此思路推导下去，那么几何学证明方法的最为极致的地方"来自自然而不是论证"[①]。这种认识混乱十分明显，帕斯卡尔一方面把数学看作是最好的推理论证方法，另一方面又把神秘论看作认识的另一个重要来源。对于帕斯卡尔来说，命名中的名（nominal）属于命题式的，受到了各种因素的影响，但是，真正的定义如原始公理是不需要的。从意义的认识论看，帕斯卡尔所认为的原始公理中的命名属于词与物的一一对应，所指的本质并非为人所知，而是侧重于词与物的关系。这样，命名中就包含了转义。

　　这种认识论悖论也同样出现在帕斯卡尔关于人的心灵观中，尽管帕斯卡尔在反对理性主义和怀疑论时，表现出来一种数学家的客观和哲学家的严谨，然而，他的认识论悖论中也仍然出现了一种认识意义上的建构。例如，他把心灵分为数学的和直觉的两种，前者是通过定义和规则来认识，后者是通过观看生活中的"规则"来认识。二者的区别在于，直觉是判断的一部分，后者是智力的一部分。但是，前者不能成为直觉心灵的原因是，"他们不能看到他们眼前的东西，而是习惯于数学的总结和不言自明的规则，而且习惯于指导他们清楚地看

[①] Reijer Hooykaas, "Pascal's Science and Religion", *Tractrix* 1 (1989), pp. 115–139.

清并且能运用这些规则,他们在面对规则无法处理而需要直觉的事情时一筹莫展"。① 后者同样存在认识模式上的无法交错,或者说,两种认识模式无法共享认识某一个公理。

德·曼从认识论逻辑角度研究了帕斯卡尔的认识论困境,认为后者所提出来的数学的和直觉的分类实际上分别隶属于命题的和情态的两种逻辑,在从命题逻辑到情态逻辑的过程中,读者始终无法放弃自己一直保留的"怀疑论的立场",因为命题陈述属于认知,情态的逻辑则属于述行,而人的述行无关乎人认识的真假。这种悖论性认识论立场必然影响了帕斯卡尔对人本质的阐述,"人不是一个可以定义的实体,而是一个超越自身的不间断运动"。②

在《帕斯卡尔的劝说寓言》一文中,德·曼借助交错法的转换系统,充分展示了帕斯卡尔如何利用二元对立来展开自己的哲学修辞的,同时也展示了其修辞盲视。例如:

自然　　第一性　　恒常性
习俗　　第二性　　易消除性

在这个二元对立中,帕斯卡尔这样描述,"不同的习俗(customs)产生其他一些自然原则。这可以为我们的经验看出来。如果有一些原则不能被习俗所消除,也有一些习俗原则与自然相反,不能从自然和新的习俗之中消除掉。它依赖于个体的性情"。③ 在整段论述中,帕斯卡尔关于自然和习俗的二元对立是交错的,自然的第一性可以让渡给习俗,而习俗的易消除性也是自然中必然有的属性。

---

① Blaise Pascal, *Pensees and Other Writings*, trans. Honor Levi, New York: Oxford University Press Inc., 1995, p. 150.
② Paul de Man, *Aesthetic Ideology*, Minneapolis and London: University of Minnesota Press, 1996, p. 64.
③ Blaise Pascal, *Pensees and Other Writings*, trans. Honor Levi, New York: Oxford University Press Inc., 1995, p. 39.

这里涉及一个认识论问题，即概念如何形成，意义如何确立？简单的矛盾律认为，A 不能为非 A，通过排除逻辑矛盾，观念就有了意义。同理，自然与习俗之间，认为是自然的必然不能是习俗，二者的存在就自然而然是对立的。事实上，简单的矛盾律推出来的意义，是一种语词与所指之间的对立，即指称是符号的所指。然而，意义其实更多是所指的方式，含义是所指的符号表达方式。对于帕斯卡尔的自然与习俗的对立，习俗的界定是根据不同社会团体的生活方式，即不同团体对同一个物体的有所崇拜和有所禁忌之间所存在的不同，正是所指方式在社会生活中的反映。显然，简单的矛盾律无法对应社会生活中的概念和意义的问题。

从整篇文章的论述来看，德·曼是为了证实帕斯卡尔面对语言时的无奈，一方面是语言的认知功能，另一方面是语言的情态功能。然而从认识论角度看，无论帕斯卡尔还是德·曼，交错法都是一种哲学修辞的方式，是用来发现观点建构过程中的洞见和盲视。

三 预设否定

交错法以并列为认知基础，即以一种预设否定的方法构建一个体系，然而在实际的概念辨析中，又出现了各个对立项之间的交错、配列，这都源于每一个思想家都会在自己的立论之中预设了一个矛盾。

德·曼在论及席勒对康德的崇高论的阐释中，认为席勒误读了康德，把数学的和动态的崇高界定为一种对立的状态，进而演绎出了新的对立，即理论的和实际的崇高，借此把论点推及知识与自然存在之间的对立，即表现和实在的对立，而这个矛盾实际上是席勒自己的预设。

德·曼首先指出，席勒的整个文体特色是转义的，"因为他写出的没有不是两个围绕一个交错配列、体系对称的句子"。[①] 在席勒看来，"理论的崇高中，自然作为认识的客体，处在与表象本能的矛盾

---

① Paul de Man, *Aesthetic Ideology*, Minneapolis and London: University of Minnesota Press, 1996, p.135.

之中。实践的崇高中,自然作为感情的客体,处在与自我保存本能的矛盾之中"。① 德·曼选择了席勒论崇高中的一对加以分析:

自然　　　恐惧
理性　　　平静

因为人面对自然,感觉到自己能力有限,所以有所恐惧,但是当理性充盈自身,感觉到自然的恐惧可以被战胜,于是崇高感产生。因此,自然与恐惧、理性与平静是相互配列的。然而事实上,自然并不仅仅会导致恐惧,因为自然也会让人平静,例如花草、篱笆。产生崇高感的是理性之于恐惧,产生了一种分离和自由。于是,自然和理性都可以与恐惧配列,也都可以与平静配列。这里可以看出,其交错法的理论价值在于审美上的对指涉的审美化处理,在认知上的述行实现了它的知识论目的。

另外,数学上的或者理论上的崇高在席勒的崇高论中是一种"表现上的失败"②。对于康德来说,数学上的崇高在能力上无法来把握它的强度,如自然的无限性,我们的想象力无法掌控,但是对于席勒来说,实践上的崇高是由于在身体条件的作用下我们无法来抗衡自然带来的危险,这是人的力量无法超越的。如果以大海为例,康德面对的是平静的大海,席勒面对的则是暴风雨中的大海。从认识论看,这种崇高论表现在知识论方面,如:

知识　　　　　表现
自我保存　　　实在

---

① [德]弗里德里希·席勒:《席勒散文选》,张玉能译,百花文艺出版社1997年版,第67页。

② Paul de Man, *Aesthetic Ideology*, Minneapolis and London: University of Minnesota Press, 1996, p. 139.

转义前后文本语言表现出来的是一种悖论，证明了二元对立本身就是一种预设否定，其目的是显示某种逻辑推理下的两种观点不能同时为真，但实践却证明二元对立下的意义含混，使得两个命题和表述共时存在。对于席勒所提出来的"实践性"（practicality），德·曼持否定态度，认为他亲近、关注实践，"导致了一种与实在的完全脱离，是一种完全的理想主义"。①

德·曼用席勒来证明，交错法通过倒置或者错置，颠覆了形而上的同一性、因果关系、主客体关系等概念体系。从认识论层面上的推理和解释来看，这是一种因果论，即人与对象之间的认识论和解释问题。当某物存在，即某物有存在理据，因此对某物的解释是以物的原因提供的可理解性为前提的。借用胡塞尔的观点，任何语言表述式都是含混的，是人的主观意向性把这种含混的表述秩序化。

对比席勒的三种存在，以及皮尔士的三性，如：

三种存在：物质的、审美的、道德的
三性：质地、事实、判断

这里都涉及的是意义认识的顺序：物质的存在需要通过物的质地来认定，审美性的存在需要由人的审美视野来确定，道德的存在则需要人的理性判断。三者之间都存在一个从语言到存在的认识过程，或者说，我们的结构性对立在交错法的认识作用下，从词语的概念结构转换到了叙事性问题。语言作为人认识客体的介体，是思想的自我反思，语言逻辑必然受制于思想逻辑，这种三元论思想强调语言符号的意义是关系性的，而非实体性的。

可以这样认为，交错法展示了对立项中的不同极性存在的意义。主客体作为极性存在之间交错的可能性，也就随时可以造就一种当下

---

① Paul de Man, *Aesthetic Ideology*, Minneapolis and London: University of Minnesota Press, 1996, p. 142.

性。一旦当下性的存在生成，原有的极性存在自动消失，一系列对立链在叙述的元隐喻关照下交错配列，实现了整个文本的顺利展开。文本推动力不再是主体，而是颠倒后的伪辩证法的存在，这是因为与辩证法相对比，后者是形式上的交错法的反相位展示，其辩证性矛盾在更高层次可以实现新的统一，但是交错法则恰恰相反，对立的双方可以相互交换，却无法调和，也不具备辩证关系，是一种空性的存在，拒绝新的结构性封闭或者思想上的新统一。

根据上述的论述，交错法作为一种认识方法，是言说者借助二元对立的设定来构建自己的认识论，或者是审美化的，或者是哲学修辞，然而这种交错法是一种人为的、理论化的模式，是语法结构上的，同时也是认识论意义上的，更是一种哲学意义上的。德·曼借助对交错法的分析和驳斥，实际上也是对同时代后现代学者们反对形而上体系的一种重要的补充，值得我们思考。再者，交错法作为一种认识论判断方式，也是用以发掘各种理论背后的盲点的重要方式。

第三节 反讽

反讽以其"言此意彼"的典型表达方式，颇受文学创作和文学批评的关注，诺思罗普·弗莱曾说，在亚里士多德关于讽刺的概念中，反讽作为一种文学技巧实际上指的是，"一种避免直接陈述或者直接言明的言说方式"[①]。从反讽的语言表述形式看，如"A 是 B"，并不意味着二者之间就可以归为一个类型或范畴，而且此"B"只是一个上义词，它需要借助其中的"B^1"或者"B^2"等来解释，也就是说"A"不是真正的"B"，相反亦是如此，"B"也不是"A"，这是一种不可逆的意义推理过程。或者说，反讽中隐含着语言符号的差异论，

---

① Northrop Frye, *Anatomy of Criticism: Four Essays*, Princeton and New Jersey: Pinceton University Press, 1957, p. 40.

"A"与"B"之间是一种否定性认识论。

从西方语言的认识论传统看,从古希腊"苏格拉底反讽"的"佯装不知"的反式推理,到理查兹的文学语言反讽是为了在语言意义的相互冲突之中获得"平衡",它们都从不同方面展示了反讽作为一种典型表述方式的认识论意义;浪漫主义的主体反讽则把反讽升华为一种文学创作原则;语言学转向后的语言认识论更进一步丰富了反讽的认识论视角,如解构主义认识论就突破了传统的认识论视角,否定一切原有的意义,解构了语言的中心地位,让一切都处于反讽之中。有学者直接把反讽看是"语言运作本身的本性"[1],德·曼作为解构精神的传递者,不仅关注反讽,还从反讽的语言表述中发掘出了转义的特性,认为它不仅导致了意义的不确定,还影响了人们对事物的认识、解释,让我们无法辨析清楚它的语言表述中认识论和解释之间的错位关系。

一 转义性

反讽的"言此意彼"的构式特点,在许多理论家看来,逐渐变成了一个类似于概念的修辞格,于是学界又衍生出来诸多如情景反讽、戏剧反讽、结构反讽,等等。似乎"反讽"是一个结构性实体,我们可以建立一个"+反讽"的认识模式。但是,如果对众多理论家的反讽论进行比较,会发现它自身的内涵不仅多样化,而且还会因它的转义特性影响意义的生成。例如,施格莱尔是从浪漫认识论关注反讽,视之为"自我创造和自我毁灭的经常替换"[2],这一点恰如费希特的"我"与"非我"的论述,即唯有这种看似悖论的态度才能理解事物存在的整体性。对此,黑格尔以辩证精神驳斥,认为浪漫主义认识论

---

[1] Eric Gans, *Signs of Paradox: Irony Resentment and Other Mimetic Structures*, Stranford: Stranford University Press, 1977, p.64.

[2] [德] 施莱格尔:《雅典娜神殿断片集》,李伯杰译,生活·读书·新知三联书店1996年版,第60页。

关注的"我"的反讽,不是客观存在的反讽。克尔凯郭尔则进一步指出,反讽只能是"绝对地无限制否定","从所有对现实事物的关心中解脱出来的自由,也是从自身的兴奋与幸福中解脱出来的自由"。① 反讽论的内涵不一样,一方面是来自理论家的不同认识论立场,如弗·施莱格尔的浪漫主义的主体认识论和克尔凯郭尔的存在论,但是,更重要的还是反讽在语言表述式方面的特性。恰如德·曼认为的,不同的理论家之间的对于反讽所做的概念化定义彼此都是相互解构的,根本没有意识到反讽作为一个概念,它的产生过程也是"语词性的","是建立在以符号替代真实指称模式、以意指(表示)替代拥有(理解)基础上的转义"。②

第一,反讽作为语言表述的形式之一,有其符号性认识的特性。反讽的基本含义是"言此意彼",语言的表层陈述内容与它所要表示的真实内容并不一致,恰如米克(D. C. Muecke)认为的,言语反讽经常是以"顺着反讽把柄"或者"贬低自己"的方式来达到表象和事实的对照③。从意义的构成来看,反讽表现出来的是转义特性,不是修辞格中的意义在形式上的改变,而是一种实质性的意义转移,尼采就曾指出,修辞格与转义没有多大关系,因为前者"艺术地改变了表达形式,背离常态,却不是转移",而后者涉及"转移:运用辞语替代另外的辞语:使用比喻替代本义"④。德·曼也指出,反讽更多的是"字面义和形象义之间的移植"⑤,这是一种符号学意义上的意义传递。

如果按照尼采所说的意义转移来看,反讽的语义转移如"A不是

---

① Soren Kierkegared, *The Concept of Irony*, Bloomington: Indiana University Press, 1965, p. 296.

② Paul de Man, *Allegories of Reading: Figural Language in Rousseau, Nietzsche, Rilke, and Proust*, New Haven and London: Yale University Press, 1979, p. 123.

③ D. C. Muecke, *Irony and the Ironic*, London and New Yokr: Methuen, 1970, p. 56.

④ [德] 弗里德里希·尼采:《古修辞学描述》,屠友祥译,上海人民出版社2001年版,第60页。

⑤ Paul de Man, *Aesthetic Ideology*, Minneapolis and London: University of Minnesota Press, 1996, p. 165.

B，而是 – B"，这里的"– B"之于"B"在属性特征方面的替代是"转义中的转义"①。这种意义生成模式类似于皮尔士的"一个符号生成另一个符号"②，属于一种纯粹的修辞学过程。德·曼以一个非常形象化的描述来显示反讽中的转义，"消解于语言符号的狭窄的螺旋（spiral）之中，变得与自身的意义越来越远，但从这个螺旋中却找不到逃出去的出口"。③ 在德·曼看来，"A"作为一个概念符号出现，用以解释它的"B"只能以其负性面出现，即"– B"，但是"– B"作为另一个概念符号，也需要由其解释项"C"出现来解释，以此类推，这个转义过程会一直延续下去，直到因为某种解释的需要，符号才会转化为一种修辞性存在暂时停下来，"想要理解反讽的欲望会使反讽链条得以终止"。④

第二，反讽在实际语境之中必然生成的述行性特性。语言的本质是修辞性的，我们所认为的语言和现实世界之间的再现关系，只是一种幻想，唯有修辞性语言（言语）才是我们所谓的陈述话语，或者如德·曼赞同的，修辞性语言从来都不是一种标准语言的派生物，因为它自身就是语言的"典型的范例"⑤，它的比喻结构也就是语言的本性。对于反讽来说，言此意彼中的"言"本身就是一种典型的修辞话语，是为了满足人的各种言说述行功能，而这些功能却根本无法具体化、语法化为某一个概念属性。

进一步说，言此意彼在语义识别过程中，必然出现在述行需要的影响下才出现的转义过程。"言"需要一个固定的"意"来实现完成

---

① Paul de Man, *Aesthetic Ideology*, Minneapolis and London: University of Minnesota Press, 1996, p. 165.

② Paul de Man, *Allegories of Reading: Figural Language in Rousseau, Nietzsche, Rilke, and Proust*, New Haven and London: Yale University Press, 1979, p. 9.

③ Paul de Man, *Blindness and Insight: Essays in the Rhetoric of Contemporary Criticism: Essays in the Rhetoric of Contemporary Criticism*, Minneapolis: University of Minnesota Press, 1983, p. 222.

④ Paul de Man, *Aesthetic Ideology*, Minneapolis and London: University of Minnesota Press, 1996, p. 166.

⑤ Paul de Man, *Allegories of Reading: Figural Language in Rousseau, Nietzsche, Rilke, and Proust*, New Haven and London: Yale University Press, 1979, p. 105.

认识过程，但是"意"是缺席的，所以就会出现"意¹"来形象化搭配。这种临时配置是不可逆的，我们无法从"意¹"追回到"言"的原初语境之中。例如"他是猪"这句话中，"他"和"猪"之间在意义构成上不具备意义的配置可能性，我们只能在"猪"的形象化另一个层面上寻找临时配置，如"笨（意¹）"。这样"他是猪"就可以在特定的语境之中实现暂时的意义交流。但是，我们却不能以"笨（意¹）"来回溯到"他"这个词语上去，因为"他"这个词语中所包含的含义远不止这一个解释。正如德·曼所说，"当被看作是劝说时，修辞是述行的，但是当被当作转义体系时，它就解构了自己的述行。修辞是一个文本，因为它允许有两种互不相容的、互相自我毁灭的观点，因而在任何阅读或理解方面都设置了不可克服的障碍。述行语言和表述语言的疑难只不过是转义和劝说之间的疑难的版本，既产生了修辞，又使修辞学疲软，因此赋予修辞以历史的外观"。①

简言之，反讽语言的符号性和述行性，在建构语言的同时也解构自身。当语言成为话语后，它就不再只是言内行动，而是一种言外行为，受到了述行功能的控制，因此，反讽会因它自身的劝说和转义功能干涉语义的表述，进而衍生出多重意义，从而使得话语表现出很大的不确定性，而语义的差异正是反讽的两种特性相互转化的结果，我们因此也并不可能从中探寻到它的真正的、绝对的意义。或如德·曼所说，"当下定义的语言遇见反讽，就会陷入麻烦之中"。②

反讽的不可归约性，导致意义的转移在意义生成过程中的单向度延续，因此我们不能人为地中断意义链条，把它归为某一个定义。当反讽作为一种话语形式出现，其自身的述行功能会时时刻刻都在解构

---

① Paul de Man, *Allegories of Reading: Figural Language in Rousseau, Nietzsche, Rilke, and Proust*, New Haven and London: Yale University Press, 1979, p. 131.

② Paul de Man, *Aesthetic Ideology*, Minneapolis and London: University of Minnesota Press, 1996, p. 165.

其劝说功能，增加意义的不确定性。由此可知，德·曼赞同把反讽的表象看作是语言表述与意义之间的一种分裂，但却更倾向于认为这种表象的产生，是由于符号与意义之间早已隐含着的分裂造成的，而且无法弥合。正如德·曼在《盲视与洞见》中所说，"在有机的层面，我们有起源、连续性、生长和整体化，语言的表述是清楚的、有确定性的，而在反讽意识的层面，一切都是不连贯的、异化的、碎片的，表述无法上升到主体的确定性"。① 简言之，语言表述与意义的间离悬置了意义的推理，同时也打开了指涉偏差的多向性，意义在归约的同时也可能在抵制意义的归约。

德·曼作为"反讽的自由主义者"②，反对各种体系及其由于体系所构架的闭合式认识模式，及其对于意义生成的框架式应用，因为各种名称和概念本身就是转义的，若以转义来的语义来限制文本，只会让文本意义简单化。

二 二元对立

反讽就是"说反话"，这个语言表述式中除了主题上的对立，还有语言表述中的解释与认识论之间的矛盾。从语言信息论的角度看，反讽作为语言符号，其中也蕴含了能指与所指的对立，这个二元对立的结构让读者无法从语言的显性层面读取到所要意指的对象，而隐性层面的意义又是转义的，只能依赖于语言符号之间的负性差异来完成信息的交流。或者说，反讽的二元对立结构的意义在于，语言符号的能指层面与意义层面（所指）之间的错位张力，而意义的实现则更依赖于语言符号与符号之间的可逆性过程。

然而实际上，反讽的二元对立结构中并不存在意义的可逆性的可

---

① Paul de Man, *Blindness and Insight*: *Essays in the Rhetoric of Contemporary Criticism*: *Essays in the Rhetoric of Contemporary Criticism*, Minneapolis: University of Minnesota Press, 1983, p. 104.

② Kevin Newmark, *Irony on Occasion*: *from Schlegel and Kierkegaard to Derrida and de Man*, New York: Fordham University Press, 2012, p. 264.

能性。在德·曼看来,语言的转义性导致了符号与意义之间的偏离,它们之间的关系只能是"不连续的",我们只能以超验的视角,"在它们之上或之下,才能清晰地说明这种关系"。① 反讽并不是语言与意义之间简单的、直接的指称延异,而是以其特有的语言秉性表现着世界内的冲突和对立,"把我们带回到意识主体的困境中;这种意识很显然是不开心的,它努力超越自身并且外位于自身"。② 或者说,德·曼从认识论的角度来反思反讽中的认识结构,否定我们意图以二元对立来超越经验可能性的失败。

第一,反讽语言表述式中蕴含的是一种认识论意义上的共时性。德·曼在《时间性修辞学》一文中引用波德莱尔的"笑"论说明了反讽的认识过程。波德莱尔这样描写:"滑稽,即小的力量在笑者,而绝不在笑的对象。跌倒的人绝不笑他自己的跌倒,除非他是一位哲学家,由于习惯而迅速获得了分身的力量,能够以无关的旁观者的身份看待他的自我的怪事。"③ 波德莱尔的"分身"论旨在说明,人之所以能够"分身"就在于他能把自己从当下的环境之中分化出来,让"分身"出来的"我"得以认真审视原来的、没有分身的"我"。在这个"分身"过程中,"我"取得了外位于"我"的观照高度,进而可以进一步对"我"的存在的各个构成部分进行辨析、反思,实现了对经验自我的哲学认识论意义上的超越。

德·曼援引波德莱尔的"分身"论对反讽的认识结构加以辨析,认为后者所说的"我"其实就像一个具有概念意义的"语言","我"的特征中蕴含了语言的基本特征,就像语言学的"最基本的、内在的东西那样存在着"④,"我"的界定始于一种语言学意义上的假定,"我"

---

① Paul de Man, *Blindness and Insight: Essays in the Rhetoric of Contemporary Criticism: Essays in the Rhetoric of Contemporary Criticism*, Minneapolis: University of Minnesota Press, 1983, p. 209.

② Ibid., p. 222.

③ [法]波德莱尔:《波德莱尔美学论文选》,郭宏安译,人民文学出版社1987年版,第311页。

④ Paul de Man, *Aesthetic Ideology*, Minneapolis and London: University of Minnesota Press, 1996, p. 172.

以语言的行为来界定自己的存在，因此，"我"不是经验的自我，也不是形式化的、现象学意义上的自我。从反相位看，如果"我"是语言假定的存在，那么，语言也会在假定"我"的同时，也假定了"非我"的存在，即"自我的否定"①。这样，"我"与"非我"就同时都包含在语言的假定过程中了，二者是悖论共生的关系。

同理，反讽的"言此意彼"的认识结构中也具有波德莱尔所说的"分身"特性，即一种"反省性分离"，"不但凭借作为特许范畴的语言产生，还把自我从经验世界转移到一个由于语言并利用语言而构成的世界里去"。② 在反讽的二元对立结构中，语言表述的表层和意义的深层就像是对"我"的两个正反相位的描述，二者之间的关系也属于共生关系，或者说，反讽的语言结构是一种表述与意义的悖论性共在。

第二，反讽的语言表述结构是双重性的。反讽中的"自我否定"其实是"我"的修辞化的结果，而且这种反讽意识属于一种内在的双重结构。"反讽式语言把主体分为两种自我：只存在于不可靠性状态中的自我，和只存在于扬言认识到这种不可靠性的语言形式中的自我。"③ 或者说，"自我"的两种形式都以符号性的方式存在，那么，潜存于其表述中的意义也主要表现为两种修辞性建构：其一，不可靠性的自我，其二，意识到不可靠性的自我。进一步讲，如果将二者的关联看作是一个必然的转义轴，那么反讽的意义发生过程可以分为两个部分：语言表述理解和内在意义建构。然而，这两个部分的意义建构过程是相互颠覆的、解构的：前者属于语义范畴，说话人通过一定的信息编码结构传达信息；后者属于语用范畴，是信息的反向建构，引导听话人正确判断意义的产生。这个双向信息建构同时发生并包含

---

① Paul de Man, *Aesthetic Ideology*, Minneapolis and London: University of Minnesota Press, 1996, p. 173.
② Paul de Man, *Blindness and Insight*: *Essays in the Rhetoric of Contemporary Criticism*: *Essays in the Rhetoric of Contemporary Criticism*, Minneapolis: University of Minnesota Press, 1983, p. 213.
③ Ibid., p. 214.

在一个反讽式语言内，其语言内容被其形式隐含的修辞意味解构，因而使得语言变成了一个悖论体。这个过程恰如德·曼在《时间性修辞学》中指出的："绝对反讽是一种有关疯狂的意识，它本身就是全部意识的终结（目的）；它是一种无意识的意识，是从疯狂自身内部对自身的反思。不过，只有通过反讽语言的双重结构，这种反思才能成其为可能"。① 简言之，语言表述的过程是前提，而内在意义的建构过程是反思，任何一种阅读都必然包含这两个部分。唯有理解了意义生成过程中这个双重的二律背反，才能理解语言反讽的意向性，才能真正理解反讽的重要性。

三　言意的中断

言意之争中，备受关注的焦点是言与意之间是否存在某种契合，或者说，二者之间的连续性不会被打断。一旦语词被置放于某个特定的语境之中，"言"作为能指与意指之间的修辞化，会弥补各种由于错位引起的各种可能性的非对应。但是，反讽作为一种典型的语言表述式，从"B"到"–B"的转换过程中，"A"与"B"之间的修辞域被切换为"A"与"–B"之间的关联。德·曼这里借用弗·施莱格尔所讨论的"戏剧合唱队"（parabasis）解释了反讽中出现的言意的中断。

"戏剧合唱队"原本指的是戏剧表演过程中，通过有意地中断表演，让合唱队登场然后以说教的形式向观众解释其中的意义，它的本义是让观众暂时从连续性的一幕一幕的戏剧中脱离出来。弗·施莱格尔在《雅典娜神殿断片集》中称之为"丑角"，认为"有些古代诗和现代诗，在任何地方都完全无例外地散发着反讽的美妙气息。这些诗里确实生活着一种超验的滑稽丑角（Buffonerie）。而在内部则有一种气氛，视一切而不见，无限提高自己，超越一切有限，甚至超越自己

---

① Paul de Man, *Blindness and Insight: Essays in the Rhetoric of Contemporary Criticism: Essays in the Rhetoric of Contemporary Criticism*, Minneapolis: University of Minnesota Press, 1983, p. 216.

的艺术、美德和天才；在外部，即在阐述中，有一种优秀的意大利丑角那种司空见惯的戏剧格调"。①

"丑角"作为一种叙事形式，在戏剧的演示过程中以有意地中断文本内容的连续性来解释意义，实际上正是反讽的语言表述所表现出来的中断作用。而且"反讽"在古希腊语里本来就是一类角色的名字，所以德·曼从弗·施莱格尔又回溯到了语言的修辞论之中去，认为反讽并不只是一种戏剧的外部格调，因为短暂的中断只发生于人的思维层面，它是暂时性行为，但是作为叙事行为来说，反讽不仅会中断叙事的持续性，而且会在短暂中断后继续完成未完待续的行为的可能性。简言之，反讽的修辞性在于时刻可以从连续性中走出来进行说服，以达到教育观众，从而实现其认识作用，所以它其实是"通过修辞语域的切换来打断话语连续性的中断"②。

那么，反讽所产生的中断对于理解语言的修辞与认识之间的张力，有哪些作用呢？

第一，让读者与文本世界之间保持客观的审美距离。在德·曼看来，语言与世界的关系是非指涉的、寓言关系，其根本特征就是断裂。然而，反讽在小说中实现的这种断裂，不是在小说形式中把某些东西有意识地中断了给读者看，而是由于语言与描述的对象之间没有必然的对应关系，"中断"都是出于无意识地在文学叙事的各个层面展开，它不断地解构着我们所能觉察到的文本意义的总体化，而这正是小说家们所努力想要小说中"存在着某种不允许持续运动的东西"③，意义的生成过程中，一种意义会被另一种意义所取代，另一种意义又会被新的意义所干扰，因而意义链条无法延续下去，甚至在很多情况下，

---

① ［德］施莱格尔：《雅典娜神殿断片集》，李伯杰译，生活·读书·新知三联书店1996年版，第24页。

② Paul de Man, *Aesthetic Ideology*, Minneapolis and London: University of Minnesota Press, 1996, p.178.

③ Paul de Man, *Blindness and Insight: Essays in the Rhetoric of Contemporary Criticism: Essays in the Rhetoric of Contemporary Criticism*, Minneapolis: University of Minnesota Press, 1983, p.211.

多种意义由于彼此之间解构了它们存在的空间而相互冲抵。在语言的反讽模式运作下，读者感受到的不是对现实的模仿，因为恰如德·曼所说："一切真正反讽所必然同时产生的反讽的平方，或者'反讽的反讽'，远远不是回归世界，而是通过说明虚构世界和真实世界仍然不可能妥协，来断定并维护它的虚构性质"。[1] 这样，文本叙事由于反讽的存在不仅没能达到指涉现实世界的效果，还会不断解构其意义的可信度。

然而，德·曼也指出，由于小说中反讽的结构是"一种即刻性过程，突兀而又迅速地发生在一个单一的时刻"，因此，反讽更接近于"真实的经验模式"，它能重新捕捉到人的存在的某些真实性，而这些真实性是由分裂的自我所经历的一些"孤立的时刻"[2]。因此德·曼赞誉弗·施莱格尔提出的"戏剧合唱队"，认为它对文本的介入"不是一种升华了的现实主义，也不是对于历史行动优先于虚构行动的肯定，而是在于相反的目的和效应，也就是用这种介入来防止一厢情愿受到迷惑的读者把真实和虚构混淆起来，防止他们忘掉虚构在本质上的否定性"。[3]

第二，倡导意义的多元化。反讽的存在模式导致了语义的不断转移，体现了语言在语用过程中实现的不断的反身否定，因而语言的意义生成过程属于一种开放态度。反讽不只表现为语言符号层面和意义层面的张力，还表现为文本看似稳定的结构存在的潜在危险，即语言修辞性叙述与意义的认识论之间的不一致。

卢卡契的反讽观就是把缺席作为一种肯定力量形式出现，这来自他对浪漫主义认识论前人的如弗·施莱格尔的思想的继承和发展。反讽的"二律背反"原本以一种消极的辩证存在，但是，弗·施莱

---

[1] Paul de Man, *Blindness and Insight: Essays in the Rhetoric of Contemporary Criticism: Essays in the Rhetoric of Contemporary Criticism*, Minneapolis: University of Minnesota Press, 1983, p. 218.

[2] Ibid., p. 225.

[3] Ibid., p. 218.

格尔却赋予其肯定性的角色,"把肯定的概念引进哲学",①让彼此分裂的部分融合在一起。卢卡契的贡献则进一步把反讽的肯定性功能运用于小说理论中,他抛弃了先前的把小说看作是对现实的模仿的概念,把反讽作为一个结构性范畴,使之成为判断小说形式的决定性的、组织性的原则。小说的反讽语言拒绝了模仿,进而有意识地把小说与现实分开,这是为了在复杂的自相矛盾的形式中调停经历与欲望、理想与现实。然而对于德·曼来说,小说不仅拥有"一个统一的、有机的稳定体",还展示了"异质的、偶然的不连续性"②。这种不连续性就是反讽,它的结构是断裂性的,然而却展示了小说讲述的自相矛盾窘境中的真理。小说家借助反讽为基础超越了他所处环境的偶然性。卢卡奇所认为的小说的形式与一个统一的、有机的形式没有关系,它是建立在一个意识行为之上的,而不是对自然客体的模仿。

从语言的认识论看,反讽中语言的修辞性表述的意义在于,它时刻可能会悬置其中的语义逻辑,使得语义符号的指涉作用在从言到意的过程中失效,更无法在文本内形成一个单一的、固定的、语法化意义。然而,反讽之后所重新构建起来的语义搭配又会促使我们的阅读继续下去,并且以另一种意义因子(或符号)来替代指称,使其与上一个语义序列中的符号链错位构成某种虚假的、牢固的总体性关联,因此可以说,反讽中的意义构建属于人为的、基于某种解释需要才出现的反讽链条中断,而任何解释都是冲破修辞性表述的虚构,强行达成的认识效果。

不同于其他后哲学的反讽主义者,德·曼发现了这种典型语言表述中的某种非对应关系,即一方面是修辞性表述中充满的各种转义的

---

① [德] 弗里德利希·施莱格尔:《浪漫派风格——施莱格尔批评文集》,李伯杰译,华夏出版社2005年版,第61页。
② Paul de Man, *Blindness and Insight: Essays in the Rhetoric of Contemporary Criticism: Essays in the Rhetoric of Contemporary Criticism*, Minneapolis: University of Minnesota Press, 1983, p. 56.

语义序列，它的意义在于，"从诸多方面破坏这种模式的内部平衡，从而破坏其向外的朝非言语世界的延伸"。① 这也是所有的文学语言的功能，那种把修辞功能突出于语法和逻辑功能之上的语言运用，是一种决定性的，而又动摇不定的因素。但是，另一方面，我们出于阅读的需要，时刻渴望中断虚构的修辞表述，寻找其中的认识要素，实现某个意义过程。或者说，修辞与认识，在作者和读者之间的位置是可以调换的，二者永远无法达成某种共识。

简言之，德·曼的反讽论，从修辞论中言意的非对应，到诗学层面的"戏剧合唱队"，再到哲学认识论上的人对存在的把握，不只是让我们看到语言的反讽功能，还让我们深入反思反讽的表层修辞性表述以自身的转义性，实现了从修辞到认识之间的随意切换，也从语言的分析角度展示了叙事表层的连续性形态如何被深层意义的非连续性形态不断消解，同时也开启了文本语言与意义的间离空间，使得人与世界之间的关系的描述，增加了诸多认识可能性的空间。

---

① Paul de Man, *The Resistance to Theory*, Minneapolis: University of Minnesota Press, 1986, p. 14.

第六章

意义的认识论反思

一般而言,去定义"意义"需要先把"意义"看作一个实体,了解它的属性,然后从认识论的角度去分析意义的生成。但是,笛卡尔的"我思故我在"改变了意义的客观认识论,意义已经不再是我们所认为的一个实体,而是在主体"我"的想象力支配下才产生出来的。后结构主义者则更加进一步否定了意义的确定性,陷入了能指游戏之中。因此,意义的认识论问题势必就显得十分重要,如贝尔西(Catherine Belsey)指出的,"在宣告文本的意义之前,弄清楚什么是'意义'很重要"。[①]

语言学转向后出现的各种意义论如指称论、观念论、行为论、意向论,它们所论及的内容包括了如语言与实在、语言与思维、语言与逻辑、语言与环境等之间的关系。但是,这些意义论的共性在于,它们不再把意义是什么作为研究目的,而是把意义生成作为研究对象,或者说,它们都关注意义论的修辞表述,却忽略了意义论之中所蕴含的认识论问题。

德·曼也正是基于对文学批评中科学的、结构的思潮进行批判的需要,把认识论引入文学批评,重建作为文学批评的认识模式。对于

[①] Catherine Belsey, *Shakespeare in Theory and Practice*, Edinburg: Edinburgh University Press, 2008, p. 4.

德·曼来说，语言的修辞性本质是意义论的立论根本，形式化、概念化的意义论都是缺乏对意义"不可言说"的正确理解，无法对意义作出正确判断，因此，他把自己的文学批评模式称为"批评语言学"，就是为了通过聚焦语言现象，反思意义论问题。

本章首先以影响广泛的指称论为反思对象，分析"指称"这个概念背后的虚构性，以及它在言意关系之中的述行性和不可还原性，其次，研究自然主义认识论对于意义论的影响，并结合德·曼的神秘认识论立场，深挖意义的原初状态，再次，从发生学角度反思意义的构成，进一步反思意义论的认识论价值和现实意义。

第一节 意义的指称论反思

指称论作为西方语言哲学意义理论中最重要的理论流派之一，考察的是语言与实在之间的关系。实际上，指称论在言意关系的描述上属于名与物的符合论，这是一种传统的认识论，中国先秦时期的思想家们曾考察过语言表述中名与物的关系，如公孙龙《名实篇》中的"夫名，实谓也"，荀子《正名》中的"制名以指实"，在语言哲学家罗素和维特根斯坦前期的思想之中，仍然保持了这种立场，强调语言与所指物之间的直接指称关系。

但是，指称论作为语言哲学对意义的反思，认为把文本的指称简化为文本外的指涉物所造成的指涉幻觉，会逼迫文学解释在向度延伸上出现很大程度上的错置。德·曼也正是基于对传统指称论中的盲视进行反思，先后在《盲视与洞见》中对文本语言的陈述义和述行义之间的区别，《阅读的寓言》和《审美意识形态》两部论文集中结合里尔克的诗歌、尼采的文论、卢梭的政治文本等，详细探讨了文本指称对于文学阅读的影响问题。德·曼从哲学认识论视角进入文本，以文本语言为典型事例，从语词到文本话语，在文本解释中关注指称化的论述，其目的是有效地避免指称论本身的错误对于文本解释的影响，并为我们的阅读提供意义生成机制方面的视角。

一 指称关系的虚构

一般意义上,阅读现实主义小说,读者会把文本内的各种指称与现实社会直接对应起来,把各种虚构的名称与客观存在相映射。传统的认识论模式及反映论模式肯定了文本与世界的直接对应,其实质是把文本指称直接映射到现实世界中,忽略了指称这个概念内所包含的各种差异,因此所造成的"指称幻觉"取消了"能指－所指－所指物"的中间环节,所指变成了所指物的虚幻代表,这种"不完全意指"弱化了文本指称表意的空间①。然而,文学作为审美的产物,其虚构性的各种指称需要借助于各种关系来审视其存在的合理性、合法性。霍布斯(Thomas Hobbes)认为,文本中常出现一些由于作者为达到用语词说服听众的目的,而修辞地使用语词的现象。这些词因其意义的不确定性不能作为推理的基础,属于"随意褒贬法"(paradiastole)或"重新描述"(rediscription)②。这些修辞性的语词一旦转化为指称或者概念,就会进一步加剧意义与指称之间关系的复杂性。

德·曼则把指称关系之中的虚构归之为一种隐喻化的认知,即文本的虚构是"为了实现隐喻的指称意义"③。或者说,文本的意义是含混不清的,这种隐喻化的意义状态无法实现其向现实的投射,此时为文本设定某一些指称的目的是基于一种解释的需要。当意义从不确定向确定的过程进行转化时,指称的虚构可以满足文本隐喻化认知的暂时性显现,但是从根本上说,此时的指称对于整个文本语言构成的隐喻定位来说只能是"悬置的",不可能成为其终极指向。

---

① Linda Hutcheon, "Metafictional implications for novelistic reference", in Anna Whiteside and Michael Issacharoff ed., *On Referring in Literature*, Bloomington and Indianapolis: Indiana University Press, 1987, p. 4.
② [爱尔兰]菲利普·佩迪特:《语词的创造:霍布斯论语言、心智与政治》,于明译,北京大学出版社2010年版,第68页。
③ Paul de Man, *Allegories of Reading: Figural Language in Rousseau, Nietzsche, Rilke, and Proust*, New Haven and London: Yale University Press, 1979, p. 151.

第六章 意义的认识论反思

在分析指称过程中的差异的时候，德·曼曾坦率指出，"所有话语都不得不是指称的，但却从不指示自己的实际指称物"。① 例如，在《第二论文》的阅读中，德·曼认为，读者假定了外在于文本的指称的存在，因为文本自身并没有先验的、自然的状态，而是虚构的。卢梭的"巨人"寓言中，原始人初遇其他人一开始是害怕和恐惧，于是称之为"巨人"，这里的"巨人"并没有实指，只是对原始人的害怕这个感情的描写，这个过程实际上只是修辞结构的描写，"将指称的意义从一个外部的、可见的特征移置为一个'内在的情感'"。② 整个过程的实现，靠的是移置，移置所反映的也正是实体的外部特征和内在特征存在着可能的不一致的结果，"不是建立在这样的差异存在的知识基础上，而是建立在它可能存在的假设基础上"。③ 德·曼所说的"假设"说明了一个问题，即人们的指称有时候是把假设或者虚构的东西固定为一个事实，并且将这个尚处于悬置状态的人的感情反应或意义的比喻状态，指称化为一个明确的本义状态。这样，也就促成了指称对于揭示现象和本质的修辞状态，同时也产生了一个观点，即我们通常认为的虚构或者概念的作用其实都是为了实现隐喻意义的指称化。一旦这个所谓的指称环境出现，那么这个悬置的隐喻就会立刻转换为一个事实状态。

再例如德·曼在论卢梭的《社会契约论》中，深入对比分析了卢梭关于"自然"的定义。卢梭提出要"回归自然"，是由于科学和艺术的进步并没有给社会带来良好的社会风尚，他的"自然观"在宗教伦理、社会历史、政治和教育等方面，表现为尊重人的自然天性，因此，自然与文明是相对立的关系项。这种"自然"是先验的还是虚构的呢？在德·曼来看，卢梭的自然观是虚构的，因为接下来的分析中，

---

① Paul de Man, *Allegories of Reading: Figural Language in Rousseau, Nietzsche, Rilke, and Proust*, New Haven and London: Yale University Press, 1979, p. 160.
② Ibid., p. 150.
③ Ibid.

卢梭抛弃了现实世界，把"自然"作为世界的起点，因此，导致了现实世界在文本内的虚构。整个文本的叙述就变成了为自然与文明的关系项而设定的，"自然过程的虚构"掩盖了一个事实，即"它自身就是他者关系系统中的一个，它以事物的唯一的、真实的秩序出现，是作为自然而不是作为结构出现"。①

从认识论上看，德·曼悬置卢梭文本内的指称，认为解释是建立在"需要"的基础上的，指称的确定性因此是建立在隐喻的基础上的，这种观点突出的是解释的选择性。例如，当我们争论太阳是移动的，或者太阳不是移动的，都不是在真假值的意义上讲，而是不同陈述话语的省略，"在 A 指称框架里，太阳是移动的。""在 B 指称框架里，太阳不是移动的。"这两个陈述话语，在同一个世界里，或许都是真实的。因此，德·曼建立指称的"需要性"的描述框架的目的是，我们通常意义上的世界只是一个实在的世界，而事实上我们有许多选择可能性，拥有一个多面体的实在世界。所有的解释不是针对被描述者，而是针对描述体系的"需要"。恰如卡西尔所说，指称存在的意义并不在于其是否拥有客观的对应物，而在于"激发人类的情感"，不在于传达"观念或思想"，而在于其述行性"②。各种描述框架内的指称设定，都是基于一种情感或者意图的修辞。事实上，卢梭也认为真正的美来自自然，是自然作用于人的情感。

从另一个角度看，悬置指称的确定性，也是基于指称在文本内的审美状态，正如德·曼所认为的，"所有话语都不得不是指称的，但却从不指示自己的实际指称"。③ 每一个读者进入文本展开阅读，都是根据一定的描述体系展开的。针对不同的表述所产生的解释会得出不

---

① Paul de Man, *Allegories of Reading: Figural Language in Rousseau, Nietzsche, Rilke, and Proust*, New Haven and London: Yale University Press, 1979, p. 249.
② ［德］恩斯特·卡西尔：《卡西尔论人是符号的动物》，石磊编译，中国商业出版社 2016 年版，第 134 页。
③ Paul de Man, *Allegories of Reading: Figural Language in Rousseau, Nietzsche, Rilke, and Proust*, New Haven and London: Yale University Press, 1979, p. 160.

同的意义，但这些意义都是针对同一个实在界的。简言之，同一个语言表述式中存在着相互冲突的解释（意义），会使读者面临一个阅读困境，要不承认这些意义属于同一个世界而陷入逻辑矛盾，要不解释（意义）根本不是对世界的言说，并最终失去了意义。

从语言分析的模式看，德·曼对指称的论证显然受到了弗雷格的影响。在《指称和意义》中，弗雷格举了一个很简单的例子："暮星"和"晨星"，二者的所指都是"金星"（Venus），但是意义却有很大不同。如果根据指称进行推理的话，暮星＝金星，晨星＝金星，那么，暮星＝金星。这个逻辑推理上的正确性，只能表明这是天文学发现上的一种存在真理（所指的真实性），但是一旦与经验世界相关，这种逻辑推理就会在认识论方面出现问题。无论是"暮星"还是"晨星"，这个指称表述的是语言与世界的关系，它们所代表的时间意义的重要性是不同的，实现的是语言表达与世界存在之间的关系。"符号与它的意义和所指之间的正常的关系是，对于符号来说，它们之间有一个确定的意义，还有一个确定的所指物；然而对于一个既定的所指物（客体）来说，它就不会只属于一个符号。同样的意义可以在不同的语言中，或者甚至在同一种语言内，有不同的表述方式。"[①] 简言之，作为专名与它的指称之间并不是一定有联系。从深层次的逻辑讲，事物的客体拥有意义，但并不一定有所指，因此这种意义也可能存在另一个维度。我们可以图示如下：

专名—专名的意义—专名的指称（对象）

这里的专名是拥有意义的词语，可以有指称对象，也可以没有指称对象。或者说，指称对象的重要性，对于某个专名的意义来说，并不是特别重要。德·曼关于指称的论述，可以如下图所示：

[①] Gottlob Frege, "Sense and Reference", *The Philosophical Review* May (1948), p. 211.

概念词—概念词的意义—概念词的指称（概念）------对象（虚指）

这里的概念词等同于专名，可以有意义，也可以有指称，但在客观世界内，并没有实际的指称，是虚幻的，图表中以虚线来标示德·曼把"客体对象"放置于括号之外了。从方法论上看，德·曼是依据现象学的现象直观的方法，把客体对象悬置，只聚焦文本内的语言现象。他的旨在揭示出，阅读会混淆能指，读者更愿意把文本内的能指与客观世界的指称物联系起来，把指称物和所指等同起来。这主要是因为语言的现象学中能指的现象性如"声音"，毫无疑问在命名与所指物之间有着不可忽略的关系，但是，词与物之间的联系在认识逻辑上仍然是传统的，而不是现象的。因此，突出能指的物质性和现象性，会对阅读和解释产生了一个很强的"审美诱惑幻象"[①]，而相比之下真正的审美功能却被悬置了。

古德曼（Nelson Goodman）也曾指出，艺术是一种由各种符号组成的复杂符号或符号系统，都是以各种指称方式来履行语言符号的功能，如指示、例证，前者是一个符号与它所适合的对象之间的关系，"一个语词或一幅图画或其他标记对一个或更多事物的适合"，[②] 后者是通过一个样本来指称这个样本的一个特征，它与指示起作用的方向正好相反。例如，如果 x 例证了 y，那么 y 就指示了 x。换言之，x 要成为 y 的例证，y 就必须指示 x。指称关系实质上就是符号与对象之间的一种象征或者代表的关系，艺术就是主动地履行着符号认识功能的符号系统。

借助于再现来认识文本指称是不可能的，即便是对指称的追问也会让读者陷入解释的困境之中。指称再现的不可能，是因为一个客体只能是对另一个客体的相似，这种相似是基于自反的和对称的。一旦虚构之中包含了再现，那么虚构对象指称的只能是虚构的"名"，各

---

① Paul de Man, *The Resistance to Theory*, Minneapolis: University of Minneapolis Press, 1986, p. 10.
② Nelson Goodman, *Language of Art: An Approach to A Theory of Symbols*, Indianapolis and New York: The Bobbs-Merrill Company, Inc., 1968, p. xi.

种文本内再现指称的关系设定也只能是内指的，并不会跟现实世界形成对应关系。

二 指称因果的述行

指称本身是历史的产物，其中的物质性变成了引领读者进入某个特定历史时期的重要标识。克里普克（Saul Aaron Kripke）的"历史因果指称论"认为，名称与所指物是社会历史的产物，客观事物一旦通过原初的命名确立了关系，就可以脱离了现实世界中人类认知的局限而独立存在，某个名称与事物的关系也就因此渐渐确定下来了。若原初性的命名是指称的"因"，那么以这个名来指称物是后来发生的"果"，其中所蕴含的因果逻辑显然把一切都归于原初性的关系建立，把意义推向了一个神秘的前语言阶段。

从认识论看，克里普克的因果论是语言约定说的发展，这种语言论至少可以追溯到柏拉图《克拉底鲁篇》中关于名称的约定论，即名称是人们约定的，它并不反映事物的本质。中国先秦思想家荀子《荀子·正名》中，"名无固宜，约之以命。约定俗成谓之宜，异于约则谓之不宜"。名称的约定，即语言中包含一种约定性的指涉。然而事实上，在语言进入新的语境后，指称之中的前指涉必然会与新的环境产生一种张力：一是语言自身的在先之"因"，二是语言新语境之中产生的述行性中的行为之"因"，二者之间的指称迷失也必然由此发生，那么如何来区分两种不同的"因"呢？

原初性中所蕴含的在先之因，区别于语境中产生的述行之因，其重心就在于被创设出来的"文本"。在文本呈现之前，它已经拥有了一个在先之因，但是，如果作者的确创设了文本，那么当文本处于阅读过程中时，真实发生的意识事件在读者的意识中作为事件产生，就是述行之因，它满足的条件并不是文本的整个行为，而是由述行性行为自身引起的文本叙事进程这一文本行为。这两种"因"都以因果性指涉的形式出现，在意图的驱使下，意图自身在实现满足条件的过程中扮演因果性角色。例如，文本想传达激励性信息，那么当且仅当读者感受到了激励的时候，意图就得到了满足，至于读者如何受到激励的，对于文本不重要。但是，如果文本内有一个在先之因，那么在实现这个在先意图的事态中，文本语言所包含的信息就必须发挥因果性作用。否则，即使读者感受到了激励信息，这种意图也没有实现。简单地说，我们努力砍树，那么当我们努力把树砍倒的时候，述行性意图就得到了满足；如果是另外的因素导致树倒下了，那么述行性的意图就没有得到满足。最简洁的区别因果指涉的方法是，发现文本意图中包含的一种所谓的"手风琴效应"，即人们可以如拉伸或者挤压手风琴那样扩展或者浓缩对行为的描述。决定扩展或者浓缩的边界，是由复杂的述行性意图的满足条件来设定的。这里划定扩展或者浓缩，首先需要确定一个基本行为，这个行为是不以做任何事为手段或方式而实施的最初行为。

德·曼在《阅读的寓言》中通过分析里尔克的诗歌，借助词语和属性之间的交错配列，有力地证明了指称的因果性在文本中的意义。我们仍然以里尔克的《祈祷的码头》一诗为例，"街道迈着轻盈的脚步……当它们到达广场时，它们等待着/永远等待着另一次行走，单独地/穿过清澈的黄昏的河水/清澈的黄昏的河水/映着……/镜像的悬浮世界/它比任何时候的事物更真实"。这首诗歌是对城市的详细描写，其中利用颠倒修辞手法造成的超现实描写，让整首诗显得具有一种创造性，或如德·曼说的通过"镜子式的反射"造就了另一个"新的总体化"[①]。这里"街道"被赋予人的行为功能，本身街道是人用来走路的辅助工具，这里却变成了走路这个行为的执行者，把人与街道两个词的属性进行颠倒，预示着诗歌中世界描述的超现实，也埋下了后文的描写的"果"，当诗歌的第17行，"在河水上面剩下什么呢？"向读者发问时，于是整个诗要指称的世界，就变成了虚空的世界。这种虚

---

① Paul de Man, *Allegories of Reading: Figural Language in Rousseau, Nietzsche, Rilke, and Proust*, New Haven and London: Yale University Press, 1979, p. 41.

第六章　意义的认识论反思

空指称的出现，就是由被镜像化了的超现实的颠倒世界造成的，同时也是通过这个原初行为实现了诗人扩展自己的述行性意图。

我们仍以里尔克的《祈祷书》为例来说明指称因果性对揭示文本意义的重要性。"我爱你，最温和的法则/……/我爱你，我们无法克制的强烈的怀乡病/我爱你，我们永远走不到的森林/我爱你，我们的沉默发出的歌唱/我爱你，捕捉奔放的感情的神秘之网/……"① "这里的"法则""怀乡病""森林""唱歌""网"具有了同一个属性，同时也共有了一个原初行为，这个行为显然是来自诗歌中说话主体的行为的不同变体，如"法则"是针对我们要做的行为的合适程度，"怀乡病"是针对我们的欲望，"森林"是针对我们的目的地，"歌唱"是针对心理，"网"是针对某种不当行为的阻碍。这些"果"都指向说话主体的一个原初性行为，也同时都是对这个"因"即主体行为的反作用力。这种反作用力造成的指称，把说话主体想要表述的行为进一步复杂化，让指称迷失于各种述行性行为的展示过程中。读者从文本表层的各种行为深入到作为"因"的原初性行为，感受到了诗人想要表达的主客体之间不同的微妙关系，领悟了其中的语言魅力。

德·曼在论及里尔克的诗歌一文中这样总结，"隐喻实际上是能指形式上的潜能"。② 诗里的"你"就是一个实体，但是诗人并没有直呼其名，而是以"法则""怀乡病""森林""歌唱""网"来作为隐喻，引发出"我"与这个实体之间的关系。从符号学来看，这些名词并不是实体，而只是能指，并不固守符号与意义之间的形而上的规定性。

进一步看，德·曼还发现里尔克诗中能指与所指之间所欠缺的一种实在性。德·曼有意地忽略了博喻的修辞用法，即用几个喻体来共同说明一个本体及其不同的方面，是为了实现对本体的更详细的描绘。

---

① 译文选自［美］保尔·德·曼《阅读的寓言》，沈勇译，天津人民出版社 2008 年版，第 32 页。

② Paul de Man, *Allegories of Reading: Figural Language in Rousseau, Nietzsche, Rilke, and Proust*, New Haven and London: Yale University Press, 1979, p. 35.

诗歌的目的是"唤起循环于它们之间的一种特有的活动",第一段的被动性所显示出来的人的存在状态是无奈的,如"怀乡病是被迫的,然而我们无法逃避它;我们不可能逃离环绕我们的森林;沉默本身不能阻止我们歌唱。最终在网的形象中达到高潮:我们试图逃避,从而忘却或模糊的情感被这个活动所束缚,并强制这些情感依旧存在于我们心中"。① 但是,第二段则冲淡了"我"与作为整个实体的"你"之间的关系,而且在最后两句中达到升华,即上帝赋予我们的一切,我们对此只能感激。然而从修辞格的认识论看,博喻里所显现出来的是人对上帝/神的认知的多方面的,如法则、森林、网,是一种神秘的写照;怀乡病和歌唱,是人作为主体对自我处境的认识。诗人通过借助这些隐喻,通过语义之间的相互作用来实现对这个实体的更全面的认识。

从反相位看,为了把握这个实体,先对其进行拆解,把握其中的意向,然后分成了不同形态和方面。在阅读过程中,对于这个实体所具有的意义的理解,就是去发现这个实体作为一个概念本来的意图,重新把概念的意义复归到其概念形成的原初所表现出来的意向,发现其用以揭露某种意义的潜势。借用尼采的透视认识论的"视角化"来看,世界上的各种事物都有不同解释的可能性,这取决于认识视角的选定。简言之,里尔克诗歌里这种类"视角化"的实体描写,也反映出同样一个问题,即人对世间万物的认识也是视角化的,没有全知全能的意义,只有多重透视角度的认识。

三 指称意向的不可还原

一般而言,指称之中包含有意向性,最为明显地就是胡塞尔的意识现象学所论述的,凡我意向的(指称的)才会有意义。指称的知识的产生过程中,先有意向性,才有非语言性的事实;然后有语言,也才有了语言性的、制度性的事实。同理,对于文本的指称而言,如何

---

① Paul de Man, *Allegories of Reading*: *Figural Language in Rousseau*, *Nietzsche*, *Rilke*, *and Proust*, New Haven and London: Yale University Press, 1979, p. 33.

第六章 意义的认识论反思

把词语形成一个统一的句子来表述我们的经验,也是指称问题。文本呈现的是整个事态,而不是物体。或者说,我们的经验有意识地切分了事物和特征,并且为语言提供了一个基本事实。

德·曼对于指称的意向性的分析,主要表现在对里尔克诗歌里的"断言"的分析。德·曼认为,"断言"是里尔克引导读者进入诗歌主题的重要文本修辞手段。例如,"到此逗留是光荣的","此时是值得讲述的时刻,此地是它的故乡",等等①。在德·曼看来,里尔克的断言让读者进入"最深远的、可以想象的承诺"②,不仅用语言表示了自己获得拯救的权利,还把权力强加给别人,这种命令口吻从文本内直指文本外的读者。那么这种指称的越界是如何实现的呢?

例如,"雪是雪",雪作为谓词并没有让雪作为对象还原本位,而是陷入了意义重复中。而事实上,语言只是表述,它是对人的基本经验的不可言传的表述,二者之间是一种从属的关系。这里,语言是真实的,语言再现了经验,通过运用真实来保证真实的存在,就像雪就是雪这个东西,我们只能说"雪"就是"雪"。这种模式就是指称对象的还原,在还原过程中,若可以加入语义特征,就可以完成,若不可还原,就会陷于意义的重复或者混乱。

特里·伊格尔顿也曾就康德《判断力判断》中的审美判断这样指出,"审美判断的语法结构实际上是虚构的,具有双重性的"。③ 例如"我是美的"之类的句子中,"美的"作为形容词似乎充当表语说明主体的状况、性质,然而这却是一种幻想,这类断言中的陈述对"我"之类的语言表述式,并没有说服力,因为这里的断言并不能说明"我"的属性和性质,而只是表述说话人的感受。因此,任何判断语

---

① 译文选自[美]保尔·德·曼《阅读的寓言》,沈勇译,天津人民出版社2008年版,第26页。
② Paul de Man, *Allegories of Reading: Figural Language in Rousseau, Nietzsche, Rilke, and Proust*, New Haven and London: Yale University Press, 1979, p.23.
③ [英]特里·伊格尔顿:《美学意识形态》,王杰、付德根、麦永雄译,中央编译出版社2013年版,第79页。

句的陈述看似对世界的客观表述，但实际上却是说话人情感表达的隐性表述，是一种"假扮为陈述的述行"①。

根据德·曼对卢梭《社会契约论》的分析，关于对个体的命名，公民和个体，显然都是不可还原的，否则在社会中无法指称，只能在文本内。这里需要指出的是，公民和个体各自构成的描述体系，都为了保证自身体系的存在，用自身体系的描述用语来表述"人"在不同体系的状况，这种描述出来的指称事实上是有意向性的，因此，指称不能走出虚构的文本，否则失去意义。

德·曼把词语的意向性引入文本意义的讨论，避开了指称带来的烦扰，其实质是为了去除形而上学实在论（metaphysical realism）的影响，因为后者认为客体和特征都拥有一个哲学上的严肃意义，世界以一种特别的方法把自身分为客体和特征。这个已在的世界神话，也就是德里达所说的形而上学的在场，都把概念相对化了，是一种"言语事实"②。正如德·曼所说的，"动物没有历史，因为它们不能执行特别地概念化的语言学行为"，③ 概念化必然是词语性的。"断定（erkennen：把……看清楚。德·曼把这个德语词翻译成 to know）是一种及物功能，它假设了实体的一种先在的存在可以被了解，并预测能通过特征去了解的能力。它自身并不能预测这些特征，而是从自身的实体来获得特征，只是使它成为它所是的样子。从某种程度上说，它是词语性的，是适当地指示化的、陈述化的"。④

德·曼的反实在论同样放弃了实在论和理想论的立场，把知识的形成动态化了，或者如古德曼指出的，真正的认识，不仅仅提供知识，更是一个推进理解的开放过程，在这个意义上讲，人的任何理解都不

---

① ［英］特里·伊格尔顿：《美学意识形态》，王杰、付德根、麦永雄译，中央编译出版社 2013 年版，第 79 页。
② Paul de Man, *Allegories of Reading: Figural Language in Rousseau, Nietzsche, Rilke, and Proust*, New Haven and London: Yale University Press, 1979, p. 129.
③ Ibid., p. 144.
④ Ibid., p. 121.

第六章　意义的认识论反思

会成为最终的、确定性的，我们对世界的观照不再是"普泛意义上的正确与错误"①，而只是把它们放置于合适的体系而已。不同的是，古德曼针对的是真理论，并不提倡放弃世界，而是应该扩大对世界的哲学探讨范围，把所有世界的表述都包含进去，除了语言之外，还有绘画、音乐。所有这些艺术作品都构成了这个世界。然而，真理只是一个谓词，附加于所有这些表述之后。古德曼并不认为必须有要给必然的、具有充分条件的表述来展现世界的真理。任何表述都是有争议的，任何表述也都是有真理性的。演绎性的可信度，本身就有逻辑缺陷，归纳性的可信度更是一开始就缺少了形式化的逻辑。古德曼的这种建构性认识，是对于任何知识性标杆的挑战。

然而，德·曼的反实在论却是聚焦于语言中指称的意向性问题。例如在论及"小提琴"时，德·曼采取了等价改写的办法，揭示原来句子中的逻辑形式存在的问题。"小提琴隐喻与文本的戏剧化行为如此契合的完美，意象似乎如此无暇地确切，是因为它的外在结构（琴箱、琴弦、解释并释放声音的空）促发并为言说整首诗歌的所有形象化的演出排好顺序。选择隐喻化的实体并不是因为它类比性地和主体的内在经验相一致，而是因为它的结构和语言形象的结构相一致：小提琴就像一个隐喻，因为它把内部的内容转化为一种外在的、能发出声音的'物体'。琴箱上的空（如此适合的形状就像总体化的积分学内部演算），与发生在所有隐喻化表述中的外向翻转如此确切地相一致。音乐性的工具并不表示意识的主观性，而是内置于语言中的潜在性；它是隐喻的隐喻。显示为事物内在性（inwardness）的东西，琴箱的空空的内部，不是自我和物世界之间的类比，而是这些物体和语词的形象来源之间的形式性的、结构性的类比。"② 很显然，把所描写的物体的结构与词语的比喻的潜在结构联系起来，是借助诗人的语言中

---

① Nelson Goodman, *Ways of Worldmaking*, Indianapolis: Hackett Publishing Company, 1978, p. 109.
② Paul de Man, *Allegories of Reading*: *Figural Language in Rousseau, Nietzsche, Rilke, and Proust*, New Haven and London: Yale University Press, 1979, p. 37.

所蕴含的意向性即以物体来反映意识，来映射出诗人所要指称的对象。小提琴和语言的相似，表现为一种反形而上学的指称和所指物的符合论，这种反实在论的动机很显然来自德·曼对语言的认知动机，即用逻辑构造的思考代替形而上学的规约。

同样，在分析普鲁斯特的《追忆似水年华》时，其中关于马塞尔阅读的一节中，有这样的描述："我房间里的黑暗阴凉和街道上的满满的阳光有关，就像阴影和光线有关，也就是说，阴影是光明的，它给我想象力去想象夏日的整个景色，……"① "阴影"和"光线"的区别正在于光明程度上的差异，但是让二者平等正是来自作者对指称的意向化的需要。尽管传统认识论意义上无法接受这样逻辑上的描写，但读者的想象逻辑使之得以实现。也正如德·曼认为的，"小说中的任何事物都指向它所代表的之外的东西：可以是爱、意识、政治、艺术、鸡奸、美食学：它总是所意向中的其他的东西。可以看得出，知识这个'其他东西'的最合适的术语就是阅读"。② 德·曼这里所说的阅读显然不是对文本的字面意义的阅读，而是对后哲学中关于语言意义论的发展。

后结构主义认识论之后的文学阅读延续了这种否定认识论，如拉康"游弋的能指"、福柯的"漂浮的能指"、德里达的"痕迹""撒播"等，这些理论家都关注语言在能指与所指体系中的"差异"，即符号的价值在于其所处体系内的位置，而不是它所指向的所指物。德·曼的不同点在于，以不同的文本展示文本内的指称状况，显示了传统认识论阅读的不可能性。"当寓言叙述的指称力量似乎达到最大效果时，成了它的认识论权威最受质疑时。"③ 文本所涉及的任何问题都不具有特许的解释功能，一切都归因于对语言控制的失效。与此同

---

① Paul de Man, *Allegories of Reading: Figural Language in Rousseau, Nietzsche, Rilke, and Proust*, New Haven and London: Yale University Press, 1979, pp. 13 – 14.
② Ibid., p. 77.
③ Ibid., p. 257.

时，德·曼也把误读引入了对语言的思考，即文本的指称更多来自语言自身的比喻性。

第二节　意义的自然论反思

意义的自然主义认识论，是后哲学时期拒绝理论介入的最为典型的意义论。奎因作为这种认识论的代表，选择从语言分析的角度介入认识论，通过"语言上溯"的方法把感官经验与科学理论之间的关系，转化为观察语句和理论知识之间的关系，在语言层面上解决了传统认识论的问题。在《认识论的自然化》一文中，奎因反对任何从事物的外部为事物的研究提供解释，为知识提供规律，"就像数学归约为逻辑，或逻辑和集合论系（set theory），因此自然知识也将以某种方式建基于感觉经历"，是以"感官术语"来判断我们对自然真理的认知[1]。把一切知识归于"感觉"显然仍然保留了经验主义认识论的一些痕迹，但是奎因以语言分析为基础，把知识、人和世界的思考都建立在语言的基础上。

深受语言学转向影响的德·曼在方法论上倡导以语言分析来反思意义的认识论问题，不同的是，他把认识的自然化归于神秘论，认为一切真正的存在都是即刻性的，人作为读者唯有对文本采取一种无目的论的阅读，把文本作为语言的无主体性呈现，才能发掘出意义的自然化。

一　意义起源的神秘性

西方对《圣经》的解释是真正进入意义论的开始，人们开始相信上帝的"话"才是终极意义，它远不同于古希腊柏拉图把理念作为本质（意义），毕竟后者的抽象与人们的生活拉开了一定的距离。但是，

---

[1] W. V. O. Quine, "Epistemology Naturalized", in *Ontological Relativity and Other Essays*, New York: Columbia University Press, 1969, p. 71.

尼采宣布上帝死了，罗兰·巴特宣布拥有上帝般权利的作者也死了，意义的起源陷入了神秘，或者从另一个角度说，意义从形而上学中解放出来了，每一位读者都成了文本意义的创造者。

当前众多文学理论流派，以及各种解释角度的更新促成了文本意义的多元化，但从意义作为知识产生的可能性来看，一个可以用来判定意义作为知识的确定性标准缺失了，这也就难怪后现代主义思潮敢宣告意义的解构了。从显示到被遮蔽，再到解构，意义真正出现了危机。这份危机也是德·曼整个学术生涯反复论证的一个中心内容，洞见又何尝不是盲视呢？那么，如何判定意义起源的合法性呢？

传统的文学批评认为，文本意义来自文本语言的意义指涉，语法确保符号和意义的一致，而修辞是文本意义的威胁。因为修辞只是一种语言技巧，可以增强表达效果，但同时也会迷惑读者，使其判断能力消失。由此推理，意义的危机就表现为褒语法贬修辞这种观点的危机，语法的地位受到了修辞的攻击。这种泛修辞化的立场在后现代主义思潮的影响下表现在文学、文化等社会科学的各个方面，当然在文学理论和文学批评中也有体现。德·曼指出，"所有文本的成分绝非都是非语法性的，但是，有些成分的语义功能，无论就它本身还是就语境来说，都不能从语法上加以界定"。[1] 这里的"非语法成分"指的就是修辞，它打破了语法化认识模式中符号和意义之间的一致性，干扰了意义的生成。

也正是基于此，国内外学者纷纷聚焦于德·曼语言论中的修辞观。申屠云峰曾撰文分析当前德·曼研究中的三种观点：一是以修辞代替语法的"统一论"，二是修辞与语法的"二元对抗论"，三是修辞与语法之间的"相互消解论"，文章认为，"德·曼的'语法'是语言的存在设定，'修辞'是作为存在者的每位读者所做的意义（客体对象）设定活动"。[2] 可以看出，语法和修辞仍然是作为两个极性被并置甚至

---

[1] Paul de Man, *The Resistance to Theory*, Minneapolis: University of Minnesota Press, 1986, p. 15.
[2] 申屠云峰：《保罗·德·曼的"语法"与"修辞"》，《外国文学评论》2006年第4期。

第六章　意义的认识论反思　　263

对立起来进行考察，忽略了语言与存在维度上修辞的认识论意义。事实上，修辞之于意义的重要性，远非学者们评价的修辞是第一位的，恰如德·曼所说，"并非只是存在两个意义，一个是字面的，另一个是修辞的；而是我们不得不决定，其中的一个意义在这个特定的条件下是正确的"。①

语言的修辞义与字面义之间的对比，是相对于语言的语法化提出来的。修辞义关注意义的不确定性，认为在语言与世界之初，一切都源于一种隐喻的认识论，但是随着认识论的发展，先前的隐喻化语词和概念会随着使用的常识化和普泛化而渐渐僵化，失去了原有的修辞动力。在德·曼看来，语法化的思维模式中，隐喻性语言是意义的动力所在，而且语言的整个语义的、符号学的和述行的领域都是由各种转义模式遮蔽着，而要洞察这个问题，就需要充分认识"比喻语言的增值力和破坏力"，而且这种比喻语言是修辞学作为一门"认识论学科"而非"历史学科"所关注的内容②。由此可以发现，德·曼所探讨的修辞之于意义的关系，是超越语言作为交流工具的层面，逐步进入一种修辞的认识论，关注语词意义的认知对于句子乃至整个文本的解释，属于自然化的认识论。

德·曼的自然化认识立场主要表现为反对语法化意义，强调人的认识视角在经验事件时的不确定性。在阅读的过程中，语法化的逻辑性意义经常会遭遇语词的原初性意义的干扰，而且这种原初性会以想象不到的方式显示出与世界的内在联系。例如在论及哲学与文学的区别的时候，德·曼认为哲学可以被看作文学的，因为哲学依赖于比喻作用；文学也可以是哲学的，因为其中所内含的问题重视意义的传达。哲学和文学所要表述的意义，无论是唯理的、语法的，还是经验的、

---

① Paul de Man, *Allegories of Reading: Figural Language in Rousseau, Nietzsche, Rilke, and Proust*, New Haven and London: Yale University Press, 1979, p. 10.
② Paul de Man, *Aesthetic Ideology*, Minneapolis and London: University of Minnesota Press, 1996, p. 50.

修辞的，都是人的认识构建的语言产物，在意义的生成过程中，语词的原初性意义会不断干扰语词的概念化过程。

这一点与亚里士多德的"蜡块说"、洛克的"白板说"，乃至奎因的自然化认识论有着类似的立场，都坚持人的知识不是先验的，而是在外物的作用下产生的结果。然而事实上，德·曼在论及意义的时候，把对解构的思考放置于文本语言的意义生成过程中，明显是对尼采认识论的继承和发展。尼采认为，我们的知识对象并不是事物自身，而是一种神经刺激物。在受到外界刺激的影响下，感觉转化成了知觉图像，进而转化为词语，再转化成概念。知识就是神经受到刺激后，经过一系列转化而来的产物，因此我们所理解的、所建构的知识并不是物本身。

正如林赛·沃特斯评价的，文学对于德·曼的意义，"并非在于它是意识的一种享有特权的模式，而是因为它非此非彼、介于两者之间的特性"。[①] 德·曼拒绝意义的完整性，赞同意义结构的碎片化，实际上源自他对浪漫主义语言论的深刻理解。济慈曾提出"消极能力"（negative capability）来定义诗人创作的态度，他认为诗人作为审美主体应该排除一切外界事物的干扰，让审美客体处于自然状态，"一些事情在我思想中对号入座，使我立刻思索是哪种品质使人有所成就，特别是在文学上，像莎士比亚就大大拥有这种品质——我的答案是消极能力，这也就是说，一个人有能力停留在不确定的、神秘与疑惑的境地，而不急于去弄清事实与原委，譬如说吧，柯勒律治由于不能够满足于处在一知半解之中，他会坐失从神秘堂奥中攫获的美妙绝伦的真相，像这样连篇地追演下去，得到的结论也许不过是：对于一个大诗人来说，对美的感觉压倒了其他的考虑"。[②]

济慈的这种语言观，强调诗歌语言是诗人想象和情感的语言，应

[①] ［美］林赛·沃特斯：《美学权威主义批判：保尔·德曼、瓦尔特·本雅明、萨义德新论》，昂智慧译，北京大学出版社2000年版，第131页。

[②] ［英］约翰·济慈：《济慈书信集》，傅修延译，东方出版社2002年版，第59页。

该在范畴上与理性的语言分开,让语言的意义处于自然状态。正如尼古拉·罗(Nicholas Roe)评价的,济慈的"消极"并不是说"要消除、否定各种能力,而是要分离、搅扰这些能力,以显示心智的多变,摒弃自我,接受并反映大千世界"。① 从这个角度看,德·曼在汲取以尼采为代表的后现代语言观的同时,积极融合浪漫主义语言观,拒绝理性的语言分析,拒绝让词语和客体统一,也不认为二者之间有任何本质联系,更不能用简单的逻辑让意义统一起来。他始终都在强调,任何阅读应保留其全部丰富、复杂和神秘的特点,充分体验阅读过程中的语言意义。

德·曼的经验主义视角下产生的意义的不确定性,强调人作为认识主体的神秘直观,因为语词的原初性意义的神秘性构成了语义场的重要意义因子,时刻影响并干扰着意义的概念化过程。换言之,语言的各种表述也只是一种现象,在认识论上具有通达性,但语言毕竟是存在物,在知觉中向我们显现自身。与此同时,语言却又不是存在者,不具有实在性,只能靠其通达性来传达认识。这样的悖论就表现为,语言作为一种介体,它可以是主体认识客体的工具,但也可能是主体误读客体的障碍。或者说,语言描述可以借助于人的知识和后天习得的理智,但是这种描述能力对于康德意义上的不可知的物自身来说却是无能为力的,也才有了维特根斯坦所说的,凡不能说的,只能保持语言上的"沉默",因为即使用语言把不可知的物自体描述出来了,也必然只能是另一种物的现象,而不是物自身。冯友兰也曾认为,"主体所认识的只是加上他自己的形式和范畴的东西,那就不是事物的本身,只是现象,不是本相。即使是自己的精神世界,他所认识的也是现象,因为他所认识的也是通过他的主观形式和范畴"。②

对比康德对物自体和现象的论述,物自体是不可知的,它是人经验的来源,也是认识的界限;而人所认识的对象只是现象,所经验的

---

① Nicholas Roe, *John Keats and the Culture of Dissent*, Oxford: Clarendo Press, 1997, p.236.
② 冯友兰:《哲学的精神》,陕西师范大学出版社2008年版,第12—13页。

也只是存在于现象之中的对象。由此推理，德·曼探讨意义的起源，强调隐喻的认识论，是把语言的意义引向如康德和冯友兰所认为的神秘主义的来源，把一切的意义都归于一种神秘的直觉。伊芙琳·巴利斯曾说过，"德·曼这些年以及随后的一段时间的真正兴趣是德国神秘主义"，而且德·曼也把布莱克作为"一个真正的神秘主义者"来崇拜①。

意义起源的神秘性，甚至可以追溯到希腊语中神秘（myein）的本意——"闭上眼睛"。这里的神秘，旨在让感受者返回自我，排除一切外界干扰，用心灵的"眼睛"在直观过程中发现意义。对于德·曼，语言作为从意义到人的介体，其神秘是无法破解的，而且这种神秘不是理性或形而上的对立面，只能牵强称之为用冯友兰先生提出的"负的方法"发掘出来的语言性②，"神秘主义不是清晰思想的对立面，更不在清晰思想之下。毋宁说它在清晰思想之外。它不是反对理性的；它是超越理性的"。③ 简言之，即以一种非否定、超理性的认识立场来看待语言。

二 意义表征的无主体性

阅读文本，就是阅读语言，通过语言介体对意义展开批判性反思，进而反省人与世界的关系，因此，意义是语言和存在之间的重要中介。语言哲学中的指称论将文本内的意义与文本外的指称物等同，其本质是把语词的意义理解为语词所指称的对象，语言和世界是同构关系，文本的意义就表现在与世界的直接联系之上。这个观点中暗含一个预设，即语言和世界具有共同的逻辑形式。然而，正如德·曼所批评的，"直接断定语言的聚合结构是修辞性的而不是表征性的，或者，意义

---

① Evelyn Barish, *The Double Life of Paul de Man*, New York and London: Liverigh Publishing Corporation, 2014, p. 57.
② 冯友兰:《中国哲学简史》，北京大学出版社1985年版，第394页。
③ 冯友兰:《哲学的精神》，陕西师范大学出版社2008年版，第517页。

的指称性的、正确的表达在尼采的相对较早的文本中,要比在它所派生出的先辈们的文本中更范畴化,这标志着对已确立的先后秩序的彻底颠覆,因为传统的做法是从外在于语言的指称对象或意义而非内在于语言的修辞资源中寻找语言的权威"。①

文本阅读中同时出现的修辞语法化或语法修辞化所造成的意义的自我解构,并不是为了说明不同的阅读来自读者对语言的不同理解,而是为了证明,语言的意向性与语言结构之间的确存在一定的类比性。语法和修辞之间的关系,只是一种解释的指向性,是阅读过程中读者的语言意向性所营造出来的属性展示。所展示出来的语言的表征意向告知读者,语言命题内容中所包含的部分有时候会由于读者的意向性展开方式的某种呼应而出现一致现象,但这种一致只是暂时的,语言修辞义会根据语境的发展出现新的语义特征,进而影响了意义交流,直到新的条件下可能会出现的语言和意义的一致再次出现,重新产生新的适应性解释指向。但是,由于阅读过程中语言的意义表征经常会与读者的心理意向联系起来,因此经常会因某种解释的"需要"而出现误读。

在《承诺》一文中,德·曼批评卢梭的《社会契约论》有着把"这些概念如'自然的''个体的'或者'社会'实体化的危险,好像它们表示的是实际的物体"②。这里的概念等作为极性词汇对于卢梭的文本有一种构成性的意义,"因为它们指示的是关系的特征、关系综合或分解的模式,而不是存在的单位或方式"。③ 个体作为特殊意志具有一种作为个体行动的必然条件的逻辑地位,当我们谈论某个个体的时候,其实就是谈论这个个体在某种语境下的意向性行动。它的述行效果已经被预设了,某种语境下个体的语言及其行动中的指涉物之

---

① Paul de Man, *Allegories of Reading: Figural Language in Rousseau, Nietzsche, Rilke, and Proust*, New Haven and London: Yale University Press, 1979, p. 106.
② Ibid., pp. 248-249.
③ Ibid., p. 249.

间肯定存在不同，因此，在既定的语境下就会出现可替代的可能性，即通过一系列的语言述行效果来达到不同层次的意义的转移，进而在另外一种语境之中，述行行动超越了既定的语境，同时也否定了它产生于其中的既定语境。由此可知，德·曼对语言意义的分析，目的是显示意义与语言所处的不同的逻辑层次有关，意义的成值条件依赖于阅读中对逻辑层次的选取，而不是语言表层的语法或修辞的判断。

再例如对尼采的分析，德·曼认为尼采仍然采用的是传统的认识逻辑，把各种关系仍然限定为二元对立加以解构。事实上，尼采解构真理时所表现出的不一致性，主要是因为语言的修辞性，因为任何论述和知识的建构都必须以语言为中介，然而，概念、逻辑和语法结构都属于一种立法式的表征模式，其中也必然内置了转义机制，因此也就永远无法逃离语言的"修辞陷阱"（pitfalls of rhetoric）①。即使是对解构主义来说，任何关于解构观点的论述也必然只能是，"以语言的指涉性模式来表述语言指涉的谬误"。②

德·曼从语言修辞性的角度去分析和解释各位思想家洞见中的盲视，从认识论角度强调修辞对文本意义指涉的干扰，无疑对任何阅读都判了死刑，取消了各种解释的可能性和合法性。然而，德·曼对语言的分析，向我们展示了"语言性"的自在，即在人的召唤下向知觉显现自身而成为"象"，进而产生了相应的概念，于是语法促成了意义，但与此同时，语言的原初性意义又把意义向本源追溯，不断干扰意义的生成，这就造成了一种有趣的解释现象：语法化只是意义的向度之一，其本真意义却是不确定的，存在于一个无限的意义空间之中。

对比传统的文本理解和解释，修辞和语法都基于所处的不同逻辑层次来展开对语言与世界的意义构形，似乎意义达成的背后总有一个假定的先验主体，它先在于一个本真的时空之内，而人的任何阅读和

---

① Paul de Man, *Allegories of Reading: Figural Language in Rousseau, Nietzsche, Rilke, and Proust*, New Haven and London: Yale University Press, 1979, p. 110.

② Ibid., p. 125.

理解问题都被限定在对事实的立法式解释上。然而，德·曼的认识立场中明显拒绝了这种先验语义学的存在和批评主体的介入，对于文本解释来说，这一立场的最重要的意义就在于：拒绝语言形式的逻辑分析，提倡一种前逻辑的自然化认识论，发现语言的意义构形因子并将其归于某一个阅读层次上，但又不局限于某一个意义的锚定上。

德·曼的修辞论并没有把语法和修辞之间的关系复杂化，而是在充分理解语言的基础上，通过寻找一种适当的逻辑来探讨意义问题。意义的语法化或修辞化，只是语言的自然化认识过程中的意义表现途径之一。任何阅读都不能以技巧和"立法式"来限制，真正的阅读，应该是一种自然化过程，允许逻辑性和原初性之间的相互干扰，呈现出意义生成过程中可能出现的认识论悖论。进一步看，德·曼关注的是语言的意义生成过程中的各种可能性，其修辞性本质所产生的必然的推论，是对指称论的否定，语言与存在之间的关系也因此不再是稳定的对应关系；同时也是对文学批评中各种阅读模式的否定，通过语言指涉或意向性来判断文本意义也不再是一个合理、合法的途径。

三 意义存在的即刻性

即刻性（immediacy）是一种时间形式，指的是事物对于人的意识产生的当下性，然而即刻性又不只是一种时间形式，还指构成时间的各个要素的差异在连接方向上的不确定性。我们无法从共时和历时中去发现事物之间的关系，即刻性的存在是一种时空体的独特存在，它破坏了物与非物本身的外界之间的各种因果关系。从认识论看，即刻性属于结构主义的认识论，拒绝向时间上的延伸，因此这又是一种非历史论。

德·曼从即刻性中分析了现代性的所指，还借助即刻性分析了以华兹华斯为代表的浪漫主义文学，通过把即刻性引入语义分析，强调它对于意义证伪性的重要性。

首先，即刻性是一种存在认识论。对于德·曼来说，即刻性实际上就是"现代性",二者拥有同样的认识原理。在《文学史和文学现代性》《抒情诗和现代性》等论文中,德·曼分析了现代性如何作为一个概念的本质,具有尼采般的生命力,"既是本体论的,又是生物性的"。① 但是,更多论者在传统意义上把现代性视为历史上的时间概念,把现代性看作是高于先前历史阶段,这是一种狭义上的否定认识论。对于尼采来说,现代性作为一个描述概念指的是"生命力",不断忘记历史,以一种卢梭式的非历史观生存下去。德·曼这里引入尼采的权力意志,是为了说明现代性拥有一种力量,"可以在与过去分离的同时,也与自己的当前分离"。② 一旦与时间分离,就变成了即刻性的存在。或者说,现代性脱离了狭义的与历史相对立的概念定论,进入了广义的存在认识论。

关于现代性的理解中,波德莱尔也曾从纯粹美学的角度谈论过现代性,认为它是"那种短暂的、易失的、偶然的东西,是艺术的一半,它的另一半内容是永恒的、不变的",伊夫·瓦岱曾对此评价,认为波德莱尔的定义无论从意识形态的角度还是从内容上看都属于"中性的",重视"转瞬即逝的现时"③。或者说,任何时间都是不确定的,是主体的世界,是在现时中出现的那个时刻,人的意识决定了事物存在的时间或空间的当下性存在的可能性。

对比诸多现代性的概念可以发现,德·曼的现代性在哲学认识论上指的就是即刻性,即对客体存在的直接性的肯定,在即刻性产生过程中毫无歪曲,也不经历推断和解释,更不牵涉任何中介。黑格尔在《美学》中也曾提到过"即刻性",认为人是即刻性的存在,整个现实也是即刻性的现实。即刻性存在的立场是从主观思想到存在的过渡,这是一种原初性的联结,减少了任何调解,并且在自我中建立了自身。

---

① Paul de Man, *Blindness and Insight*: *Essays in the Rhetoric of Contemporary Criticism*: *Essays in the Rhetoric of Contemporary Criticism*, Minneapolis: University of Minnesota Press, 1983, p. 146.
② Ibid., p. 149.
③ [法]伊夫·瓦岱:《文学与现代性》,田庆生译,北京大学出版社2001年版,第41页。

从认识论看，用反思来看到两个世界，是过去的形而上学的观点。同样，海德格尔的此在论中，人永远都是一个在世结构，处于一个特定的境遇之中，这个特定的时空内，此在就是人存在的即刻性状态。也如佛学上讲的当下性，即刻性即我们感知事物的"第一刹那"，这个时候所产生的认识是最高的认识，此时此地的纯感觉性特征是对客体的认识。一旦越过第一刹那，进入第二、第三，乃至于更多刹那的思考，对客体的认识就是非真知，是经验知识构造出来的。因此，当下的"真"不是对客体的效能的检验，各种名称和概念理解下的"真"只是非真的认识。

即刻性的存在认识论中体现了对自然状态的思考。原初性的即刻性状态是纯粹的自然状态，也如霍布斯所认为的动物欲望下的状态，超越了即刻性进入语词构造的社会状态，是理性的，并不是真实的自然。对于霍布斯和卢梭，自然状态优于社会状态，因为后者的教化让人超越了当下的欲望，进入了对未来的忧虑，失去了心智平衡，也就失去了面对真理、面对存在，领悟存在意义的状态。

其次，即刻性导致意义的证伪性。文学作品中的意义从来都是历时性的，这一点依然是被诸多解释论所不断揭示的。也可以说，任何解释都要尽量追回到文本的原初语境，或者如弗·施莱格尔所说的回到当时写作时的作者意识。然而事实上，文学上的即刻性指的是，当读者阅读作品，各种视野融合产生意义的瞬间。正如华兹华斯《序曲》所说，"There are in our existence of *spots of time*，/That with distinct pre-emience retain/A renovating virtur, whence-depressed/By false opinion and contious thought，……Are nourished and invisibly repaired…."[1]

华兹华斯所说的"时间点"（spots of time）是一种靠某客体产生的瞬间的经验的回忆以及新的感知，是意义的即刻性到场。把诗人作为认识主体，能通过时空转换把意义带到当下的意义生成现场。华兹

---

[1] William Wordsworth, *The Prelude*, Jonathan Wordsworth ed., London: Penguin Books, 1995, p. 69.

华斯的即刻性中，并没有如他自己所称的能扔掉逻辑分析的习惯，认为世界的进程不需要理性，只需要主体的指引。无论是回忆还是当下的新体验，仍然还是人的心智对客体的把握，"我"自在言说，"我"同时也在倾听言说，二者合力完成"我"言说的行为，但是，诗歌中的"我"只是想象力作用下的生成，它的出现必然消解了现实的"我"存在的价值和意义。

在《失去原貌的自传》一文中，德·曼分析了华兹华斯的墓志铭中的时间认识。在华兹华斯的诗中，墓志铭"在白天是开放的；太阳俯视石头，天空的雨扑打这石头"[1]，太阳变成了眼睛阅读墓志铭上面的文字，这些文字是即刻性的视觉下看到的客体。这些毫无感情的石头上的语言让石头获取了"声音"，可以说话的石头消解了可以看的太阳。整个体系从太阳到眼睛，语言既是名字也是声音。我们可以识别这个形象，完成整个太阳的意象，同时也完成了太阳所触发的转义体系。拟人法把文本内缺失的、无声的客体具象化并加以锚定，使之具有了说话的权利。

从语言的认识论角度看，人对事物和世界所获得的第一印象即产生一个即刻性理解，进而对客体进行定义。即刻性作为人的心智对意义的获得，是临时性的，但这个即刻性不是零符号的纯粹存在，总是会受到某种倾向性或方向性的"偏见"的影响。在运用语言描述时，人的心智会借助人之在世的各种因素加以理解，把客体进行更加宽泛的理解。这样就出现了一个对于任何客体的自然状态的理解问题。

对于意义的理解同样如此，政治、社会、文化、真理和意义都是在词语的构造下出来的，但是不了解语言的本性，就无法了解语言的自然状态，更无法了解意义的自然状态。这里所强调的都是语言是思想的来源，从霍布斯到浪漫主义，再到后浪漫主义的思想，甚至后结构主义中对修辞、解构的推崇，都认为人的思想是语言化的结果，而

---

[1] Paul de Man, *The Rhetoric of Romanticism*, New York: Columbia University Press, 1984, p. 75.

不是理性的描述。罗蒂《偶然、反讽与团结》就曾提出，社会中经常采用的评价性词语如善良和丑恶，都是修辞化的结果，而不是即刻性的理解。

四 意义的非辩证性

传统的认识论把肯定作为事物发展的主导方向，即使对于黑格尔来说，肯定—否定—否定之否定的认识进阶中，否定之中仍然蕴含的是事物的正方向。然而对于后哲学认识论来说，取消本质、真理等形而上学概念，拒绝向终极方向的发展，显然是持否定的认识论。德·曼就曾被林赛·沃特斯等评论家认为是"否定论者"，但是，德·曼的意义论的认识立场是否是辩证的呢？

第一，拒绝从肯定到否定的进化关系。德·曼曾这样说，"不管我们是否意识到或是否喜欢，我们中的许多人都是黑格尔主义者，而且还是正统的黑格尔主义者……很少有哪个思想家（像黑格尔这样）有这么多甚至连其导师的著作也没有读过的追随者"。[1] 这里，德·曼主要是指，黑格尔的辩证法强调否定中包含肯定，从否定向肯定的进化过程。也正如尼采所批判的，传统的辩证法通过对立、矛盾的发展过程以及矛盾的解决而发展。但它并未意识到诸种力量及其本质、其关系所由生的真正因素。对立和矛盾可以成为抽象产物之间关系的规则，但差别是起源或生成的唯一原则。辩证法因对立而发展，是因为它没有意识到更为隐秘的差异机制。换言之，传统的辩证法，只是抽象地看待表象的运动，并将从肯定到否定作为事物的创始原则，只保留原则的颠倒形象，因此，这属于在虚构的要素之中运作。

德·曼也反对传统的辩证法，因为传统的观点都呈现一种对否定要素的蓄意回避，人们按照非辩证法的主体—客体两分法的概念加以理解。然而事实上，"辩证法不是对称的，不是可反转的，也不能归

---

[1] Paul de Man, *Aesthetic Ideology*, Minneapolis and London: University of Minnesota Press, 1996, p. 90.

化为语言的一个形式原则,就像转义的那种。这里没有转义的辩证法可以涵盖辩证法"。① 在辩证地分析语言符号的意义时,德·曼认为,传统的阅读总是表现为对意义统一的诉求,让作为内容的异质的东西服从思想的先验的统一形式。但是,语法和修辞之间表现出来的不稳定的存在,造成语言本身的差异性、异质性和否定性。这种文本语言内的差异性否定,是一个对另一个的否定,并不会导致肯定。二者都处在不断地否定之否定之中,尽管它们都会被彼此否定。但这种否定之否定,对于语言自然现象来说,是存在的肯定。

德·曼的这种立场跟阿多诺很相近,即反对艺术的完美性和整体性原则,认为现代艺术是不和谐的、零碎的,破碎的。然而,德·曼的否定是一种非本体论的否定,拒绝在意义中寻求确定性。在处理主体与客体的关系的时候,既不是通过吸收客体,也不是通过认识并占有某个对象,而是通过一种语言要素自身无法控制的活动,使主客体关系得以产生。意义就是在主体通过认识它自身在一种程序中的作用中发现自己。德·曼的这种否定的"非本体论"就不意味着完全抛弃同一性,而是立足于非本体,固执于直接感觉经验的内容而将形而上学的统一性宣布为"无意义",积极寻求语言自身的客观存在。

第二,创新辩证法的思辨动力。传统的辩证法的原动力是对立和矛盾的解决,推动事物发展。但是以尼采为代表的理论家,认为他们都没有考虑到事物之间诸种力量及其性质和关系所由生的真正因素,因为他们满足于抽象的变化和转化。德·曼则从浪漫主义的思想中寻找理论灵感。例如,在论述费希特的自我论时,德·曼认为,这种自我论并不是一个辩证的概念,但却是任何辩证发展的必要和条件。根据费希特的理论预设,"纯粹的自我只能从反面加以设想,只能被想象为非我的对立面,因而只能被想象为完全绝对的单一性,而非我的特性则是多样性;纯粹的自我总是同一个东西,而且永远不会是别的

---

① Paul de Man, *Aesthetic Ideology*, Minneapolis and London: University of Minnesota Press, 1996, p. 159.

的东西"。① 其实，费希特强调的是，自我设定非我，即自我与非我相对立，但非我又限制自我。在纯粹自我中，自我与非我是两个对立面，两者被联结在一起，互相限制，既对立又统一。这种矛盾的统一促成了纯粹自我的实现。

费希特的自我论存在理论缺陷，他仍然坚守认识论中统一的必然性，费希特所追求的经验自我和经验世界之中的生成，不是回答关于自我的问题，而是在界定自我的行为中寻找自我的原因，寻找世界的原因在于对立行为。费希特发现了自我的界定之中有对立，但却没有去发现自我的本质，而是在解释自我和世界的过程中，提出了一种表层的辩证法。例如当论证人、真理等概念时，没有追问这些概念的本质，而是直接陷入了对立的辩证法之中。

德·曼把费希特的自我论看作是一种"否定性自我的对称性设定"②，并且把它与语言符号的认识论联系起来。在德·曼看来，费希特谈论自我跟谈论语言的特征是一样的思路，即可以把自我看作是根本上或内在于语言学的。自我最初是由语言锚定的，语言从根本上而且绝对地锚定自我作为一个主体。因此，自我是逻辑发展的开始。换言之，语言可以锚定自我，也可以锚定自我的否定即非我。简言之，"自我被锚定，非我也隐含在自我的锚定中"。同理，"自我因此被锚定的同时，也是被否定的，这一点毋庸置疑"，③ 因为当自我被语言进行锚定的时候，自我的语言特征不断地被非我的语言特征所限制，进而被否定。德·曼的这个观点，跟浪漫主义诗人济慈在书信《致伍德豪斯》中对诗人的性格的表述很类似："至于说本身它不是本身——它无自我——它是一切事物，又什么都不是——它没有性格——它既欣赏光明，又欣赏阴影，它尽情地享受生活，无论清浊、高低、贫富、

---

① ［德］J. 费希特：《论学者的使命·人的使命》，梁志学、沈真译，商务印书馆 1984 年版，第 8 页。

② Paul de Man, *Aesthetic Ideology*, Minneapolis and London: University of Minnesota Press, 1996, p. 99.

③ Ibid., p. 137.

贵贱。"① 从费希特的自我论，德·曼得出一个推论，文本语言作为自我的表述，自身的存在就是自身的动力，其自身的辩证性就促使了其发展的动力。正如他在《阅读的寓言》中认为的，"宣称自我的毁灭的文本是不可想象的，因为它仍然把自身看作生成肯定性的中心。中心的特征和自我的特征在语言媒介中得以相互交换。使得否定自我进入中心的语言同时，从语言学意义上挽救只是作为一个修辞手段自我，以此来宣告自身的不重要和空虚。只有当自我被移置进否定它的文本所，才能持存。起初以其经验上的指称来作为语言中心的自我，现在变成了作为虚构、作为自我的隐喻的中心语言"。②

简言之，德·曼从修辞视角研究语言论，是把语言的修辞性放置于形而上的平台上进行讨论，这是对古希腊修辞论的回应。古希腊柏拉图反对智者学派的修辞，推崇苏格拉底的辩证法，因为前者只追求"意见"，不追求真理。在这个辩证法过程中，认识论的立场导向的是一种否定结果，后来在德·曼论及浪漫主义的象征与寓言之间的关系，提出的"否定要素时刻"是类似的表述，这都在认识论上蕴含了事物的对立认识。

邓志勇认为，"辩证法为修辞者提供真理，修辞者可以运用通过辩证法而在立场/态度来表达真实世界"。③ 在德·曼的意义论中，他首先辩证审视语言领域内语言意义的产生，认为任何概念化的语言都产生于修辞性的语言，只有充分认识到语言的中介作用，才能理解词序用以结构世界的方式；其次他还辩证审视语法和修辞对意义的影响，拒绝用简单的逻辑让意义统一起来，强调阅读必须保留意义的复杂性和神秘性特点；再次，他一直努力辩证推理意义存在着的理据，即文

---

① [英]拉曼·塞尔登：《文学批评理论》，刘象愚、陈永国等译，北京大学出版社2000年版，第307页。
② Paul de Man, *Allegories of Reading: Figural Language in Rousseau, Nietzsche, Rilke, and Proust*, New Haven and London: Yale University Press, 1979, pp. 111–112.
③ 邓先勇：《修辞性的深刻蕴涵——从修辞学与古典辩证法的关系谈起》，《外语研究》2009年第4期。

本语言自身就是其意义产生的推动力。可以这样总结说，德·曼的辩证法不是传统逻辑意义上的，而是存在论意义上的。

第三节 意义的发生学反思

一旦确定了文本指称的复杂化，认为指称也受前物质性和新语境下述行性之间的张力的影响，那么，文本意义的发生原理对于阅读来说必然是一个很重要的问题。即使对于文本中心论的这些理论流派来说，如英美新批评、俄国形式主义、法国结构主义，它们对文本的意义的比较性研究、思辨性发现、探讨乃至判定文本语言的意义，也属于一种发生学研究范畴。

法国文学理论家皮埃尔－马克·德比亚齐（Pierre M. de BIASI）在《文本发生学》的"引言"提出，"通过草稿或准备性资料对作品进行阐释",[①] 属于一种文本发生学研究，即通过对比的方法，研究文本的诞生过程，对文本进行有效的阐释。对德·曼来说，文本研究是任何研究的第一步，即使对于学界公认的观点如以语言的修辞性来解构文本意义来说，只是以否定姿态来判定意义的解构尚属其次，首要的应该是发掘出德·曼语言分析中的意义发生原理，认清意义的修辞化来源，才能合理、合法判断其正确性。

一 时间的构成性

上帝七日创造世界，这不只是宗教对时间最开始的认识，更是对意义起源的认识。神话、现实主义小说等叙事文本中，时间是线性叙事构筑文本的最基本要素，但是文学时间也不是我们通常意义上的物理时间，而是文本意义构成的重要部分。即使对于日常生活中的普通时间来说，事件 A 导致了事件 B 的出现，事件 C 则是在事件 A 和事件

---

① ［法］皮埃尔－马克·德比亚齐：《文本发生学》，汪秀华译，天津人民出版社 2005 年版，第 1 页。

B 的共同作用下产生的。事件发生的顺序中可能会提及时间,时间是构成意义的重要部分。

德·曼追问"意义",恰如海德格尔追问"物",即通过借助不同的文本,批判各种意义论背后的认识。例如,海德格尔对太阳的理解,即真正的太阳是牧人的,还是天体物理学家的?为了认识其中蕴含的问题必须知道"物是什么或者物性存在意味着什么,以及如何确定物之真理"[1]。德·曼也思考"时间"是什么:如历史是语言事件,时间是即刻性的,时空改变物性的问题中,蕴含的是即刻性,等等。德·曼从多个方面展示了时间之于文本意义的构成性。

第一,时间和想象力的结合,促成了人自我经历的历史化。在《华兹华斯中的时间和历史》一文中,德·曼认为,理解华兹华斯的关键是"想象力和时间的关系,而不是想象力和自然之间的关系"[2]。这是因为华兹华斯的诗歌有一种"时间上的复杂性","对将来经历的描写,要求借助于对过去经历的虚构,而且这个经历本身是有所预期的和预示的。因为这是一个虚构,只能以语言的形式存在,也正是因为借助于语言,虚构可以被客观化,可以视之为一个鲜活的人"。[3] 对虚构的反映也因此与描写它的语言不会分开。例如在《温德米尔少年》一诗的复杂时间结构中,诗歌的想象力转化为了一种沉思的心灵,语言之中包含了起源与死亡、缘起与结局。小孩子经历并预知了自己的死亡,历史也在我们意识之中被唤醒,在取得与失落、自信与迷失之间,诗歌文本得以形成。这里的历史就像童年,让回忆作为时间视角生成,这里的生成并不是对从不存在的统一体的回顾,而是作为"对永不停止的去战胜的失落的不确定性条件的一种认识、一种回忆"[4]。同样在《达登河》一诗中,时间与呈现的经验模式与历史相关

---

[1] [德]马丁·海德格尔:《物的追问》,赵卫国译,上海译文出版社2016年版,第12页。
[2] Paul de Man, *Romanticism and Contemporary Criticism*, London: The Johns Hopkins University Press, 1993, p. 92.
[3] Ibid., p. 82.
[4] Ibid., p. 88.

联。两种时间结构性地并存于文本内。朝向历史的进步只是一种"纯粹的逃离,一种依赖于错误的忘却的误导性神话,一种对于到的知识的背离"①。另一种是自我向死亡的消失,引入了一个更具原初性的、更真实的时间观,向过去延伸,又向未来扩展,因此,"时间本身位于语言之外,想象力无法控制",② 华兹华斯表现的只是时间的形式,只是思维的形式之一。类比只能展示自然与心灵之间的可能性,唯有时间才能显示自我的存在,也可以认为,是时间让人与自然分离。

席勒对于时间也曾这样表示,诗人必须选择那些"作为人的人所特有的东西","纯粹地分离出人身上仅仅是人的那些东西,似乎就可以召回那种失去了的自然状态"③。在审美中,时间借助想象力变成了一种无限能力,可以让过去、现在和未来处于一种流动状态之中。个体也因此具有了超越物理时间的可能,超出了具象的时间,以无限的审美直观力,达到了体验的全覆盖。从认识论向存在论的转变,"时间"变成了一种动力,由于"我"的异化而使"我"的意识遭到分离,所以,意识需要不断克服对"我"的分裂。这就依赖于在时间和想象力的共同作用下,瞬时实现了"我"的统一,完成了过去、现在和未来的虚构融合。

第二,时间与语言的结合构成了对本源的寻找。在《荷尔德林诗歌中的卢梭形象》一文中,德·曼也证明了时间对于意义构成的重要性。德·曼认为,卢梭的"语言人形象"是"时间性创造物"④,正是通过卢梭的语言,才会感受到了起源的声音,它是一种时间意义上的根本性节奏。这首诗中,语言和时间的统一构成了整首诗歌。诗学语言是音乐性的,是因为语言指向意识,而不是客体,就像"水"这个

---

① Paul de Man, *Romanticism and Contemporary Criticism*, London: The Johns Hopkins University Press, 1993, p. 87.
② Ibid., p. 94.
③ [德]弗里德里希·席勒:《席勒散文选》,张玉能译,百花文艺出版社1997年版,第24页。
④ Paul de Man, *The Rhetoric of Romanticism*, New York: Columbia University Press, 1984, p. 40.

词近乎水的本体论本质，而不是这个元素的感官知觉。卢梭并没有逃离时间的命运。卢梭的形象是对原初（origin）的向往，我们一旦视之为走向主客体统一把感觉客体作为本体先在性的哲学，就会把现实和非现实混淆。莱茵河的流向在诗里就成了对起源（source）的向往，它引导诗人和读者走向古希腊，因此，整个诗歌文本内的结构形态也由于时间形态的介入显示出一种寻找本源的走向。

海德格尔曾说过，"我们称之为此在的存在意义，是可以证明是时间性的（temporality）"，[1] 而时间也必须被真正地看作任何理解和解释的视域，或者说，任何存在的意义都是时间性的，意义是存在的一种生存属性。简单地说，理解只属于此在，只属于"我"的此在。存在是一切的终极指向，语言只是对存在的描写，唯有在语言的原初语境之中，方可感知语言与存在的同形同构。然而，任何话语语境之中的语言都是对原初语境中语言意义的忽略，每一种修辞行为都是言说者以隐喻化语言对存在状态的再次隐喻化描述，而这隐喻化的行为中就包括了政治的、伦理的、道德的、审美的修辞行为。王寅也认为，修辞作为一种语言现象，更是人用以交流时的不同思维方式的表现，"必定受制于一定的认知方式"。[2]

第三，时间的层级性展示了存在的不同形态。在《荷尔德林〈如节日到来的时候〉中的时间模式》一文中，德·曼认为，英雄的行为与他的实际行动相比，前者拥有时间性的先在性，因为这代表的是某种神圣的意愿，就像树作为一种物理的存在，先于一切概念上的存在。我们传统认识论意义上的认识模式是，把文本的时间结构看作是时间性现象学，因为它是一种意识的描写，然后我们又把它看作是语言现象学，因为时间需要通过语言进行思考，同时又是为意识而存在。因

---

[1] Martin Heidegger, *Being and Time*, trans. Joan Stambaugh, New York: State University of New York Press, 1996, p. 15.
[2] 王寅：《基于认知语言学的"认知修辞学"——从认知语言学与修辞学的兼容、互补看认知修辞学的可行性》，《当代修辞学》2010 年第 1 期。

此，时间模式，首先是物理性的存在，其次是历史的存在，再次是神的存在，最后才是真正的存在。这种理解的本质是有启发性的，即时间最终是超验的。

德·曼对存在的讨论方法类似于老子《道德经》中的表述方式。在《道德经》第一章，"道可道，非常道；名可名，非常名。无名天地之始；有名万物之母。故常无欲以观其妙；常有欲以观其徼。此两者同出而异名，同谓之玄。玄之又玄，众妙之门"。学者们很重视老子对于"道"的解释，然而，"名"作为一个动词出现，却是十分重要的，即用来命名天地和万物。其次，"出"作为另一个重要的动词，真正体现了"道"和"名"从终极到存在到存在者的过程。道和名在本质上是相同的，具有同样的意义地位，但是一旦被运用，以语言表述出来，就必然导致"异名"。从中国老庄哲学观点来看，关于意义的可辨识性和有效性来看，由于人所处的境域层次不同，意义就会显得具有了相对性。王船山的"识"（过去）"思"（现在）"虑"（将来），同样反映了人的存在中所蕴含的时间性。

这里的"名"和"出"作为动词的出现，实际上就是语词被应用的不同修辞过程。换言之，一旦语词开始修辞化，就有了时间性。例如在分析哲学家弗雷格的《意义与指称》中，晨星和暮星都是同一个所指物，但是所代表的意义却是不同的，即同物不同名不同义。这里暗含的是一种时间论。晨星和暮星因为所指称的物出现在不同的时间，意义表现不同。也就是说，客观物的存在与所处的时间有关。从这个角度看，对任何对象的解释，需要首先将其时间化。然而，一旦语词的意义时间化了，不再在原来的原初性意义上审视客观物，那么，以语言为中介的时间化意义，必然是事实性的，具体存在的，而不是概念性的。

第四，时间是人对事物经验的本质。在论及布罗姆时，德·曼认为，影响的焦虑反映的其实也是一种时间的在先性。任何影响，都是一种在先的解释，会造成认识论上的不可靠。换言之，任何解释也都是时间性行为，替代不是必然的一种证伪。

在《华兹华斯和荷尔德林》一文中，德·曼认为，浪漫主义也是从时间视角展开的一种解释现象，我们把它作为一种行为经历来研究，把浪漫主义作为"过去"来看待，就像过去的我们期待我们去界定，去解释。现如今，经验行为和解释之间的时间关系，是浪漫主义诗歌的主题之一。这首诗展示了我们存在的时间本质，但是从另一个角度看，时间性的生成允许语言来构成自身。华兹华斯在诗歌中就用了一种象征叙事来展示这种复杂的历史观点，但这种修辞手段同样引起了很多争议。华兹华斯在论及想象力与时间的时候，时间作为一个抽象的概念先于历史作为一个具体的范畴出现。

可以看出，德·曼的时间观是对浪漫主义美学的再次批评。德·曼在论及浪漫主义美学中的象征和寓言的区别时同样指出，象征消灭了时间，而寓言尊重时间。后浪漫主义困境中体现出来的主体困境，一方面就表现为语言主体的困境，即为了意义，为了终极真理，放弃了时间性。德·曼认为，寓言和反讽行为，都揭示了时间困境，显示了时间性存在不是有机的。任何艺术形式本身都趋向于意义的完整性，因此，认识到时间困境问题是意义论的第一步。

首先，德·曼从语言学角度重新解释时间，为认识时间与存在提供了新视角，驳斥了把时间作为一个恒项的认识论，转而把时间看作是构成性的。德·曼的目的是证明，人的存在是时间构成的，这一点显然是对海德格尔此在时间观的继承和发展，他们都反对客观时间和主观时间的相关论述，而是从存在论的角度，深入思考语言中的时间性问题。"此在"的时间性，表现为一种动态的方式，人作为认识主体，只能生活在当下的即刻性之中，因此，人首先是一种时间性的存在，也因此才使得历史成为可能。同理，时间对于意义的发生来说，也是第一位的，考察各种批评中的"时间论"，由此德·曼发掘出来意义的非时间性。

简单把想象力与自然相类比，忽略了时间的构成性，会造成一定程度的误解。从宽泛意义上看，不断从当前的批评文本回溯到时间的起点，让原本变得复杂的意义再缩小，是对不断放大的意义生成过程的一个再认识。浪漫主义把意义的起点归于人的"自我"，后浪漫主义文学批评把意义归于结构和语言。德·曼想要强调的是，任何意义的出现都是经过时间的放大产生的幻觉，这是对意义存在的否定性思考。

其次，德·曼把意义看作是非时间性的，把修辞与语法看作是共生的。伯格森在《时间与自由意志》中也指出，任何物质客体经由象征性的再现，都会因其空间化而失去其原有的连续性，而且时间是"一种同质介体，我们位于其中的意识状态就像在空间那样排列，以便于形成一种非连续的多样性"①。柏格森把时间和空间相对立，实际上是借助绵延的时间化来抵制其空间化，这就改变了传统认识论中对于事物/意义存在形态的认识，即时间是把所有的事件统一起来的一个根本原则。例如，福楼拜的《情感教育》中弗雷德里克与阿尔努夫人之间，与德·西伊，与路易斯罗可之间的关系是混乱的，故事不同章节之间的世界也是混乱的，时间对于整个故事来说并不是一个肯定性的力量，它也不能把所有零散的故事元素集中起来。或者说，作者取消了线性叙事的呈现方式，以非时间性的事实展出来突显现实生活中各种事件之间的不连续性。

德·曼的时间观类似于同时代的德里达和耶鲁学派的其他成员，但是他也有自己鲜明的特点，即只要谈意义，就是承认意义的存在，也就承认了意义有起源。但是经过多重文本语言的再剖析，德·曼得出一个惊人的观点，任何意义都不存在，也没有起点；一旦我们承认意义的存在，其实就是承认了一个预设起点的存在。

在后浪漫主义作品中，文本结构和文本语言表现出来的恰好是对浪漫主义思维的反思，真正走向"真理"。事实上，文学作品中的语言一般都是非真实的语言，是对过去的回忆的再讲述，因此变得更加

---

① Henri Bergson, *Time and Free Will: An Essay on the Immediate Data of Consciousness*, trans. F. L. Pogson, Mineola and New York: Dover Publications, Inc., 2001, p. 90.

不真实。然而，这种语言正在朝向自己去神秘的真实性，其目的论是为了真实，这种真实从没有被命名，但却最终被认为是在一种消费时刻消失在自己的错误的知识中。任何文本结构的出发点并不是时间上的缘起，因为出发点是以中心的形式出现，而缘起只是形式上的概念，没有生成性。缘起只指向某处，而不是出发点。真正的时间结构，来自存在的否定性和思考的不确定性。这是一种从主客体辩证法中的逃离，进入真正存在的行为中。真正的意识不可能与历史性时间相混淆，它只在于虚构的历史时间之中。

德·曼所谓的后浪漫主义的语言困境也就在于，反思从柏拉图的理念论直至海德格尔的存在论以来的关于意义的来源问题，认为将概念实体化来探讨物的实在性势必会导致一种将认识颠倒为逻辑的认识论困境。德·曼把时间看作意义的构成部分，其因果关联暗含了意义从"无"到"有"的过程，或者说，正是由于时间的在场，让意义也在场。

然而事实上，意义的"有"与"无"从来都是哲学的认识论问题。传统的认识论如柏拉图的理式论、老庄的道、佛教的法中，意义的逻辑起点是形而上的"无"，这个"无"却是自在之物，并不与时间同在。换言之，"无"作为意义的起源，并不同其他存在者一起在场，是虚无的、非时间性的。但是，自从有了关于意义的讨论，"有"却成了意义的起点。从希腊哲学把意义的起源归于水火金木土等原初物质，这种物理形态所产生的意义，实现了从静态到动态的演变，让意义有了起点，让意义逐渐变大、变复杂。然而，当语言从口语进入书写，后现代哲学家如德里达对书写的推崇，让意义从物移植到名，对物的命名可以向前一直追溯到柏拉图的《克拉底鲁篇》中名的自然说和约定论，但名与物之间的关系，仍然是对意义存在形态的思考，是把意义归于名与物之间的动态关系，而不是把意义简单地归为某一种关系。在从名与物的符号到名与物的差异，名并不是意义的起源。后现代直接割裂了名和物二者之间的关系，让二者出现了不及物关系。

换言之，意义的存在形态是从时间开始，让意义之"无"在语言层面实现了其"有"的形态。

德·曼对意义的有无之论远不及中国道家 2500 年前就提出来的"有无相生"的辩证逻辑，即世间的矛盾都是相互转化的，原本无所谓"有"或者"无"，二者的存在形态也不是一成不变的，一方的存在是基于另一方的存在才会生成。

二 向度的单一性

向度是"势"，是取得观察某物所站立的位置，从上至下发掘出某物所表现出来的向度意义。向度不同于维度，是因为后者即表现为一种视角论、层次论。在当代文学批评中，对任何文本的阅读都是多维度的，却从来都不是多向度的，对意义的认识论缺乏一种取其"势"的高度和立场。这是德·曼意义论中较为明显的观点。

对文本意义采取一种认识向度阅读，就是从意义的整体性入手再进入语词等层面的分析，或者从语义分析上升至整体视野。这两个过程都将把重心放置于文本的内部，寻找意义生成的方法与文本语言逻辑的结合点。需要注意的问题，不是肯定意义本身如何是逻辑的，而是意义如何化为逻辑的，换言之，意义不是被单纯的认识的，而是借助逻辑的分析发掘出其生成过程，进而反映在人的认识之中。

第一，符号的向度论。在关于后浪漫主义与浪漫主义之间关系的讨论中，德·曼认为浪漫主义美学推崇象征，是因为在对待语言符号的使用方面，寓言符号缺乏了从具体到抽象的向度分析，后浪漫主义所表现出来的语言困境的根源在于"浪漫主义时期假定的制约"[1]。

德·曼在《时间性修辞学》一文中指出，温克尔曼（Johann Joachim Winckelmann）把象征和寓言视为"同义用语"[2]。事实上，对于温克

---

[1] Paul de Man, *Blindness and Insight: Essays in the Rhetoric of Contemporary Criticism: Essays in the Rhetoric of Contemporary Criticism*, Minneapolis: University of Minnesota Press, 1983, p. 188.

[2] Ibid.

尔曼来说，符号、象征与寓言都有很大的关系。符号指的是"精神性事象，譬如说成为概念、理念、思想、理性的感觉对象"；象征具有多样性的涵义，是"符号本身的主题化，并且能引发种种意味，也就是说其本身是类似创造的记号"；而寓言是"拥有特定且明确的概念"①。可以看出，温克尔曼把寓言与象征放置于一起来讨论，是因为他对于寓言符号的认识不足，如寓言不能"足以表现出抽象内涵的事物，也就是说能够表现出所要表达对象的具体事物"。温克尔曼在《寓意（寓言）》一书中就指出，具备精于思考的这种心灵艺术家是以图像进行"寓意地描绘"，这里的图像是具有"共同概念的图像"②，是人类所普遍拥有的概念。换言之，温克尔曼是从符号的可视性来呈现意义，甚至于将"非感觉事物加以感觉化"③。在这个转换过程中，温克尔曼强调了意义与符号之间的关系，认为意义在于寓言与真实之间的延续性，即真实之外存在着普遍的意义。

温克尔曼强调符号从上到下的向度论，实际上也是对文本背后终极意义的追问，这实质上仍然是采用不同的方式对柏拉图"回忆说"的反思。回忆对于柏拉图来说，是一种认识论途径，其目的是驳斥怀疑论的知识观，即人的认识是不可能获得的，人知道自己追求什么，或者不知道追求什么，探索都没有意义。在哲学的反思之前，人已经见过此世界和彼世界的一切事物，知道存在的一切，并能回忆起善的知识或其他一切他曾拥有过的知识。回忆的认识论意义在于，否定了推理认识的意义。即使对于黑格尔来说，德·曼也认为，《美学》中关于记忆的论述属于意识行为，逃离时空，进入原初语境。对比阿卡迪亚的回忆（Arcadian）可知，黑格尔的回忆提示一种历史存在，是为了告知如何拒绝一种神性存在。

---

① ［德］约翰·亚奥希姆·温克尔曼：《希腊美术模仿论》，潘襎译，中国社会科学出版社2014年版，第122页。
② 同上书，第117页。
③ 同上书，第120页。

然而，当前的文学批评界对于文本阅读多采用维度、层次的分析，其多元化的趋势让文本意义无所适从，归结为一个症结，就是意义的推理性认识，是不同的理论预设了一种制度化、社会化的存在。这与回忆所追溯的原始事实即一种向度认识，与各种理论得来的推理事实之间的维度认识是对立的，类似于卢梭意义上的自然与文明的概念对立，是认识论上的直观与概念之间的对立。

对于符号的向度论，有许多学者早已涉及，例如卡西尔在《知识现象学》中对精神发展三个阶段的论述，卡西尔根据心灵与客体之间的关系进行描述：第一个阶段是意识的表达功能，指的是符号与对象之间的简单统一，即一种神话意识阶段。第二个阶段是具象化功能，是符号与对象的分离，对象完全不同于符号，属于黑格尔意义上的意识和自我意识阶段。第三个阶段是概念化功能，对象被看作是符号的一种建构，一种不同层次的符号，类似于黑格尔的心灵阶段。很显然，第一个阶段是单向度的，例如图征（emblem）是人的意愿，是图画（视觉），加上情感（宗教和道德），再加上思维，属于传统的或者神圣的，具有一种模式。有自在的理由。第二个阶段是向内的，例如：红白绿是意大利国旗。这是陈述，省略了"我认为"。前者是一种主谓关系，后者若加上我认为就成了主体关系。换言之，符号与感知无关系，因此与意义不一致，于是符号成了象征，进而与意义一致了。第三个阶段是多元化维度的。

不同于从上到下的向度论，德·曼以文本为平台，分析词义以及文本解释，以及各种解释中的认识论立场等，进而揭示语言观背后的方法论思考。然而不同的是，对于索绪尔来说，语言符号的单独存在没有价值，只有被用于整个语言体系中才会有意义，这样就又把符号的认识放置于社会语言中。索绪尔的能指与所指论中，实际上仍然沿用的是能指服务于所指的关系，即以观念论来讨论语言符号。只是索绪尔之后的语言学家们如乔姆斯基将语言能力和语言运用之间对比，实际上就是语言的语法能力和言语行为能力之间的对比。但是这些结构主义语言学强调了前者,而忽略了后者。

解构主义语言学仍然以能指与所指的二元对立认识论为起点,但却拒绝了二者之间的符合论。例如德里达就认为,能指如"树"的解释中仍然有另一个能指"植物",植物的解释中还会有另外的能指出现,能指是不断延异的,因此所指永远不会到场。那么什么时候能指与所指达成一致呢?德·曼认为,我们对任何文本的解释,都是需要造成了能指的断裂后,才会让意义停止。这种"需要"被德里达看作是历史化。这里与詹姆逊的"历史化"观点颇为相近。他们对于符号认识的一致在于,语言符号是时间化的。

结合浪漫主义来看,对于德·曼,浪漫主义之中讲的是"过去",含有历史意识,而后浪漫主义是反浪漫主义的,是以去神秘化为外在表征的批评形式。这就需要结合文本,对语言进行分析,发掘出社会语言是如何从欲望语言中逃离出来的。前者是经验实体为社会服务,是经验性使用的艺术,后者是真正的艺术。进一步讲,任何文本的作者和人物之间,并不是非主体间的关系,而是行为和解释的关系。小说也是非启示的、结构性的、不断生成中的。

第二,主体的向度论。自从文学批评开始出现,主体就一直是一个热点问题,作者之死、读者反应论等都倡导主体。然而主体只是进入文本的一个维度,并不能给予文本一种向度的观照。

传统的文本解释都是以主体的认识经验为依据,发掘文本之于现实的有意义的地方,即使对于海德格尔来说,文本解释也是被圈定在"上手"状态,即当物有所用时才有真值。从认识论看,尽管传统的认识论和海德格尔的生存论有很大不同,但意义的逻辑基础还是任何文本解释的出发点。

对于作为后现代文本解释的重要人物德·曼来说,文本中心论把意义限定为文本的自我指涉,即一种之于现实的无用论。无用并不是彻底没用,而是先验主体的消失和经验主体的崛起,一起一落之间,文本意义的终端被消解了。在作为《失去原貌的自传》中,德·曼认

第六章 意义的认识论反思

为作者是一个合约性的主体,在《批评与危机》中,德·曼认为结构主义中的主体是构成性主体,在论及《康德的物质主义》中,德·曼指出,黑格尔不满于康德的崇高,因为后者把崇高归为一种情感,没有认知上的进步。这里的认识主体在文本内的主体属于一种功能性的,为了实现文本的述行功能的。

从意义认识论看,语言原本的属性还存在,用以传达信息的语言表述增加了更多传递信息的渠道,语言的原本属性也并没有失去其必然的作用,而是在嘈杂的属性中,读者无法捕捉到重要的语言信息。主体和客体都是独立的存在,唯有在语言中才能发现这二者作为两个极端之间的对立和冲突。罗蒂也曾这样描述过:"由于真理是语句的一个性质,由于语句的存在依赖于语汇,由于语汇是人类所创造的,所以真理也是人类所造。"[1] 罗蒂的描述中揭示了语言如何创造世界的过程,因此,用语言来创造世界,就是人用来描述自己的存在的过程。阅读德·曼,只关注文本语言的叙述困境和推理困境,忽略他关于人作为主体的存在困境是不完整的,或者说是不彻底的。

德·曼只关注语言与世界之间的关系,修辞、语法等处于不同的逻辑层次,似乎在假定的先验主体的纯粹语言中,具体的人类主体总是就世界的结构达成一致。理解问题就是被限定在对事实信息的逻辑解释上。其实德·曼认为文本不可阅读,就是因为缺少了先验主体,缺少一种纯粹语言的存在。就语言与世界的关系而言,对世界的意义解释,个体之间经常会出现沟通上的问题,因为关于世界的最私人性的经验也很少出于一种主体间性的考虑,因此这种经验也就很少以语言的一种逻辑形式为媒介的。

由此可见,这一通过拒绝先验语义学的存在,对解释学的反证法极有启发意义。德·曼彻底否定一种既客观又主观,既经验又先验的探究的可能性,因为这种可能性与那个只描述客观事实的统一语言的

---

[1] [美] 理查德·罗蒂:《偶然、反讽与团结》,徐文瑞译,商务印书馆2003年版,第34页。

纲领不相容。对于解释学来说，这一立场的最重要的意义就在于：德·曼认为他能够用这种语言形式的逻辑分析来替代对个体意见的前概念的理解。如果一个文本的意义不能与语言逻辑的意义标准（即证实原则）相一致，那么至少被怀疑是无意义的、无法解释的。

三 反式思维的缺失

理解意义一般都会有一个正相位和反相位之分。正相位趋向于从文本的结构、价值等方面对文本的形式化阅读，反相位则从非主题学分析的角度，采取较为反向的思维入路展开阅读。二者的区别在于解释者是否对文本有一个目的论的阅读和判断。

第一，反相位阅读。在论及《追忆似水年华》时，德·曼认为，时间是构成性的，内在于文本结构内，内在于语言表述之中。很显然，德·曼不同于利科从时间的角度和普莱从空间的角度对《追》的探讨。德·曼的目的是，文本的时间和空间是叙述语言构成的，而不是其他阅读原则从外部介入的。例如，在分析夏日读书的一段中，夏天是由隐喻和转喻修辞格共同构成的一个夏天意象；紧接着，作者又以小屋和外面的空间对比，来映射内心与外在的对比。德·曼认为，这里从时间和空间对这个场景进行研究，都无法理解。如果从交叉的角度，审视不同的手法对比，发现两者之间的共性，这才是构成转义的本质之处。换言之，内与外，黑夜与白天等构成了两个极点，相互交叉实现了一种语言上的反式思维。

再者，夏天对于传统认识论来说，是正相位的阅读，然而，德·曼却在夏天中读出与热、光明相对的凉和隐暗，时间上的直觉化反映了德·曼的反目的论判断，即时间其实只是一种低级的空间形式，是人脑的构造物。但是《追》中的回忆，不是时间行为，不能通过理智采用客观的方法来把握，而是发掘出其中的非时间的超越性，诗学的力量也就在于其超越性。

再例如，在《生命的凯旋》一诗中，"脚掌落下时是那样轻巧灵敏/甚至不会踏碎那明镜般的［江］面"中描写了阳光如何像脚一样在水面上滑行,"脚掌"一方面在江面上"滑行",但同时也"踏碎了"平静的江面。在一个表现行为的话语中,它呈现了正向和反向两个行动,造成了语词与行动的分歧。这一点显然与传统阅读重在发现语词与行动的默认聚合而成的双重结构的观点相比,有着十分明显的区别。这种语言效果超越了传统的主题学分析,把意义从字母意义引向了述行意义。进一步看,除了语词本身在意义生成中,表现出来的与行动的分歧外,还表现在生成其他话语的时候所产生的差异效果。在卢梭关于"生命"的描述中,用了"光明的形体"来表示神秘的客体,由此就产生了一种极性对比:光明/黑暗,二者所造成的视觉混乱,以及忘却/记忆所造成的认识混乱。

第二,反式阅读存在于语言非比喻化(disfiguration)造成的"忘却的伪知"之中。语言通常意义上出现的镜像式再现,通过一定的语言形式呈现了再现性象似,但这种象似或感知并不是比喻的构成因素,只有审美才是借用替代的方式来实现比喻。这里就出现了一种修辞表述上的困境。比喻式再现中,比喻属转义而再现是为了事物,因此比喻式再现就把对物的描写转义到另一个层面,造成了镜像式的视觉象似。

例如在《康德的现象性和物质性》一文中,德·曼认为,我们应该像诗人那样去"看"天空,去"看"天空中所包含了一切事物,一旦我们在脱离了大地去理解天空,我们就会"失去了安定的感觉",[1]因为我们会带着目的性去审视天空,忽略天空在建筑学意义上的物质性。由此德·曼认为,许多论者都错误地理解了康德的《判断力判断》第28、29节的内容。一般都认为从康德到席勒再到形式论,再到审美主义,关注康德的"无目的的目的性"和"自由游戏",而事实上,这里隐含了一个对比和批判。例如在论及康德和黑格尔关于崇高的论述中,康德把崇高归为人的情感,而黑格尔把崇高看作是人的认

---

[1] Paul de Man, *Aesthetic Ideology*, Minneapolis and London: University of Minnesota Press, 1996, p. 81.

知辩证发展。康德是从空间和数量上来突出崇高对人的主体的情感的影响。这里必然隐含了无目的的目的性和目的论的判断。康德借助纯理性达到人的理性认识的目的，这是显而易见的。然而论者只关注康德的形式主义，即"没有所指概念或符号"①。因此，康德所提出的物质视野，显然是为了避免目的论判断，更崇尚诗人的视野，即一种艺术的崇高，恰如德·曼在文本内列出来的对比，叔本华之于尼采，海德格尔之于德里达，席勒之于康德，前者都在于目的，而后者都在于解构其目的，恢复其物质性的存在。

第三，反式思维来自对浪漫主义的反思。德·曼意义论中的反式生成法，依赖于语言自身意义的转义而造成了意义生成，深刻体现了后浪漫主义与浪漫主义之间的关系，即反思问题。反思作为一种思考的模式展开，就是反思认识如何得以进行，如何保证认识的直接性和可信度。本雅明认为，"反思的无限性首先指的不是过程的无限性，而是关联的无限性"。② 关联必然与过程相关，而且在时间上先于过程。本雅明曾认为，浪漫主义的反思的目的是建构。费希特最先论及此观点，认为思考的对象是思考的形式，这是第一反思阶段，即弗·施莱格尔所说的"意义"。第二阶段中，"思维自己自行地作为第一思维的自我认识而产生于后者之中"。③ 从费希特的自我，到浪漫主义者的单纯的思维，反思必定与假定有关联才会存在。这种认识论立场一开始就设定了存在的前提，即反思就必定要假定一个素材，然后对这个素材进行反思，形成了形式。

对比黑格尔的观点，"哲学的事实已经是一种现成的知识，而哲学的认识方式只是一种反思——意指跟随在事实后面的反复思考"。④

---

① Paul de Man, *Aesthetic Ideology*, Minneapolis and London: University of Minnesota Press, 1996, p. 128.
② ［德］瓦尔特·本雅明：《德国浪漫派的艺术批评概念》，王炳钧、杨劲译，北京师范大学出版社2014年版，第23页。
③ 同上书，第25页。
④ ［德］黑格尔：《小逻辑》，贺麟译，商务印书馆1996年版，第7页。

黑格尔进一步强调了反思概念的重要性:"本质的观点全然是反思的观点。反思这个词原初是用来讲光的,因为光以其直线进展的方式射到镜面上,又从镜面反射回来。这样,我们就在这里得到了一个双重的东西,它一方面是直接的、存在着的东西,另一方面是作为间接的或设定起来的东西的直接东西。当我们反省或(像大家通常说的)反思一个对象时,事情正是如此,因为在这里我们重视的不是对象的直接性,而是我们要认识经过中介的对象。"①

德·曼把这种反思用于语言论的思考,不同的语言表述是不同人物心灵、意识的形式化,不断反思语言形式化中的带有普遍性的东西,这是纯粹的反思。然而,当代批评中借助于各种批评模式来介入,实际上是带有规定性的反思,是对事实的不尊重。或者说,任何解释都是一直在目的论指导下生成的文本。这种"目的论"是以类似于陈述事实的方式把语言与存在的关系形式化了,这种看似合乎逻辑的解释经由"目的"的监控逐渐固化下来,形成了所谓的正相位阅读。然而,任何解释的目的论都是不可接受的。德·曼的反解释取向拒绝客观化的知识,否定了理性化的认识手段和方式、逻辑化的认识范畴。

---

① [德]黑格尔:《逻辑学》,梁志学译,人民出版社2002年版,第216页。

第七章

解释的认识论困境

对任何文本进行解释,都不会出现无视角可选的困境,尤其在20世纪的批评世纪中,各种理论流派和批评视角的繁荣,为文本的解释提供了诸多可能性。这一方面是由于传统的语言观念仍然固守在阅读阵地上,语言仍然被视为意义的载体,文本阅读也才有了"语言+"的发展空间,其中蕴含了各种解释的可能性,另一方面,"解释"作为一种方法论逐渐变成了"认识"工具,或者变成了如罗蒂所认为的以"解释学"替代"认识论",那么,它们对语言本体论的偏执会不会造成一种解释的乌托邦,这是一个值得深思的问题。

"认识论"中的自然科学性和"解释"中的人文性,对于文本的解释路径来说不是并行不悖的,德·曼关于"语法修辞化"和"修辞语法化"的论述早已回答了这个问题,但是语言学转向以来,语言研究对文本解释的困扰,无论是对主体还是认识模式方面都产生了巨大的影响,重新审视语言的不可定义性在文本解释中的认识论地位显得十分重要。

第一节 语言主体的弱化

后结构主义时期,人作为主体的定位相比传统的认识主体地位,失去了权威性、实体性。解构主义哲学认为,一切都是不确定的,一切都是自我解构，一切存在都是基于我们确定性意识的需要的强行介入，才产生了相对的稳定性。同样，语言哲学中也认为，名与物、能指与所指之间不存在确定性的关系，语境是意义生成的重要条件。

德·曼在《批评与危机》和《浪漫主义的当代批评》两篇论文中，都指出浪漫主义主体论对于当代文学批评的影响。在《浪漫主义的当代批评》一文的开篇，德·曼指出，浪漫主义研究似乎已经过时了，"巴洛克、文艺复兴或者中世纪的话题或许看起来都比浪漫主义更有紧迫性，甚至现代主义的难题，正如在法国和德国那样，也鲜有涉及浪漫主义的先贤"。[1] 而且当代批评中的"反浪漫主义腔调（the antiromantic overtones）"也十分明显，如法国结构主义，它原本作为一种方法论，针对的不只是文学，还有社会学、语言学和人类学，这与当时侧重历史的浪漫主义文学研究并不太相关，但是在从结构主义向文学批评渗透的过程中，"去神秘化"（demythification）是几乎所有当代批评如新马克思主义、新弗洛伊德主义、现象学和存在主义分析的公分母[2]。

一 "我"与语言

后浪漫主义主体的困境在于没有认清自己与语言的关系，它继承和发展了浪漫主义的认识论特点，在人与世界的关系方面更加重视人对世界的主导型认识论立场。传统认识论中人对本质和理性的模仿，是朴素的唯物论；浪漫主义认识论强调人之于世界的关系在情感修辞上的表现，是一种主观的唯心主义认识论。后浪漫主义则直接将人的认识论建立在隐喻的平台上，一切都成了形象化的、不确定的，其目的不是为了客观反映现实，因为在后浪漫主义看来，客观真实的存在是不可能被认识的，一切都是非实在的。海涅就曾指出，浪漫主义对

---

[1] Paul de Man, *Romanticism and Contemporary Criticism*, London: The Johns Hopkins University Press, 1993, p. 3.

[2] Ibid., p. 8.

于艺术与世界的关系是以"象征手法"或者"譬喻"来暗示无限,这里的有限事物与无限理想之间都是一些"虚幻的关系"①。

主体性的夸大是在浪漫主义主体认识论的影响下产生的认识的虚幻性,而且这种虚幻性在不同的认识论框架内被赋予了不同的表现,如黑格尔的主体是一种意识发展,是出于神学背景;阿尔都塞的主体是一个意识形态的概念,是虚幻认识论机制下的产物;以及拉康的伪主体,海德格尔的结构主体,等等。这里存在一个明显的关于主体概念的演变:从斯宾诺莎的泛神论到阿尔都塞的泛现实,再到德·曼的泛修辞,这个演变的中心从上帝到现实再到意义,存在一个同构关系,即意义的修辞化的根源来自主体论。在《盲视与洞见》中,德·曼认为我们必须了解自我认识的结构,必须注意到自我在经验上的分裂。即使对于倡导非个人性的布莱希特来说,分清本体论的自我和个性化的自我也仍然是一件很困难的事情;若要把意识概念中的个体性去除,更是不可能的事情。尽管布莱希特想要一份非个人性的行为,以抽象的意识来达到自己的目的,然而,这种努力必然失败,"非个人性首先就意味着,所有个人的趣事、所有忏悔性的亲近和所有心理关注的缺席",② 因为这些都会涉及语言和客体、语言和行动之间的复杂关系。

德·曼对修辞的反思,恰如荷尔德林对土地、海德格尔对存在和卢梭对情感的反思,都与黑格尔和康德等浪漫主义认识论者有着很大的关联。反思是来自心灵的一种哲学思考,同时也是基于事实的思考。德·曼借助语言认识论把反思的理解推向了神秘化的认识论境界,他的认识论重要启示在于去发掘人作为语言认识主体的困境,如18世纪笛卡尔的"我思故我在",确定了认识论的起点后,各种认识论必然以"我"为确定性的根本,19世纪浪漫主义主体、20世纪尼采的超人作为主体,等等,都把"我"作为思考的第一人称,这才把各种知

---

① [德] 亨利希·海涅:《论浪漫派》,张玉书译,人民文学出版社1979年版,第13页。
② Paul de Man, *Blindness and Insight: Essays in the Rhetoric of Contemporary Criticism*, Minneapolis: University of Minnesota Press, 1983, p. 68.

识的确定性归为一个确定性的指称。完成了第一人称的确定后，各种认识论思考才得以进行。然而，否认主体认识论的确定性，就从根本上否定了知识的确定性，也就否认了由人确定的名称后所掩盖起来的事实。任何概念不是词语自身的，而是各个述谓相互交融成一个完成的信息，是对人都存在的体验式描述。

无论是客观的物，还是主观的"我"，本体论的优先性是赋予意识之于客体的，这种认识论正是德·曼反对的。所有这些本体的认识论都是形而上学的，是人从本体走向存在的真实的障碍，而存在作为一种实体是不可知的，可为人所感受的客体都是非真实的，但在各色各样的本体认识论（形而上学）中被赋予优先性被保存下来了。

浪漫主义的主体观在文学诗歌创作上，也正是基于人对主体性的追求，成了表达主体情感和内心思想的工具。进入后浪漫主义时期的主体就变得难以预测，甚至成了悖论，波德莱尔笔下情感复杂的现代人，兰波蔑视浪漫主义诗歌对自我的认可，马拉美更是直接删除了诗歌中诗人的主体地位，让语词占据意义的中心。质疑人的主体性是意义唯一中心的认识论立场，其实就等于放弃了人的主体性。法国结构主义语言学家本维尼斯特也从语言的角度直接否定了人的本体论，认为"我"这个语词的存在也有争议，如我们常说的"我认为……"，这里的"我"并不能确定指的就是"言说之我"或"说出之我"，"我"作为语言体系之中的一个语词，它的存在价值只能在语言之中实现，"通过语言把自己构造成一个主体，因为只有语言才能建立现实的'自我'概念"。[1]

事实上，人与语言之间的关系远非那么简单。黑格尔早在《精神现象学》中就把语言看作是"异化或教化的现实"，它在伦理世界中表现为"规律和命令"，在现实世界中表现为"建议"，在这两个世界中，"语言以本质为内容，而语言本身则是本质的形式"，"因为语言

---

[1] Emile Benveniste, *Problems in General Linguistics*, Florida: University of Miami Press, 1971, p. 224.

是纯粹自我本身的特定存在；在语言中自我意识的自为存在着的个别性作为个别性才获得特定存在，这样，这种个体性才是为他的存在"。① "我"不是以认知主体的形式出现，而是改换身份潜存在现实当中，而且又随时可以从这个现实之中撤回到自身。或者说，"我"可以说纯粹的"我"，是特定的"我"，但同时又是普遍的"我"。作为自我意识的现在，作为一种真实的存在，它并不是真实的存在，而通过这种消失它成为真实的存在。

黑格尔所论的"我"不是具有思想主体性的"我"，而是具有普遍性的概念意义上的符号。这里的"我"可以指某个具体的自我的存在，但更多意义上指的是泛指称化的"我"，"我"作为符号是融合了具象化存在的自我与概念化的泛化的自我。从认识论看，"我"不是物质性的，而是逻辑符号，是基于一种宽泛的认识论基础上建立起来的一个概念化的认识论起点。"我"作为符号不具有意指性的意义，是出于自身的需要产生的现实化自我的存在，与其他符号依据语言逻辑共同构成一个体系。换言之，黑格尔的"我"是符号不具有意指功能，一旦具有了这个功能就变成了象征，整个表述也就成为一种主体式的反思或自省，扩张了自我的意义，增加了实体性，弱化了符号性。

德·曼针对黑格尔《美学》中讲的符号与象征这样评述，"符号实际上不会说它想说的话，或者丢下一个带有声音的言说的符号来作为一个误导的拟人隐喻，包含在符号中的预测总是引用的"。② 例如，"红的、白的和绿的旗帜是意大利"这句话中的表语部分总是一种执行符号，预设了一个隐含的主体"我"，构成了一个陈述句，整个句式的表述应该是："我说"或"我宣布"红的、白的和绿的旗帜是意大利。从语言的符号可以延伸到主体论，即人的一般思想与思考主体

---

① [德]黑格尔：《精神现象学》下卷，贺麟、王玖兴译，商务印书馆2009年版，第62—63页。
② Paul de Man, *Aesthetic Ideology*, Minneapolis and London: University of Minnesota Press, 1996, p. 96.

之间的关系。思考的主体（thinking subject）不同于理解的主体（perceiving subject），因为前者把所有的零散的、个体的思想归为一个普遍性的概念之下，能帮助实现这个行为，所以德·曼这里引用了黑格尔的话进一步说明，"因为语言是思想的劳动者，我们无法用语言来说哪些根本不是普遍性的东西"，自我是语言的产物和作用的结果，"在言语和行为的共同作用下，一种双重结构被结合起来了"。①

德·曼在《华兹华斯和叶芝诗歌中的象征景物》一文中也谈论了主体的意义，认为"关注主体"只是华兹华斯的出发点，更重要的是，"当眼睛与客体相遇时所发生的复杂性。感知和想象之间细微的互动没有比在自然风景的再现更复杂精细了，这个风景被转化重新进入华兹华斯诗学语言的排列形式之中"。② 对自然的描写，是字面上的和象征上的一种平衡，充分反映在模仿语言和象征语言之间的关系上，并且把对自然的描写看成了通往可见的大自然之外的一个世界的大门。

本维尼斯特和德·曼的主体论都从语言认识论角度反思了传统的主体认识论危机，即主体概念的语言认识论基础决定了认识论的非实在性。巴特认为，"语言只知道有主体，不知道有个人"，③ 卡西尔也同样说过，"任何符号系统都不免于间接性之苦，它必然的使它本想揭示的东西变得晦暗不明"，④ 这些表述都反映了主体"我"已经陷入认识论危机，符号作为主体用以揭示意义的介体由背景前置了。阿布拉姆斯在《什么是人文主义文学批评?》把主体的消失定义为一种认知模式，它与福柯的"知识型"和库恩的"范式"一样，关注人的"认知模式"对概念的塑造作用，都重在申明一个问题，即主体的虚幻，它消除了本质的存在，变成了只有意识的行为和只存在于世界中

---

① Paul de Man, *Aesthetic Ideology*, Minneapolis and London: University of Minnesota Press, 1996, p. 102.
② Paul de Man, *The Rhetoric of Romanticism*, New York: Columbia University Press, 1984, p. 126.
③ Roland Barthes, "The Death of the Author", in Sean Burke ed., *From Plato to the Postmodern: A Reader*, Edinburgh: Edinburgh University Press, 1995, p. 127.
④ [德] 卡西尔:《语言与神话》, 于晓等译, 生活·读书·新知三联书店 1988 年版, 第 34 页。

的投射，即"我"—语言—"我"的存在。

二 主体定义的虚构

主体定义的虚构，从认识论逻辑来说，就是把认识论的出发点设定在一个过高或者过低的条件下，对人的主体进行夸大或者缩小，以至于失去了对人的本真存在的正确定义。在雪莱等积极浪漫主义诗人的文学作品中，人被比喻为拥有革命意志的西风，这是一种夸大；在后浪漫主义诗人波德莱尔的诗歌中，人被比喻为都市拾垃圾者，这是一种缩小。这两种虚构出来的人的主体存在都没有从一个现实的角度出发，语言的逻辑作用在人与语言和世界的关系之中被虚置了。

造成人的主体定义的虚构，主要原因来自人对语言的掌控，如德·曼所说，"用自我的认识论来代替现象化语言的认识论是不可能的"，[1] 而且这种对人的自我的认识很早就表现出来了，如卢梭的《第二论文》等作品中关于自我的论述。尽管赫兹利特、盖尔曼·德·斯特尔和让·斯塔洛宾斯基把卢梭看作是一个"自我的哲学家"[2]，但是，卢梭文本中的"自我不是一个有特权的隐喻"[3]，因为浪漫主义直至后浪漫主义关于人的主体的定义一直是虚构化的。

德·曼认为卢梭是最关心"人"的认识的作家，因为卢梭在《第二论文》的开篇就表示出了我们对于人的相关知识的"丧失"（loss），如"人类的各种知识中最不完备的似乎是关于人的科学，""我们不能认识人类了"。[4] 从"巨人"寓言的例子中，我们也仍然可以发现，从"巨人"到"人"这个认识过程中，人对物乃至于人的命名是叙述话语，其中蕴含了各种意义的移置，话语也从传统认识论中的模仿变成了叙述。叙述就必然有一个叙述者，还会有叙述时间、读者受众群，

---

[1] Paul de Man, *Allegories of Reading: Figural Language in Rousseau, Nietzsche, Rilke, and Proust*, New Haven and London: Yale University Press, 1979, p. 187.
[2] Ibid., p. 163.
[3] Ibid., p. 187.
[4] Ibid., p. 160.

以及不断反复出现的叙述，这些都会让话语的内容出现转义，也会让整个意义变成一个时间隐喻。

卢梭的《那喀索斯》中瓦莱尔爱上了自己的画像，学者都认为这是瓦莱尔的虚荣心在作怪，让自己也爱上了自己。这里的认识假设呈现为一种"反常假设"，即画像并不是"我"，更不是自我的再现。卢梭把画像作为替代来显示自我对自我的认识，但把画像打扮成女性的"我"恰恰暴露了卢梭对自我认识的不足，这里的瓦莱尔作为自我的代表，画像只是其认识过程中的一个意识的表现，画像只是一种表达自我内心的修辞手段，画像作为"我"的再现并不是"他者"，二者之间不具备实体性存在的关系，设想画像真变成另一个瓦莱尔，那么，瓦莱尔爱上了"瓦莱尔"就变成了一个同义重复，这时候就会发现，主观模式中存在的认识的可能性在空间模式中是不存在的，也由此可以断定，卢梭这里所说的瓦莱尔爱上画像只是一种修辞行为，因为在德·曼看来，"爱，像完善性一样，它的结构就像一个修辞格"，[1] 文本中自我的构建也同样只是一种修辞结构，从瓦莱尔到画像之间不存在自我的认识，画像不具备指称的实指性，也不会变成现实的自我认识的再现。文本中卢梭所说的情感的"指称描写"实际上是"修辞结构的描写"，因此修辞结构摆脱了自我的控制，也就摆脱了卢梭的个人自我设定。换言之，如德·曼认为的，"所有话语都不得不是指称的，但却从不指示自己的实际指称物"，[2] 这就直接否定了从文本内向文本外的实际指称的可能性，文本被看作自我的发展、呈现过程，它只是一个修辞结构、一种隐喻认识论，而不是认识自我的真实再现。

德·曼对卢梭文本的理解是一种主体间性的反应，是对主体性哲学的反思。如果主体的个体性过度膨胀就会形成一种主体虚幻，失去了每个个体的海德格尔意义上的"此在"。德·曼由此力图证明，后

---

[1] Paul de Man, *Allegories of Reading: Figural Language in Rousseau, Nietzsche, Rilke, and Proust*, New Haven and London: Yale University Press, 1979, p. 169.

[2] Ibid., p. 160.

现代的主体哲学对于主体个体的异化认识只会加剧个体此在的困境，对于与社会和与他者的关系失去了正确的判断。唯有重新把主体的地位恢复到一个体系之内（如语言），才能消除个体的膨胀，同时也不会失去个体之间的差异。

再例如里尔克的诗歌《祈祷书》《图像集》中抒情主体的变化。在《祈祷书》中（尤其是在第一部《修道院生活书》），这个抒情主体的特定身份指的是修道士的"我"，在《图像集》中，这个抒情主体指的是"你"，这里抒情主体的改变或许正如评论家斯特拉豪森所认为的，它来源于一种"抒情的观看"，是主观视角下的另一个世界，它远不同于"认知的观看"注意到的事物的现象，但是，二者的共同点在于，它们都无法看到事物的本质，都把对事物的观看让位于主体视角的自我来选取，因而忽略了事物的自在性。

在雪莱的《生命的凯旋》中，卢梭讲述自己遇到"发光体"时似乎忽然发现自己可以把握自己的命运，并开始展开自我反思。

'Into this valley of perpetual dream,
Show whence I came, and where I am, and why—
Pass not away upon the passing stream.'
…
'I rose; and, bending at her sweet command,
Touched with faint lips the cup she raised,
And suddenly my brain become as sand

'Where the first wave had more than half erased
The track of deer on desert Labrador;
Whilst the wolf, from which they fled amazed,

'Leaves his stamp visibly upon the shore,

Until the second bursts; – so on my sight

Burst a new vision, never seen before,①

  德·曼在《浪漫主义修辞》中认为，雪莱的明喻代表了"无法满足自我认识的欲望的失败"②，因为他把知识的理解建立在卢梭所说的"大脑"（brain），但是大脑作为意识的中心被转换了，尽管大脑不是执行者，但确实是被其他的执行者施行了这个消除的过程③。德·曼认为，这几行诗所展示的是一种对形象化自我的虚无的消除，当他为自我定位时，却又被消除。雪莱的悲剧式自我创造对于德·曼来说，只是与理想主义的虚幻达成了协议。当卢梭被问到"whence I came, and where I am, and why"，这是一个请求，但却是以一种天真的期盼来定位的请求，所得到的回答也是一种天启式的形而上的洞见。然而，正是卢梭问题中所包含的理想主义允许质疑形而上的绝对性，理想的虚幻被剥去其认识论和本体论模式的外衣，自我在不断的沙粒和大海的互动中被消除，而且，持有质疑的说话人却在诗歌里一直存在，消除的同时也在产生着。

  德·曼努力去消除自我，却又导致了其虚构性地位的再现，去形象化并不能证明阅读的不可能性，而是唤起了读者对完整文本的渴望。雪莱这首诗歌是不完整的，这主要是因为雪莱的死，同时也正是这个原因，诗歌的不完整促使了更多的阅读。德·曼所说的"语词的疯狂"可以避免④，然而，如果出现的阅读是作者与读者之间不断的修改和塑造，雪莱的诗学身份将会在将来的时间再次被解释。

---

① Shelley Percy Bysshe, *The Complete Works of Percy Bysshe Shelley*, Delphi Classics ebooks, 2012, pp. 937 – 938.
② Paul de Man, *The Rhetoric of Romanticism*, New York: Columbia University Press, 1984, p. 99.
③ Ibid.
④ Ibid., p. 122.

三 主客体之间的单向度

思考主体自身就包括了它与客体之间的关系，因为其中有行为性符号。维特根斯坦认为自己也从属于笛卡尔思维传统，思维不是一个发生于与客体的关系之外的分裂行为，也不是一个神秘拥有自身的规则的内在过程，而是人与世界相关的一种特别的方式。

在浪漫主义认识论中，主体是认识的发光体，是情感流溢的容器，自然和世界都是在"我"的认识视野下存在，并且被赋予了意义。主体与客体之间的关系以一种和谐形式共同存在，客体依附于主体而成为一种次一级的客体。这种认识论中暗含了一个主体认识客体的单向度关系，而且这种认识论模式一直延续到后浪漫主义时期。

魏尔伦（Paul Verlaine）诗歌中语词的节奏和韵律，以及马拉美诗歌中语词之于客观世界的超然性，都强调了诗歌形式的重要性，即诗人在创作中有意识地呈现出一幅看似模糊却又意境深远的诗歌，语词不再是清晰可见的情感表达工具，而是被诗人物象化了。换言之，客观的现实世界是诗人（主体）创作的材料，客体自身的存在被消失了。德·曼把这种语词的运用称之为"修辞用语"，而且他在《时间性修辞学》一文的开篇也指出，这种困境在20世纪60年代以来文学评论界的表现，尽管学者们注意到了以语言学知识和传统修辞用语相结合的趋势，他们倾向于研究"修辞格的意向性"，但这些批评都有一个很明显的问题，就是缺乏对"修辞用语"和"价值判断"之间的关系进行考虑，而这个问题的症结是早在浪漫主义时期就埋设下的一个"假定的制约"[①]，这个假定的制约就是作为人的主体与作为文本的客体之间的一种想象修辞关系。

德·曼从象征主义诗歌中发掘出了存在于浪漫主义语言论中认识论困境的根源。德·曼质疑浪漫主义的认识论立场，即通过想象把一

---

① Paul de Man, *Blindness and Insight*: *Essays in the Rhetoric of Contemporary Criticism*, Minneapolis: University of Minnesota Press, 1983, p. 188.

切都融合起来,比如自我与自然、心灵与外界、内心与外在。德·曼认为,浪漫主义把寻求主客体之间的辩证关系作为艺术存在的权威模式,实际上会陷入一种矛盾之中。浪漫主义一旦把"自我"放在了优先于"自然"的位置,后者作为客体就会呈现出前者所感知或感觉的经验形式。若想使客体同自我融为一体,就必须与客体,即作为一种客体的自我变为一体,而客体自身也必须是一种主体。这显然是用另一种自我替代了主观范畴,浪漫主义使这一辩证关系完全摆脱了自然,缩变为一种纯粹的间主体模式。

从批评思路来看,德·曼巧妙地把浪漫主义关于主客体关系的论述缩变成了一种主体间性关系,认为浪漫主义对自然风景的描写其实并不只显示了主客体之间的交往,反而更深刻地揭示了在这个交往过程中,主客体有机统一的概念是如何派生于自然的,"表层和深层的综合将会是一个在语言中表现出来的包含着心灵和客体的最根本的统一体",[1] 而不是像浪漫主义所自称的关于"自我"的运动。德·曼援引荷尔德林的诗歌和卢梭的《朱丽叶》中关于风景的描写进行反驳。在荷尔德林的诗歌中,经常出现派特莫斯岛和莱茵河等风景,众多论者认为这些风景是为了表现思想与自然、主体与客体之间的关系,然而德·曼却认为,诗歌中的风景在结构上并不存在一种以提喻来表现整体的关系,风景不是具体地点的实指,而是在文本中表现的某种更抽象的精神真理,它们本身就具有这种整体性,而不是感觉经验的普遍对等物。换言之,风景本身就是这个观念的表达。《朱丽叶》中有一段关于圣·普罗在朱丽叶的陪同下再次造访小湖北岸的荒凉地方的描写。原本美丽的地方,此时也会产生一种惊恐的美。评论家们认为,这一段描写的人物灵魂内部状态和自然的外部景色之家的类比是极其相符合的。然而德·曼却指出,小说中的圣·普罗、朱丽叶、沃尔玛等人不仅仅是小说人物,还主要在于他们所代表的复杂社会关系,风

---

[1] Paul de Man, *Blindness and Insight*: *Essays in the Rhetoric of Contemporary Criticism*, Minneapolis: University of Minnesota Press, 1983, p. 194.

景的描写也可能关切到了人物与道德之间的关系。这样，自然风景的描写中也就特别地指向了非生命的道德寓意，象征和寓言就这样被巧妙地融合在一起来传达作家的思想，而不可能只采用前者而拒绝后者。这样，德·曼就解构了浪漫主义所倡导的主客体辩证统一的观点。

在《浪漫主义意象中的意向结构》一文中，德·曼也对浪漫主义所坚持的人的心灵与自然之间的类比性阅读进行批评。浪漫主义把感知客体放在了本体论优先的地位，或者说把本体论的优先性过渡给一个实体（entity），而这个实体就其本质而言，可以被称为自然的，但却不是如土地、石头或鲜花那样的东西，成为一种特别的在场。在这个转移过程中，存在一种可能性，即把想象力和思维归于它们自身，独立于与之有任何联系的外在客体，也不会为那种指向客体的意向所驱使。"所谓诗学的'无中介的显现'（如伯格森所含蓄地表述的，也如巴什拉所明确表述的），通过混淆感知和幻想，融合了物性和想象，而事实上，牺牲了意识对于客体的现实性的要求。那些谈论起物件和意识之间的'愉快关系'的评论家们意识不到这样一个事实，即这种通过语言而建立起来的关系并非确实存在着的。"[①]

在德·曼看来，主体与客体只是以主体间的对立的形式出现的，这是作者的一种虚幻的愿望，他让主体拥有客体，并且使之超验于世界。更具有说服力的是，自然的存在，并不是一种神性的存在，而只是一种物质性的存在。自然与人之间，并不是一种统一性的关系，而是虚构性的关系，是以人与自然之间的类比来实现的，这是一种逃避的、非本真的存在关系。可以这样认为，人的世俗困境和时间有限性，决定了二者无法统一于自然或者神性存在，人与自然之间是分裂的。人的能力的有限性和世界存在的无限性之间的矛盾，是浪漫主义无法解决的认识论问题。弗·施莱格尔用反讽来解决这个问题，从有限和无限的逻辑矛盾处作为起点，将各种对立和矛盾都视为是对反讽的研

[①] Paul de Man, *The Rhetoric of Romanticism*, New York: Columbia University Press, 1984, pp. 7–8.

究对象。然而从另一个认识论角度看,这里的浪漫主义认识论是把神的统一让位于人的意识的统一。自我满足的想象力,必然被这种功能的内在矛盾所复杂化,新的想象力是自我满足的,但是,它的客观相关物却是必然完全独立于那个客体,因此根本没有任何客观相关物,更没有自我满足性存在的原因。或者这里提出一个问题,即意义的生成问题之中,所隐含的是浪漫主义的认识论反讽还是存在主义的存在悖论?事实上,任何反讽都首先是辩证的,它必然隐含了对比在其中。

斯特拉豪森也指出,观看事物可以超越语言并能揭示"主客体、自我与他者的原初结合"①,但是,我们对事物的观看依然预示了某种不真实,因为观看本身首先就预设了一种主体观看中认识立场的颠覆,所显现的依然是对立关系,或者说,观看之中所蕴含的视觉仍然是自我解构的,并不能如其所愿从这种单向度的视角中逃离。因此,主体认识能力的张扬必然到了后浪漫主义时期会导致一个严重的后果,即先验主体的幻灭和经验主体的生成。可以这样认为,浪漫主义认识论之中的理论基础是我们了解西方后现代主体哲学的没落的重要资源,而且尼采的"上帝之死""超人"的诞生完全就是这种认识论在不断超规格、非逻辑运作的基础上产生的逻辑后果。

这种非逻辑的联系所造成的认识论危机,早已被后浪漫主义所漠视,后者反而高举主体性的旗帜,把主体看作是一切意义的来源,是"我"的有限认识的反相位发展。这也反映了一个问题,即西方对于实体的认知从来也没有被确定过,然而,启蒙运动后的思想家们却把对"我"的验证交付于一个不可知的实体,这种认识论上的"独断论"必然造成了认识论上的不确定性。费希特则把这种独断论发挥到了极致,"我"以"非我"来彼此确证存在的合理性,割裂了与外在实体的联系,只剩下了一个空洞的螺旋形的双向交流的双重肯定。这种任意性的存在,只能是以抽象的形式进行主观的规定。

---

① Carsten Strathausen, *The Look of Things: Poetry and Vision around 1900*, Chapel Hill & London: The University of North Carolina Press, 2003, p. 30.

因此，浪漫主义认识论必然会由此出现理论上无法逾越的障碍。"我"作为一个极端的"我"，所做的一切都是主观的，甚至于是神秘的，与他者无关，与世界无关，"我"作为主体的所有行为与一切都没有因果逻辑关系的必要。

第二节　语言学式的假相

从语言的认识论看，西方20世纪的语言哲学转向的本义，是为了在语言、意义和世界之间的关系中找到一个科学的、客观的解释方法，即任何问题需要首先经过语言表述的甄别之后才能说明其可行性，这是基于科学主义思潮的一种认识论立场。然而这种认识论意图失败了，它不但没有终结形而上学的追问，更没能解决这个涉及本体论和认识论的传统哲学问题即意义问题，还增加了诸多的理论问题。

张江的《强制阐释论》一文充分展示了语言学转向给文学解释带来的负面影响，他随后发表的《公共阐释论纲》不只是对哈贝马斯观点的回应，更是对国内近些年文学解释中出现的"以某某视角""小说中的某某主义"等写作模式的尖锐批评。张江对语言学转向的批判性回应主要针对国内的文学阅读；从更宽泛的视野看，语言学转向的思维模式对包括语言学、文学等人文学科领域在内的各种问题都产生了影响，因此，有必要深入反思语言学转向后解释领域内出现的"语言学式的假象"。

一　语法化的思维模式

文本阅读过程中出现的语言学假相，主要是指各种文学理论对文本的过度介入，造成了一种挟制的态势，从表面上看这是对文本意义多样性的尊重，认为包括人类行为在内的各种文本都是修辞性的，因此阅读就意味着文本意义的无限修辞化。然而事实上，我们对文本的阅读却始终都是语法化的，即以语法化的思维模式来审视文本，把修辞看作文本的一个属性，这主要取决于人对事物认识的肯定思维，愿意把修辞性的东西语法化，一方面是基于对文本语言的理解，另一方面则是来自解释的需要，有时候这种解释的需要超过了文本的限度，如布鲁姆的误读论、桑塔格的反对解释、艾柯的过度诠释，都证明了阅读过程中存在的假象问题。

王阳明心学中"四句教"①最后一句，"为善去恶是格物"，"格物"这个词本身内涵比较含糊但内容却极为丰富，可以泛指人类的一切行为。或者说，人类对事物的认识都是格物，无论其方向是正相位抑或反相位的，但人之于物的格物行为本身就可以看作一个文本，其中容纳了多种意义，隐含了多种语言假象产生的可能性。我们也可以把这种现象理解为培根提出的"洞穴假象"，即由于认知主体的天性、受教育程度等因素造成的错误观念形成了独特的洞穴现象。然而培根的解释，仍然是出于一种传统的认识论立场，他认为所有解释之中肯定有一个正确的解释，其他的阅读只不过是超过这个限度，这种本体论的立场仍然受限于形而上学的观念，或者可以说，这些不同假象诸如误读之类的概念本身就是一种保守主义的认识论立场，任何阅读都无法接近文本，然而文本内无法识别的某一个修辞特征的欺骗，是误读产生无法避免的根本性原因，这种对阅读的肯定性，与对文学史、文学本质等问题的探讨一样，从未放弃对起源和本质的梦想，都保留了一种自由欲望。

从语言和人的关系看，这种语法化的思维模式所造成的解释假象，源自人类根深蒂固的语言思维习惯。尼采就曾把人思维模式中的逻辑因果关系与语言中的语法结构联系起来，认为二者之间存在某种可以类比的关系，或者说，语言中的逻辑主语是驱动逻辑因果的开端，我们常常以语法之中所内置的"主语"作为施动者来推论事物的逻辑因果关系，这实际上是理性思维的固定模式。例如，人感觉到身上疼，

---

① 王阳明心学的"四句教"：无善无恶心之体，有善有恶意之动，知善知恶是良知，为善去恶是格物。

于是发现了一根针,于是产生了认识逻辑,即"我"被针扎了。这里的因果顺序是,疼是起点,针扎是结果。然而,针才是认识起点,疼只是结果。也就是说,我们在针存在的可能性里,去掉了针不会主动扎人这个要素。换言之,任何意义的认识,不能把意义作为起点,毕竟意义只是一种结果,是认识的思维产品,人的认识模式和思维习惯决定了意义的走向。

我们仍然以德·曼的《符号学与修辞学》一文中曾列举的关于系鞋带的例子来分析,当妻子问丈夫保龄球鞋的带子是从鞋孔上面还是鞋孔下面来系的时候,丈夫问,"有什么区别?"在没有言语行为的理论介入之前,德·曼认为,意义是悖论性共存的,唯有借助语境才能化解这种尴尬。这里关于系鞋带的意义分解过程之中,很显然少了关于人的反式思维:

系鞋带:＋鞋带打结＋妻子顺从＋感情和谐(本义)

系鞋带:＋鞋带打结　　　　　　　(转义1:妻子行为的解释)

系鞋带:－鞋带打结－妻子顺从－感情和谐(转义2:丈夫行为的解释)

人的综合思维模式之中必然包含了正负相位的发展可能性,然而,在转义1中的系鞋带少了对这个词语本义的反式思维,所以也就必然导致成了转义2的状况。换言之,妻子想问哪个方式更合适,显然丈夫无法面对自己无法掌控语言这样的窘境,在妻子发问之后,丈夫就占据了解释的主动权,面对丈夫的回答,妻子同样势必会把一般疑问句理解为反问句,也或者,这是二人都无法来面对的语言所带来的解释困境。若都依照"我"的认识方式来进行语法化的解释,二人就会因为系鞋带发起一场吵架。

从广义解释论来看,语言交流的只是我们的观念,但同时也否定了物的实在性。任何关于语言的解释，即使对于翻译过程中借助语义对等或等值来说，对于当前多种批评视角的出现和多元化的需要来说，都是基于一种浪漫主义需求的鼓动，是为了保护一个类似于本体论的文学地位，以免被定位于历史的世俗话语的影响，是出于一种形而上学的冲动的结果。对于这种思维来说，从语言向存在的运动是一种内向运动指向文本话语自身的运动，这是一个封闭的语言空间。尽管在这个空间来说，意义和语言结构是吻合的，但是思维的外向运动则指向一个超越语言框架的限制，指向语义环境的，借助这个环境大体上同一个意义的表述都指向一个概念。从时空角度看，各种批评的立场都是空间性的，认为文本结构的真实可以保持独立，一切时间化的解释也是独立于其他社会语境的。然而，文学批评的语法化繁荣造就了反式思维的缺失，促成了一种语言学意义上的解释假象。

文本阅读中的语言化思维模式显然属于一种归约主义（reductionism），这与中国传统的认识论中的非归约论有着天壤之别，因为后者没有把意义分解掉，而是归于不同的解释类型，例如中国的阴阳、五行和八卦等保留了意义在世界中所表现出来的整体性，而西方的语法化思维（归约化）则失去了这种整体性思维。

二 归约化的认识模式

伽达默尔说，"能被理解的存在是语言"，[1] 因为人对存在的认识，是意义开始的缘起。存在假象并不是指我们所看到的、听到的、言说的存在不符合事物本质，而是这种假象作为一种现象是语言化的，尼采也很早就指出，任何存在都是语言学的存在。由于尼采思想中的非理性因素的影响，以及修辞性、诗性等认识论的影响，学者们并没有意识到尼采关于语言学存在这一论断的严肃性，但此后的语言学转向、修辞转向等造成的语言本体论都从不同角度发展了尼采的这个观点。

---

[1] Hans Georg Gadamer, *Truth and Method* (Second, Revised edition), trans. Joel Wrinsheimer and Donald G. Marshall, London and New York: Continuum, 1975, p. 490.

从存在论谈论语言，这是一种广义的意义论，它涵盖了一切关于意义生成的领域。如果存在原本是一个生命原则，把它放置于语言之中就变成了起源原则，变成了一种本身具有历史性的生产力，那么，生命和历史就在语言中被纠缠在了一起，于是存在也就和意义一样成了一种语言学产品，或者说，语言作为被理解的存在根本不可能是指涉的语言。这里并不是说语法化的思维模式产生的是错误的"相"，而是说它是一种现象化的、非真的视野。

康德关于物自体（真）和现象（非真）的二分法中早已蕴含了这种观点。世界的一切存在都是物自体，是不可知的；我们所能知的都是关于存在的现象，或者说，物自体的表象构成了现象。我们无法真正发现存在，或者说我们发现了存在却无法表述存在，一旦物自体脱离了其存在进入人的意识、人的语言，就变成了现象。那么这个过程是如何被表述的，又是如何从存在转化为现象呢？那就是语言。

18世纪关于语言起源的争论，是解释从存在到现象的最好的范例。我们仍然可以选取卢梭在《论语言的起源》中关于"巨人"的例子来说明情况。从语言认识论看，卢梭关于"人"这个存在与现象的描述可以这样推论：

巨人：＋让人害怕的人＋高大的人（本义：原始人的原初解释）

巨人：－让人害怕的人－高大的人（转义1：原始人的第二次解释）

巨人：－让人害怕的人＋高大的人（转义2：现代人的解释）

意义始于情感，无论是恐惧还是爱情，卢梭把情感作为人的认识起点。情感产生了意义的本义，就像"巨人"可以解释为"让我感到害怕的人"。但是人的认识在不断进化过程中，把巨人之中所蕴含的恐惧的情感去掉了，只剩下了对人的外形的描写。卢梭认为，"最初人们在表达某物的时候，其语言形式一定是比喻的，其本义是后来才形成的。只有在真正认识到事物的本质的时候，人们才给出了符合这一事物本质的名称"。① 黑格尔也曾认为语言是隐喻的，"本义涉及感性事物，后引申到精神事物"，随着日常生活的使用习惯，语言中的隐喻失去了其原有的性质，引申义也就被认作是本义，语言的意义与其意象之间不再有清晰可见的区分，而是人们也已经不再能回忆起语词所对应的"具体感性关照对象"，而是直接想到其抽象意义②。即使对于后结构主义来说，如德里达、德·曼，推崇隐喻认识论也是语言的自然论、诗化语言观等的延续，这是对传统的逻辑语言观的批判。他们都是基于实证主义认识论和科学、客观认识论的固化思维所展开的反驳。把猫比作老虎，或者把猫比作老鼠，都是情感上的意义，是本义，这种隐喻认识论之中隐含了当时状态下人对存在的真实认知。但是一旦我们说猫就是猫，巨人就是高大的人，这里的转义就不是真实的原初的意义，而是去掉了情感的转义，属于语言学的假象。

因此，我们常听到"语言的牢笼"，因为无法接近语言之外的存在，只能通过词与词之间不同的、共同存在于一个系统内的各种联系接近这些词语。获得这样的观点之后，除了声明所有的表达都是从未打破其虚构性的虚构之外，我们无权言明任何存在。唯一的例外是，所有的表达都是德·曼所尊称的"文学的"表达。这些虚构自觉地意识到它们是虚构的，认识到它们只能言明自身的虚构性，也就是说，只能言明它们的语言存在，或者从传统本体论的观点看，这些虚构只能言明自身的虚无。

这里可以这样认为，语言与存在之间的关系中出现了巴特所描写的"不及物写作"问题，即文学之外没有自然的、客观的事物，它的写作行为就在于写作本身，却并不指向世界，文本语言就是写作的目的。作家使用的素材是语词，因此写作必然是没有所指的能指，而不

---

① ［法］卢梭：《论语言的起源：兼论旋律与音乐的模仿》，吴克峰、胡涛译，北京出版社2010年版，第14页。
② ［德］黑格尔：《美学》第二卷，朱光潜译，商务印书馆1979年版，第126页。

能越过能指去所指之中寻找意义。弗莱在《批评的解剖》中也曾提出这样一个关于文学的概念问题，即文学"存在于自我的宇宙之中，不再是对生活或实在的评论，而是把生活和实在纳入一种语词关系（verbal relationships）的体系中"①。也可以说，语言与意义之间同样出现了巴特所暗示的"意识形态问题"，"这些反思的出发点是，每当看到报纸、艺术和常识以'自然性（naturalness）来打扮现实时，心理便会产生不耐烦。即使正是这个我们所生活于其中的现实，它也毋庸置疑是由历史所决定的。简言之，在当代环境所既定的各种解释中，我反对看到自然（Nature）和历史（History）在每个环节上都令人困惑，我想在必然如此不用解释的装饰性展览中，寻找出我所认为的潜藏其中的意识形态滥用（ideological abuse）'"。②

简言之，语言生病了，其病态化的表现是基于人们的归约化认识模式，即把一切语言都简约为日常语言。这种语言认识论在马拉美看来是诗学语言所受到的最不公正的待遇，语词和文字一旦只是服从于"实用主义的功用（utilitarian functions）"，而不是一种"音乐的符号（musical notation），必然会让读者对于诗学语言的非指称的、'审美的'效果的意识变得十分迟钝"③。这是因为对于马拉美来说，日常语境会让语词失去其原有的神秘感，所谓的理解并不是一旦听到了词语，这个语言符号就从你心中消失了，进而由语词的指称物来代替，而是语词自始至终都存在着。语言本身的意义已经不重要了，如果它的意义只在于它的所指和指称，那么一旦语言的行为目的达到了，语言本身就离场了。

德·曼对于语言的认识有这样一段解释："称它们为自然物体（natural object），我们是想说，它们的起源仅由它们自己的存在所决

---

① Northrop Frye, *Anatomy of Criticism: Four Essays*, Princeton: Princeton University Press, 1971, p. 122.
② Roland Barthes, *Mythologies*, trans. Annette Lavres, New York: The Noonday Press, 1972, p. 10.
③ Roger Pearson, *Stephane Mallarme*, London: Reaktion Books Ltd., 2010, p. 49.

定。它们的成长过程始终与它们的产生模式相一致：就像是花儿，它们的历史就是它们自己，完全是由它们自己的身份所定义。它们的存在情况不会有丝毫的裱花：存在和本质总是恰好一致。文字的来源像是文字之外的东西，花儿与文字不同，它的来源就像其自身一样：它们就是字面上的它们，完全不需要任何隐喻的帮助就可以下定义。既然诗歌文字的起源和花儿一样，那么同样的诗歌文字就应该努力去掉所有的隐喻而成为完全字面上的意思。"① 这里体现了德·曼对语言的期望，让语言的存在更为纯粹，尽力摆脱时间和空间等偶然性变成永恒的存在，文字不再是语词，而是一种存在。卡西尔也曾说过，"所有的语词魔力和名字魔力都是基于一种假设，即世界上的万物与其姓名构成了一个单一的、不可区别的因果链，因而形成了一个单一的实在界"。② 这两种观点在本质上都暗含了关于存在的语言学假象一说。

存在可以被理解，更可以被描述，但在这个过程中语言需要像音乐那样不是表现性的，更需要摆脱长久以来与概念性思维模式的联系，重构与情感和自然的关系。恰如海德格尔对凡·高的油画《农鞋》的论述，我们称农妇的鞋为"鞋"只是一种判断性的、肯定性的认识，这是语法化的、归约化的认识论，然而事实上油画中的鞋不是客观的、独立存在的东西，其中凝聚着农夫的艰辛、生活的焦虑，人与物以及存在与世界之间的界限早已经不存在了。

三 差异化的增补逻辑

以语言来描述存在，以语言来解释文本，都需要首先了解语言的本质。不同于传统认识论中的语言工具论，现代语言学倡导一种符号论，如索绪尔所说的符号是任意性的，是概念和音响形象的结合。索绪尔避开了语言和现实关系的论述，因为符号是规约性的历史产物，

---

① Paul de Man, *The Rhetoric of Romanticism*, New York: Columbia University Press, 1984, p. 4.
② Ernst Cassirer, *The Philosophy of Symbolic Forms*, trans. Ralph Manheim, New Haven: Yale University Press, 1953, p. 118.

只有在文化层面上才实现了其必然性，但是在谈论语言与存在的关系时，他又适时地把能指与所指的关系引回来。索绪尔通过符号的任意性把主体排除出了语言的论述，却又在关于言语的论述中把主体拉回来。对于符号认识论来说，符号的相关联的结构要比相关联的事物更重要，这个观点之中蕴含了存在模式的变化。或者说索绪尔关于语言符号的结构体系，是浪漫主义有机论在语言上的升华，二者在认识论立场上保持了一致。索绪尔的符号观说明了我们所有关于现实的符号表述所构成的知识都属于语言的描述，而且符号自身也只是一种语言存在。

索绪尔突出了人之于符号的重要性，但无形之中却透露出了主体之于符号的无能为力及其在社会结构之中的被动地位。索绪尔认为，"语言构成体系。在这个方面，语言并不是完全任意性的，而是某种程度上被逻辑所规则化的；然而也正是如此，大众无法改变语言就变得明显了。体系是一个复杂的机制，唯有通过反思（reflection）才能把握；那些每天都使用的人对此却毫不在意"。[1] 这里，语言符号之间的差异是一种静态的关系，缺少动态的要素，因此无论所指还是能指，语言体系之中只有它自身生发出的概念差异和声音差异。或者说，符号所包含的观念和声音物质不如围绕着它的其他符号那么重要。如果能指与所指之间真的如索绪尔所说的不存在自然联系，那么，这种联系的基础只能是传统的。索绪尔的语言符号论重视聚合，即系统或结构内的相互替换，然而事实上，我们社会结构的集体无意识对符号的界定造成了一个肯定性认识力量，对读者的组合关系产生了极大的影响。在一定的历史语境之中，阻断了聚合关系与系统外其他符号接触的可能性。索绪尔的语言和言语之分中强调的是语言符号的社会规约性，这才是意义生成的基础，这也证明了他的语言符号论中关于主体的增补逻辑存在的必然性。或者说，结构主义的"我"是以集体形式

---

[1] Ferdinand de Saussure, *Course in General Linguistics*, trans. Wade Baskin, Columbia: Columbia University Press, 1959, p. 73.

出现的，是浪漫主义认识论中"我"的变体。

浪漫主义认识论对后世的影响可以归结为一个词，即肯定。我们对于任何事物的存在都是以"我"为逻辑起点，然后经由我的描述构成了世界，它可以是洪堡特的民族精神，可以是柯勒律治的想象力，也可以是形式主义的形式化。在浪漫主义认识论的影响下，"我"与语言之间的关系，不是传统的认识论中的工具论，而是一种表现论，欲望先于所有话语，激发去创造形式，这一形式不局限于文学批评，还体现在所有让我们的无人性环境变得人性化的尝试中。所有的人类行为都是创造性的，任何人类的行为和话语都不是模仿的。后来逐步演化为语言与存在、语言与思维的两大语言哲学问题。具体而言，即我与存在，我与思维的关系。

王阳明的《传习录》中有类似的观点描述，"你未看此花时，此花与汝心同归于寂。你来看此花时，则此花颜色一时明白起来。便知此花不在你的心外"。[①] 这里的花从"寂"到"明白"就是意义从隐向显的展示过程。"你"在这里起到的是使意义敞亮的重要作用，很多学者为此把王阳明的认识论归于唯心论。若换作观念论，花作为概念在人未来之前并未形成，意义一说更无从谈起；若换作行为论，在"看花"这个语境之中，花作为符号与看花作为符号行为，二者之间并不一致，花的"颜色"属于言后效应，等等。各种认识路径之中，"你"是整个意义生成中的认识论逻辑起点，"你"作为人对事物的"看"显然不只是一种纯粹的生理性感知，而是一种带有认识能力的感知，类似于《周易·系辞》中对于"感"的表述，"易，无思也，无为也，寂然不动，感而遂通天下之故"。

面对语言符号之中的主体增补逻辑，巴士拉反驳浪漫主义"我"的肯定性认识，认为想象力是认识的障碍，是为了得到一个客观的思考必须忽略的因素。在《火的心理分析》一书的开篇，巴士拉就指出

[①] （明）王阳明：《传习录》，长江文艺出版社2015年版，第49页。

了人对于世界的诗化认识实际上是一种认识障碍。"有时我们惊奇地站在一个选定的客体前；我们构建假设或者回忆；以这种方法我们形成了我们的观念，这就是我们所有真正知识的表象。但是，这最初的来源是不纯粹的：最初的印象不是一个根本性的真理。"[①] 巴士拉的目的是证明，科学知识需要去诗化的过程，我们所有的感觉、常识、无论多么经常使用的东西，甚至于语词的词源学都值得去反思，需要一个客观化的检验。远离实在界的因果链，把我们从习惯性的社会中解放出来。从现象学角度看，想象力为我们提供了一个特别的视角来观察世界。然而问题是，这个视角的认识与我们通常意义上的视角又有何不同？显然它所塑造的是一个心理上的"他处"，它不同于现实主义的认识逻辑，因为后者是为我们提供一个客体的再现，与主体性相对立。反对浪漫主义，就是反对自我优越于社会的一种认识观点，尽管各种文学批评的方法论都把自我放置于某个社会之中，放置于整个的文学社会史之中，却没有放置于更宽阔的社会语境之中，因此对于任何批评本身来说都是松散无力的。或者从另一个角度看，正是基于对不确定性的惧怕，结构主义读者把鉴赏力弱化为附于结构或系统的产品。

中国的王阳明早于康德三百多年就解开了西方直到后来才逐渐形成的主客体二元对立的认识论。康德关于事物的表象一说，正是王阳明所说的"此花颜色一时明白起来"的状态。不可知论的事物是零符号，没有意义，只有进入了符号体系才会成为系统的一部分。"你""我"作为认识逻辑的起点在后浪漫主义认识论中发挥了极大作用，也深刻影响了后世的认识论，尽管从正相位或者反相位深化了这种逻辑推理，但关于符号意义生成中的增补逻辑并没有改变。

因此，反思语言符号论，不是反思词与物之间的自然关系，语言与情感之间的自然关系，而是反思主体性之于语言与世界和存在的关

---

① Gaston Bachelard, *The Psychoanalysis of Fire*, London: Routledge&Kegan Paul, 1964, p. 1.

系。这个问题最早可以回溯到古希腊时期就产生的困境,词与物之间的自然论或约定论,也是关于意义的两种观点。柏拉图的《克拉底鲁篇》的自然论,亚里士多德《解释篇》的"口语是心灵的经验符号",都是拒绝了书面语,倡导非语言符号的观点,后来延伸为唯实论、诗化语言观、语言的隐喻特征。同样,《六祖坛经》也曾记载,惠能大师给惠明传法,惠明大悟,感慨今蒙指示如人饮水,冷暖自知。这里以饮水来类比人的感悟,实际上就展示了人之于法的意义之间所出现的增补逻辑,水温对于人来说,不同的人有不同的感知,感知的深度也不尽相同,因此,这里的差异性是必然存在的,若想要解释,则必然会陷入符号化的增补逻辑窘境之中。《金刚经》也说,"一切有为法,如梦幻泡影,如露亦如电,应作如是观"。这里佛陀对法的理解、对意义的认识论不是符号、存在等简单的概念所能理解的。

存在、意义和体系,是传统认识论,乃至后结构主义者极为关注的对象,无论是正相位还是反相位,这些具有本质性、本体性的概念是形而上学的产物,浪漫主义尽力去拆除的却在后浪漫主义中显示出其无奈。一切都是语言学的存在,是一种语言学的假象,其逻辑起点是语言,进而在各种历史、社会语境之中化为某种权力话语,实现其符号行为化的过程。针对语言符号和符号述行之间的关系,德·曼提出,批评家梦想能"感性重现"作家当时的即刻性状态,是因为他们忽略了"文本与评论"和"时间形式的批评家理解行为中"的"存在论距离和间隙"[①]。德·曼将这种"距离"归于语言中无所不在的修辞性结构,语言符号及非语言符号的"修辞性"在反讽时代正被不断夸大和强调。

简言之,语言从其原初语境之中升发出来脱离了原来的意义,在不断演化中发生变化。但是这种变化都与客体的存在具有即刻性、同时性的。换言之,形式与内容、词与物之间的自然联系并未消失。社

[①] 赵一凡:《西方文论关键词》,外语教学与研究出版社2006年版,第98页。

会归约论使得意义成为语言学的假象，为之带来了一个合乎民族和国家的语言学意义上的帽子，也变成了一种语言学的工具，其背后的零性存在仍然是一个问题。柏拉图的理式、奥古斯汀的上帝、莱布尼茨的单子等，都是对存在的非语言学的展示，借用王阳明的一句话，花的"寂"与"明白"之间，显现出来的是语言学的理解，唯有"寂"才是存在的本质。

由此可以这样认为，对形而上的消解，只能是去掉了一个大写的形象，却代之以小写的诸多"后－"论，让存在具象化为多种小的语言学的形象，也因此产生了许多解释，为存在的可能性提供了诸多便利，当然也为此产生了诸多误读。我们的语言学认识逻辑的目的在于，为事物的解释寻找一个合理的逻辑推论，是基于一种形式逻辑的思考，却忽略了辩证逻辑的存在，其中暗含了语言学的和非语言学之间有一种生发的关系，目的不在于批评语言学的，而是证明其模式知识的一种方法和途径，对存在的解释和符号的理解，都是语言学的，并不是本体论的。毕竟康德的不可知论所展示的物自体没有出现，我们只能看到表象，这里没有一种纯粹的物质视野，而且文学的方法在后学时代也因其虚构性被取代。

意义的语言学假象，不是反对词与物之间的自然关系、语言与情感之间的自然关系，而是反思主体性之于语言与世界和存在的关系。存在、意义和体系，是传统认识论，乃至后结构主义者极为关注的对象，无论是正相位还是反相位，这些具有本质性、本体性的概念是形而上学的产物，浪漫主义尽力去拆除的却在后浪漫主义中显示出其无奈。一切都是语言学的存在，是一种语言学的假象，其逻辑起点是语言，进而在各种历史、社会语境之中化为某种权力话语，实现其符号化过程。

第三节　认识论的缺失

文学文本的开放式存在为阅读打开了多种解释的可能性，从文本内走向文本外的过程中,以认识论为基础的阅读视角并没有减少,而是增多了,我们且不论各种阅读视角的正确与错误或它是否合乎某种价值,但至少当前对于这些阅读的反思之中缺少了一种批判、怀疑精神。从阅读的方法论看,各种阅读视角把文本虚构的本质与诸多具有现实意味的范畴如自我、人类、社会、艺术家、文化等直接关联起来,似乎经过这么多年的文学阅读训练尤其新批评的影响后,我们可以把形式主义之外的东西引向一些我们都感兴趣的问题。这种文学阅读的倾向如德·曼所认为的是依然成为一种文学阅读的"历史事实",或者说是一种阅读事件,值得反思。

解释的多元化,来自认识论上的多角度;同理,解释的消解,即认识论上失去了如理查德·罗蒂所说的"可公度性"(commensurable),因而有着可能不被公认的认识论的一面。例如分析哲学中关于理想语言与日常语言的比较,文学批评中的误读,语言哲学中的语法和修辞何者为第一性的问题。

一 阅读的可证伪性

阅读涉及认识论与解释学两个问题,前者是知识论,后者是意见论,这是自古希腊以来就出现的两种阅读行为的对立。在这个对立中,解释的地位是不被承认的,因为它是一种纯语言的行为,其目的是意见,而不是知识。只有到了弗·施莱格尔,解释开始向认识靠近,出现了认识的科学性发展趋势,原来对于文本的认识行为被重新审视,因为我们无法从当下的时代去理解作者撰写文本的时代,一切解释只能表现为去还原作者和读者之间的"原始关系"[1]。后来,利科的文本解释学试图建构一种方法论、认识论与本体论相统一的解释学,他认同弗·施莱尔马赫和狄尔泰对解释学的观点,认为寻求"原始关系"对于解释文本有很大的合理性。但与此同时,他也认同海德格

---

[1] [德]施莱尔马赫:《诠释学讲演》,载洪汉鼎《理解与解释——诠释学经典文选》,东方出版社2001年版,第55—56页。

尔的存在论解释学，相信解释的方法中已包含了"理解"存在的本体论，利科因此以文本理论为核心，融合了解释学研究的先辈所提出的观点，把认识论和存在论结合起来，重新恢复了广义解释学的研究地位。

从哲学认识论看，苏格拉底的"认识"人，柏拉图的"认识"世界，亚里士多德的"认识"存在，等等，都是把认识与解释混合在一起，因为我们去认识世界，也就是把认识作为知识，作为一种社会共识分享给世界。这种形而上学的欲望一直延续到尼采，当我们无法"认识"自己和世界，宣布了认识的不可能性，我们所拥有的都只是解释，也就是柏拉图所说的"意见"。

在这种阅读的发展趋势下，德·曼选择了从语言认识论的视角来辨析阅读的可信度。例如美学问题，德·曼认为它属于"意义和理解过程中现象论"，是"哲学普遍体系的一部分，而不是一门具体的理论"[1]。这个定义直接忽略掉了美学自18世纪以来就建立起来的研究领域，而且漠视了美学作为一门学科与文学、认识论以及伦理学的联系。但是，正如德·曼所说，传统的美学研究之中，哲学家关注的是本质和自我，并没有把语言看作是一个必须反思的问题。事实上，在美学与文学的联系过程中，语言仍然是第一要素，研究文学语言不应该拒绝对语言的"技术和描述"，文学理论也应该质疑，"美学价值是否能与构成这些价值来源实体的语言结构共存呢？"[2]

德·曼对美学范畴的反思，早在分析诸如克莱斯特的《木偶戏》和波德莱尔的"应和论"等文学作品时就已经显露端倪，直至1983年的讲座和出版于1986年的《审美意识形态》中关于康德的《审美判断力的判断》和黑格尔的《美学》的部分。在《审美意识形态》论文集中，包括了对洛克、孔狄亚克和康德的语言认识，对帕斯卡尔的

---

[1] Paul de Man, *The Resistance to Theory*, Minneapolis and London: University of Minnesota Press, 1986, p. 7.

[2] Ibid., p. 25.

数学认识,对黑格尔关于崇高、符号和象征,对康德的现象性和物质主义,对康德和席勒的比较,以及对弗·施莱格尔的反讽的研究。德·曼都致力于发掘出美学作为一个哲学范畴的构建也依赖于语言学原则,也因此不得不陷入美学体系构建的失败。

第一,语言的功能可以实现意义的证伪。席勒在1793年写给Korner的写中提出,一个理想的社会恰如一个美丽的舞蹈,众多舞者自由起舞却彼此之间互不干扰。"这样的舞蹈是一个完美的象征,每个人都拥有自己宣称的自由,也有对其他人自由的尊重。"① 德·曼在《审美的形式化》一文中引用了席勒的这个观点,其目的是说明,席勒的美学理论是建基于康德自由论基础上的社会和政治模式。"正是与知识的紧密关系——当审美出现于话语视野时总是互动其间的认识隐含义——赋予美学以权力,及其实际的、政治的影响。"②

德·曼借用席勒《审美书简》和克莱斯特的木偶剧来论证书写的可证伪性。例如,席勒的美学文本内存在两种功能:一是美学的,一是教育的。从文本的表层看,席勒把对审美的讨论放置于知识论中,认为各种关于美学的教育首先来自人们对于社会的、政治的认识。这种审美意识形态实际上蕴含了转义与认识的关系,即从特殊到普通的认识转义,前者在概念化的驱使下形成了后者,形成了一种抽象的、普遍的观点。这里所涉及的转义,是消解读者对木偶戏和审美的确定性观点,认为二者其实都是变化的、纯粹的。简言之,席勒和克莱斯特构架自己的美学观点都可以被证伪。

事实上,任何文本的语言功能都是语境化的或者指称化的,是历史和美学的辩证统一。理查兹就曾认为,语境化的意义可以转化为文本书写中的意义的一部分,它不只包括我们常说的社会环境,还包括

---

① Friedrich Schiller, *On the Aesthetic Education of Man in a Series of Letters*, trans. Elizabeth M. Wilkinson and L. A. Willoughby, Oxford: Clarendon Press, 1967, p. 300.
② Paul de Man, *The Rhetoric of Romanticism*, New York: Columbia University Press, 1984, p. 265.

"那个时代有关的一切事情,或者与我们诠释这个词有关的一切事情"①。例如卢梭作为政治家撰写小说,在小说中论述自己关于政治的问题,可能对于卢梭来说是为了服务小说,然而后世的评论家们却能从中读出文学政治学的道理。简言之,卢梭的书写行为可能是无意的,后世的评论家的阅读行为则是刻意的,他们把卢梭小说中的政论看作是对他的当下性思考,语言也因此就从情感修辞变成了政治陈述。这种错位阅读充分证明了意义的可证伪性。

第二,艺术认识可以实现意义的证伪。德·曼在关于黑格尔《美学》中的符号与象征一文中指出,黑格尔关于艺术认识的三阶段划分即象征型、古典型和浪漫型存在很大的盲视。古典的和浪漫的是从时间意义上的历史阶段划分,而象征的"与语言结构相关,不是来自历史书写,而是来自法律和政治的实践"②。审美理论和艺术史成了象征的两个补充部分,象征首先是历史的,因为黑格尔把印度和波斯的象征艺术看作是最先的艺术形式,相比古希腊时期的经典艺术,前者是象征;其次是语言的,因为在接下来的论述中,黑格尔认为象征的艺术中,符号与意义总是一致的,作为象征的艺术是审美符号,若非如此符号就是不一致的。

德·曼对黑格尔象征艺术的分析反映了一个问题,即艺术作为符号的二元论和三元论问题。当艺术作为形象思维服务于人的思想思维,反映现实世界,这种三元论强调的是艺术对现实的指称,是我们通常意义上的"现实主义艺术"变体。艺术依赖于相似、类比、谱系、解释等解释原则,让艺术符号与现实对应。我们所说的现实艺术,实际上就是艺术与现实的直接对接,是指称的符号论,属于二元论的认识论立场。德·曼把黑格尔的艺术观看作从艺术符号论进入了艺术主体论,把主体归于理念的阶段划分,并不是现实中经验主体的产品,

---

① 赵毅衡:《"新批评"文集》,中国社会科学出版社1988年版,第333页。
② Paul de Man, *Aesthetic Ideology*, Minneapolis and London: University of Minnesota Press, 1996, p. 93.

"审美是在记忆过程中像语言书写那样被结构起来的"。[①]

从德·曼关于美学书写的认识论看,康德、黑格尔、席勒对美学的认识都是基于一种书写的需要,是可证伪的,他们所建立美学的原则也都是基于语言原则,而不是形而上的美学理论。然而自柏拉图以来,美学的牺牲完全服务于一种理性意识,语言变为一种工具,成为调解现实世界和精神世界之间的"应和论",即物的存在不只是现实的,也是美学的,是具有表意功能的"象"的存在。即使如隐喻、转义等修辞格中也有体现。波德莱尔的"应和"一诗中,自然会"传出模糊隐约的话语",象征的森林"会投以亲切的眼光",可以闻到的"芳香"、看到的"色彩"和听到的"声音"作用于人的感觉,人对物的存在有了直觉认识,至此自然开始产生了意义,德·曼把这种艺术认识归于一种寓言论,因为我们无法从波德莱尔的诗歌中感受到心灵与物质之间的应和,而是感觉到一种"神话",一种既可以承认也可以否认的信仰的"概念"存在[②]。可以说,德·曼的美学认识显然不同于现代西方美学的观点,是从其"合"论中发现了"差异"。

二 阅读的哲学式错读

文学与哲学的关系是一个古老的问题,所以在文学中寻找哲学观点或者哲学的影响是一个十分容易切入的话题。从不同流派的文学作品的名字中就可以看出来,如存在主义文学、荒诞派文学,文学作品所要传达出来的"道"如对生命的思考,对爱情、社会生活、历史文化的反思等,也是哲学的根本性问题。只不过二者的区别在于语言的表述方式不同,一个是形象化的,一个是哲理化的。换言之,从对

[①] Paul de Man, *Aesthetic Ideology*, Minneapolis and London: University of Minnesota Press, 1996, p. 191.

[②] Paul de Man, *Romanticism and Contemporary Criticism*, E. S. Burt, Kevin Newmark and Andrzej Warminski ed., London: The Johns Hopkins University Press, 1993, p. 107.

"道"的理解看，文本的哲学化不会对文学产生负面影响。

然而，在诸多阅读实践中如"某某小说中的主义"变成了对文学文本的肢解，其根本目的是科学的、客观地求证，以求能说明某个哲学的存在，实现其哲学在场。德·曼就曾对此现象加以批驳，如海德格尔对荷尔德林的诗歌的阅读，其中的哲学之殇所造成的阅读事件是一种过失性的错读（error），[①] 而不是错误（mistake）。

首先，错读暗含了一种概念性的能力，它决定了许多论证过程。错读以转义的方式告知了人的存在，适用于存在的思想是文学语言。或者说，错读的本质暗含在转义的定义之中。错读是对最初的存在或者意义的偏离有一种例证性价值。错读没有表现真理的价值，但是蕴含了真理。或者说，错读可以把所有文学的和至少一些哲学语言之中根本性的矛盾成分聚集在一起。

荷尔德林的诗歌不容易解读，是因为他的诗歌中有大量的、美丽的图像，丰富多样的节奏，但是这种热情洋溢总是伴随着一种思想和一种表达，寻找一种终极的严苛和细致。海德格尔的解释方法来自他的哲学前提，以及他对诗学的思考，他对于荷尔德林诗歌解释的价值，同样在于他的哲学思想，而不在于他的美学赏析。海德格尔经常采用类比的方法，借用不同诗歌中的诗句作为材料，但这种论证方法又是现象学的，只关照一首诗歌，而且海德格尔根本不会求本溯源，其偏执几乎就是"一种邪说，与最根本的文本分析规则是相对的"[②]。

例如，诗歌《如当节日到来的时候》（"As on a Holiday"）中：

[①] 陈粤把 Error 一词翻译为"误差"，其本意中就蕴含了有正确的解释可以作为参考。本书认为，德·曼对于解释的态度更多是一种批判，即对任何文本的解释都是修辞性阅读，是一种"错读"，而且无论是刻意还是无意，我们对文本的阅读都会因为语言的不可定义性造成错误的阅读。

[②] Paul de Man, *Blindness and Insight*: *Essays in the Rhetoric of Contemporary Criticism*: *Essays in the Rhetoric of Contemporary Criticism*, Minneapolis: University of Minnesota Press, 1983, p. 250.

> Now it is day! I waited to see it come,
> And what I saw—my words bespeak holiness!
> For Nature, who is older than time,
> Standing above the gods of the Occident and Orient,
> Has awakened to the sounds of arms. ①

在海德格尔的阅读中，荷尔德林看到了存在（自然/Nature），想要把本真的存在带回来，告诉人们本真的存在是什么。因此，海德格尔把荷尔德林的诗歌看成了最好的前文本，借助这些诗句来证明从语言中可以寻找到存在。或者正如诗句里说的，"it is our duty, poets, to stand/ Bare-jeared under the storms of God, /Grasping with our own hand/ The Father's beam itself, …"诗人通过命名发现了即刻性的存在的在场。海德格尔式的阅读是对那个时代的反思，因为西方形而上学的哲学家包含尼采在内，他们都忘记了真理，忘记了存在。然而，荷尔德林却看到了存在，他通过语言描写了存在，存在也因此被保存于语言之中。我们就可以借助荷尔德林的诗歌寻找到本真的存在，寻找到回去的路。那么，荷尔德林的诗就成了海德格尔言说存在的语言，表现了存在的即刻性。存在、诗人和人的存在也就构成了一个海德格尔式的逻辑关系，即存在保存于语言中，诗人通过思考言说存在，于是我们就诗意地居住在大地上，感受存在。

海德格尔于是开始探讨诗人与存在之间的关系，也因此事与愿违地把诗人看作命名存在的在场的人，进而也就把诗歌的意义曲解了。似乎在荷尔德林的诗中，存在（自然）的目的是教育诗人，自然对于它来说是一种他想要达到的或者模仿的状态。但是这里的模仿，不是亚里士多德的模仿，而是浪漫主义的"教育"（Bildung），

---

① Friedrich Holderlin, *Poems of Friedrich Holderlin*, trans. James Mitchell, San Francisco: Ithuriel's Spear, 2004, p. 17.

通过对存在的意识经历得到启蒙①。很显然,荷尔德林的诗并没有说诗人居住于基督再临的时候,而是认为这是它"去存在"的规则,就像黑格尔现象学中所认为的,绝对精神成为意识去存在的变动规则。

荷尔德林认为,诗人是在自然的指引下,看到了神圣(Holy),而不是说他看到了上帝。而且,神圣的本质,神圣已经超验了诸神,就像存在超验了存在者。进一步看,看到了存在并不足以说明什么,而是从看到那一刻,困难就开始了。存在到来之前,我们生活于期望之中,大脑处于警惕中,集中注意力进行思考,进行祈祷。因此,"它的词语起到基督再临作用,而不是建立了这种场景"。②

再进一步看,当词语说出来的时候,并不能即刻性地建构存在,而是只能陈述"调解"。对于人来说,存在的到场总是处于变化中,而且并不是以简单的形式出现的。因此,语言是去调解、去命名这种他们之间的不同和相对的地方。但是,语言并不能让二者相容。因此,语言只是把这种差异引出来,它不能让基督再临,只是企图让即刻性的存在到场,但是只是以祈祷和斗争的形式,却从没有发现。海德格尔说,存在的本质在词语中显现,通过命名存在的本质,词语把本真的与非本真的分离开。但是很显然,敞开才是即刻性的。自然是一种调解,调解所有的事物,它是规则。这一部分恰恰是海德格尔自相矛盾的地方。

再例如,《归乡》一诗中"what you seek, it is near, it meets you already",它包含了荷尔德林对于存在的感悟,视之为一种基督再临和悖论式的必然性,强调我们必然能找到的心情,因此,在接下来的诗句中,我们可以读到这样的诗句"But the best, the find, which lies under the arch of sacred peace, is preserved for young and old"。但

---

① De Man, Paul, *Blindness and Insight: Essays in the Rhetoric of Contemporary Criticism*, Minneapolis: University of Minnesota Press, 1983, p.257.

② Ibid., p.258.

是对于海德格尔来说，荷尔德林表达的是存在的模糊的特性，"是存在逃离时候的存在的运动情况"，[1] 我们因此需要认真分析其中蕴含的存在。

海德格尔的错读不是纯粹的错误，它具有一种辩证性。海德格尔之所以把荷尔德林看作自己的对象，是因为对于海德格尔来说，"荷尔德林是一个伟大的诗人……因为他陈述了诗歌的本质。诗歌的本质在于陈述基督来临，存在的绝对在场"。[2] 荷尔德林的诗歌是一种存在的在场，而形而上学者只是展示了对于在场存在的一种欲望。

德·曼没有直接否定海德格尔的阅读价值，反而认为"任何事物都靠的是解释的内在价值"[3]。海德格尔发现了荷尔德林所关注的语言与存在的关系，以此把荷尔德林看作是存在的代言人。二者都是为了把他的思想建立于基督来临时，存在于斯，居住于斯。海德格尔的阅读把荷尔德林作为一个先知，作为自己哲学思想的见证人，意图返回到一个语言可以自我显现、自我真知的真理时期。海德格尔的错读只有等理解了他的动机——"盲目的、暴力的情感"[4]，才能理解他的阅读，把他的解释只看作不精确或误读是把问题弱化了，无法认识到他诗歌阅读的深度，因此也不能因为阅读中的哲学思考就把海德格尔的阅读排视为错误。相反，德·曼认为，海德格尔的观点通过去神秘化即得到修辞审视后，仍然是"体系化的富有活力的"，就仍可以看作是对荷尔德林诗歌最好的阅读。海德格尔或许是站在荷尔德林的对立面，但是海德格尔却领悟了荷尔德林的导向。

与此同时，德·曼也尖锐批评了海德格尔对荷尔德林颂歌《如

---

[1] Paul de Man, *Blindness and Insight: Essays in the Rhetoric of Contemporary Criticism: Essays in the Rhetoric of Contemporary Criticism*, Minneapolis: University of Minnesota Press, 1983, p. 251.

[2] Ibid., p. 250.

[3] Ibid., p. 249.

[4] Ibid., p. 263.

节日到来的时候》中诗歌语言的错误理解，他认为海德格尔指出了诗中每个符号的失败，即命名存在中，但是颂歌并没有实现这个过程，反而证实了命名的不可能性。荷尔德林诗歌把神圣的存在引入世俗，但是其中的否定性时刻被海德格尔否定掉了。诗性的命名其实并不是存在被命名，诗意图命名存在，但是它的试图不断受到挫折，不断由于不同阶段的调解推迟了存在的命名，甚至否认了这种可能性。

　　诗歌不能如此即刻地或靠自我在场来接近真理，因为语言作为调解符号或媒介存在阻止了这个梦想实现的可能，因此一旦说出一个词语，它立刻就破坏了这种即刻性，不仅不能直接陈述存在，而且只能陈述一种调解，或者可以说，海德格尔让荷尔德林的诗歌说出来相反的话，即远没有达到想要的那个基督降临的时刻，或者存在在语言之中自我显现，而且这个实现的时间只会无限期地推后，因为语言自身就变成了转换视野能力的障碍。只有忽略掉那些关键的细节即一些能引起质疑的地方才能让海德格尔把荷尔德林解释为一个不用调解的在场的诗人。

　　德·曼对海德格尔的批判，虽然没有到达理想的浪漫主义论争的高度，但确实指出了荷尔德林所说的与海德格尔想让荷尔德林所说的之间的不同，指出了诗歌书写和阅读之间的差别。正如德·曼质疑的，"如何来说明语言能处理好不可消除与调解之间的张力，前者要求海德格尔对待文本那样的直接的依附和盲目的暴力的情感，另一方面，调解暗含了一种反思，把批评语言看作是尽可能有体系化的、有活力的，但却不是过度地宣称它最终可以替代"。①

　　再例如，德·曼也分析了德里达对卢梭的错读。德·曼认为，德里达并没有按照传统的阅读方法关注卢梭文本内的心理因素，而是选择从语言的功能上切入，把卢梭对待语言的态度归为"一种典型的且具有范

---

① Paul de Man, *Blindness and Insight*: Essays in the Rhetoric of Contemporary Criticism: *Essays in the Rhetoric of Contemporary Criticism*, Minneapolis: University of Minnesota Press, 1983, p. 263.

例性的根本的哲学前提"①。从阅读模式来看,德里达没有囿于一种解释性的分析,聚焦于不同的主题,然后颠覆已经被默认的文本意义。相反,他花费了大量的笔墨揭示了文本内的各种话题,从语言的起源到社会发展,从音乐历史到道德谱系,从教育心理学到写作作为对言语的增补,等等。德里达的目的是建立一些对比鲜明的二元对立的概念结构:一边是自发的、真正的、真挚的与"自然的"有关;另一边是人造的、颓废的、腐败的与"文化"有关。这些词语的对比,并不是被用来对文本进行主题的、文学的分析,而是旨在"通过玩弄一些哲学主题,进而以增补的逻辑和伪逻辑来掩盖事实"②。德里达自己也坦率承认:"增补的概念这次出现在文本内,即使从来不解释但也被命名了。正是这种存在于隐含意义、命名的在场和主题解释方面的差异吸引了我们。"③ 然而,这些不同是其他评论家们没有注意的,当他们醉心于寻找卢梭想要表达的意义的时候,却没有发现这些意图其实是以增补逻辑的形式被书写于自己的陈述之中。因此,当语言被引入文明社会的时候,语言就已经失去了最初的自发性话语特征。换言之,卢梭描述出了他并不想说出来的话,"言语和写作的空间就是在语言的缘起上运作的"。④ 克里斯托弗·诺里斯也为此深表遗憾,认为德里达把自己的哲学思维带进了对卢梭的《社会契约论》的解读中,"增补逻辑压制了作者的意图,把他们都扭曲了,可以说,是通过一种无意识的扭转,让卢梭根本无法说出他的意义或者他的意图"。⑤

德里达所发现的卢梭文本内关于语言的认识层次的问题的确存在,

---

① Paul de Man, *Romanticism and Contemporary Criticism*, E. S. Burt, Kevin Newmark and Andrzej Warminski ed., London: The Johns Hopkins University Press, 1993, p. 114.
② Christopher Norris, *Language, Logic and Epistemology: A Modal-Realist Approach*, New York: Palgrave Macmillan, 2004, p. 28.
③ Jacques Derria, *Of Grammatology*, trans. Gayatri Chakravorty Spivak, Baltimore and London: The Johns Hopkins University Press, 1997, p. 216.
④ Ibid., p. 229.
⑤ Christopher Norris, *Language, Logic and Epistemology: A Modal-Realist Approach*, New York: Palgrave Macmillan, 2004, p. 32.

但是，他的增补逻辑并没有让他的阅读走得更远。"问题就在于，为什么他假设了卢梭文本内的一种形而上学的存在，而且这种存在并不是语言潜在的能力可以运作或者依赖的，但他（德里达）却破坏了，并且从根本上撕裂了？"① 或者可以这样认为，德里达所说的"增补"可以有两种理解：一是没有必要增加的，是一种不必要的装饰，而这些增加的是卢梭的文本根本无法忍受的。在这种背景下，语言的发展远离了感情的缘起，朝向复杂的、结构性的语言结构，造成了对语言的曲解。还有一种是，增补强势介入语言自身，反对卢梭的表述意图，让语言言说相反的内容。这样，卢梭的语义就缺少了一些构成性特色来说明语言本来的意图，就像生活在某一个时期的人们想要通过一种唱歌的表述方法来进行交流，完全不需要语音、语义和语法结构。但是，德里达的增补逻辑却把卢梭的写作复杂化了，原本可以看作是清晰的作者意图的表述，反而被质疑，并产生了相反的效果。这种效果来自层次差异的认识论逻辑：是内在的、自明性的先在性，体现在自然之于文化，言语之于写作，音调之于和谐，情感之于理性，小范围的有机群体之于大范围的没有目的的社会群体之间。如果从不同层次的认识逻辑来看，卢梭的目的是要把缘起从增补性中分离出来，但是，"把缘起这个名字看作是一个点，被放置于一个增补体系内，是不可想象的，无法忍受的"。② 德里达对卢梭的解释也选择了从任何一个后者的角度出发，把语言从它的缘起的状况中拉出来。德里达的阅读模式的根本逻辑就是通过悬置把词语与缘起分离出来，任何意义都是对缘起的增补，而且整个意义产生的历史过程"都是对缘起的增补：缘起的替换或对缘起的替代"③。这不是一种意向性的悖论，只要我们对文本进行解释和逻辑分析，就会遇到这样的问题。

对此，德·曼指出，德里达在发现自己的洞见的时候，其实也暴

---

① Paul de Man, *Romanticism and Contemporary Criticism*, E. S. Burt, Kevin Newmark and Andrzej Warminski ed., London: The Johns Hopkins University Press, 1993, p. 119.

② Jacques Derria, *Of Grammatology*, trans. Gayatri Chakravorty Spivak, Baltimore and London: The Johns Hopkins University Press, 1997, p. 243.

③ Ibid.

露了自己的盲视,即卢梭的文本语言中存在的间隔,并不是德里达所认为的那种二元对立。德里达的"间隔"(diasteme)解释了文字－痕迹自身的时间性运动,即文字书写中所形成的延拓过程中,不再是某物自身从不在场到在场这种二元对立的结构或者运动,"差异与差异之踪迹的系统游戏,也是间隔的系统游戏",[1] 但很显然,这里所说的间隔是一种时间和空间的结合。

从语言论角度看,海德格尔对荷尔德林的阅读和德里达对卢梭的阅读都属于哲学式的错读,其根本原因在于他们忽略了文学语言的典型特征不是直接的陈述,所以不能只从字面义来说明文本中的知识点。因此,有必要越过一些范畴论,而且有可能会出现一些与所肯定的东西相反的话语。这里的矛盾并不会让语词彼此消除,也不会融合为一个辩证性的综合中去。矛盾或辩证性运动不会发展,因为彼此的不同让二者不会在一个话语层面上相遇。一个总是隐藏在另一个下面,就像太阳隐藏在阴影一样,真理隐藏在错误之中。

复杂的洞见参与了复杂的错读(error),这里不会出现错误(mistake),就像虚构更了解自身并且因此给自己命名为虚构。自我反射的镜子效果由此可以让一个虚构作品宣称自己是与经验的现实是分离的,而且这种分离就是文学的本质。文学文本不是一个现象学事件可以宣称一个肯定性存在,无论是本质的事实还是心理的行为来说,都是如此。由此可以说,文学不像日常语言那样,它是唯一一种脱离了无中介表述的形式,它同样驱散了词语与存在之间的神秘结合。它不会导向一种超验的理解、直觉或者知识,而只是唤起了一个对自我可知性的理解,这些理解就是其形象化的、转义化的偏见。

从认识论的意义上说,任何解释都是某种认识路线的反映。但是,人的认识能力毕竟是有限的,对于知识的把握也是相对的,因此,恰如陈粤所说,德·曼通过分析"错读"是为了"凸显一种差异性与分

---

[1] [法] 雅克·德里达:《多重立场》,余碧平译,生活·读书·新知三联书店 2004 年版,第 31 页。

裂性"，其侧面极有可能"隐藏着真理"①。在解释的过程中借助于一些概念或者理论来认识世界或者形成知识，必然会构成独断论。例如古希腊时期的自然哲学，认识主体和认识客体之间的关系就是模糊不清的，我们无法区别何者为第一性的问题。

同样，错读之中也必然蕴含了某种独断论的形而上欲望。对于海德格尔的文学阅读，韦勒克（René Wellek）曾批评海德格尔对荷尔德林诗歌的解释："诗歌之于他，不是一个语言和形式的结构，而是认识'存在'的一种神秘色彩的看法表态。"② 海德格尔错读的认识起点是他的存在论而不是客观存在的事物，其研究对象只是为了说明其理论。错读的缺点十分明显，一方面是以理害义，破坏了文本自身的意义体系，另一方面则是变成独断论者，以此批评否定彼批评。德·曼对当时的形式批评的趋势的也持有类似看法，"当形式被当作文学意义或内容的外部标志时，形式似乎是表面的可以弃之不顾的东西。20世纪内在的、形式主义批评发展已经改变了这个模式，内在意义变成了外部指称，而外部形式变成了内在结构"。③

简言之，哲学家以哲理作为思维定式，普通读者以成见作为思维定式，对于以文本为中心的理论流派如形式主义、新批评和符号学，它们的观点在某些方面可能会迥然不同，但认识立场却大体都是独断论在文本研究中的表现，都是"哲学式"错读的翻版。

三 阅读的认识论危机

阅读离不开认识，这是因为我们的任何理解首先是一种认识行为，即在动态的修辞化文本内实现即刻性的认识，把文本意义呈现出了，"批评中包含认识因素，无论人们把它看作是纯粹认识还是与评价相

---

① 陈粤：《解构与"误差"》，博士学位论文，吉林大学，2008 年，第 145 页。
② [美] 雷纳·韦勒克：《近代文学批评史》第 7 卷，杨自伍译，上海译文出版社 2006 年版，第 158—163 页。
③ Paul de Man, *Allegories of Reading: Figural Language in Rousseau, Nietzsche, Rilke, and Proust*, New Haven and London: Yale University Press, 1979, p. 4.

关的认识"。① 然而，对于德·曼来说，"阅读的可能性永远不能被认为是理所当然的"，② "只有当文学研究建立在语言学基础之上而抛弃了非语言学的考量时，现代文学理论才出现"。③ 我们必须放弃一种成见，不能再认为文本内一定有确定性的意义，事实上，针对文本的任何阅读行为都是，"真理与谬误无法摆脱地缠绕在一起的无尽期的过程"，④ "我们必须自我设疑，是否有这样一个重复出现的认识模式，它是所有情感和修辞危机陈述的特征"。⑤ 德·曼的这些表述都预示了阅读的认识论危机问题。

认识论危机必然来自人们的认识论断裂，德·曼不赞同寻找文本的原始关系，否认语法与修辞可以连续性解释，认为对于文本的任何阅读都是"否定过程"，它不能导致对任何实体（例如语言）的知识，这是因为"修辞被看作是一种特别的劝说，作为之于他者（而不是作为一种语言内的修辞格或转义）的一种事实上的行为，那么，语法的言外之意的领域和修辞学的言后之意的领域之间的连续性就不言自明了。它变成了一种新修辞学的基础，就像托多洛夫和热奈特那样的，也将会成为一种新语法"。⑥ 很显然，对于德·曼来说，理解修辞也只能在语言内部进行，把修辞作为一种语词之间的相互行为，而不能作为文本内外的连接点，否则，语言内和语言外的联结一旦固定，对于整个文本的阅读就变成了对一个携带更多附加文本的大文本的阅读，修辞也就退化为一种功能，而不是语词本身。

把修辞化认识模式与语法化认识模式对立，是拒绝认识论意义上

---

① ［德］瓦尔特·本雅明：《德国浪漫派的艺术批评概念》，王炳钧、杨劲译，北京师范大学出版社 2014 年版，第 2 页。

② Paul de Man, *Blindness and Insight*: *Essays in the Rhetoric of Contemporary Criticism*: *Essays in the Rhetoric of Contemporary Criticism*, Minneapolis: University of Minnesota Press, 1983, p. 11.

③ Paul de Man, *Resistance to Theory*, Minneapolis: University of Minnesota Press, 1986, p. 7.

④ Ibid., p. 114.

⑤ Paul de Man, *Blindness and Insight*: *Essays in the Rhetoric of Contemporary Criticism*: *Essays in the Rhetoric of Contemporary Criticism*, Minneapolis: University of Minnesota Press, 1983, p. 14.

⑥ Paul de Man, *Allegories of Reading*: *Figural Language in Rousseau*, *Nietzsche*, *Rilke*, *and Proust*, New Haven and London: Yale University Press, 1979, p. 8.

的连续性,因为任何语法化的认识都是基于文本整体性的考虑,然而事实上,二者之间的关系远不是传统修辞论所认为的那样。例如,德·曼就曾对肯尼思·伯克的"偏离"(deflection)这样说过,伯克的偏离是"语言的修辞性基础","是对于语法模式中运作的符号和意义之间的一贯联系的辩证性颠覆"。① 德·曼借此说明,语法和修辞之间的关系不只是语言学,对于文学批评、心理学批评也是一样,修辞意义永远都是对语法意义的偏离。

解读文本就是寻找文本的原义,也就是作家在文本内的所有语言形式上所附着的认知的前结构,但是伽达默尔认为理解是创造,并不是寻找原义;罗蒂则认为任何解释都应该是非认识的,或者说,认识文本,就是发现文本在解释中表现出来的同一性和差异性。德·曼认为,文本内断裂的产生来自人与存在之间的各种渴望性的连接,如语言。然而,语言的间距造成了一种人与存在之间的意义隔膜。这个观点截然不同于传统的认识论,对于后者来说,现实并未涉及现实物,而只是人之所思以及现实的概念;传统的意义论中,未涉及意义,只涉及各种意义的表述式即语言的结构。这是因为传统的认识论预设了客观性,如对象性存在以及知识的客观性,相对的是后浪漫主义认识论避开了主客体的形而上的假设,一样陷入了存在的深洞,因此不得不借助各种指称的网络,寻求意义的依附之托。

现代逻辑也认为,自然语言表达层次结构不清晰,个体化认知模式不明确,句子语序也不确定,语言表述和语义不对应。相比自然语言,形式化的语言如逻辑的语言,半形式化的数学语言,都属于理想化的语言,这一点早在莱布尼茨和弗雷格的思想中就被论及。但是,这种语言的形式化也是一种概念化的、理想化的语言,其中也仍然存在着如德·曼所认为的认识论上的断裂。

德·曼《帕斯卡尔的劝说寓言》一文对帕斯卡尔关于数学中的

---

① Paul de Man, *Allegories of Reading: Figural Language in Rousseau, Nietzsche, Rilke, and Proust*, New Haven and London: Yale University Press, 1979, p. 8.

"0""1"的讨论,深入分析了其中的认识论和修辞论断裂,这是对作为西方科学知识的典范进行质疑。数学是科学知识中不可置疑的重要认识世界的方式,如笛卡尔、斯宾诺莎、康德、胡塞尔都深刻讨论过。胡塞尔认为,想要考证知识的可靠性,可以从几何学开始,"有可能回溯地追问几何学被湮没的原初开端,就像这些开端作为'原创建'活动而曾经必然所是的那样"。① 这些思想家尊重数学,是因为数学对象的存在是客观的、透明的,具有普遍性。它摆脱了人的经验主观性,只是显现出来的自然物,是被还原了的存在。从一开始,数学就是对象的存在,正如在这里是一种明见性的规定。

对于帕斯卡尔来说,"数字从前到后,一个接一个,这使得它有点无限和永恒。这不是真正的无限和永恒,但是这些有限的实体无限增加,因此,只有这些它们可以增加的数字,似乎对我来说是无限的"。② 然而对于德·曼来说,帕斯卡尔的数字论一开始就是述行性的,例如数字"1","1 的地位是悖论的,明显矛盾的:作为单数(singleness)的规则,它没有附属,没有数字"。③ "1"不是一个数字,只是赋予实体的一个名字,而且这个实体并不具有数字的特点,只是非数字的命名(nominal definition);同时,根据同一性规则(generic homogeneity),"1"又参与了数字,它的存在是通过重复增加来达到扩展的目的。同理,城市是由许多房屋组成,可以在城市的范畴内加入更多的房屋进去,城市仍然是城市。

德·曼把这种认识论的错误归结为帕斯卡尔的几何式思维。在关于数字的体系中,德·曼指出,"作为数字的隐喻,人是一也不是一,是一对,而且与此同时,他是一种无限的全部"。④ 帕斯卡尔的无限性

---

① [德]埃德蒙德·胡塞尔:《几何学的起源》,载德里达《胡塞尔〈几何学的起源〉引论》,南京大学出版社 2004 年版,第 176 页。
② Blaise Pascal, *Pensees*, trans. A. J. Krailsheimer, New York: Penguin Books, 2013, p. 196.
③ Paul de Man, *Aesthetic Ideology*, Minneapolis and London: University of Minnesota Press, 1996, p. 58.
④ Ibid., p. 64.

原则指的是物存在的无限变化的可能性,任何物体都可以推算,作几何式变化。然而,"0"不是一个数字,与数字的顺序也是异质共存的。但是在时间和运动的问题上,"0"弥补了数字和空间之间的裂痕。语言作为符号的概念依赖于或者来自另一个不同的概念,这种概念认为语言主要用于语言学的无限性、同类别等相互转换或意指的功能,这些接受了提喻的总体化,但是任何一种转义如果没有"0"的系统性消除和向名字的转化,都无法实现。或者说,没有"0"就没有"1",但是"0"总是伪装成"1"的形式。名字就是"0"转义,"0"总是被认为是"1",事实上"0"没有任何名称。德·曼指的是,在帕斯卡尔的数字理论中,"0"的认识相当于《思想录》中帕斯卡尔整体化阅读规则中出现的断裂,但这种断裂不是否定,而是"总是怀疑被铭写进了一个理解体系之中"[1]。或者说,"0"既不是数字体系中的,也不是体系中的,"0"之于几何学的无限性原则的立论问题,则显然有着难以解释的悖论。

从数字符号的认识看,0,1,2,3……中,1,2,3,构成了数字符号体系,并不是数字之外的物体构成的体系,但是若从数字符号的体系来看,仍然可以看得出符号在生成中所具有的物质性的特点。例如,对于原始人来说,一只羊、两只羊、三只羊,是事物的数字排列体系,然而原始人不会对一、二、三符号的体系自身有所思考,换言之,数字用于其他事物的符号体系作为外指称出现,是对数字的一种存在认识论,然而对于数字的用于事物之前的非存在论或者其没有对应事物存在并没有论述,对于数字符号自身的存在有无意义并没有论述。

随后在对《思想录》的讨论中,德·曼进一步分析了帕斯卡尔思想中的前提逻辑(logic of proposition)和模态逻辑(modal logic)。例如"人"这个范畴并不是一个确定性的实体,自身处于不断运动中。人总是"双重的",就像数字体系中的"1",是可以无限分割、无限

---

[1] Paul de Man, *Aesthetic Ideology*, Minneapolis and London: University of Minnesota Press, 1996, p. 61.

自我增值的，人可以不断超越人，作为数字隐喻，人是"1"但又不是"1"，它同时又是成对出现的，无限的。进一步说，前提性的陈述侧重认知，模态陈述重在述行。所有的语词都有演绎和认知的意味。"《反思》中定义的复杂性是帕斯卡尔的断裂所在，是认知和述行语言之间异质性功能引起的。语言在两个方向上分开了，一是其认知功能，具有正确性却毫无能力，二是模态功能，在正义方面具有力量。"① 前者产生劝说的经典规则，后者产生欧达莫尼（eudaemonic）价值。语言总是认知和述行的，是一个异质的实体，在诱惑和真理的选择上陷于困境。帕斯卡尔对形象的定义保留了这种复杂性，在无限的分割中发掘出了认知辩证法。

在《隐喻（第二论文）》一文中，德·曼也曾指出过，"第二层的偏离（aberration）来自对于数的使用，好像这是事物的一个字面上的特征，确确实实地属于它们。事实上，它又是一个概念性隐喻，缺乏客观的正确性并且顺从于构成所有隐喻的曲解。……数是典型的概念，将实体的差异掩盖在同一性的假象下。数的观念就像人的观念一样是派生的、可疑的"。② 帕斯卡尔所说的，"人是会思想的苇草"，这句名言之中以符号形式保存了人的存在意义，但同时悬置了人的物质存在，同时也借助于"思想"让"人"这个符号超越了它的有限性。或者说，帕斯卡尔对于人的定义，在表层是以人的"苇草"物质存在在现实世界中的失败显示出来了，但却以精神性存在彰显了它纯粹符号的意义和价值。两个层面的结合都在于"人"这个概念，但在现实和理想两个层面表现为不同的逻辑关系。

在胡塞尔看来，几何学存在并不是心理学上的，而是客观存在的，从一开始就是超时间的存在。而且在观念同一性的作用下，语言本身

---

① Paul de Man, *Aesthetic Ideology*, Minneapolis and London: University of Minnesota Press, 1996, p. 69.

② Paul de Man, *Allegories of Reading: Figural Language in Rousseau, Nietzsche, Rilke, and Proust*, New Haven and London: Yale University Press, 1979, p. 154.

按照观念对象性被建构后，即使是通过某种语言行为被意向，也永远都是同一个词，具有理想的对象性和同一性。但是德里达认为，胡塞尔关于语词对象性的理解只是意义的初级层面，这个名称和命名是从感性出发，从语词的具体化方面来看，这才证明了语词只有在一定的事实的、历史的语境下的语言体系中才是有意义的，并没有摆脱语言主体，也证实了语言的观念对象性是相对的，而不是超时间的。

德·曼对认识论断裂的反思，类似于维特根斯坦所认为的，很多哲学问题的研究是"建立在误解我们语言的逻辑上的"[1]，因此，只有对语言展开批判才能扫除从人到存在之间的理解障碍。但是，分析哲学对语言的结构性的、语义性的剖析都力不从心。索绪尔、乔姆斯基等都力图发现这种关系的本质，然而对语言层面的各种精致分析，都无法穷竭意义的丰富，语言的各种形式化都只是对存在的多样化展示。宣告现代语言学失败的，不是其方法论，而是其最终的目的，各种名目的语言术语和概念只是增加了语言的混乱和意义的隔膜。这是因为它们的认识论的前提中都含有意识形态。维科认为，没有语言就不可能有知识，因为我们是通过语言投射出一个可体验的世界的。我们通过隐喻创造了一个人类实在。在这个修辞过程中，每一个感知活动都成为以某种方式观看实在和朝着实在采取行动的论据。因此，人对世界的知识本身即人的语义范畴，产生了现实的表现形式，必然都有一个认识前提。换言之，语言和现实之间的关系本身就是选择性的，这些既定的"偏见"因素可能与社会所有人有关，也有可能与部分人有关，社会和文化条件预先决定了话语的构成特点和被接受的效果。

解释可以是确定的，也可以是不确定的，也可以是如德里达的无限增补获得的无限意义。然而德·曼否定了一切解释的可能性，把对语言结构的认识视为复杂的过程。在这个认识过程中，语言符号的层次对意义的生成起到了不可或缺的作用：表层表现为人为的理解与语

---

[1] [英]维特根斯坦：《逻辑哲学论》，郭英译，商务印书馆1992年版，第20页。

言自身结构的冲突，属于不可知的，带有一种神秘性；中层是理解和解释的表现，是语言表述式中所蕴含的各种意义潜势，其复杂性让缺乏语言认识能力的人望而却步，让任何解释都变成了一种个性需要，而不是语言自身的言说；下层则是物的存在论，即语言自身就是具有物性的存在者之一，我们无法从存在者身上总结出存在，只能不断重新认识存在，却永远无法洞察其自然性存在。从这个意义上看，每一个层面的语言符号都不是纯粹的简单化，更不是零符号的无意义，从符号的编码到解码，意义的发生学必然是复杂的，不以人的愿望为准则，语言自身的符号性决定了文本特点，若在生成过程中有一点逻辑悖论，必然导致意义的多米诺式倒塌。

每个文本中的语词都是作者的个人语言向社会公共语言的妥协，我们所理解的语言只是包含于符号内的公共信息，相差异于公共语言的个人语言则以其他形式潜隐于符号之内，任何解释也只不过是对这个复杂构成的意义的历史化、概念化，因此符号的意义也就更加复杂，充满复调，其最终的意义融合存在于一种可望而不可即的理想之中。从这个角度看，德·曼对解释的理解是反海德格尔的存在论，后者的解释把存在作为研究对象，思考存在的意义，然而德·曼更强调解释是一种理解上的认识方式。尽管如此，德·曼的语言认识中关于言与意的关系之中，仍然十分关注存在，而且是从反相位进行观照。德·曼或者属于利科指出的"怀疑解释学"，对所有的意义持不信任的态度，质疑一切可能掩盖了真实意义的外在面具，这个行为本身就是对它们这些事情的了解，但是任何言说的主体都不应该是私人性的，解释应该是任何人都无法肯定或者拒绝的客观解释。这也就说明了为什么德·曼反对理论，认为任何解释都会在语词意义生成过程中就相互消解了，其本意是告知读者，这里没有一种普遍的解释理论。任何解释都应首先拥有一个哲学解释学的认识立场，而不能诉诸某一个理论来控制文本的解释。

从以上所说的认识论危机对阅读的影响，可以看出，从传统的认识论发展到现代的认识论，文本外的指称已经退化为意义的参照物，文本语词及其构成的符号体系成了文本研究的重要标识。然而，这个符号关系之中的认识逻辑却是一个较为复杂的问题，简单地归为语法化的符号体系也只是把原本就理论化、概念化存在的客体或文本再次语法化，唯有对文本展开不断的反思，把反思的过程变为解释过程，才能实现对文本意义的真正认识。在识别文本的符号关系中，符号在作为能指表现所指的复杂体系中，其转换点从零摹本到指称摹本的发展，使得文本解释复杂化、历史化，遮蔽了文本内符号关系构建的原初语境。因此，洞察文本符号关系才能把认识放置于任何解释之初，而不是把认识立场建于解释方法之内。

德·曼对认识论危机的反思起源于一种原初性的认识态度，即以某种方式来证明肯定思维的失败，同时也可以回溯到斯宾诺莎思想中的"规定及否定"。德·曼关于后浪漫主义之于浪漫主义、解构主义之于结构主义等，都不存在认识上的变化，而是一种零性存在论，他拒绝向肯定和否定两个向度的延伸。

结　　论

德·曼的贡献，是以"修辞"为关键词开显了语言的"本体论"特性，但是，语言的本体不是一种如自然客体的物质那样的厚重，或者如某种缘起那样的神秘，它是一种具有原初的（终极的）特性的"类本体"，却不是原初的（终极的）本体，或者说，德·曼的语言论从根本上超越了传统的主客体之间的认识论关系，"修辞"作为这种类本体显现的中介，可以使世界中语言的、历史的或者本体的东西持存，而且是一种悖论性的共存。

德·曼的"反阐释""否定论"等反式思维的论辩方式为他的语言论提供了非常有力的工具。冯友兰主张，"一个完全的形上学系统，应当始于正的方法，而终于负的方法。如果它不终于负的方法，它就不能达到哲学的最高顶点。如果它不始于正的方法，它就缺少作为哲学的实质的清晰思想"。[①] 德·曼的文本阅读亦可作如是观，"正"向的阅读以充分展示原有的阅读逻辑为出发点，"负"向的反思才是他解构论的旨归。他不仅质疑了西方传统的语言认识论根基，还驳斥了现代语言论中借助概念的理论预设来丰富原本表现在理解上的贫乏，从深层次颠覆、解构，直至陷入无效交流，为重新审视语言提供了新的视角。

德·曼以"修辞"为核心的语言论并不是体系化的，也许从某种

---

① 冯友兰：《中国哲学简史》，北京大学出版社1985年版，第394页。

程度上称之为"修辞哲学"有点夸大了他的学术价值，但是，他经常采取持续论辩的方式，有针对性地深入文本内部研究语言现象，谨慎辨析其中的修辞性表述与认识论之间的非对应关系，这对于理解语言与世界的关系和理解文本阅读的发展趋势，都有着十分重要的积极意义。

首先，力图重建语言与世界的关系。

从研究方法的认识论看，德·曼以非本体论的辩证法取代了传统的正向辩证过程，不仅仅是放弃了语言和意义的符合论，为言意之争增添了一种可能性；他还放弃了语言表述真理和描述现实世界的可能性。德·曼不厌其烦地以持续论辩来展示各种认识模式的不足，也不是因为他对世界或语言的本质有了新的发现，而是为了通过改变辩论方式，重新认识语言、世界和人，以及这三者之间的关系，这种重新认识的目的是重建语言和世界之间的关系。

语言与世界之间的关系演进，表现在不同的语言认识模式中：语言的语法化认识模式，是一种理想的语言和意义之间的关系，是静态的；语言的修辞化认识模式，关注日常语言，关注语言的原生态，是动态的。文本作为一个语言构建物，同时拥有这两种认识模式，它与人的认识结构以类比性方式存在，但是，人作为一个认识主体，却宁愿在这两种认识逻辑中选择其中一种作为正确的、有真值的意义，这是语法化的固有思维模式造成的。

由此反观语言学转向后的各种意义论，传统的认识论意义上对人与世界的关系的描写，已经被现代语言哲学的语言分析模式所替代，后者以语言的细微化逻辑推理来满足人们对意义明晰的要求。在语言学转向的影响下，哲学思考放弃了对本体论的探讨，转而寻求对本体论的表述的确定性分析。诸多意义论视角和理论模式的出现，并没有让语言分析清晰化，反而成了德·曼的"盲视与洞见"展开反思的设问对象。

反思意义的"不可言说的"困境，质疑语言与世界的关系，是德·曼努力去批评和修正西方传统的认识论和现代语言论的问题所在，他对文本批评的再批评，实际上也是对"知识论"的反思，即人们已经拥有了关于世界的知识，但是，我们的知识是否在言说世界和确证自己言说世界的明晰性方面能被证伪呢？或者说，德·曼从语言建构世界的角度探讨建构新的认识世界的可能性。他首先破解了语言认识世界的"语法化"思维模式，认为修辞化是符号的时间化，所有的意义都是世界在语言符号中的时间性展现，任何以形而上的目的论来制衡这种修辞化的做法是不可能的，任何修辞化过程也绝对不可能与他的认识功能分开；其次，他对语言符号之于世界的关系不做任何语义和语用上的预设，语法之于修辞，结构之于解构，等等，彼此都是差异论的生成，差异也是它们彼此存在的特色，一切事物的存在都是语言符号所构建的，世界亦如是。语言符号的意义因其意义的在场而成为语言符号，语言中的世界是世界存在的意义，世界的差异是意义的本体论的差异，彼此不可能消除。

语言的认识论立场不同，意义的生成方式自然也就不同。德·曼在不同的语言认知模式的理论预设之中寻找盲视，他的目的仍然把焦点对准"人"在语言和世界之间的位置。从某种程度上说，德·曼力图破解现代语言研究的困境，把对语言的认识论引入一种原初性的辩证认识论中去。古德曼的《构造世界的多种方式》也已经十分清楚地预示了这个答案，我们应该关注的与其说是语言，不如说是关于语言和世界的关系；传统的认识论把意义看作是语言对世界的认识，现代的认识论则开始把语言看作是构建世界的一个重要部分，世界原本应该是被语言构造出来的，因为"理解和创造是一起运作的"[①]。

其次，反复论证重建解释的可能性。

德·曼认识到了语言问题给哲学研究、文学理论和文学批评研究、文学史研究，乃至其他的人文社会科学研究带来的认识问题，但是，他却无法从文本语言论中找出确定性的答案，或者如林赛·沃特斯所

---

① Nelson Goodman, *Ways of Worldmaking*, Indianapolis: Hackett Publishing Company, 1978, p. 22.

说，德·曼只是让读者跟他一起感受了语言的不可定义的困境所带来的无奈，体验到了随之而来的解释困境。也或许，追求知识化的意义仍是理性、本质等形而上的追问，这是德·曼出于某种"解构"的需要才不懈为之努力去驳斥的东西。但是，从德·曼撰写的一篇篇论文来说，我们也可以看到一个事实：语言符号、文本和修辞原本都是修辞化出来的"陈述"，它们的本义不可追溯，它们与语言外的意义也并非某种本质上的关联。语言不是我们所能一眼洞穿其本性的语言，意义也并不是如传统认识论相信的必然存在的确定性意义。当然，如果我们直接把德·曼的语言论和意义观都归为后现代的虚无主义论，有点名不符实，但他推崇的关于言和意之间的"不可言说的"原初性认识论，是一种无指称的意义论，它只存在于文本语言的符号与符号的负性存在关系网之中。可以说，德·曼的论辩方式的确为语言认识提供了思路，为文本进入新的解释局面打开了门户。

　　意义的"不可言说的"的困境，是人的认识困境之一，也是解释的最根本的困境，因为我们一旦无法认识语言，就必然无法解释文本，那么，对于寻找知识的确定性和意义的真值的认识来说，语言符号自身的界定及其在不同文本中的表现形式就成了首要问题。对于解释论来说，解释的不可能性发展到德·曼或者以德里达为首的解构论，达到了对解释的终极否定。然而，这种解释的困境很早时候在解释《圣经》时就已经显现出来了，不同版本的文本解释都是对其前文本的解释，即此文本是前文本的符号，整个解释过程都是符号之于符号的解释过程。发展到后浪漫主义阶段的解释论中，德·曼把哲学认识论引入自己的文学理论中，同时扩大了对语词即符号的结构主义理解，把语言作为一种"符号+"的表意结构，而且符号之中包含了诸多的隐喻意义，这实际上是以弗·施莱格尔、施莱尔马赫解释学传统为理论根基建构起来的后浪漫主义的意义融合论。

　　此外，德·曼的语言论也是一种对海德格尔式的"存在者"的解释，它所涉及的如存在与存在者的关系问题中证明了，存在作为"元意义"是缺席的,而各种意义作为存在者却是一直被呈现的,而且被保存下来的。这种状况反映到当前的文学阅读中,就是文本的现象化阅读是一种存在者,各种文学批评流派对文本的解释,都只是对意义的原初性(终极性)的不断发掘。从反相位看,德·曼的语言论把人的存在困境归为语言的困境,这是对人的主体性存在的逃避,尽管它阐明了知识与存在之间的内在关系,但从哲学认识论看,则需要进一步审视语言中人的主体性问题。我们也可以看出,德·曼以语言符号形式进行创建的各个文本都是哲学认识论反思的对象。这里包含了对哲学解释学的思考,即修辞论属于一种实践哲学,关注文本实践,当然也包括了各种审美实践下的文本。

德·曼对文本语言的解释论,旨在从意义发生学的角度呈现语言的意义动态化过程,发掘出意义在作家与文本之间的不确定性,他还通过还原文本语言在文本阅读中所形成的意义场,彰显了他的阅读方法的现实价值。简言之,任何时代的文学阅读研究都被规定于它所处的时代,必然会将那个时代的特性融入阅读理论中,这就决定了这个文学理论的认识论出发点,即为时而作的价值判断问题。恰如詹姆逊指出的,我们需要"对(解释)问题的存在条件加以评论"。①

然而,德·曼的语言论的不足之处也很明显:

首先,德·曼把一切认识困境都强行归于语言,只反思语言之于意义的不确定性,而忽略了人的具身性存在及其与社会交往实践中语言的话语状态,必然削弱了人的认识丰富性,忽略了语言认识论中人的主体性,也就造成了语言作为能指,以及人和世界作为所指之间的偏离,造成彼此之间的单向度、悖论性存在。这也许源于德·曼对浪漫主义认识论反思的初衷,即通过反思语言的困境,从语言建构世界的角度讨论建构新的世界视野的可能性,为后浪漫主义困境寻找出路。

其次,从中西方语言思想比较的角度来看,德·曼把意义归为一

---

① Fredric Jameson, *The Ideology of Theory*, London & New York: Verso, 2008, p. 7.

种悖论式共存，让人有一种藏藏掖掖的神秘说之嫌，远没有老子、庄子的"言不尽意"那般逍遥。例如，德·曼曾这样说过："寓言总是伦理的，伦理这个术语指的是两个区别明显的价值体系之间的结构性干扰。在这个意义上，伦理与一个主体的意志（受挫的或者自由的）没有关系，更不必说与主体之间的关系有关。伦理范畴某种程度上就是祈使性的（如，范畴而非价值），是语言学的而不是主体性的。道德也是同样的一个语言难题的版本，产生了诸如'人''爱情''自我'这些概念，但却不是这些概念的原因或者结果"。① 根据德·曼的理解，现实世界的这些概念都是语言学的，语言产生了这些概念，却不是概念意义的原因或结果。这样，德·曼就把意义的产生乃至人的在世存在，归为一种语言的神秘。正如马克思所说的，无论语言是体验的，还是神秘的，都可以在认识论中找到依据。"全部社会生活本质上是实践的。凡是把理论导向神秘主义方向去的神秘东西，都能在人的实践中以及对这一实践的理解中得到合理的解决。"② 语言不是纯粹的文本化的，它必须借助现实来认识。特里·伊格尔顿曾对德·曼的语言论有过经典的评论，"德·曼无疑从一开始就是一位彻底的政治批评家。不难理解，这种政治的一贯性，他的著作图解的一切，都基于他对政治解放实践的长久敌意"。③

德·曼曾自认为，"我感觉我能从纯粹的语言分析，进入了那些真正的政治和意识形态本质的问题"。④ 然而事实上，德·曼在认识论上的自欺欺人式反思只能更加反映出他的无奈。物的本性是不可知的，用语言对物加以描写所形成的知识是无法确定的，每一篇的论证都放弃对人、语言、世界的关系的探讨，不直接讨论真理、本质，而是以

---

① Paul de Man, *Allegories of Reading*: *Figural Language in Rousseau, Nietzsche, Rilke, and Proust*, New Haven and London: Yale University Press, 1979, p. 206.
② ［德］马克思：《关于费尔巴哈的提纲》，载《马克思恩格斯选集》第1卷，人民出版社1995年版，第61页。
③ ［英］特里·伊格尔顿：《美学意识形态》，王杰、付德根、麦永雄译，中央编译出版社2013年版，第10页。
④ Paul de Man, *Resistance to Theory*, Minneapolis: University of Minnesota Press, 1986, p. 121.

柏拉图式的"镜喻"的心态来观照,其解释必定是画虎画皮的类象、仿像。毕竟对世界的描述以及对世界所有相关的讨论都需要借助语言,只有首先了解了语言表述中可能存在的问题,发掘出其中相互纠缠的认识论问题,人们才有可能发现,没有经过形式化、概念化、理论化的语言才是有意义的,才是理解世界的根本入路。

更值得慎重反思的是,德·曼基于"后-"学之中的差异哲学所提出来的语言研究的广义修辞论,看似把解构与建构二者并重,但若把他与德勒兹的差异哲学相比较,后者的"差异即意义"突显了意义存在的必然性,但是,德·曼却直接否定了意义存在的可能性,甚至在德·曼的论辩之中,找不到去发现意义的原初性(终极性)的驱动力。中外认识论史中的思想家们关于言意之争的论述早已或多或少证明了,差异性存在所导致的悖论在于意义所拥有的"不可言说的"原初性,所谓的悖论也不能完全归于存在论,更多需要反思的是"语言"。此物之于彼物的差异,其意义就在于此异在性。就像我们用语言符号来代表某一个物体,唯有当语言符号的自身完全缺席,被代表物的物性才会得以显现,换言之,存在的最高境界是,"非在即在"。

参考文献

一　中文文献

［法］A.J.格雷马斯：《论意义》，吴泓缈、冯学俊译，百花文艺出版社2005年版。

昂智慧：《文本与世界：保尔·德曼文学批评理论研究》，上海人民出版社2009年版。

［德］埃德蒙德·胡塞尔：《几何学的起源》，载德里达《胡塞尔〈几何学的起源〉引论》，方向红译，南京大学出版社2004年版。

［美］保尔·德·曼：《阅读的寓言》，沈勇译，天津人民出版社2008年版。

［美］保罗·鲍威：《向权力说真话：赛义德和批评家的工作》，王丽亚、王逢振译，中国社会科学出版社2003年版。

［美］保罗·德曼：《解构之图》，李自修等译，中国社会科学出版社1998年版。

［法］保罗·利科尔：《解释学与人文科学》，陶运华、袁耀东译，河北人民出版社1987年版。

［法］保罗·利科：《哲学主要趋向》，李幼蒸、徐奕春译，商务印书馆1988年版。

［法］保罗·利科：《活的隐喻》，汪堂家译，上海译文出版社2004年版。

［法］波德莱尔：《波德莱尔美学论文选》，郭宏安译，人民文学出版社1987年版。

［古希腊］柏拉图:《柏拉图全集》第四卷,王晓朝译,人民出版社 2003 年版。

［英］布莱恩·麦基:《思想家》,周穗明、翁寒松译,生活·读书·新知三联书店 1987 年版。

车铭洲:《后现代精神的演化》,《南开学报》1999 年第 5 期。

陈赞:《回归真实的存在:王船山哲学的阐释》,广西师范大学出版社 2015 年版。

陈嘉映:《语言哲学》,北京大学出版社 2003 年版。

陈粤:《解构与"误差"》,博士学位论文,吉林大学,2008 年。

［法］茨维坦·托多罗夫:《象征理论》,王国卿译,商务印书馆 2004 年版。

［美］大卫·宁:《当代西方修辞学:批评模式与方法》,常昌富、顾宝桐译,中国社会科学出版社 1998 年版。

［美］道格拉斯·凯尔纳、斯蒂文·贝斯特:《后现代理论——批判性的质疑》,张志斌译,中央编译出版社 2004 年版。

［美］德里达:《声音与现象》,杜小真译,商务印书馆 2010 年版。

邓先勇:《修辞性的深刻蕴涵——从修辞学与古典辩证法的关系谈起》,《外语研究》2009 年第 4 期。

董希文:《语言观念演进与文本理论形态的嬗变》,《山东社会科学》2016 年第 1 期。

［德］恩斯特·卡西尔:《卡西尔论人是符号的动物》,石磊编译,中国商业出版社 2016 年版。

［法］菲利普·勒热讷:《自传契约》,杨国政译,生活·读书·新知三联书店 2001 年版。

［爱尔兰］菲利普·佩迪特:《语词的创造:霍布斯论语言、心智与政治》,于明译,北京大学出版社 2010 年版。

［法］福柯:《词与物》,张宜生译,载杜小真编选《福柯集》,上海远东出版社 2003 年版。

冯友兰:《哲学的精神》,陕西师范大学出版社 2008 年版。

冯友兰:《中国哲学简史》,北京大学出版社 1985 年版。

冯治库:《无之基本问题——中西哲学对无的辨析》,人民出版社 2013 年版。

[美] 弗兰克·伦特里奇亚:《新批评之后》,王丽明、王梦景、王翔敏、张卉译,南京大学出版社 2017 年版。

[德] 弗里德里希·尼采:《偶像的黄昏》,周国平译,湖南人民出版社 1987 年版。

[德] 弗里德里希·尼采:《古修辞学描述》,屠友祥译,上海人民出版社 2001 年版。

[德] 弗里德里希·尼采:《尼采遗稿选》,虞龙发译,上海译文出版社 2005 年版。

[德] 弗里德里希·席勒:《席勒散文选》,张玉能译,百花文艺出版社 1997 年版。

[美] 弗里德里克·詹姆逊:《语言的牢笼:马克思主义与形式》,钱佼汝、李自修译,百花洲文艺出版社 1995 年版。

[德] 弗里德利希·施莱格尔:《浪漫派风格——施莱格尔批评文集》,李伯杰译,华夏出版社 2005 年版。

高辛勇:《修辞学与文学阅读》,北京大学出版社 1997 年版。

郭宏安:《从阅读到批评》,商务印书馆 2007 年版。

郭军:《保罗·德曼的误读理论或修辞学版本的解构主义》,《四川外语学院学报》2005 年第 4 期。

[美] 哈罗德·布鲁姆:《批评、正典结构与预言》,吴琼译,中国社会科学出版社 2000 年版。

[美] 哈罗德·布鲁姆:《西方正典》,江宁康译,译林出版社 2011 年版。

[美] 海登·怀特:《后现代主义历史叙事学》,陈永国、张万娟译,中国社会科学出版社 2003 年版。

[美] 海登·怀特:《话语的转义——文化批评文集》,董立河译,大

象出版社 2011 年版。

［德］ 黑格尔：《哲学史讲演录》第 3 卷，贺麟、王太庆译，商务印书馆 1959 年版。

［德］ 黑格尔：《美学》第二卷，朱光潜译，商务印书馆 1979 年版。

［德］ 黑格尔：《小逻辑》，贺麟译，商务印书馆 1996 年版。

［德］ 黑格尔：《逻辑学》，梁志学译，人民出版社 2002 年版。

［德］ 黑格尔：《精神现象学》，贺麟、王玖兴译，商务印书馆 2009 年版。

［德］ 亨利希·海涅：《论浪漫派》，张玉书译，人民文学出版社 1979 年版。

洪谦主编：《逻辑经验主义》，商务印书馆 1982 年版。

胡曙中：《美国新修辞学研究》，上海外语教育出版社 1999 年版。

［德］ J. 费希特：《论学者的使命·人的使命》，梁志学、沈真译，商务印书馆 1984 年版。

［美］ J. 希利斯·米勒：《重申解构主义》，郭英剑等译，中国社会科学出版社 1998 年版。

［美］ J. 希利斯·米勒、金慧敏：《永远的修辞性阅读——关于解构主义与文化研究的访谈——对话》，《外国文学评论》2001 年第 1 期。

［美］ J. 希利斯·米勒：《解读叙事》，申丹译，北京大学出版社 2002 年版。

［美］ J. 希利斯·米勒：《土著与数码冲浪者：米勒中国演讲集》，易晓明编，吉林人民出版社 2004 年版。

［美］ J. 希利斯·米勒、王敬慧：《"解构性阅读"与"修辞性阅读"——致张江》，《文艺研究》2015 年第 7 期。

［德］ 卡尔·施米特：《政治的浪漫派》，冯克利、刘锋译，上海人民出版社 2004 年版。

［德］ 卡西尔：《语言与神话》，于晓等译，生活·读书·新知三联书店 1988 年版。

［德］ 康德：《纯粹理性批判》，邓晓芒译，人民出版社 2004 年版。

［德］康德：《判断力判断》，宗白华译，商务印书馆2009年版。

［英］柯勒律治：《文学生涯》，载辜正坤《英国浪漫派散文精华》，作家出版社1989年版。

［德］伽达默尔：《科学时代的理性》，载《理解与解释——诠释学经典文选》，洪汉鼎译，东方出版社2001年版。

［法］加斯东·巴什拉：《空间的诗学》，张逸婧译，上海译文出版社2009年版。

［英］拉曼·塞尔登：《文学批评理论》，刘象愚、陈永国等译，北京大学出版社2000年版。

赖勤芳：《保罗·德曼修辞批评理论简论》，《兰州学刊》2006年第10期。

［美］雷纳·韦勒克：《近代文学批评史》第1卷，杨岂深、杨自伍译，上海译文出版社1997年版。

［美］雷纳·韦勒克：《近代文学批评史》第7卷，杨自伍译，上海译文出版社2006年版。

［德］里尔克：《给一个青年诗人的十封信》，冯至译，生活·读书·新知三联书店1994年版。

李龙：《解构与"文学性"问题——论保罗·德曼的"文学性"理论》，《当代外国文学》2008年第1期。

李应志：《象征言说的本体意义》，《中外诗歌研究》2001年第3期。

李增：《论保罗·德·曼情感理论和修辞理论的统一》，《东北师大学报》（哲学社会科学版）2002年第6期。

李增、王云：《论保罗·德·曼修辞阅读策略的符号学及修辞学基础》，《外语学刊》2004年第6期。

［美］理查德·罗蒂：《偶然、反讽与团结》，徐文瑞译，商务印书馆2003年版。

［美］理查德·罗蒂：《哲学和自然之镜》，李幼蒸译，商务印书馆2003年版。

［美］理查德·罗蒂：《后哲学文化》，黄勇译，上海译文出版社 2009 年版。

［美］理查德·沃尔施：《叙事虚构性的语用研究》，载詹姆斯·费伦、彼得·J. 拉比诺维茨主编《当代叙事理论指南》，申丹、马海良等译，北京大学出版社 2007 年版。

林精华：《解构主义的政治和伦理危机：保罗·德曼修辞学阅读理论与其亲纳粹言行》，《外国文学评论》2018 年第 1 期。

［美］林赛·沃特斯：《美学权威主义批判：保尔·德曼、瓦尔特·本雅明、萨义德新论》，昂智慧译，北京大学出版社 2000 年版。

刘红莉：《洞见与盲目——论保罗·德曼对里尔克诗歌的阅读》，《武汉大学学报》（人文科学版）2013 年第 3 期。

刘林：《讽喻构成文学洞见的真正深度——论保罗·德曼的文学讽喻观及其特色》，《山东大学学报》（哲学社会科学版）2016 年第 2 期。

刘小枫：《诗化哲学》，华东师范大学出版社 2007 年版。

刘亚猛：《西方修辞学史》，外语教学与研究出版社 2008 年版。

柳杨：《花非花——象征主义诗学》，旅游教育出版社 1991 年版。

［法］卢梭：《论语言的起源：兼论旋律与音乐的模仿》，吴克峰、胡涛译，北京出版社 2010 年版。

［法］罗兰·巴尔特：《符号帝国》，孙乃修译，商务印书馆 1994 年版。

［法］罗兰·巴特：《符号学原理：结构主义文学理论文选》，李幼蒸译，生活·读书·新知三联书店 1988 年版。

［法］罗兰·巴特：《文之悦》，屠友祥译，上海人民出版社 2002 年版。

［法］罗兰·巴尔特：《罗兰·巴尔特自述》，怀宇译，中国人民大学出版社 2010 年版。

罗良清：《保罗·德·曼的语言意识形态论》，《新疆大学学报》（社会科学版）2004 年第 4 期。

罗良清：《保罗·德曼：阅读的寓言理论》，《马克思主义美学研究》2006 年第 00 期。

罗良清：《寓言和象征之比较》，《中国文学研究》2009 年第 1 期。

［美］ M. H. 艾布拉姆斯：《镜与灯：浪漫主义文论及批评传统》第二版，郦稚牛、张照进、童庆生译，北京大学出版社 2004 年版。

［美］ M. H. 艾布拉姆斯：《文学术语词典》，吴松江等译，北京大学出版社 2009 年版。

［德］ 马丁·海德格尔：《形而上学导论》，熊伟、王庆节译，商务印书馆 2009 年版。

［德］ 马丁·海德格尔：《荷尔德林和诗的本质》，孙周兴译，商务印书馆 2015 年版。

［德］ 马丁·海德格尔：《物的追问》，赵卫国译，上海译文出版社 2016 年版。

［德］ 马克思：《关于伊壁鸠鲁哲学的笔记》，载《马克思恩格斯全集》第 40 卷，人民出版社 1982 年版。

［德］ 马克思：《关于费尔巴哈的提纲》，载《马克思恩格斯选集》第 1 卷，人民出版社 1995 年版。

［法］ 米歇尔·福柯：《知识考古学》，谢强、马月译，生活·读书·新知三联书店 2007 年版。

南帆：《文学的维度》，生活·读书·新知三联书店 1998 年版。

［美］ 诺曼·N. 霍兰德：《后现代精神分析》，潘国庆译，上海文艺出版社 1995 年版。

［加］ 诺斯罗普·弗莱：《批评家的解剖》，陈慧、袁宪军、吴伟仁译，百花文艺出版社 2006 年版。

［美］ 欧内斯特：《想象与修辞幻像：社会现实的修辞批评》，载大卫·宁《当代西方修辞学：批评模式与方法》，常昌富、顾宝桐译，中国社会科学出版社 1998 年版。

彭启福、牛文君：《伯艾克语文学方法论诠释学述要》，《哲学动态》2011 年第 10 期。

［法］ 皮埃尔-马克·德比亚齐：《文本发生学》，汪秀华译，天津人

民出版社 2005 年版。

钱冠连：《西方语言哲学三个问题的梳理》，《现代外语》2001 年第 3 期。

［美］乔纳森·卡勒：《文学理论》，李平译，辽宁教育出版社 1998 年版。

覃世艳：《后现代主义解释学批判》，博士学位论文，苏州大学，2006 年。

［法］热拉尔·热奈特：《虚构与行文》，载《热奈特论文集》，史忠义译，百花文艺出版社 2001 年版。

［法］热拉尔·热奈特：《转喻：从修辞格到虚构》，吴康茹译，漓江出版社 2013 年版。

冉晓芹：《保罗·德曼的隐喻之喻》，《新闻爱好者》2011 年第 1 期。

阮慧山：《克莱斯特的语言论及其现代性》，《解放军外国语学院学报》2005 年第 3 期。

申屠云峰：《保罗·德·曼的"语法"与"修辞"》，《外国文学评论》2006 年第 4 期。

［意］圣地亚哥·扎巴拉：《存在的遗骸：形而上学之后的诠释学存在论》，吴闻仪、吴晓番、刘梁剑译，华东师范大学出版社 2015 年版。

［德］施蒂尔勒：《虚构文本的阅读》，程介未译，载张廷琛编《接受理论》，四川文艺出版社 1989 年版。

［德］施莱尔马赫：《诠释学讲演》，载洪汉鼎《理解与解释——诠释学经典文选》，东方出版社 2001 年版。

［德］施莱格尔：《雅典娜神殿断片集》，李伯杰译，生活·读书·新知三联书店 1996 年版。

［荷］斯宾诺莎：《斯宾诺莎书信集》，洪汉鼎译，商务印书馆 1993 年版。

［英］斯图尔特·霍尔：《表征——文化表象与意指实践》，徐亮、陆兴华译，商务印书馆 2003 年版。

孙正聿：《哲学通论》，辽宁人民出版社 1998 年版。

孙周兴：《后哲学的哲学问题》，《中国社会科学》2006 年第 5 期。

［瑞］索绪尔：《普通语言学手稿》，于秀英译，南京大学出版社 2011 年版。

谭善明等：《审美与意识形态的变奏》，中国社会科学出版社 2013 年版。

谭善明：《保罗·德曼：重建逻辑、语法和修辞的关系》，《福建师范大学学报》（哲学社会科学版）2014 年第 1 期。

谭善明：《修辞与解构的游戏——耶鲁学派文本理论研究》，《中国文学研究》2014 年第 1 期。

谭善明：《柏拉图"哲学修辞"中的转义问题》，《西南民族大学学报》（人文社会科学版）2017 年第 2 期。

谭学纯：《问题驱动的广义修辞论》，人民出版社 2016 年版。

谭学纯、朱玲：《广义修辞学》，安徽教育出版社 2008 年版。

［英］特里·伊格尔顿：《后现代主义的幻象》，华明译，商务印书馆 2000 年版。

［英］特里·伊格尔顿：《二十世纪西方文学理论》，伍晓明译，北京大学出版社 2007 年版。

［英］特里·伊格尔顿：《理论之后》，商正译，商务印书馆 2009 年版。

［英］特里·伊格尔顿：《美学意识形态》，王杰、付德根、麦永雄译，中央编译出版社 2013 年版。

童明：《解构》，《外国文学》2012 年第 5 期。

［英］托尼·本尼特：《形式主义和马克思主义》，曾军等译，河南大学出版社 2011 年版。

［德］尤尔根·哈贝马斯：《后形而上学思想》，曹卫东、付德根译，译林出版社 2001 年版。

［德］瓦尔特·本雅明：《德意志悲苦剧的起源》，李双志、苏伟译，北京师范大学出版社 2013 年版。

［德］瓦尔特·本雅明：《德国浪漫派的艺术批评概念》，王炳钧、杨劲译，北京师范大学出版社 2014 年版。

王成军：《自传文本的解构和建构——论保罗·德曼的卢梭〈忏悔录〉论》，《国外文学》2003 年第 3 期。

王丹：《保罗·德·曼的解构批评：文学语言的修辞性》，《廊坊师范学院学报》（社会科学版）2015 年第 3 期。

王国维：《人间词话》，中华书局 2016 年版。

王建香：《保罗·德曼文学修辞观中的述行之维》，《外国语文》2009 年第 4 期。

（明）王阳明：《传习录》，长江文艺出版社 2015 年版。

王寅：《基于认知语言学的"认知修辞学"——从认知语言学与修辞学的兼容、互补看认知修辞学的可行性》，《当代修辞学》2010 年第 1 期。

王寅：《语言哲学研究：21 世纪中国后语言哲学沉思录》，北京大学出版社 2014 年版。

王幼军：《帕斯卡尔对公理方法的哲学思考》，《上海交通大学学报》（哲学社会科学版）2015 年第 5 期。

［德］沃尔夫冈·伊瑟尔：《阅读活动——审美反应理论》，金元浦、周宁译，中国社会科学出版社 1991 年版。

王兴中：《象征语言的第二层交流》，《云南师范大学学报》1999 年第 4 期。

王云：《作为解构策略的修辞：保罗·德曼批评思想研究》，博士学位论文，东北师范大学，2012 年。

［英］威廉·燕卜荪：《复义七型》，载赵毅衡《"新批评"文集》，中国社会科学出版社 1988 年版。

［英］维特根斯坦：《逻辑哲学论》，贺绍甲译，商务印书馆 2002 年版。

吴波：《文学与语言问题研究》，世界图书出版社 2009 年版。

［奥］西格蒙德·弗洛伊德：《释梦》，孙名之译，商务印书馆 1996 年版。

徐亮：《叙事的建构作用与解构作用——罗兰·巴尔特、保罗·德曼、莎士比亚和福音书》，《文学评论》2017 年第 1 期。

［法］雅克·德里达：《多重立场》，佘碧平译，生活·读书·新知三联书店 2004 年版。

［古希腊］亚里士多德：《亚里士多德全集》第 7 卷，苗力田译，中国

人民大学出版社 1993 年版。

［古希腊］亚里士多德：《亚里士多德全集》第 1 卷，苗力田译，中国人民大学出版社 2003 年版。

［英］叶芝：《叶芝诗集》，傅浩译，河北教育出版社 2003 年版。

［法］伊夫·瓦岱：《文学与现代性》，田庆生译，北京大学出版社 2001 年版。

于萍：《反讽与讽喻：保罗·德曼时间性修辞的一体两面》，《学术交流》2017 年第 4 期。

袁文彬：《政治无意识和语言无意识———詹明信的意识形态阅读和保罗·德·曼的修辞阅读》，《暨南学报》（哲学社会科学版）2013 年第 7 期。

［英］约翰·济慈：《济慈书信集》，傅修延译，东方出版社 2002 年版。

［德］约翰·亚奥希姆·温克尔曼：《希腊美术模仿论》，潘襎译，中国社会科学出版社 2014 年版。

张超：《论保罗·德曼的修辞语言观》，《临沂师范学院学报》2007 年第 4 期。

张大为：《元诗学》，大众文艺出版社 2007 年版。

张隆溪：《道与逻各斯》，冯川译，江苏教育出版社 2006 年版。

张山川：《符号、象征与黑格尔的美学建构——从保罗·德曼与雷蒙德·戈伊斯的论争说开去》，硕士学位论文，华东师范大学，2018 年。

张世英：《语言意义的意义》，《社会科学战线》2007 年第 1 期。

张智义：《保罗·德·曼的华兹华斯诗学研究》，《南京师范大学学报》2005 年第 1 期。

张江：《强制阐释论》，《文学评论》2014 年第 6 期。

张江：《公共阐释论纲》，《学术研究》2017 年第 6 期。

赵修义等：《现代西方哲学纲要》，华东师范大学出版社 1987 年版。

赵一凡：《西方文论关键词》，外语教学与研究出版社 2006 年版。

赵毅衡：《"新批评"文集》，中国社会科学出版社 1988 年版。

周颖：《保罗·德曼：从主体性到修辞性》，《外国文学》2001年第2期。

二 英文文献

Andrzej Warminski, *Ideology, Rhetoric, Aesthetics*, Edingurgh: Edingurgh University Press, 2013.

Anna Balakian, *The Fiction of the Poet: From Mallarme to the Post-Symbolist Mode*, Princeton: Princeton University Press, 1992.

B. Johnson, "The Critical Difference: Balzac's 'Sarrasine' and Barthes's 'S/Z'", in *Untying The Text: A Post-Structuralist Reader*, ed. Young, R. Boston, London and Henley: Routledge and Kegan Paul, 1981.

Barbara Johnson, *The Barbara Johnson Reader: The Surprise of Otherness*, Feuerstein Melissa, ed., Durham and London: Duke University Press, 2014.

Benjamin, Walter, *Illuminations*, trans. Harry Zohn, New York: Schocken Books, 2007.

Blaise Pascal, *Pensees and Other Writings*, trans. Honor Levi, New York: Oxford University Press Inc., 1995.

Blaise Pascal, *Pensees*, trans. A. J. Krailsheimer, New York: Penguin Books, 2013.

Carsten Strathausen, *The Look of Things: Poetry and Vision around 1900*, Chapel Hill & London: The University of North Carolina Press, 2003.

Christopher Norris, *Paul de Man: Deconstruction and the Critique of Aesthetic Ideology*, London: Routledge, 2009.

Claude Levi-Strauss, *Structural Anthropology*, trans. Claire Jacobson and Brooke Grundfest Schepf, New York: Basic Books, 1963.

James Turner, *Philology: The Forgotten Origins of the Modern Humanities*, Princeton and Oxford: Princeton University Press, 2014.

Catherine Belsey, *Shakespeare in Theory and Practice*, Edinburg: Edinburg

University Press, 2008.

Christopher Norris, *Reason, Rhetoric, Theory: Empson and de Man*, London: Chatto and Windus, 1978.

Christopher Norris, *Paul de Man*, London: Routledge, 1988.

Christopher Norris, *Deconstruction: Theory and Practice*, London and New York: Routledge, 2002.

Christopher Norris, *Language, Logic and Epistemology: A Modal-Realist Approach*, New York: Palgrave Macmillan, 2004.

D. C. Muecke, *Irony and the Ironic*, London and New Yokr: Methuen, 1970.

Emile Benveniste, *Problems in General Linguistics*, Florida: University of Miami Press, 1971.

Eric Gans, *Signs of Paradox: Irony Resentment and Other Mimetic Structures*, Stranford: Stranford University Press, 1977.

Ernst Cassirer, *The Philosophy of Symbolic Forms*, trans. Ralph Manheim, New Haven: Yale University Press, 1953.

Evelyn Barish, *The Double Life of Paul de Man*, New York and London: Liverigh Publishing Corporation, 2014.

Ferdinand de Saussure, *Course in General Linguistics*, trans. Wade Baskin, Columbia: Columbia University Press, 1959.

Ferdinand de Saussure, "The Object of Study", in David Lodge, ed., *Modern Criticism and Theory*, London: Longman, 1991.

Friedrich Hoderlin, *Selected Poems*, Trans. David Constantine, Newcastle upon Tyne: Bloodaxe Books, Ltd., 1990.

Friedrich Holderlin, *Poems of Friedrich Holderlin*, trans. James Mitchell, San Francisco: Ithuriel's Spear, 2004.

Francois Laruelle, *Philosophies of Difference: A Critical Introduction to Non-Philosophy*, trans. Rocco Gangle, London: Continuum International Publishing Group, 2010.

Fredric Jameson, *The Ideology of Theory*, London & New York: Verso, 2008.

Frow John, *Genre*, London: Routledge, 2006.

Gaston Bachelard, *The Psychoanalysis of Fire*, London: Routledge & Kegan Paul, 1964.

Georg Lakoff and Mark Johnson, *Metaphors We Live by*, London: University of Chicago Press, 2003.

Georg Lukacs, *The Theory of The Novel*, trans. Anna Bostock, London: The Merlin Press Ltd., 1971.

George William Friedrich Hegel, *The Science of Logic*, trans. Georgedig Iovanni, New York: Cambridge University Press, 2010.

Gianni Vattimo, *Beyond Interpretation: The Meaning of Hermeneutics for Philosophy*, Stanford: Stanford University Press, 1997.

Gilles Deleuze and Felix Guattari, *What is Philosophy*, New York: Columbia University Press, 1994.

Gottlob Frege, "Sense and Reference", *The Philosophical Review* May (1948).

Hans Georg Gadamer, *Truth and Method* (Second, Revised edition), trans. Joel Wrinsheimer and Donald G. Marshall, London and New York: Continuum, 1975.

Henri Bergson, *Time and Free Will: An Essay on the Immediate Data of Consciousness*, trans. F. L. Pogson, Mineola and New York: Dover Publications, Inc., 2001.

I. A. Richards, *Principles of literary Criticism*, London and New York: Routledge & Kegan Paul, 2002.

J. Hillis Miller, *The Ethics of Reading: Kant, de Man, Eliot, Trollope, James, and Benjamin*, New York: Columbia University Press, 1987.

J. R. Searle, ed., *Philosophy of Language*, London: Oxford University Press, 1971.

J. Hillis Miller, *Theory Now and Then*, New York: Harvester Wheatsheaf, 1991.

Jacques Derrida, "White Mythology: Metaphor in the Text Philosophy", Trans. F. C. T. Moore, *New Literary History*, 1974.

Jacques Derrida, *Memoires for Paul de Man*, trans. Cecile Lindsay, Jonathan Culler and Eduardo Cadava, New York: Columbia University Press, 1986.

Jacques Derrida, *Of Grammatology*, Trans. Gayatri Chakravorty Spivak, Baltimore and London: The Johns Hopkins University Press, 1997.

Jacques Derrida, "The Law of Genre", in David Duff ed., *Modern Genre Theory*, London: Longman, 2000.

Jacques Derrida, *Writing and Difference*, Trans. Alan Bass, London and NewYork: Routledge Classics, 2001.

Jean-Jacques Rousseau, *Emile or On Education*, trans. Allan Bloom, New York: Basic Books, 1979.

Jean-Jacques Rousseau, *Basic Political Writings of Jean-Jacques Rousseau*, trans. Donald A. Cress, Indianapolis and Cambridge: Hackett Publishing Company, 1987.

Jean-Jacques Rousseau, *Discourse on Political Economy and the Social Contract*, trans. Christopher Betts, Oxford: Oxford University Press, 1994.

Jean Starobinski, *Words upon Words: The Anagrams of Ferdinand de Saussure*, Trans. Olivia Emmet, New Haven: Yale University Press, 1979.

John R Searle, *Expression and Meaning: Studying in the Theory of Speech Acts*, London: Cambridge University Press, 1976.

John Zerzan, *Twilight of the Machines*, Los Angeles: Feral House, 2008.

Jonathan Culler, *Barthes: A Very Short Introduction*, Oxford: Oxford University Press, 2002.

Jonathan Culler, *Structural Poetics: Structuralism, Linguistics and the Study of Literature*, London and New York: Routledge, 2002.

Jurgen Habermas, *On the Pragmatics of Social Interaction: Preliminary*

Studies in the Theory of Communicative Action, trans. Barbara Fultner, Cambridg: Polity Press, 2001.

Karl Marx (with Friedrich Engels), *The German Ideology*, New York: Prometheus Books, 1998.

Kenneth Burke, *A Grammar of Motives*, California: University of California Press, 1969.

Kevin Newmark, *Irony on Occasion: from Schlegel and Kierkegaard to Derrida and de Man*, New York: Fordham University Press, 2012.

Linda Hutcheon, "Metafictional implications for novelistic reference", in Anna Whiteside and Michael Issacharoff ed., *On Referring in Literature*, Bloomington and Indianapolis: Indiana University Press, 1987.

Lindsay Waters ed., *Paul de ManCritical Writings* 1953 – 1978, Minneapolis: University of Minnesota Press, 1989.

M. H. Abram, "English Romanticism: The Spirit of the Age", in Northrop Frye, ed., *Romanticism Reconsidered*, New York & London: Columbia University Press, 1963.

M. H. Abram, "Structure and Style in the Great Romantic Lyric", in Harold Bloom, ed., *Romanticism and Consciousness: Essays in Criticism*, New York: W. W. Norton & Company, 1970.

Martin Heidegger, *The Basic Problems of Phenomenology*, Trans. Hofstadter, Bloomington: Indiana University Press, 1982.

Martin Heidegger, *Being and Time*, trans. Joan Stambaugh, New York: State University of New York Press, 1996.

Martin Mc Quillan, *Paul de Man*, London and New York: Routledge, 2001.

Martin McQuillan, *The Paul de Man Notebooks*, Edinburgh: Edinburgh University Press, 2014.

Michael Dummett, *Elements of Intuitionism*, Oxford: Oxford University Press, 1977.

Michael Dummett, "Appendix 2: Sluga", in *The Interpretation of Frege's Philosophy*, Harvard: Harvard University Press, 1981.

Michael Dummett, *The Seas of Language*, Oxford: Clarendon Press, 1993.

Michael Riffaterre, *Semiotics of Poetry*, Indianapolis: Indiana University Press, 1978.

Nelson Goodman, *Language of Art: An Approach to A Theory of Symbols*, Indianapolis and New York: The Bobbs-Merrill Company, Inc., 1968.

Nelson Goodman, *Ways of Worldmaking*, Indianapolis: Hackett Publishing Company, 1978.

Nicholas Roe, *John Keats and the Culture of Dissent*, Oxford: Clarendo Press, 1997.

Northrop Frye, *Anatomy of Criticism: Four Essays*, Princeton and New Jersey: Pinceton University Press, 1957.

Paul de Man, "Action and Identity in Nietzsche", *Yale French Studies*, No. 52, Fall (1975).

Paul de Man, *Allegories of Reading: Figural Language in Rousseau, Nietzsche, Rilke, and Proust*, New Haven and London: Yale University Press, 1979.

Paul de Man, *Blindness and Insight: Essays in the Rhetoric of Contemporary Criticism: Essays in the Rhetoric of Contemporary Criticism*, Minneapolis: University of Minnesota Press, 1983.

Paul de Man, *The Rhetoric of Romanticism*, New York: Columbia University Press, 1984.

Paul de Man, *The Resistance to Theory*, Minneapolis and London: University of Minnesota Press, 1986.

Paul de Man, *Romanticism and Contemporary Criticism*, E. S. Burt, Kevin Newmark and Andrzej Warminski ed., London: The Johns Hopkins University Press, 1993.

Paul de Man, *Aesthetic Ideology*, Minneapolis and London: University of Minnesota Press, 1996.

Paul de Man, *The Post-Romantic Predicament*, Martin McQuillan ed., Edinburgh: Edinburgh University Press, 2012.

Percy Bysshe Shelley, *The Complete Works of Percy Bysshe Shelley*, Delphi Classics ebooks, 2012.

Plato, *Plato Complete Works*, John M. Cooper ed., Indiannpolis/Cambridge: Hackett Publishing Company, 1997.

Reijer Hooykaas, "Pascal's Science and Religion", *Tractrix* 1 (1989).

R. L. Brett and A. R. Jones ed., *Lyrical Ballads: Wordsworth and Coleridge*, London and New York: Routledge, 1991.

Richard J. Finneran, *W. B. Yeats The Poems* (Second Edition), New York: Scribner, 1983.

Richards Rorty, *Essays on Heidegger and Others: Philosophical Papers* (Vol. 2), Cambridge: Cambridge University Press, 1991.

Richard Rorty, *Linguisitic Turn: Essays in Philosophical Method*, Chicago and London: The University of Chicago Press, 1992.

Rodolphe Gasche, *The Wild Card of Reading: on Paul de Man*, Harvard: Harvard University Press, 1998.

Roger Pearson, *Stephane Mallarme*, London: Reaktion Books, 2010.

Roland Barthes, *Mythologies*, trans. Annette Lavres, New York: The Noonday Press, 1972.

Roland Barthes, "The Death of the Author", in Sean Burke ed., *From Plato to the Postmodern: A Reader*, Edinburgh: Edinburgh University Press, 1995.

Roger Pearson, *Stephane Mallarme*, London: Reaktion Books Ltd., 2010.

S. Lotringer, "The Game of the Name", *Diacritics* 2 (1973).

Samuel Taylor Coleridge, "The Stateman's Manual", in *The Collected Works of Samuel Taylor Coleridge* (Vol. vi), R. J. White, Princeton: Princeton University Press, 1972.

Soren Kierkegared, *The Concept of Irony*, Bloomington: Indiana University Press, 1965.

Stanley Corngold, "Error in Paul de Man", *Critical Inquiry*, Vol. 8. No. 3 (spring, 1982).

Terry Eagleton, *Ideology*, London: Verso, 1991.

Tom Cohn and Barbara Cohen eds. *Material Events: Paul de Man and the Afterlife of Theory*, Minneapolis and London: University of Minnesota Press, 2001.

Tom Cohen, Claire Colebrook and J. Hillis Miller, *Theory and the Disappearing Future: On de Man, On Benjamin*, London and New York: Routledge, 2012.

Tom Keenan, *Bibliography of Texts by Paul de Man*, Minneapolis: University of Minnessota Press, 1986.

William Wordsworth, *The Prelude*, Jonathan Wordsworth ed., London: Penguin Books, 1995.

W. V. O. Quine, "Epistemology Naturalized", in *Ontological Relativity and Other Essays*, New York: Columbia University Press, 1969.